U0610090

国家出版基金项目
NATIONAL PUBLICATION FOUNDATION

教育部人文社会科学重点研究基地
北京大学东方文学研究中心

古代东方美术理论选萃

波斯语本《艺术芳园》译注

贾斐 译注

◎『十三五』国家重点出版物出版规划项目
◎国家社会科学基金重大项目『古代东方文学插图本史料集成及其研究』(16ZDA199)
◎古代东方美术理论选萃 陈明 主编

南方传媒
全国优秀出版社
全国百佳图书出版单位
广东教育出版社
·广州·

图书在版编目（CIP）数据

波斯语本《艺术芳园》译注 / 贾斐译注. -- 广州 ：广东教育出版社，2024. 11
（古代东方美术理论选萃 / 陈明主编）
ISBN 978-7-5548-5358-0

Ⅰ. ①波… Ⅱ. ①贾… Ⅲ. ①艺术家—生平事迹—伊朗—古代 Ⅳ. ① K833.735.7

中国国家版本馆 CIP 数据核字（2023）第 004358 号

波斯语本《艺术芳园》译注
BOSI YUBEN《YISHU FANGYUAN》YIZHU

出 版 人：朱文清
责任编辑：谢慧瑜
责任技编：姚健燕
装帧设计：张绮华
责任校对：李彦谚
出版发行：广东教育出版社
（广州市环市东路472号12-15楼　邮政编码：510075）
销售热线：020-87615809
网　　址：http://www.gjs.cn
E-mail：gjs-quality@nfcb.com.cn
经　　销：广东新华发行集团股份有限公司
印　　刷：广州市岭美文化科技有限公司
（广州市荔湾区花地大道南海南工商贸易区A幢）
规　　格：787 mm × 1092 mm　1/16
印　　张：19.5
字　　数：390千
版　　次：2024年11月第1版
2024年11月第1次印刷
定　　价：108.00元

如发现因印装质量问题影响阅读，请与本社联系调换（电话：020-87613102）

总　　序

陈明

学术随着时代的变化而进步。图像原本属于艺术史研究的范畴，近年来，图像学研究成为艺术之外的历史、宗教、文学等多个学科共同关注的新领域。古代东方图像几乎遍及各个学科，无论是科学、人文、社会，还是语言、教育等学科，基本上都在图像史料中有相应的描述和表现。古代东方文学既有丰富多样的文字文本，也有数量庞大的图像史料，尤其是各种不同形式的插图本。古代东方文学不仅有悠久的书籍插图传统，而且还有相关的壁画、雕塑等丰富的图像史料。图像史料与文字文本同样重要，对深化古代东方文学的研究都具有不容忽视的学术价值。图像与文字文本之间的密切关联不仅体现在图像叙事方面，也体现在图像的流传方面。充分利用丰富的图像史料，借助新时代的图像学理论，将文学作品的分析置于文字、图像、宗教、审美等多元的大系统中，展开对古代东方文学的文本与图像关系研究，这种跨学科、跨文化的研究范式将有助于建构古代东方文学图像研究这一新的学科增长点，从而开拓“东方大文学”研究的新格局。

古代东方文学图像研究并不能完全套用西方的图像学理论，而必须放在东方的语境中讨论东方，以古代东方文学和艺术的原有术语及其语境作为研究论述的基础，从而揭示东方图像的本体特性。当然，论述的视野也不能局限于东方，而应该超越东方，即采取比较的视野与跨文化的研究方法，在东方之上，来观照东方；抑或在东西方的比较中凸显东方的特征。因此，这样的研究亦需要全球史的视野与整体性的观察。

古代西亚、南亚、东亚均不乏用当地语言所撰写的美术理论著作。由于受语言的限制，这些著作长期以来在国内很少有人整理、翻译、注释，更谈不上有深入的研究。在国家社会科学基金重大项目“古代东方文学插图本史料集成及其研究”（16ZDA199，陈明主持）的支持下，项目组成员决定对古代东方美术理论著作做一番基础性的工作，在广东教育出版社推出“古代东方美术理论选萃”丛书，本丛书入选“十三五”国家重点出版物出版规划项目并获批成为国家出版基金资助项目。

“古代东方美术理论选萃”丛书是从古代西亚的波斯语、奥斯曼语文献，南亚的梵语文献，东亚的日语文献以及我国的汉译佛经文献中，选取与绘画、造像、雕塑等美术理论以及艺术史相关的论著，进行翻译或辑录和注释。本丛书共八卷，其中包括16—17世纪画家萨迪基·贝格（Ṣādiqī Big，1533—1609/1610）的波斯语本《绘画原则》（*Qānūn al-Ṣuvar*）译注；高齐·艾哈迈德（Qāżī Aḥmad，1546—1606）的波斯语本《艺术芳园》（*Gulistān–i Hunar*）译注；穆斯塔法·阿里（Mustafa ‘Ali，1541—1600）的奥斯曼语本《艺术家的史诗事迹》（*Menāqıb-ı Hüner-verān*）译注；梵本《画经》（*Citrasūtra*）译注；彘日（Varāhamihira，5世纪末至6世纪上半叶）的梵本《广集》（*Bṛhatsaṃhitā*）节选（第43、53、56、58、60章）及《毗湿奴无上法往世书》（*Viṣṇudharmottara Purāṇa*）节选（第86~88、93~94章）译注；梵本《画业论》（*Mañjuśrībhāṣita-Citrakarmaśāstra*）译注；汉译佛经中的印度古代美术论述辑注；日本古代美术理论著作（《画道要诀》《画道传授口诀》《山中人饶舌》《画道金刚杵》《竹洞画论》《画谭鸡肋》等十余种）译注。

“古代东方美术理论选萃”丛书涉及梵语、波斯语、奥斯曼语、日语等多语种文献，是国内首次汇集古代东方美术理论的译丛，“其中的多部古代东方的美术经典著作系首次从原典译出，可为我国艺术史界的研究者和广大读者提供第一手的基础史料，为古代中外艺术交流的研究提供理论支持。该丛书对推进‘一带一路’沿线国家和地区的图像学研究，深化和拓展原有的东方文学研究、东方艺术研究格局无疑将起到夯实基础的重大作用”（穆宏燕语）。该丛书也是响应国家“一带一路”倡议的重点文化项目之一，“对于加深对中华艺术的认识有十分紧迫的积极意义；对于进一步认识世界文明的整体性和多元化提供了新的资料和视野；此外，不仅对美术理论、艺术史、文化史的研究助益颇多，还对艺术创作和实践有积极的推动和启发”（李凇语）。因此，该丛书的出版也将丰富对“一带一路”沿线国家和地区古代艺术和文化交流发展的认知，并为促进当代中国文化的对外传播提供借鉴与启发。

感谢国家社会科学基金、国家出版基金、广东教育出版社对本丛书的大力支持！

感谢本丛书的多位年轻作者（译者）们的辛勤付出！期待他们能与我国东方文学图像研究、东方艺术史研究事业同步发展！

是为序。

北京大学东方文学研究中心

2024年1月1日

بسم الله الرحمن الرحیم

سبحان قادری که برطبق آیه کریمه وجعلناکم خلایف فی الارض دخل افراد انسانی در امور خلافت
وجهانبانی بمحض حکمت شامله اوست وارتفاع اعلام عدالت وکشورستانی بسعی سالکان مسالک
کامرانی از مشیت قدرت کامله او **شعر** ای همه هستی زتو پیدا شده خاک ضعیف از تو توانا شده
کرند بلطف تو قوت بکس کی بخلافت بودش دست رس وانیب اسباب خلافت تویی حافظ

目 录

هو العزیز
نویسنده را نیست فردا امید

前言

《艺术芳园》（*Gulistān-i Hunar*[①]）是一部由高齐·艾哈迈德写于1596年，并于1606年再次修订的传记文学作品，该书记录了15—16世纪萨法维王朝统治疆域下的波斯语书法家及画家的生平，此外还涉及了伊斯兰书法史、书法技巧以及绘画技巧等信息。这部作品为后人了解伊斯兰书法史，特别是萨法维王朝的书法艺术世界提供了丰富的信息。

1. 作者生平

高齐·艾哈迈德的全名为高齐·艾哈迈德·本·米尔·蒙什·易卜拉希米·侯赛尼·库米[②]。1546年5月18日[③]，他出生于伊朗库姆，姓名中的“库米”意为“库姆人”。1556—1557年，他的父亲米尔·蒙什·侯赛因·库米带着年幼的他一同前往马什哈德，开始在萨法维王朝王子易卜拉欣·米尔扎的地方宫廷中担任丞相之职。高齐在书中记载，虽然父亲于1566—1567年便离开易卜拉欣的宫廷，前往位于加兹温的塔赫玛斯普一世的宫廷中担任文书，但直至1577年易卜拉欣去世之前，高齐都深受这位热爱艺术的王子关照，“高齐·米尔·艾哈迈德的11～31岁是在易卜拉欣·米尔扎的关注以及父亲的教导之下度过的”[④]。易卜拉欣王子还在书画院招揽了一批优秀的学者及艺术家，高齐与其中的数人保持着密切的往来，甚至跟随书画院中的几位书法家学艺，这对他完成《艺术芳园》的写作有巨大帮助。

高齐出生时，他的家族在库姆已颇有声望。除了长期在宫廷任职的父亲，高齐还在《艺术芳园》中

①本书波斯语转写采用*IJMES*（*International Journal of Middle East Studies*）发布的转写系统，详见“波斯语字母表”。

②高齐·艾哈迈德·本·米尔·蒙什·易卜拉希米·侯赛尼·库米（Qāżī Aḥmad b. Mīr-Munshī Ibrāhīmī al-Ḥusaynī al-Qumī）。

③即伊历953年3月17日。作者的生平信息主要参考他的另一部著作《历史选粹》前言部分。参考：Aḥmad ibn-Ḥusayn Munshī Qumī, *Khulāṣat al-Tavārīkh*, ed. Iḥsan' Ishrāqī'［Tehran: University of Tehran Publications, 1940/1941(1359 SH)］, pp. 9-19。

④Qāżī Mīr Aḥmad Munshī Qumī, *Gulistān-i Hunar*, ed. Aḥmad Suhaylī Khwānsārī［Tehran: Intishārāt-i Bunyād-i Farhang-i Īrān, 1973/1974 (1352 SH)］, p.57.

提到了自己的曾外祖父、外祖父以及叔叔与历王室的亲密关系。而他自己也在萨法维王朝四位依次执政的国王，即塔赫玛斯普一世、伊斯玛仪二世、穆罕默德·胡达班达以及阿巴斯一世的宫廷中担任过大大小小的职务。他姓名中的“高齐”就是因为他曾担任过教法执行官。《艺术芳园》中也提到了高齐政治生涯的终点：1598年，“由于此人［萨德尔丁·穆罕默德］的谗言，尊贵的国王对鄙人产生了错误的看法，鄙人遭到免职，返回了库姆”[1]。正是由于他晚年声誉不佳，他的学生甚至不敢在自己的作品中提及他的姓名。高齐曾写诗称赞过的自己最优秀的学生之一，阿巴斯一世的文书伊斯坎达尔·贝格·蒙什，在其所写的萨法维王朝史书《世界装点者阿巴斯史》中就没有记录他的老师高齐。因此，除了高齐自己的书籍，在其他作品中很难找到他的相关信息，后世学者只能根据《艺术芳园》的成书年代判断他可能于1606年[2]之后去世。

①参见本书第161页。

②第二版《艺术芳园》中，日期最晚的事件是“鄙人曾于（伊历）1015年1月［1606年5—6月］在帝王之城加兹温与他［穆罕默德·阿敏］相见”（参见本书第199页）。

2. 高齐的著作

作为萨法维王朝时期的史书作者，高齐共写过五部作品，现存较为完整的仅有两部，一部是《艺术芳园》，另一部是《历史选粹》。1576—1577年，高齐受当时的萨法维统治者伊斯玛仪二世之命开始写作史书《历史选粹》。由于这位国王的统治仅持续了一年，因此这部书的写作随后又经历了穆罕默德·胡达班达统治时期，直至1590年完成并献给了当时执政的阿巴斯一世，因此这部史书也叫作《阿巴斯历史选粹》（*Khulāṣat al-Tavārīkh-i ʿAbbāsī*）。从该书的前言部分来看，这部作品记录了从创世纪至作者生活年代的历史，然而该书目前仅存第5册，其中记录了萨法维王朝从萨非丁·阿尔达比尔[3]时期直到阿巴斯一世统治早期的历史。高齐在《艺术芳园》中也提到了《历史选粹》的内容：“主要记录了萨法维诸位苏丹的事

③苏非教长萨非丁·阿尔达比尔（Ṣafī al-Dīn Ardabīl, 1252—1334年）创立的萨非教团（Safavid Order）是促使萨法维王朝兴起的关键性宗教团体。

迹以及穆尔塔扎[1]家族（的历史）。”[2] 虽然该书仅留存了这一册，但作者对萨法维王朝政务事无巨细的记载，使其成为研究萨法维历史的重要史料。

相较而言，高齐的另外三部作品则几乎无迹可寻。高齐写的最早的一部作品是《文英荟萃》[3]，这是一部描述诗人生平的传记作品。他在随后所写的《历史选粹》以及《艺术芳园》中反复提及该作，足见对这部作品的重视。另外一部传记作品《权威荟聚》（*Jam' al-Khiyār*）则介绍了当时伊朗统治下的阿塞拜疆、伊拉克以及胡泽斯坦地区的诗人及作家的生平。这两部作品现无留存，有部分学者认为它们实际为同一部作品。《贤臣选录》（*Muntakhib al-Vuzarā*）则介绍了一些著名大臣的情况，此书有一不完整的版本藏于德黑兰大学图书馆，仍待进一步研究。

3.《艺术芳园》的内容

高齐所写的五部作品中，除《历史选粹》外皆为传记作品。传记文学形式自13世纪兴起，到萨法维王朝时期掀起了写作的高潮[4]，然而当时的传记文学以记录诗人、作家、宗教领袖以及宫廷宰相的生平逸事居多，少有记录艺术家群体信息的专著。与书法家相比，诗人有更多的机会为人知晓。他们可以在自己的作品上写下姓名，甚至可以将个人信息编入诗歌的开篇或结尾部分，而书法家和画家却少有机会在作品上留下自己的姓名。知名诗人的姓名及作品会在后世的仿作中被反复提及，而书法家即使有机会在作品一角写下姓名，也可能会在自己的姓名之后冠上赞助者或者老师的姓名以示尊敬，从而加大了后人了解他们的难度。[5]《艺术芳园》这本书不仅记录了书法家和画家的生平及创作活动等珍贵信息，有时还会对具体作品的风格进行点评，透露出作者的评价尺度，乃至映射出时代的艺术观。除此之外，这本书从伊斯兰书法艺术形成之初开始写起，对这门艺术的历史进行了时代

①即伊玛目阿里。

②参见本书第175页。高齐在此处描述了《历史选粹》第6册的内容，与目前仅存的第5册内容一致，这或许是作者的笔误，但更可能是作者后来对《历史选粹》的排布进行了调整。

③《文英荟萃》的波斯语名字有多种形式，分别是《文英荟萃》（*Majma' al-Shu'arā'*）、《诗人传记》（*Tazkira al-Shu'arā'*）、《阿巴斯诗人辑录》（*Majma' al-Shu'arā-yi 'Abbāsī*）以及《诗人与学者辑录》（*Majma' al-Shu'arā va Manāqib al-Fużalā*）。

④Aḥmad Gulchīn Ma'ānī, *Tārīkh-i Tazkira-hā-yi Fārsī* [Tehran: Intishārāt-i Kitābkhāna-yi Sanā'ī, 1984/1985 (1361 SH)].

⑤Marianna Shreve Simpson, "Who's Hiding Here? Artists and their Signatures in Timurid and Safavid Manuscripts," in *Affect, Emotion, and Subjectivity in Early Modern Muslim Empires: New Studies in Ottoman, Safavid, and Mughal Art and Culture*, ed. Kishwar Rizvi (Leiden: Brill, 2018), pp. 45-65.

性和风格性的划分，对于研究伊斯兰书法艺术，特别是萨法维王朝艺术的发展状况来说极具价值。

《艺术芳园》分为开篇、导言、第一章至第四章以及结语。在开篇部分，高齐首先依照当时的写作惯例赞美了伊斯兰先知穆罕默德与伊玛目阿里，紧接着阐述了写作此书的目的：“鄙人决定写一本书，记录下笔的发明、书法的来源……写下每一位书法家、画家、洒金师、其他与这项高贵事业相关的艺术家以及与书籍和书画院打交道的大师的生平，并描述制作墨水、颜料、泥金装饰以及书写的方法……供所有无论年纪长幼的热爱艺术的朋友阅读，助其早日掌握这门艺术。”[①]开篇的结尾是高齐对书籍写作结构的介绍。在导言部分，高齐主要介绍了笔的发明，包括书法用的芦苇笔和绘画用的毛笔，以及阿拉伯语书写和书法艺术的开端，他指出伊玛目阿里是第一种重要字体——库法体的发明者。

①参见本书第7页。

正文的四个章节里，前三章的内容是伊斯兰书法字体及其书法家的生平，章节的顺序为字体产生的顺序，每一章中也基本按照书法家生活年代的先后进行排布。第一章的标题为《三一体、相似字体及其起源》，高齐在此章阐述了以三一体为主的阿拉伯语书法“六体”的产生及其书写的基本准则，并介绍了以“书法三杰”为代表的“六体”名家，他们中除了早期的几位书法家活跃于阿拉伯半岛，其余的书法家大多生活在帖木儿王朝统治下的伊朗。第二章及第三章的标题分别是《波斯悬体书法家》和《波斯体书法家》，与上一章介绍的字体相比，这两种字体是为波斯语书写而诞生的，且在萨法维王朝时期达到成熟阶段，因此这两章汇集了大量16世纪伊朗书法家的信息。在第二章中，高齐重点介绍了自己的父亲米尔·蒙什，而在第三章中，高齐使用了大量篇幅介绍波斯体大师苏丹阿里·马什哈迪以及萨法维王子易卜拉欣·米尔扎，另外高齐还在第三章中摘抄了苏丹·阿里·马什

哈迪所作的《书法规范》，这部同时代的作品介绍了更多有关伊斯兰书法技巧的知识。

高齐在余下的章节中将主题转向以绘画为主的其他艺术领域。他在开篇部分介绍第四章的内容为“画家、泥金装饰师、镂空印花师、画线师、洒金师以及书籍装帧师的生平”，但实际上第四章以介绍画家的生平为主，其中高齐对细密画大师贝赫扎德给予了最高的评价。结语的内容则如高齐所说，包含了镀金、画线、上色以及几种墨水制作方法。全书共记录了163位书法家及41位画家的信息。

4.《艺术芳园》的价值

（1）信息的一手性与稀缺性

从书中的表述可推断，高齐写作此书时有两类主要的信息来源：自己的经历认知与当时可获取的相关书籍。高齐因家庭的缘故自幼得以接触书法，他的父亲是位精通三一体、波斯悬体与波斯体的官员，高齐自年轻时起就与易卜拉欣·米尔扎以及他书画院中的众多书法大师相识。从书中对易卜拉欣热情洋溢的赞美可知，高齐深受这位王子艺术修养的影响，并通过王子跟随多位书画院中的书法大师学习书法。在这位热心艺术的王子去世后，他与其中的一些书法家始终保持着紧密的联系，从他对同时代艺术家的细致描述中就可印证这一情况。例如，“［米尔·阿卜杜瓦哈卜］总穿着沾有颜料的亮色服装，随身携带一个装满自己单幅书法作品的大匣子”①，这显然是高齐亲眼所见的情景。而“［火者·阿卜杜希］曾于大不里士街头修建了一片名为阿卜·海亚的区域，他的墓地便安置在此”②中提及的小地方阿卜·海亚则反映了高齐对自己生活过的城市的了解。除此之外，书中还多次记录了他亲自拜访某位书法家的情形，这都使得高齐所记载的信息更加真实可信。当然这种根据亲身经历来记录艺术群体生平的方式既是本书的优点，也有一些

①参见本书第149页。

②参见本书第73页。

弊端。对于各书法家信息的收录及陈述，高齐显然无法完全依据此人在书法史上的重要程度，而是多少受到个人喜好以及了解程度的影响。例如，全书介绍最为详细的人物是易卜拉欣·米尔扎，虽然这位王子在高齐的描述中是位精通各项艺术的全才，但他在书法史上的成就并不耀眼，高齐在书中记录的有关这位王子的内容也多与书法无关，这显然是出于他对这位王子的尊敬和悼念。而本书对于早期起到奠基作用的书法家的记录却较为简洁。

《艺术芳园》对第二类信息来源，即当时已有的且可为高齐所用的书籍，主要采用了两种使用方式。第一种是直接引用，这种情况只涉及苏丹·阿里·马什哈迪的《书法规范》，如上所述，高齐在《艺术芳园》第三章直接摘抄了此书的章节片段。另一种使用方式则是直接将他人书中的信息写入自己的书中。以苏丹·阿里·马什哈迪的《书法规范》为例，除了直接引用的部分，高齐在《艺术芳园》的其他章节也借鉴了《书法规范》中的观点，例如书法起源与阿里的关系、书写用具的准备以及个别字母的书写规范。当然，这种不加提示直接引用其他书籍内容的方式也是当时写作中常见的现象。《艺术芳园》中提到了几部与艺术相关的书籍，包括萨姆·米尔扎的《萨姆的馈赠》、希米·内沙布里的《希米之宝藏》、阿米尔·卡比尔·阿里希尔的突厥语《文坛荟萃》以及毛拉纳·马杰农所写的一本有关书法准则与教学的书[①]，可以推测《艺术芳园》中的一部分信息可能借鉴这些书籍甚至其他未提及的书籍。

①参见本书第141页。

在《伊斯兰艺术与视觉文化：一手文献选集》的“伊斯兰书法及书法家”一章中，作者整理了8本提及伊斯兰书法艺术的文献史料，《艺术芳园》是唯一一部以记录书法家生平为主的书籍[②]。而从今天留存下来的史料来看，在《艺术芳园》所记录的萨法维王朝时期的书法家中，除了一部分人因兼具知名文人或宫廷重臣

②Ruggles and D. Fairchild（ed.），*Islamic Art and Visual Culture*：*An Anthology of Sources*（Chichester：Wiley-Blackwell Publishing，2011），pp.31-50.

的身份而出现在《萨姆的馈赠》或《世界装点者阿巴斯史》之中，本书中一半以上的书法家信息均为孤例。

（2）对萨法维书法世界的呈现

高齐不仅是位称职的传记作家，还是位精通书法的行家，因此《艺术芳园》不仅记录了书法家生平，还展示了萨法维王朝时期的书法艺术世界：热心艺术的王室赞助者建立书画院并招揽书法大师为自己效力；书法家因为拥有这一受人敬仰的职业技能，可在各城市间自由流动；书法大师通过教授学徒，将书法风格传承下去。

《艺术芳园》聚焦的帖木儿王朝以及萨法维王朝早期是伊朗艺术发展的重要时期，其中一个关键原因是上层人士对艺术的推崇。帖木儿王朝的沙哈鲁、拜哈拉以及拜松古尔，萨法维王朝的塔赫玛斯普一世、巴赫拉姆以及易卜拉欣都是重要的艺术赞助者，他们成立书画院，赞助制作精美的手抄本，有一些王室成员自己就是擅长书法和绘画的行家。以高齐笔下的易卜拉欣王子为例，他曾跟随波斯体大师马列克·迪拉米学习书法，又因为痴迷这种字体，搜集了大量波斯体大师米尔阿里的遗作，按高齐的话说，“鄙人猜测毛拉纳一生所写的作品有一半都保存在王子的书画院之中”[1]。而王室对这一字体的推崇，必然在一定程度上导致该字体的盛行以及修习此种字体的人数增加。

①参见本书第175页。

《艺术芳园》中记录了萨法维王朝时期艺术家频繁流动的现象。由于需要依靠赞助，艺术家的流动无论是自发的还是被迫的，始终与政权的变动相关。艺术家有时会随着政权中心的转移而流动。当塔赫玛斯普一世在伊朗西北部地区陷入与奥斯曼帝国的对抗之中时，曾安逸生活在加兹温宫廷书画院的书法家们也跟随着他居住在伊拉克和阿塞拜疆的随军营地之中。而当阿巴斯一世迁都伊斯法罕时，大量书法家也随之聚集到这个新都城。战乱也会影响艺术家的迁移。1585年奥斯曼帝国军队攻占大不里士后，一部分

书法家离开该城前往他处谋生。昔班尼政权在占领赫拉特后则将当地艺术家强制带回布哈拉，书法名家米尔阿里就是这样被迫离开家乡。高齐在《艺术芳园》中还隐晦地记录了第三种原因，那就是赞助者兴趣的改变。从今天留存下的抄本来看，塔赫玛斯普一世在执政后期似乎突然对艺术失去兴趣。《艺术芳园》的记载也证实了这个情况，有大量书法家在这一时期前往印度。其中有一例描述得最为具体："当米尔·赛义德·艾哈迈德为王室工作时，尊贵吉祥的国王［塔赫玛斯普一世］毫无缘由地对这位独一无二的人才产生了错误的想法，并立刻下令要求这个无罪之人交还多年来发给他的俸禄及分封的土地，并且不再继续发放。在一些商人的帮助下，他偿还了这些财物。此时他萌生了前往印度的念头。"[1]

高齐在记载生活在不同年代和地域的书法家时都会提及他们的老师及学生，根据这些信息，书法传承的脉络得以勾勒成形，这也体现了学徒制在伊斯兰艺术发展中发挥的重要作用。《艺术芳园》所记载的学徒体系大多是师徒一层，但有时甚至可以追溯四层之多。例如，书法大师苏丹阿里·马什哈迪培养了包括米尔阿里在内的一批书法家，米尔阿里又培养出赛义德·艾哈迈德等学生，而赛义德·艾哈迈德则是哈桑阿里等人的老师，这些学徒需要跟随老师学习多年才能掌握其中的技艺，并且"16世纪在撒马尔罕签订的学徒合同表明，徒弟要保证服从师傅，这样师傅才会教他手艺"[2]。另外，当时的书法用具如纸张、颜料大多价高且稀少，珍贵的书法作品只有在贵族的定制要求之下才能完成，这些因素都决定了书法这门技艺只会在有限的群体中传播。《艺术芳园》中所记载的上百位书法家中，仅有五人出身奴隶阶层，对其中一人的描述似乎能代表这个群体的境遇："虽然他［费冈丁·布尔布尔］天赋极高，却因为肤色的问题无法在

①参见本书第151页。

②罗伯特·欧文：《伊斯兰世界的艺术》，刘运同译，广西师范大学出版社，2005，第112页。

任何城市立足。”[①]

（3）书法艺术的宗教性

书法在伊斯兰教中具有神圣的地位和意义，用于书写《古兰经》的阿拉伯语及其书法是重要的宗教表达。“它是伊斯兰主义最具特色的表达，是伊斯兰文明的一大成就。”[②]书法艺术的宗教性最直接的证据就是伊斯兰教认为，先知穆罕默德在希拉山洞中接受真主启示时听到的第一条启示中就提到“你应当宣读，你的主是最尊严的。他曾教人用笔写字”（《古兰经》96：3–4）。高齐在《艺术芳园》中也强调了书法的宗教崇高性。关于笔的发明，他提到“真主创造的第一样东西就是用于完成书写这一奇迹的笔”[③]，关于书法的价值，他提到先知曾说过，“如果一个人能写出漂亮的字，死后无须审判，定会进入天园”[④]以及“书写占知识的一半”[⑤]。而高齐生活在以伊斯兰教什叶派的十二伊玛目派别为国教的萨法维王朝时期，他在关于书法起源的论述部分还加入了有关阿里的内容。高齐指出伊玛目阿里是库法体的发明者，而第二、第四以及第八伊玛目不仅是他宗教上的追随者，也是他书法方面的追随者。对于伊玛目阿里修习书法的原因，高齐写道：“穆尔塔扎·阿里钻研书法，不为一笔一画之美。他用完美的书法，展现了原则、纯粹与美德。”[⑥]借此将书法与道德联系在一起。

《艺术芳园》中记录的书法家显然也将书法视为一门神圣的艺术。高齐除了在书中夸赞某些书法家的书法水平高超，对他们品行方面最大的肯定就是形容他们如苦行僧一般生活，例如“毛拉纳·哈比卜拉赫是萨维人，他品性高洁，过得如苦行僧一般”[⑦]。而有一些书法家在生活发生变故或人到晚年时，则会选择归隐田园，过着苦行僧一般的生活。在《艺术芳园》摘抄的《书法规范》部分中，有一段描述了苏丹·阿里年少时练习书法的状态：

①参见本书第71页。

②Maryam D. Ekhtiar, *How to Read Islamic Calligraphy* (New Haven: Yale University Press, The Metropolitan Museum of Art, 2018), p. 15.

③参见本书第13页。

④参见本书第15页。

⑤参见本书第21页。

⑥参见本书第109页。

⑦参见本书第227页。

自青年起我便醉心书法，沉迷其中的我泪水涟涟。

我极少在街头游荡闲晃，只为手中之笔更加流畅。

有时我用手代替芦苇笔，睡梦中依然挥舞双手，勤加练习。

……

我不分昼夜练习书法，不吃不睡，心无他念。

所有的日子都如斋月一般，我全心全意把斋度日。[①]

①参见本书第109~111页。

除了书法对于书法家精神状态的影响，书法的宗教性最重要的体现就是它的使用场所。根据《艺术芳园》中的记载，书法作品主要有两大类载体，一类是纸质书籍，另一类则是建筑及生活物品。

在伊斯兰教中，书法是传播宗教的一大重要工具，使生活在从西班牙到南亚的穆斯林拥有一种共通的艺术语言。而从《艺术芳园》的叙述来看，抄写《古兰经》是书法家最热衷的写作内容，这被看作是为主奉献的行为。高齐在书中两次提到伊玛目阿里在先知去世后连续抄写《古兰经》之事，而伊斯兰书法发展史早期的"书法三杰"中，据传伊本·巴瓦卜一生抄写了64本《古兰经》[②]，高齐则声称雅古特·穆斯台绥米每月抄写两份《古兰经》，人们曾见过他的第364份抄本。写在纸上流传下来的书法作品除了《古兰经》抄本，还有经典文学作品的抄本以及王室贵族的政令及通信。然而《艺术芳园》中对各位书法家在文学抄本上的成就所述较少，仅有两次提到书法家抄写内扎米《五部诗》的情形。[③]政令及通信形式的书法作品也不是高齐所记录的书法成就的重点，然而值得关注的是，正是因为宫廷书写的需求，最初以适应阿拉伯语书写为主的字体开始在其他非阿拉伯国家中产生变形，例如在波斯宫廷之中产生了波斯悬体、波斯体以及波斯草书体，而在奥斯曼宫廷之中则产生了公文体以及花押体，西班牙及北非的伊斯兰政权则青睐马

②伊布拉欣·祖麦尔：《论阿拉伯文书法的溯源和发展》（阿拉伯语），转引自米广江《中国传统阿拉伯文书法艺术研究》，北京大学出版社，2018，第9页。

③参见本书第45~47页及第145页。沙赫·马赫穆德为塔赫玛斯普一世抄写了一份内扎米的《五部诗》以及玛鲁夫·哈塔特·巴格达迪拒绝为米尔扎·拜松古尔抄写内扎米的《五部诗》。

①有关公文体、花押体及马格里比体的介绍详见“术语表”。

格里比体。[1]

与书籍相比，出现在建筑上的书法作品更容易被大众看到。在建筑立面上运用文字进行装饰虽并非伊斯兰文化的首创，但却在伊斯兰世界发扬光大。在伊斯兰城市中，不仅清真寺、苏非长老墓和传统学堂的墙面上会出现《古兰经》章节，一些王室建筑或公共建筑上也能看到《古兰经》、圣训以及其他具有宗教色彩的文字片段。根据《艺术芳园》的记载，除了抄写《古兰经》，为宗教建筑完成书法作品也是书法家引以为傲的成就，而且这似乎是一种自发且无酬劳的行为。仅在萨法维王朝早期，分别有四位和三位书法名家在伊朗境内的什叶派圣地伊玛目礼萨圣陵及法蒂玛圣陵留下了自己的书法作品。除了建筑上的书法，穆斯林还将对书法的热爱延伸到日常使用的一器一物之上，而阿拉伯语及波斯语字母丰富多变的书写形式也使得一段冗长的书法得以栖身在狭小的物品之上。《艺术芳园》中提到，书法家会将《古兰经》刻在印章之上献给国王，除此之外，钱币、笔盒、烛台、武器、餐具、护身符以及旗帜上也都有书法的身影。[2]

②参见“插图信息”插图1～5。

5. 版本信息及译注说明

据研究《艺术芳园》的俄罗斯学者鲍里斯·尼古拉耶维奇·扎霍德尔（Boris Nikolaevich Zakhoder）统计，《艺术芳园》现存四个版本：藏于莫斯科东方文化博物馆的抄本（简称“M本”）[3]；英国东方学家克拉拉（Clara C.Edwards）的私人藏本（简称“E本”）[4]；藏于印度海得拉巴市萨拉加格博物馆的抄本（简称“H本”）[5]；伊朗学者侯赛因·阿伽·纳赫扎旺尼（Ḥusayn Āqā Nakhjavānī）的私人藏本（简称“N本”）。对比这四个版本的内容会发现，作者在成书后做过一次大的调整。四个版本中的M本和E本属于完成于1596年的早期版本，这两个版本所记录的事件最晚发生于1594年，而H本和N本中所记录的事件最晚

③M本共有75张对开页，150面，内含8幅全幅插图。单页尺寸为24.5厘米×15厘米，上书14行波斯体书法。该抄本包有棕色皮制封面，上有压金字。其中有一些插图未完成。

④E本共有88张对开页，纸张尺寸为23厘米×14厘米，写作区域的尺寸为17厘米×9厘米，采用波斯体书写。与M本相比，该抄本有顺序错乱的以及遗失的页面，这个版本也有8幅插图，部分插图与M本非常相像。

⑤H本共有76页，一页最多有16行，纸张尺寸为17厘米×12厘米，写作区域的尺寸为15厘米×9厘米，字体是比较小的波斯体夹杂波斯草书体。该抄本没有序言及导言，也没有插图及装饰图案。

发生于1606年。1596年版包括开篇、导言、第一章至第三章以及结语，正文三章分别介绍了三一体、波斯悬体以及波斯体。而1606年版则分为开篇、导言、第一章至第四章以及结语，其中1596年版的结语变成了1606年版的第四章，增加了一个新的结语，也就是说1606年版新增了关于画家以及绘画技巧的部分。高齐在1596年版的开篇部分提及写作此书的目的是在阿巴斯一世以及当时的萨法维军官法尔哈德汗·卡拉曼鲁的书画院中占有一席之地，而1606年版中删去了这一部分，因为法尔哈德汗·卡拉曼鲁此时已经因为权力之争被阿巴斯一世除去，高齐本人也如前文所述离开了阿巴斯宫廷。除此之外，正文部分对个别艺术家的信息进行了扩充，排序上也有调整。

在该书的翻译研究方面，俄罗斯学者扎霍德尔以M本为底本，于1947年出版了俄语译本，同时在前言部分介绍了作者的情况。1959年，另一位俄罗斯学者弗拉基米尔·米诺斯基（Vladimir Minorsky）以1606年的H本为主要底本出版了英译本，同时在翻译中标注出与1596年的M本和E本的区别。在该译本的前言部分，他翻译了俄语译本的前言部分，并增加了对萨法维王朝时期文化中心以及四个《艺术芳园》抄本的介绍。1974年，伊朗学者艾哈迈德·苏西里·杭萨里（Aḥmad Suhaylī Khwānsārī）对N本进行了整理出版，在前言部分他介绍了伊朗的书法绘画发展史以及高齐的生平信息，可惜对N本的情况未作介绍。

译者将英译本及波斯语本进行对比后发现，N本也属于1606年版，与英译本的底本H本仅存在一些书法家排序上的差别，故本书以N本的波斯语原文为底本进行翻译，同时对文中出现的书法家信息进行了补充，并对部分书法专业名词等进行了解释说明。关于翻译有三点需要说明：一是一部分书法家的信息仅出现在《艺术芳园》之中，没有更多的佐证，故脚注部分仅保留姓名的拉丁转写；二是由于波斯语姓名易出现重

名现象，故对于作者仅作简要介绍且难以判断身份的书法家和画家，脚注中也仅保留其姓名的拉丁转写；三是波斯语姓名常会出现身份名称或外号等信息，如“米尔扎”有“王子”之意，“毛拉纳”“火者”则是宗教称呼。作者提及同一人时有时称其姓名，有时称其名号，为完整保留原著信息，本书译文部分对于同一人的不同称呼不作统一，但会在脚注中加以说明，同时在“书法家及画家列表”中对同一人的不同称呼加以整理。此外，《艺术芳园》原文中常穿插诗句，当诗句前后的内容为同一段落时，则诗句结束后的第一行文字在对译时采用顶格格式。最后，《艺术芳园》的原文没有标点符号，同一句话经过不同的断句可能会有多重含义，本书在结合前后文的情况下进行了尽量合理的断句和解读，如有不同释读也欢迎赐教。

مكية وهي

نستعين ۝ اهدنا

الصراط المستقيم ۝

صراط الذين انعمت

عليهم ۝ غير المغضوب

عليهم ولا الضالين ۝

آية ٦

《艺术芳园》译注

بسم الله الرحمن الرحیم

ای نام تو دیباچهٔ دیوان بقا آرایش هر صفحهٔ اوراق سما
منشی ازل صحیفهٔ ملکت تو از کلک ازل نوشته بر لوح قضا

حمد و سپاس مقرون باخلاص صانعی را زیبد که صفحهٔ فلک بوقلمون را بسواد و بیاض تُولجُ الّیلَ فی النَهارِ و تُولجَ النهارَ فی الّیلِ ملمّع ساخت و شکر و ستایش بیرون از حد قیاس راقم صحیفهٔ ن وَالقم و ما یَسطُرون را شاید که مرقع فلک دوّار را باوراق الوان بهار و خزان ترتیب داده.

مرتب ساز سقف چرخ دایر فراز چار دیوار عناصر
زبان در کام کام از نام او یافت نم از سرچشمهٔ انعام اویافت
تعالی الله زهی قیّوم دانا ز حکمت بر همه چیزی توانا

و درود بی‌پایان بر رسولی که جدول شریعتش احاطهٔ صفحتین احوال انس و جان فرموده و لوحه رسالتش مرقع مرفع وجود را حسن و زینت او افزوده.

عارف حق عالم امی لقب خاک درش هم عجم و هم عرب
رشحه جام کرمش سلسبیل مرغ هوای حرمش جبرئیل

و بر آل و اولاد فرخ بال آنحضرت که بی شیرازه محبت ایشان اوراق ایمان مربوط نیست و بی‌سرمایهٔ متابعت ایشان معاملهٔ دین مضبوط نی خصوصاً بر اقلیم گشایی که در قلمرو وجود بی رقم قبول او عبادتی مقبول نیست و بی‌اطاعت او طاعتی بر صحیفهٔ قبول مرقوم نه.

رباعی

شاه عربی سید اشراف سلف داماد نبی جامع اسباب شرف

开篇①

奉至仁至慈的真主之名

你的名字是生命诗集的开篇，你的名字装点着每日的天空。

无始的记录者用无始之笔，在命运之碑上记录你的恩慈。

向造物主献上真诚的祈祷，是你使天空出现昼夜的变化，“你使夜入昼，使昼入夜”（《古兰经》3：26）②。向写下“努奈③。以笔和他们所写的盟誓”（《古兰经》68：1）之书者致以无尽的谢意，是你用多彩的春秋装点了转动的天空。

这不断旋转穹顶的操控者，超越了元素的四面墙。

舌尖在诵念他的名字时感到愉悦，并在他的宽恕源泉中收获甘露。

尊贵的、完美的、永恒的主，他的智慧使他拥有超越一切的力量。

向先知④献上无尽的赞美，人类与天使皆为他的信徒，他用预言之碑装点了尊贵的存在之书。

那位被称作“乌米”⑤的真理知晓者，（他的）⑥门前站立着波斯人和阿拉伯人。

他的慷慨之杯中的液体来自清快泉⑦，他的圣地天空中飞翔的是吉卜利勒⑧。

向他以及他吉庆的家族（致敬），若没有他们的仁爱做书脊，这信仰之书将无法成形；若不是他们的追随，这虔诚的交流将无法记录下来。更要向这疆域征服者（致敬），若不是他的应允，在这片疆域上任何信仰的行为都将不被接受；若不是他的首肯，任何虔诚之举都不会被记录在认可之册上。

四行诗⑨

阿拉伯人的领袖、尊贵先人们的圣裔、先知的女婿，集高贵品质于一身者。

---

① 该标题为编者注，《艺术芳园》原文中并无此标题。

② 括号中为该句在《古兰经》中的章数和节数信息，本书所引《古兰经》的版本为：《古兰经》，马坚译，中国社会科学出版社，2015。

③ 努奈（nūn），阿拉伯语字母表中的第25个字母，呈圆形，此处也可能指墨水瓶。

④ 伊斯兰教中有多位先知，在无特定人名信息时，本译文中是指先知穆罕默德。

⑤ 乌米（Ummī），本义指文盲，《古兰经》中提到穆罕默德为“乌米”，意指他是在不懂阅读和书写的情况下受启的人，这两句诗以及后面的一个段落是作者对先知穆罕默德的赞颂。

⑥ 由于波斯语、汉语的区别以及波斯语的古代文体及现代文体的不同，原文中会出现缺词以及词义重复的现象，本译文保留重复之处，对于缺词之处，在影响理解时会将所缺之词写在括号之中。

⑦ 清快泉（Salsabīl），《古兰经》第76章第17～18节句中提到“他们得用那些杯饮含有姜汁的醴泉，即乐园中有名的清快泉”。

⑧ 吉卜利勒（Jibrā'īl），伊斯兰教中的大天使，在基督教中被称作“加百利”。《古兰经》第66章第5节句中提到“真主确是他（先知）的保佑者，吉卜利勒和行善的信士，也是他的保护者”。

⑨ 四行诗（rubā'ī），也被称为“柔巴依”或“两联诗”，是波斯诗歌形式之一，该体裁的长度为四个半句（miṣrā'），也就是两个对句（bayt），四个半句采用AAAA或AABA的押韵方式。更多信息可参阅穆宏燕：《四行诗》，载《波斯古典诗学研究》，昆仑出版社，2011，第254-264页。这首诗的主题为赞美伊斯兰教什叶派第一位伊玛目阿里·本·阿布·塔利布（601—661年）。

یعنی که امیر نحل و سلطان نجف　　دُرّی که چو او نبود در هیچ صدف

پس از آن برباقی ایمهٔ معصومین المنصوصین بنص قُل لااَسئَلُکُم علیه اَجراً الّاالمَودّةَ فی القُربی الموصوفین بنعت اِنَّما یُریدُ الله لِیُذهِبَ عَنکُم الرِجسَ اَهلَ البیتِ وَ یُطَهِرُکُم تَطهیراً صَلَواتُ الله و سَلامُهُ عَلَیهِم اَجمعَین.

مثنوی

سر هر نسخه را رواج فزای　　نام ایشانست بعد نام خدای
ذکرشان سابقست در افواه　　بر همه ذکر، بعد ذکر الله
گر بپرسد ز آسمان بالفرض　　سائلی من خیار اهل الارض
بزبان کواکب و انجم　　هیچ لفظی نیاید الا هُم

اما بعد بر ضمایر ارباب بصایر پوشیده نماند که آدمی را هیچ متاعی گرانمایه‌تر از فضل و هنر و هیچ حیثیتی زیباتر از حسن خط نیست چنانچه فرمود.

نظم

خَط حَسَن جَمالُ مَرءٍ　　اِن کانَ لِعالَمٍ فَاَحسن
الّدرُّ مع البَناتِ اجلی　　والدرُّ مَع النبات آزین

و دیگر چنین گفته‌اند.

مثنوی

خط که از شایبهٔ حسن تهیست　　بهرهٔ کاغذ ازو روسیهیست
خط چنان به ز قلم راننده　　که بیاساید ازو خواننده

انسان که اشرف مخلوقات و جوهر نفیس است قابلیت و اهلیت آن دارد که در هر وادی که سعی نماید سرآمد عصر و نادرهٔ دهر گردد لهذا بر هر فردی از افراد انسان لازم و بلکه واجب و متحتم است که بذل جهد در کسب فضایل و هنر نموده در آن وادی بسر حد ترقّی رساند.

他是无私[①]的领袖、纳杰夫[②]之君，他是举世无双的珍珠。

接着，向其他纯洁的伊玛目[③]（致敬），关于他们的记载，有“我不为传达使命而向你们索取报酬，但求为同族而爱”（《古兰经》42：23），还有“先知的家属啊！真主只欲消除你们的污秽，洗净你们的罪恶”（《古兰经》33：33）。

叙事诗[④]

他们使每一页记录广为人知，他们的名字出现在真主的名字之后。

人人口中都呼唤着他们的名字，赞念真主之后便会赞念他们。

若众生中被选中的向善者，向心中的上天询问。

在那群星的语言之中，再无更美妙的话语。

除此之外，所有的智者都知道，人类拥有的东西中，智慧最为珍贵，书法最为优美。如是说：

诗歌[⑤]

优美的书写风格使人锦上添花，若是智者掌握书法则更加绝妙。

（就如）牛奶若是加了糖会更加甜美，这结果更能愉悦人心。[⑥]

更有诗云：

叙事诗

毫无美感的书写，只是白白浪费纸张。

而优美的书法，会使人心绪宁静。

人类作为如珍宝般高贵的存在，理应能意识到这一点：人在任何一个领域都应努力超越同时代的人，成为佼佼者。每一个人都应努力追求美德与知识，并在各自的领域达到极限。

---

① “nahl”指蜜蜂，它也是《古兰经》第16章的名字，此处强调伊玛目阿里无私的奉献精神，故译为“无私”。

② 纳杰夫（Najaf），伊拉克南部城市，由于伊玛目阿里被葬于此，因此也是伊斯兰什叶派的圣城。

③ 伊玛目（Imām），此处所用的“A’ima”特指伊斯兰什叶派伊玛目，他们是宗教领袖，不仅在集体礼拜时带领大家做礼拜，还负责为教众阐释伊斯兰教隐义，此处指什叶派十二伊玛目派别中，除阿里之外的其余十一位伊玛目。

④ 叙事诗（maṣnavī），可音译为“玛斯纳维”，它也是波斯诗歌形式之一，常见的押韵方式为上下半句押韵，上下对句换韵，即AA，BB，CC……，它是用于叙事的长篇诗体，以波斯诗人莫拉维（Mawlavī/Rūmī，1207—1273年）的《玛斯纳维》最为著名。更多信息可参阅穆宏燕：《玛斯纳维（叙事体诗）》，载《波斯古典诗学研究》，昆仑出版社，2011，第289-301页。这首诗表达了作者对伊玛目的赞颂。

⑤ 诗歌（naẓm），本义指有韵律的语言，通常指诗歌。

⑥ 这两个对句为阿拉伯语。

رباعی

سررشتهٔ فضل ای برادر بکف آر — وین عمر گرامی بخسارت مگذار
دایم همه جا با همه کس در همه کار — میدار نهفته چشم دل جانب یار

خواجه حافظ شیرازی چنین فرماید.

بیت

هزار سلطنت و دلبری بدان نرسد — که خویش را بهنر در دلی بگنجانی

بر مرآت حقایق ارتسام و ضمیر خورشید انتظام کافهٔ انام ظاهر باشد که ادای حقوق استادان و ذکر ایشان و ابقای آثار و حالات آن جمع بیکران بر ذمهٔ شاگردان و ابنای جنس در هر زمان واجبست و آنانکه سلسله و شجرهٔ خط بهر کدام از آن طایفهٔ کثیرالفایده میرسانند بموددای مَنْ عَلّمنی حَرفاً فقد صَیّرنی عَبداً از لوازمست چرا که هر کدام از این طایفهٔ جلیله و زمرهٔ رفیعه را حالتی و مرتبه‌یی بوده بواسطهٔ مرور و گردش دهور و انقضای شهور نام اکثر آنها در پردهٔ خفا مانده چون فقیر حقیر کثیرالتقصیر قاضی احمد بن میر منشی ابراهیمی الحسینی القمی رفع الله قدرهما بالنبی و الوصی بخدمت اهل فضل میرسید و از خرمن افضال ایشان خوشه میچید بخاطر فاتر رسید که نسخه‌یی پاکیزه در باب حدوث قلم و پیدا شدن و اسناد آن بحضرت شاه ولایت پناه امیرمؤمنان صلوات‌الله و سلامه علیه و احوال هر یک از استادان و خوشنویسان و نقّاشان و افشانگران و سایر هنروران که باین طبقه منفیه منوطند و از اهل کتب و کتابخانه‌اند و طریق ساختن مرکب و ترتیب سایر لونهای مختلف و تذهیب در سلک تحریر و نمط تسطیر در آورد، حقا که اگر سبحان زنده شود و ابن مُقله حیات یابد هیچکدام از عهدهٔ تقریر و تحریر کماهی کمالات و حالات آن جماعت نامتناهی نتوانند بیرون آیند فکیف این بی‌بضاعت قلیل الاستطاعت را حد و یارای آن، اما بمضمون مالا یُدرک کلّه لایترک کلّه عمل نموده این نسخه را جهت یاران و خلان و جمعی از جوانان و بزرگزادگان که باین فنون رغبت داشته باشند و بدان خاطر عاطر شکفته دارند و کسب کمال نمایند تدوین و تألیف نمود.

四行诗

朋友啊，刨根问底般地求知吧，切莫虚度光阴。

求知吧，无论何时何地，何人何事，切不要向真主①闭上你的心灵之眼。

火者·哈菲兹·设拉子依②（就此）曾写道：

对句

千座城池和美人也比不上，用知识填满胸膛的价值。

无论何时，由学徒或同行撰书记录大师们的生平及作品是再合适不过的事，这是印刻在真理之镜、太阳之核以及每个人心中的道理。每一个隶属于不同时代和流派的书法家，从某种意义上来讲都是我的老师。而随着岁月的流逝，他们的姓名将会被尘封。当卑微的高齐·艾哈迈德·本·米尔·蒙什·易卜拉希米·侯赛尼·库米③（愿真主保佑）在先知和伊玛目的庇佑下得以为这些大师效劳，收集他们的成果时，鄙人决定写一本书，记录下笔的发明、书法的来源——这件事要追溯到尊贵的国王及忠诚的领袖④（向他致意），写下每一位书法家、画家、洒金师⑤、其他与这项高贵事业相关的艺术家以及与书籍和书画院⑥打交道的大师的生平，并描述制作墨水、颜料、泥金装饰以及书写的方法。即使萨赫班⑦和伊本·穆格莱⑧重获生命，也无法完美再现这个高贵群体的本质。鄙人无才，但深信“即使无法完全掌握，也应尽力而为”这个道理，故写下此书，供所有无论年纪长幼的热爱艺术的朋友阅读，助其早日掌握这门艺术。

---

① 此处“真主”使用了“yār”一词，该词还有“友人”和“爱人”的意思。

② 火者·哈菲兹·设拉子依（Khwāja Ḥāfiẓ Shīrāzī，1315—1390年），波斯文学的四位巨匠之一，他擅写抒情诗，代表作是《哈菲兹诗集》（*Dīvān-i Ḥāfiẓ*），更多信息可参阅张鸿年：《波斯文学史》，昆仑出版社，2003，第142-155页。哈菲兹姓名前的“火者”意为“尊者”或“大师”，这是对苏非大师的尊称。

③ 高齐·艾哈迈德·本·米尔·蒙什·易卜拉希米·侯赛尼·库米（Qāżī Aḥmad b. Mīr-Mūnshī Ibrāhīmī al-Ḥusaynī al-Qumī），作者全名。

④ 尊贵的国王及忠诚的领袖均指伊玛目阿里。

⑤ 洒金师（afshāngar）指擅长洒金术的人。洒金术（afshān，afshāngarī）是一种在纸上挥洒由金、银溶解得来的颜料液，装饰纸张的技术。虽然该技术包含对金和银两种贵金属的使用，但由于画师对金色颜料的使用及重视程度始终高于银色颜料，故以“洒金术”为名。该技术可能是从中国传到中亚及伊朗的，在帖木儿王朝时期兴盛于伊朗。插图23（本书中提及的插图均在“插图信息”中，以下不再标注）展示了一张以洒金术制作的纸张。

⑥ 书画院（kitāb-khāna），最初指制作以及收藏抄本的地方，是书写师、画师以及书籍装帧师等手工艺者工作的场所，还可细分为工坊和画坊。今意为图书馆。

⑦ 萨赫班（Saḥbān，？—1294/1295年），阿拉伯著名演说家及诗人，波斯诗人萨迪曾在作品《蔷薇园》中提及他的口才无人能及。

⑧ 伊本·穆格莱（Ibn Muqla，886—940年），全名为阿布·阿里·穆罕默德·本·穆格莱（Abū ʿAlī Muḥammad b. Muqla），伊斯兰书法家，生于巴格达，阿巴斯王朝时期三次出任政府官员，史料记载，伊本·穆格莱优化并确立了伊斯兰书法的六大基本字体，即“六体”，为伊斯兰书法的发展起到奠基作用，他与后文提及的伊本·巴瓦卜以及雅古特·穆斯台绥米并称为伊斯兰书法发展史上的“书法三杰”。

مثنوی

شکفته باد یارب گلشن جان ... بدین گلها که آید رشک بستان
خرد چون چشم دل سویش گشاده ... گلستان هنر نامش نهاده
چو گلزار ارم از بهر خوبان ... فقیرش داده ترتیبی بدینسان

امید از ناظران آنکه بعین عنایت ملحوظ نظر کیمیا اثر گردانیده اگر چیزی ترک شده باشد داخل فرمایند و اگر چنانچه سهوی یا چیزی زاید و ناپسند باشد بقلم اصلاح سرکشند.

مثنوی

دارم امید که این نسخه تمام ... که دروهست اسامی عظام
بنماید بمدد گاری غیب ... پیش ارباب هنر دور از عیب

و این مجموعه بر مقدمه و چهار فصل و خاتمه مرتب گردید.

مقدمه در باب احداث قلم و پیدا شدن خط و اسناد آن بحضرت امیرالمؤمنین علی علیه‌السلام و موضوع علم خط.

فصل اوّل در بیان خط ثلث و مایشابهه.

فصل دوم در ذکر خط تعلیق.

فصل سوم در شرح خط نسخ تعلیق.

فصل چهارم در ذکر احوال نقّاشان و مُذهّبان و عکس‌سازان و قاطعان خط و افشانگران و صحافان.

叙事诗

真主啊！让这生命之园绽放吧！让鲜花之园也为之艳美。

在此智慧如心灵之眼般绽放，故此书名为《艺术芳园》。

这片天国般的花园因优秀之人（充满芬芳），鄙人借此方法（写书）悉心打理。

希望本书的读者在阅读过程中，遇到遗落的信息就添加进来；遇到冗余或不满意之处，也请执笔修改。

叙事诗

我写下此书，一一记录下伟人的姓名。

只盼真主保佑此书，勿在众艺术大师面前贻笑大方。

本书包括导言、四个章节以及结语。

导言包含笔的发明，书法的出现，书法与尊贵的国王、忠诚的领袖的渊源，以及书法的其他相关知识。

第一章关于三一体①及其相似字体。

第二章关于波斯悬体②。

第三章关于波斯体③。

第四章关于画家、泥金装饰师④、镂空印花师⑤、画线师⑥、洒金师以及书籍装帧

---

① 三一体（suls̱），音译作“苏勒斯”体，伊斯兰书法“六体”之一。该词的含义是“三分之一”，意指该字体需要倾斜直角的三分之一度，与在它之前出现的库法体相比，三一体的字体转角处采用圆弧而非直角。该字体由于笔法挺拔有力，常用于物品及建筑的表面、碑刻铭文以及大号字体的书写，例如《古兰经》的封面和章节名大多采用三一体。字体展示见插图6。

② 波斯悬体（ta‘līq），音译作“塔里格”体，该词的本义为“悬挂”。该字体的曲线部分突出且弧度多变，往往脱离了基准线，故该字体以斜向书写，甚至不规则方向书写为佳。该字体产生于13世纪的伊朗，主要用于宫廷之中的波斯语文书书写，参见插图16。

③ 波斯体（nasta‘līq），音译作“纳斯塔里格”体，13世纪兴起于伊朗，主要用于波斯语，特别是波斯语诗歌的书写。该字体融合了誊抄体与波斯悬体的特点，是继波斯悬体之后第二个用于波斯语书写的字体，由于该字体既有波斯悬体的飘逸，又有誊抄体便于书写的特征，所以该字体是波斯语书法作品中最常见的字体。参见插图7、8、20的波斯体作品。

④ 泥金装饰师（muẕahhab），指在书籍制作中完成泥金装饰工作的技师。泥金装饰（taẕhīb）指通过泥金手法在手抄本中绘制的装饰花纹。这种装饰通常出现在抄本的卷首、篇章开头以及结尾页，花纹以植物纹样和几何图案为主，最初这种装饰为金色，后也包含其他色彩。

⑤ 镂空印花师（‘aks-sāz）指制作镂空印花的人。镂空印花（‘aks-sāzī，‘akāsī）是一种快速的书籍装饰方法。其过程是首先在硬纸板上雕刻出所需图案，图案以花朵、枝叶及几何图形为主，然后将其覆盖在需要装饰的位置，使用毛笔或棉花团蘸取颜料并涂抹在纸板镂空位置，取开纸板便可得到预期的图案。这种方法可快速画出大量相似图案。该技法还用于特定位置的金、银等贵重颜料的上色，不仅定位准确，而且可以减少贵重颜料的用量。

⑥ 画线师（qāṭa，jadval-kish），指在制作抄本时，为用于书写及绘画的纸张绘制格线的人。格线（jadval）包括书法与插图的长方形边框以及书法中的基准线，格线的长短及宽窄会影响书法字体的大小。而在一些装饰华丽的抄本之中，还会出现异形边框，即在基础的长方形边框之上叠加圆形、椭圆形或皇冠状的边框。

خاتمه در باب تذهیب و جدول و رنگ الوان و ساختن مرکب بانواع مختلف.

师[①]的生平。

结语则是关于泥金装饰、画格线、上色、多种墨水及颜料的制作方法。

① 书籍装帧师（ṣaḥāf），指在抄本制作过程中完成书籍装帧工作的人。书籍装帧（ṣaḥāfī）包含纸张裁剪、装订、封皮固定、封皮烫金及装饰制作等步骤。

مقدمه

در باب احداث قلم و اسناد آن بحضرت امیر عرب و عجم

بیت

شه سریر ولایت امیر کل اثیر　　　که بازگشته بفرمانش آفتاب منیر

بدانکه اصل خط نقطه است هرگاه دو سه حرف بهم پیوستی خط میشود و خط عبارتست از معرفت تصویر الفاظ بحروف تهجی و کیفیت و کمیت و حالاتی که باعتبار آن کتابت طاری شود و صنعت خط بغایت اثری معتبر و فضیلتی جانپرورست و همواره بازیب و فرست و نزد همگنان موقر و در هر مقام سرافراز و با هر گروه مصاحب و دمساز و صاحب رازست و همیشه با قدر و جاه و دست تعدی از دامن کوتاه در هر دیاری ازو یادگاری و بر هر دیاری رقمی از دست نگاری ظاهر و هویدا باشد که حضرت خالق برایاعز و علا اول چیزی که موجود ساخت قلم معجز رقم بود چنانچه نص الهی در آن باب صادر شده که اِقرأ و رَبکَ الاکرم الذّی عَلَّم بالقَلَم و حدیث حضرت نبوی صلی الله علیه و آله و سلم موافق آن اوّل خلق الله القلم.

مثنوی

هستی ز قلم رقم پذیرست　　　زو شمع قلم فروغ گیرست
سرویست قلم بباغ ادراک　　　سایه ز رقم فگنده بر خاک

و با وجود فضیلت سبقت امر کتابت وحی ازو متمشی و شغل کفایت امر و نهی ازو متقصی است.

مثنوی

طرفه نگاری قصب آل‌پوش　　　با دو زبان در سخن اما خموش
جلوه‌کنان سرو قدی‌سایه‌سای　　　گیسوی شبرنگ کشان زیر پای
سرو قدی همچو کمان تو ز پوش　　　با شب تاریک رخ روز پوش
تیر نه اما هدف ره سپر　　　بوده ز کاغذ هدفش بیشتر
کارگر و پرهنر خرده بین　　　کرده همه کار بکد یمین

导言

关于笔的发明以及（书法）与阿拉伯人和非阿拉伯人的领袖[①]的渊源

对句

他是天地四方之主，他令太阳东升西落。[②]

应知书法的基础是点[③]（的写法），两三个字母连在一起就产生了书法。对书法的学习包括了解含有音节的字母[④]的写法，了解字母的笔画、比例以及形态，只有这样，书写才能清晰[⑤]。书法是富有价值的技艺，是令人振奋的美德，它意味着装点与崇高，深受所有人的珍视与尊重。无论身在何处、面对何人，它都是一项令人自豪的技艺，它既深受所有人喜爱，又神秘莫测。它享有崇高的地位，从未招人厌恶。四面八方的人们都在称颂它，借由书法家的手，建筑上的书法赫然在目。真主创造的第一样东西就是用于完成书写这一奇迹的笔，正如《古兰经》经文所述："你应当宣读，你的主是最尊严的。他曾教人用笔写字。"（《古兰经》96：3–4）据圣训记载，先知（愿真主赐福与他和他的家人）也同意这一说法，认为真主创造的第一样东西就是笔。

叙事诗

奉主之名，笔得以现世，受主庇佑，笔闪耀光芒。

笔好似知识之园中的松柏，主的荫庇遍及四方。

正因笔拥有能力，神启、命令及禁令的下达皆需由它来完成。

叙事诗

似身披绸缎的美人，生有两副巧舌却从不言语。

展现着如松柏般挺拔的身姿，身下摆动着夜色般的辫子。

松柏般的身姿好似包裹兽皮的弓，面庞既似白昼又如黑夜。

虽不是箭却能正中目标，而箭的目标远不止纸张。[⑥]

（笔是）目光锐利、心思机敏的工匠，不辞辛劳，努力工作。

---

① 阿拉伯人和非阿拉伯人（Arab va ʿAjam）的领袖指伊玛目阿里。阿里·本·阿比·塔利卜（ʿAlī b. Abī Ṭālib，601—661年），先知穆罕默德的堂弟及女婿，在656年至661年间任阿拉伯帝国哈里发。阿里在什叶派中享有极高的地位，什叶派视他为先知的正统继承人以及第一任伊玛目。

② 此对句是对伊玛目阿里的赞颂。

③ 插图9展示了早期书法家以点和ʿalif（阿拉伯语及波斯语字母表中的第一个字母）为基准教授书法的过程。

④ 阿拉伯语和波斯语的字母均为辅音音素字母，即以辅音的书写为主的字母，个别元音在词中没有词形，故此处称之为"含有音节的字母"。

⑤ 书写的字迹清晰易读是伊斯兰书法的首要标准。

⑥ 该句的意思是，笔除了在纸上写字，更重要的目的是向阅读者传达信息。

پیشهٔ او معجزهٔ ساحری گاه کلیمست، گهی سامری
کرده گهی موی شکافی شعار گاه فرو مانده بمویی ز کار

و بی‌شبهه مفتاح ابواب فیروزی و مصباح پیشگاه دانش‌افروزی خامهٔ عنبر شمامه است که زادهٔ دودهٔ او موجب گرمی این هنگامه است.

مثنوی

کلید خرد را هنر شد علم کلید هنر چیست نوک قلم
قلم نقشبندست و چهره‌گشای قلم بر دو نوع آفریده خدای
یکی از نباب آمده دلپذیر نی قند گشته ز بهر دبیر
دگر نوع او نوع حیوانی است کش از آب حیوان در افشانی است
نگارندهٔ نقش مانی فریب ازو روزگار هنر دیده زیب

قلم آنچه از قسم نباتست کام شیرین کن کتابت کرامت آیاتست که نمونه‌یی از کرام‌الکاتبین و نشانه‌یی از راقمان علم الیقینست و آنچه حیوانیست قلم موست که سحرسازان مانی فرهنگ و جادو طرازان ختای و فرنگ بدستیاری آن اورنگ نشین کشور هنر و نقشبندان کارخانهٔ قضا و قدر گشته‌اند اما قلم کتابت که نباتیست حسب الاشاره کثیر البشاره منتخب جریدهٔ موجودات و منتجب حضرت واجب بالذات نبی عربی محمّد الابطحی علیه و آله افضل الصلوات و اکمل التحیات ک فرموده مَنْ کتَبَ بِحُسن الخَّطِ بِسم الله الرحمن الرحیم دَخَلَ الجَنَّة بِغیرِ الحساب و بعبارتی دیگر چنین مرویست که مَنْ حَسُنَ کِتابه بسم‌الله الرحمن الرحیم دَخَل الجَنَّة بِتَعلیم واجب التَعظیم ادیب دبستان عذب البیان خطهٔ امامت سرلوح دیباچهٔ وصایت

它的本领犹如魔术师的奇迹，有时是穆萨，有时是撒米里。[①]

有时一丝头发即可转为佳句，有时一丝头发也会毁掉成果。

毫无疑问，通往胜利之门的钥匙和知识面前的明灯正是这充满琥珀香气的芦苇笔，它黑色的产物总能引起炽热的躁动。

叙事诗

知识使智慧的关键聚焦于艺术，而艺术的关键则聚焦在笔尖。

笔既是艺术家也是画家，真主创造了两种不同的笔。

一种由令人喜爱的植物制成，在文书[②]手中成为下笔生辉的芦苇笔。

另一种则由动物（的毛）制成，动物（毛）笔蘸满墨汁画出串串珍珠。

可迷惑摩尼[③]的作画之人啊，正是你们的笔记录下艺术的历史。

植物制成的笔[④]使《古兰经》的书写更加顺畅，（使用植物制成的笔的）还有书写天使[⑤]以及知识信念[⑥]的记录者。第二种由动物（的毛）制成的笔是毛笔，借由它，如摩尼一般的、具有中国画师和罗马画师[⑦]技巧的法师们才得以坐上艺术的宝座，迈入命运的画室。然而，植物制成的笔被选中完成“创造之书”，先知穆罕默德——福星高照之人、由真主在众生之中选定的人、阿拉伯人的先知，向他献上最崇高的祝福——曾就植物制成的笔说：“奉至仁至慈的真主之名，如果一个人能写出漂亮的字，死后无须审判，定会进入天园。”“真主伟大”这句话是学堂中的口才大师以及伟大的伊玛目们的箴言，这句话也写在圣训的开篇。先知穆罕默德曾说“我是知识之城，阿里则是城门”[⑧]，阿里作为先知的继承者，也曾说“在我离开你们之前，有任何问题都可以问

---

① 《古兰经》记载，一个叫撒米里的人趁先知穆萨在西奈山悟道之际，铸造出金牛犊并引诱穆萨的族人走上崇拜金牛犊的歧途。伊斯兰教所指的穆萨就是基督教中的摩西。此处的“有时是穆萨，有时是撒米里”意指笔可以承担故事中不同的角色。

② 文书（munshī），指在宫廷之中负责为王室书写信件、政令及完成其他书写工作的人。本书中，多位人物姓名中出现的“蒙什”为该词的音译，说明此人因担任文书一职而出名。本书作者的父亲即被称为“米尔·蒙什”。

③ 摩尼（Mānī，约216—274年），摩尼教的创始人，他为了传播教义，制作了多部带有插图的经书，通常被视为波斯绘画的创始人，在波斯文学作品中，他常常以技艺精湛的画师形象出现。

④ 在传统的伊斯兰书法中，书法家通常使用芦苇等空心的植物秆茎制作笔，这种笔也被译为“盖兰”（qalam）。

⑤ 书写天使（karām-al-kātibīn），记录人类善恶事件的天使。这里称他们为“书写天使”，是为了强调他们通过书写而非记忆来记录，因此他们的记录更加可靠。

⑥ 伊斯兰教神秘主义认为，确定信仰信念的途径有三种：知识、内心和直觉。第一种通过知识和逻辑获得的信念叫作“知识信念”（ʿilm-i yaqīn），拥有这种信念的人可以看透世间的真理和地狱的存在。

⑦ 古代波斯文学作品中多次出现中国画师与罗马画师比拼技艺的故事，例如开篇第5页注释④中提到的波斯苏非诗人莫拉维的作品《玛斯纳维》。虽然这类故事大多以阐释苏非哲理为目的，但可以看出波斯人对中国画师和罗马画师技艺的认可，也因如此，摩尼与中国画师的身份合为一体，在故事中常以中国人的身份出现。更多关于二画师竞技和摩尼的论述，可参见陈明：《波斯“摩尼画死狗”故事的文图源流探析》，《世界宗教研究》2017年第4期。

⑧ 此句是伊斯兰教中的著名圣训，在多部伊斯兰教法学著作中均有提及，但版本各有不同。

و کتابت ایوان اَنا مَدینَة العِلم و عَلیّ بابُها کلیم طور سَلونی قَبل اَنْ تَفقِدونی وَ لِی صاحِب سَمّو مَنزِله هارونی.

بیت

شیر خدا شاه ولایت علی　　صیقلی شرک خفی و جلی

که فرمود علیکم بحسن الخط فاِنّه من مفاتیحِ الرزقِ و آنحضرت سلام‌الله علیه بدین شغل کریم و هنر واجب التکریم جهد موفور بکار زده‌اند.

غرض مرتضی علی از خط　　نه همین لفظ بود و حرف و نقط
بل اصول صفا و خوبی بود　　زان اشارت بحسن خط فرمود

و بعضی دیگر از اکابر چنین گفته‌اند:

فزاید ز خط حسن نازک عذاران　　علیکم بحسن الخط ای دوستداران
شود تازه از خط بهار جوانی　　بدانگونه کز سبزه عهد بهاران

و هم از حضرت امیرالمؤمنین علی بن ابیطالب صلوات‌الله و سلامه علیه منقولست که فرموده‌اند.

تعَلّمِ قوامَ الخطّ یا ذا التأدب　　فماالخطُّ الا زینة المتأدب
فَاِن کُنتَ ذامالٍ فَخَطّک زینه　　و اِن کانَ مُحتاجاً فَأَفضَل مکسَبِ

یعنی بیاموزید نیکویی خط را برای ادبداران و اهل عقل و دانش که اگر خطاط نیک غنی باشد خط نیک آرایش جمال اوست و اگر محتاج باشد بهترین کسب‌هاست و او را از آن مکسب باشد.

قطعه

خط خوب ای برادر دلپذیرست　　چو روح اندر تن برنا و پیرست
اگر منعم بود آرایش اوست　　و گر محتاج باشد دستگیرست

و هم آنحضرت سلام الله علیه فرموده حُسن الخَطّ لِسان الیَد و بَهجَة الضَمیر. یعنی: نیکویی خط زبان دستست و روشنی درون، چرا که اگر درون از کدورات پاکست خط خوب می‌آید چنانچه گفته‌اند: الکلام الحسن مصایدُ القلوب و الخطّ الحسنِ نزهة العیون. یعنی: هر که نیکو خواند و گوید صید دلهای مردم کند و خط خوب حظ بچشم رساند و هر که خط خوب بیند خواه خواننده و خواه امّی بتماشای آن مایل شود.

قال علیه‌السلام ایضاً اِعلَم اَن الخَطّ مَخفی اِلّا بِتَعلیم الاستاد و قوامُه فی کِثره المشق و تَرکیبِ المرکبات و بَقائه علی المعلّم فی تَرکِ المَنهیّات و محافظة الصَلوات و اصلُه فی مَعرِفة المُفرَدات. و بعضی دیگر از افاضل اکابر فرموده‌اند: الخَطّ اصل فی الروحِ و اِن ظَهَرَت بِجَوارِح الجَسد. یعنی: اگر روح از کدورات پاک افتاده است آنچه در درونست باعضای جسد و جوارح مثل دست و زبان ظاهر میگردد و ازین باشد که هر که را درون از کدورات و حسد و کینه وغیر از این از اوصاف ذمیمه پاکست خط را نیز نیکو و

我”。因为他（阿里）与先知，就像哈伦与穆萨[①]一样。

对句

阿里——真主之狮、尊严之王，令所有昭然的和隐秘的异教徒暴露于世。

他说：“你的职责就是（掌握）优美的书写，它是你生存的途径之一。”而他自己也亲身实践了这个高尚的职业和这门值得称颂的艺术。

阿里崇尚书法的原因，不是写下一点、一词、一句，

而是为了清净和良善的本源，这才是他崇尚书法的本意。

另有一些前辈也曾说过：

优雅的曲线能为美人增色，热爱书法的人啊，是书法之美（为你增色）。

正如盎然绿色之于春天，书法也使青年之春焕发生机。

尊贵的国王以及忠诚的领袖（向他致意）也说过这样的话，他说：

要掌握一种书法字体，书法能为有学识者锦上添花。

如果你生活富足，那书法可以装点生活，如果你生活拮据，书法是最佳的糊口本领。[②]

短诗[③]

兄弟呀，无论是面对年轻的还是年长的心灵，优秀的书法总能令人振奋。

对于富足之人，书法可锦上添花；对于困窘之人，书法可雪中送炭。

忠诚的领袖（向他致意）还曾说过：“手之于书法犹如喉舌之于演说[④]，书法之美出自心灵的通透。”[⑤]因为一个人只有心灵纯净，才能下笔有神。正如人们所说：“有力的演说征服心灵，优美的书法净化双眼。”也就是说，优秀的言谈和书写都能征服人心。优美的书法能使人观之怡然，无论识字与否，人人都能沉浸其中。

伊玛目阿里有言：“须知只有师傅教诲，才能掌握书法技艺。若想精通书法，则须勤加练习，并练习字母的连写[⑥]。教师的职责是规避错误，并始终不忘祈祷。而书写的基础是掌握每个字母的书写。”另有一些智者说过：“书法的关键在于灵魂，只不过是借助肢体体现出来的。”也就是说，一个人如果灵魂高尚，那么他的灵魂之美就会借助肢体，例如手和舌头体现出来。一个人的内心如果远离邪恶、嫉妒、仇恨以及其他罪

---

① 哈伦是穆萨的哥哥，与穆萨一样，他也是《古兰经》中记载的先知之一。

② 此处首先引用了阿里所说的阿拉伯语原文，作者随后用波斯语阐释了一遍。由于内容完全相同，此处仅翻译一次。

③ 短诗（qaṭʿa），波斯诗歌形式的一种，通常有2~18个对句。

④ 此句将书法与演说艺术进行对比，书法中手的作用相当于演说中喉舌的作用。

⑤ 此处含阿拉伯语原文和波斯语翻译，仅翻译一处。

⑥ 阿拉伯语从右往左书写，共有28个辅音字母，部分元音通过上下标音的方式体现。在书写上，字母连写在一起可组成单词，字母除原形外，在词首、词中和词尾出现时词形各有不同。波斯语在书写上基本遵循阿拉伯语的规则，除借用阿拉伯语的28个字母外，还添加4个辅音字母。参见“波斯语字母表”。

صاف و پاک می‌نویسد و الا بد. و جمعی دیگر گفته‌اند: خَطّ الحَسنِ لِلفقیر مال و لِلغنی جَمال و لِلحاکم کَمال. و افلاطون می‌گوید: الخَطّ هندسة روحانیة ظَهَرت بالَةُ الجِسمانیة. از اینجهت افلاطون خط را مخصوص دست نکرده و بدست مقید نساخته که اعضا را شاملست.

فقیر شخصی را دیدم که هر دو دست نداشت و بانگشت پای قلم گرفته خوب مینوشت و شاید که بدهان قلم توان گرفت و نوشت و جاری بر عادتست و در بعضی از کتب سیر مسطورست که اول کسیکه کتابت عربی کرد و قلم بدست گرفت حضرت آدم صفی علی نبینا وعلیه الصلوة و السلام است بعد از آن شیث بن آدم و در زمآنحضرت ابراهیم نبی علی نبینا و علیه الصلوة و السلام خط عبری یافتند و بعضی نوشته‌اند که خط مبارک حضرت ادریس نبی علی نبینا و علیه الصلوة و السلام بود اما آنچه مشهورست و مذکور چنینست که از قدیم خط نبود طهمورث دیوبند در این امر شروع کرد و ابتدای آن از زمان اوست.

بدانکه اصل خط نقطه است هرگاه دو نقطه یا سه نقطه را بهم پیوستی خط شد بعد از آن هر کسی دخلها کرد و در هر عصری خطی وضع شد و باسمی موسوم گشت و آنچه از اسامی خطوط در کتب تواریخ بنظر آمده و یافعی در تاریخ خود به تقریب اسم علی بن هلال مشهور بابن بوّاب ذکر کرده که جمیع کتابت امم از شرق وغرب دوازده خطست اول عربی دوم حمیری سوم یونانی چهارم فارسی پنجم سریانی ششم عبرانی هفتم رومی هشتم قبطی نهم بربری دهم اندلسی یازدهم هندی دوازدهم صینی

恶的思想，他所写的字也是优美而纯净的，反之则不然。还有人说："书法之于穷人，是财富；书法之于富人，是装饰；书法之于统治者，是使其完美的工具。"柏拉图说："书法犹如灵魂的几何学，它通过身体器官得以呈现。"柏拉图不是仅仅将书法与双手联系在一起，令书法为双手所束缚，而是将书法与整个身体关联在一起。

鄙人曾见过一位失去双手的人，他用脚趾执笔写字，字依然优美异常。有一些人甚至用嘴（叼着笔）也能写出优美的字迹，这就是习惯的结果。一些历史传记中提到，第一个执笔写下阿拉伯语的人是阿丹（愿真主赐福与他及先知），之后是他的儿子塞斯，[①]而阿拉伯语书写出现在先知易卜拉欣（愿真主赐福与他及先知）时期，还有一些人认为它出现在先知易德立斯[②]（愿真主赐福与他及先知）时期。但众所周知，上古时期并没有书法，降魔者塔赫姆列斯[③]是书写之祖，书写应从他的统治时期开始算起。

应知书写的基础是点，两个点、三个点连接在一起就形成了书写。自此，人们开始从书写中受益。各个时期都有新的书写出现，它们拥有不同的名字。有一些史书，例如雅菲仪[④]所写的那本约略提及阿里·本·赫拉勒[⑤]，也就是伊本·巴瓦卜的史书，记载了从东到西的十二种语言的书写，它们依次是阿拉伯语、赫米亚里语[⑥]、希腊语、波斯语、叙利亚语、希伯来语、罗马语、科普特语、柏柏尔语、安达卢斯语[⑦]、印地语以及汉语。同时，其他史书还记录了七种语言的书写字体，它们依次是赛莫德体[⑧]、哈

---

① 阿丹对应基督教文化中的亚当，塞斯对应基督教文化中的塞特。

② 易德立斯（Idrīs）是《古兰经》中提到的先知之一，书中有"［你应当叙述］易司马仪，易德立斯，助勒基福勒都是坚忍的。我使他们进入我的恩惠之中，他们确是善人"（《古兰经》21：85–86）。

③ 塔赫姆列斯（Ṭahmuliṣ）是伊朗史料中出现的第一个神话王朝——俾什达迪杨（Pīshdādīyān）王朝的国王，据说在他的统治时期出现了书法。波斯史诗《列王纪》（*Shāhnāma*）中写道："他们（魔鬼）教国王（塔赫姆列斯）书写成文，用知识点燃国王的心。他们教了近三十种语文，有罗马文、阿拉伯文和波斯文，有粟特文、中文及巴列维文，不要说书写，连名称也闻所未闻。"（菲尔多西：《列王纪全集（一）》，张鸿年、宋丕方译，湖南文艺出版社，2001，第38页。）他打败了众多恶魔，因此有"降魔者"的称号。

④ 雅菲仪即阿卜杜拉·雅菲仪（ʻAbdullāh ibn Asʾad Yāfiʿī，1298—1367年），出生于麦加附近，是著名的苏非教法学家以及史书作家。他一生写下多部作品，其中一部名为《天堂的镜子、警世教训以及了解历史事件》（*Mirʾāt al-Jinān va ʿIbrat al-Yaqẓān fī Maʿrifat Mā Yuʿtabar Min Ḥavādiṣ al-Zamān*）的以历史为题材的书中提及世界上的语言和文字书写。

⑤ 阿里·本·赫拉勒（ʻAlī b. Hilāl，？—1022年），常被称作伊本·巴瓦卜（Ibn Bavāb），是生活在阿巴斯王朝时期的著名书法家。他在伊本·穆格莱书法的基础之上进一步优化了伊斯兰书法字体的比例，并用不同的字体抄写《古兰经》，他是伊斯兰"书法三杰"之一。其作品参见插图10，这可能是现存唯一一部出自伊本·巴瓦卜之手的《古兰经》。

⑥ 赫米亚里语（Himyarī），是古代生活在阿拉伯半岛南部的也门地区的人使用的语言。

⑦ 安达卢斯语（Andalusī），也称"安达卢斯阿拉伯语"，公元9—17世纪安达卢斯语流行于伊比利亚半岛穆斯林统治的地区。

⑧ 赛莫德体（tamūdī，ṣamūdī），该字体出现在阿拉伯半岛北至叙利亚，南至也门的多处石刻上。

اما در دیگر نسخه‌ها هفت دیگر نوشته‌اند اول تمودی دوم حجری سوم رومی مقلوب چهارم کوفی پنجم معقلی ششم جعفری هفتم گرجی و این خطوط میان مردم متداول بوده و به یکدیگر مینوشته‌اند و قبل از آنکه خط فارسی بر روی کار آید و کارگاه عالم چون این زمان بجواهر خطوط و نقوش بدیعه بیاراید خط معقّلی بود که آن مجموع سطح است و در وی هیچ دوری نیست و بهترین خط معقّلی آنست که سواد و بیاض آن بتوان خواند و بعد از آن خطی که دیدهٔ اوالوالابصار را سرمه‌وار بوحی الهی و اوامر و نواهی حضرت رسالت پناهی صلی‌الله علیه و آله و سلم روشنایی میبخشید خط کوفی بود و ارقام اقلام معجز نظام حضرت شاه ولایت پناه سلام الله علیه در میانست که چشم جان را ضیاء و لوح ضمیر را جلا کرامت میفرماید و خوشتر از آنحضرت صلوات‌الله علیه کس دیگر ننوشته و بهترین خطهای کوفی آنست که آنحضرت سلام الله علیه نوشته و در خط کوفی دانگی دورست و باقی سطح، و آنچه خط مبارک شاه ولایت پناه است سرهای الف دو شاخه است و بیاضی از آن الف در نهایت نزاکت و غایت لطافت و باریکی ظاهر میشود و استادان سند آن خط و سلسلهٔ شجرهٔ آنرا بدانحضرت صلوات‌الله علیه میرسانند.

بیت

سند علم خط بحسن عمل　　　　بس بود مرتضی علی ز اول

حیث قال صلی الله علیه و آله و سلم الخَطّ نِصف العِلم یعنی هر که نیکو نوشت چنانست که نیمه‌یی از علوم دانست.

مثنوی

خط که فرموده است نصف العلم　　　　سرور انبیا بعلم و بحلم
آن خط مرتضی علی بودست　　　　زان نبی نصف علم فرمودست
مرتضی شاه اولیا حقا　　　　در زمان تغلب خلفا

扎里体[①]、倒罗马体[②]、库法体[③]、几何体[④]、贾法里体[⑤]以及格鲁吉亚体。这些就是人们彼此沟通的语言的字体。在波斯字体[⑥]出现并像今天这样装点书法世界之前，几何体发挥着主要作用。这种字体由直线组成，且看不到任何圆弧线条，[⑦]优秀的几何体应该黑白分明[⑧]。在它之后，库法体像染眼剂[⑨]一样令人眼前一亮。没有人能比他（伊玛目阿里）写得更好。（书写）这种字体是伊玛目阿里所拥有的才能之一，他的字体令人身心愉悦。最好的库法体是伊玛目阿里（愿真主赐福与他）所写的库法体，他人写的无法与之相提并论。这种字体的六分之一由圆弧线条组成，其余则是直线笔画，疆域的支柱[⑩]所写的库法体从优美和精巧两个角度看，犹如其中的“ʿalif”[⑪]一般。熟悉史料的大师皆认为这种字体可以溯源到伊玛目阿里（愿真主赐福与他）。

对句

书法艺术的根本是完美的品行，而伊玛目阿里是当之无愧的第一。

正如先知（愿真主赐福与他）所说：“书写占知识的一半。”也就是说，一个人只要懂得书写，就已经掌握一半的知识了。

叙事诗

“书写占知识的一半”这句话因谁而说？因那众先知中最博学、宽厚之人。

正是伊玛目阿里的书法，令先知说出了这句话。

在哈里发政权更迭时期，阿里确是君主中的领袖。

---

① 哈扎里体（ḥajarī），词义不明，或许指楔形文字的字体。

② 倒罗马体（rūmī-yi maqlūb），词义不明。

③ 库法体（kūfī），也译作“库非”体，出现于7世纪晚期至8世纪初期，是最早的阿拉伯语字体之一。库法为伊拉克城市名，但库法体的出现与该城市没有直接关联。该字体粗犷有力，最初广泛应用于《古兰经》的抄写、行政文书及建筑纹饰之上，后随着其他字体的出现，库法体逐渐转变成一种具有宗教性及装饰性的字体。字体展示见插图2。

④ 几何体（maʿgilī），是库法体的变形之一，该字体的线条呈水平状和竖直状，主要用于装饰建筑表面，故也被称为“建筑体”。

⑤ 贾法里体（jaʿfarī），词义不明。

⑥ 指专用于波斯语书写的波斯悬体、波斯体以及波斯草书体。

⑦ 早期的阿拉伯语字体，例如几何体横平竖直，没有弧度，这之后产生的以“六体”为代表的字体则是直线与曲线的结合，故可统称为“带曲线字体”。

⑧ 该字体由于常用于建筑表面，故也可将“黑白分明”理解为线条凹凸分明。

⑨ 染眼剂（surma），是古代中东地区的一种由黑色矿石制成的化妆用品，主要用来给睫毛和眉毛上妆。

⑩ 即伊玛目阿里。

⑪ “ʿalif”是阿拉伯语以及波斯语字母表中的第一个字母（参见“波斯语字母表”），同时也是“真主”这个词的首字母，在所有字母中具有特殊地位。该句中“ʿalif”有“最优、第一”的意思。

انزوا را شعار ساخته بود تا دمی وا رهد ز گفت و شنود
کردی اکثر کتابت مصحف خط از آن یافت رسم عزو شرف
آنچنان خط کجاست حد بشر قلم دیگرست و خط دگر

اگر نه التیاف و استکشاف دقایق اینمعنی بر آنحضرت سلام الله علیه واضح و لایح بودی اکثر اوقات شریف صرف کتابت کی نمودی.

بیت

اگر نه قید کتابت بود کجا باشد شکفته معنی رنگین و فکر جانپرور

و بعد از آنحضرت امام دوم و برگزیدهٔ خالق افلاک وانجم امیرالمؤمنین حسن صلواتالله و سلامه علیه خوش مینوشت و کتابت مصحف نمودی و در زمان تغلب معاویه آنحضرت نیز منزوی بود و کتابت مصحف میکرد و مصحفی به خط آنحضرت سلام الله علیه در کتابخانهٔ پادشاه غفران پناه جنّت بارگاه آنکه التفات بالقاب و تعریفات ظاهری نمیکرد و خود را بدین فقرات می ستود و از مفاخرت سر بر عرش میسود خاک آستانهٔ حضرت خیرالبشر رواج دهندهٔ مذهب حق حضرات ائمه اثناعشر علیهم صلوات من الله الملک الاکبر غلام خالص باخلاص حضرت امیرالمؤمنین حیدر صلواتالله و سلامه علیه ابوالبقاء شاه طهماسب الحسینی انارالله برهانه و روح روحه بود و راقم زیارت کرده و بدیدن آن مشرف گشته و در میان حضرات ائمهٔ معصومین صلواتالله علیهم اجمعین بعد ایشآنحضرت امام الساجدین و قبلة العابدین رابع ائمة المعصومین علی زین العابدین علیه افضل الصلوة المصلین و حضرت امام هشتم و قبلهٔ هفتم مفترض الطاعة واجب العصمهٔ:

为避免不必要的言谈，避世成了他的生活特征。[①]

大多数时候他都在抄写《古兰经》[②]，是他赋予书法以秩序和尊贵。

这样的书写早已超出了人类的极限，它是出自怎样的笔和手啊！

如果伊玛目阿里（愿真主赐福与他）不是已深刻领会这门艺术对精准度的要求，他怎会花费大量时间进行钻研？

对句

若不是执着于书写，又怎会自深邃的思想中绽放出沁人心脾的花蕾？

在伊玛目阿里之后，第二位伊玛目、真主认定之人、信徒的领袖哈桑[③]（愿真主赐福与他）也能够优美地书写，在穆阿维叶争夺哈里发之位[④]时，伊玛目哈桑也开始避世隐居并抄写《古兰经》。他所抄写的《古兰经》现藏于国王的书画院之中。如今已居于天园最高层的、拥有永恒记忆的苏丹塔赫玛斯普·侯赛因[⑤]（愿真主使他的陵墓圣洁），他不在意外在的地位和名望，而视自己为伊玛目阿里脚下的尘土、伊玛目信条的传播者以及伊玛目阿里忠实的仆人。在其他纯洁的伊玛目（愿真主赐福）之中，还有第四位伊玛目、伏地膜拜者的领袖、朝觐的方向宰因·阿比丁[⑥]以及第八位伊玛目、第七个礼拜对象、我们顺从和纯洁的礼萨[⑦]——

---

① 这两句诗指的是从什叶派的角度看，阿里是穆罕默德真正的接班人，然而在穆罕默德去世之后，由于阿里的谦逊和沉默，他没有在第一时间担任哈里发之职。在穆罕默德去世后的“四大哈里发”时期，阿里担任最后一任哈里发（656—661年在位）。而在前三任哈里发在位时期，阿里未参与任何战争，也未担任任何职务。

② 指伊玛目阿里在先知穆罕默德去世后的六个月中整理抄写《古兰经》一事。

③ 即哈桑·本·阿里（Ḥasan b. ʿAlī，625—670年），他为阿里之子，在什叶派十二伊玛目派别的信仰中，阿里是第一位伊玛目，哈桑则是第二位伊玛目。

④ 在伊玛目阿里去世之后，当时的叙利亚总督、倭马亚家族首领穆阿维叶（Muawiyah，606—680年）夺取了哈里发之位，建立了倭马亚王朝，从而结束了“四大哈里发”时期。在此之前，哈桑在伊拉克库法当地穆斯林的拥戴下曾短暂担任哈里发之职，后在穆阿维叶的影响下退位，隐居麦地那。

⑤ 即塔赫玛斯普一世（Tahmasp I，1514—1576年），他为波斯萨法维王朝第二任国王，本书写作之时塔赫玛斯普一世已去世。

⑥ 宰因·阿比丁（Zayn al-ʿĀbidīn）全名为阿里·本·侯赛因（ʿAlī b. Ḥusayn，659—712年），他是什叶派第四位伊玛目，“伏地膜拜者的领袖”与“朝觐的方向”是对他的尊称和他的头衔，宰因·阿比丁也是对他的尊称，意为“最佳礼拜者”。

⑦ 礼萨（Rižā）全名为阿里·本·穆萨·本·贾法尔（ʿAlī b. Mūsā b. Jaʿfar，766—818年），由于他的声望影响到当时哈里发马蒙（Al-Maʾmun，813—833年在位）的统治，故他被马蒙毒害。他的陵墓建在伊朗马什哈德，因此这个城市被什叶派穆斯林视为朝觐圣地，而伊玛目礼萨圣陵也成为第七重要的礼拜朝向。

بیت

شهید خاک خراسان امام طیّب و طاهر　　　　علی موسی جعفر محمّد باقر

خوش نوشته‌اند و در سناباد طوس که الحال مشهد مقدّس معلّی مزکی است در موضعی که اکنون بمدرسهٔ قدمگاه اشتهار دارد کتابت مصحف نموده‌اند و از وجه هدیهٔ آن اراضی مشهور بغسلگاه که در حوالی روضهٔ مقدّسهٔ منوره واقعست خریداری کرده وقف فرموده‌اند که مسلمانان را در آن دفن نمایند و آن اراضی در جنب موضع مبارکیست که آنحضرت را در آنجا غسل فرموده‌اند و اکنون مسجدیست که مردم در آنجا زیارت و عبادت میکنند و در شهور سنهٔ ست و ستین و تسعمایه شاه جنّت مکان علیین آشیان المشارالی بعض اوصافه الشریف مبلغ یکصد تومان تبریزی بمشهد مقدّس معلّی نزد والد راقم میرمنشی که در آن اوان وزیر شاهزاده فردوس آشیان ابوالفتح سلطان ابراهیم میرزا روح‌الله روحه العزیز بود فرستادند که آن اراضی را دیوار کشیده درگاه و دری بسازندکه مردم از آنجا عبور ننمایند و الاغان بدرون آن قبرستان نبرند

对句

霍拉桑[1]土地上的烈士，纯洁无瑕的伊玛目，阿里·本·穆萨·本·贾法尔[2]。

两位伊玛目[3]也能优美地书写。在过去属于图斯[4]，今天属于神圣的马什哈德的萨纳巴德[5]村庄中，在位于格达姆加[6]的学堂中，他们都曾抄写过《古兰经》。伊玛目礼萨曾买下一处叫作古斯勒加[7]的地方，如今它位于神圣光明的圣陵附近。伊玛目礼萨将这块地方作为瓦合甫[8]捐献出来，修建了用于安葬穆斯林的陵园。这块土地紧邻吉祥之地，因伊玛目礼萨曾在这里清洁盥洗，所以此地如今已成为一座供人礼拜和朝觐的清真寺。（伊历）966年[9]，归真的国王[10]将一百大不里士土曼交与鄙人的父亲米尔·蒙什[11]，他当时正担任归真的王子、霍拉桑的统领阿布·法特赫·苏丹·易卜拉欣·米尔扎[12]的宰相。统领命父亲为陵园修建院墙和大门，以避免行人随意穿行，甚至携带驴子

---

① 伊朗古地名，包含今天伊朗东部及阿富汗西北部的部分地区。此处意为伊玛目礼萨被葬于霍拉桑地区。

② 即第八位伊玛目礼萨。阿拉伯语人名通常分为三部分，第一部分为自己的教名，其后依次是父亲和祖父的教名，中间的“本”或“伊本”意为“……之子”。

③ 此处接对句之上的部分，指伊玛目宰因·阿比丁及伊玛目礼萨。

④ 图斯（Tūs，Ṭūs），位于伊朗霍拉桑拉扎维省的城市。

⑤ 萨纳巴德（Sanābād），位于马什哈德旁的小城。

⑥ 格达姆加（Qadamgāh）位于马什哈德附近，该地名的意思是“圣人留下足迹、生活过的地方”。伊玛目礼萨在从麦地那前往图斯的路程中生活过的地方均被后人尊为圣地，格达姆加就是其中一处，伊玛目礼萨曾在这里讲解圣训。该景点至今还有一处金属制的伊玛目礼萨脚印供后人朝觐。

⑦ 古斯勒加（Ghuslgāh），位于马什哈德伊玛目礼萨圣陵附近，该地名本义指礼拜前的清洁盥洗处，和格达姆加一样，此处也是伊玛目礼萨曾经活动过的地方。

⑧ 瓦合甫（vaqf），意为“宗教捐赠”，是穆斯林为完成宗教功课或出于慈善目的所捐赠的建筑或土地。这些建筑或土地由专门的宗教机构进行管理，通常会用于建造清真寺、宗教学堂或其他具有宗教性质的建筑。

⑨ 公历1558/1559年。本书所用历法为伊斯兰历，简称为“伊历”或“回历”。该历法以公元622年7月16日先知穆罕默德从麦加迁徙到麦地那这一天为纪年元年第一天。伊斯兰历一年有12个月，由于它是太阴历且闰年设置规律与公历不同，故它所对应的公历年份通常横跨两年。为使读者更清晰地了解时间信息，本书会在正文部分增加“伊历”二字，并在脚注中注出所对应的公历年份。

⑩ 即塔赫玛斯普一世。

⑪ 即米尔·蒙什·侯赛因·库米（Mīr Munshī Ḥusayn Qumī，1508/1509—1582年），他是高齐·艾哈迈德之父，全名为米尔·艾哈迈德·沙拉夫丁·侯赛因·侯赛尼·库米（Mīr Aḥmad Sharaf al-Dīn Ḥusayn Ḥusaynī Qumī），常被称作“米尔·蒙什”。他是塔赫玛斯普一世宫廷中的学者、诗人以及文书，后文有详细介绍。

⑫ 阿布·法特赫·苏丹·易卜拉欣·米尔扎（Abū al-Fatḥ Sulṭān Ibrāhīm Mīrzā，1540—1577年），为萨法维王朝创立者伊斯玛仪一世（Ismāʿīl I，1487—1524年）之孙，第二任统治者塔赫玛斯普一世的女婿，也是巴赫拉姆·米尔扎（Bahrām Mīrzā，1517—1549年）之子，他们父子二人是波斯艺术的重要赞助者。他历任霍拉桑、吉兰和哈马丹的统领。

و بسیاری از درویشان و علما و فضلا در آن مقبره مدفونند و شیخ علی طبرسی علیه الرحمه و الرضوان از آن جمله است.

入内。这座陵园中安葬着数位苦行僧[1]、学者和贤人，谢赫·阿里·塔巴尔西[2]（愿真主怜悯他）就是其中之一。

① 苦行僧（darvīsh），也译作“托钵僧”或“达尔维什”，广义上指伊斯兰教中的苏非教徒，狭义上特指苏非教义中摒弃世俗生活方式，通过禁欲苦修的方式来寻求与真主交流相通的团体。

② 谢赫·阿里·塔巴尔西（Shaykh ʿAlī Ṭabarsī，1073—1153年），伊朗著名的什叶派宗教学者，他撰写了多部宗教学、语言学和历史学的相关书籍，死后被葬在位于马什哈德古斯勒加的陵园。如今该陵园已不存在，他的墓地也被迁到了马什哈德的另一条街道。

فصل اول

در ذکر خط ثلث و ما یشبه به و پیدا شدن آن

بر ضمایر ارباب بصایر پوشیده نماند که ثلث را ام‌الخطوط گفته‌اند و علی بن مقله واضع خطوط ستّه است که بشش قلم معروفست و او مدار خط را بر دایره نهاد و در شهور سنه عشر و ثلثمائه استخراج کرد و از طریق کوفی گردانید و مردم را تعلیم داد و آن ثلث و نسخ و محقق و ریحان و توقیع و رقاع است اما اصل این خطوط اینست که ابن مقله استخراج کرده چنانکه گذشت اصل خط را از نقطه گرفته و اخذ کرده و قاعده و اصول آنرا واضع اوست و بر شش نوع قسمت کرد و هر یک را نامی نهاد مناسب لفظ و معنی.

قسم اوّل را محقق نام کرده‌اند دانگی و نیم دورست و چهار دانگ و نیم سطح پس مشابهت بخط کوفی و معقلی بیشتر دارد بواسطه سطحیت بنابراین این قسم را مقدم داشته و محقق نام کرده.

قسم دوم ریحان که تابع محققست از اینجهت که اصول محقق و ریحان یکیست و وجه تسمیهٔ ریحان آنستکه بوی و رنگ ریحان دارد.

第一章
三一体、相似字体及其起源

所有聪慧的人都知道，三一体是字体之母。阿里·本·穆格莱[①]创造了六种基础的书法字体。（伊历）310年[②]，他将圆弧引入书写线条之中，从而发明了新字体，自此他不再教授库法体，改而教授人们学写新字体。这“六体”[③]是三一体、誊抄体[④]、正典体[⑤]、芳典体[⑥]、签名体[⑦]以及行书体[⑧]。伊本·穆格莱发明了这些新字体，如前所述，书法的基础是点的书写，[⑨]他在此基础上确立了新字体的书法原则，区分出六种字体，并根据字形和含义确立了字体名称。

他称第一种字体为正典体，该字体的一个半点[⑩]为曲笔[⑪]，四个半点为直笔[⑫]，因此它与库法体和几何体更加接近。伊本·穆格莱在其他字体的基础上改进并创造出该字体，将之命名为正典体。

第二种字体芳典体是正典体的变形，故二者的基础结构相同。因芳典体的字体之美有近似香草的气息和色彩，故得此名。

---

① 即伊本·穆格莱。

② 公历922/923年。

③ “六体”（khuṭṭūṭ-i sitta），指伊斯兰书法中六种最经典的字体：三一体、誊抄体、正典体、芳典体、签名体以及行书体，由于这六种字体中有些只有大小的区别，故也可区分为三一体及誊抄体、正典体及芳典体、签名体及行书体。“六体”的展示参见插图11。

④ 誊抄体（naskh），音译作“纳斯赫”体，伊斯兰书法“六体”之一。“纳斯赫”一词意为“抄写”，该字体由于清楚易读，常用于誊抄《古兰经》及文学作品，故得此名。

⑤ 正典体（muḥaqqaq），音译作“穆哈盖格”体，伊斯兰书法“六体”之一。“穆哈盖格”意为“被证实的”，也指已完成的书法作品，该字体字母排列匀称、线条舒展，是较为早期的伊斯兰书法字体之一，常用于抄写字号较大的《古兰经》。字体展示见插图12。

⑥ 芳典体（rayḥān），音译作“雷杭”体或“雷哈尼”体，伊斯兰书法“六体”之一。该词含义为“香草”，该字体由正典体变形而来，但其字号更小且更纤细飘逸，因此被比喻为香草、花朵或叶子。

⑦ 签名体（tawqīʿ），音译作“塔乌奇”体，伊斯兰书法“六体”之一。“塔乌奇”意为“签名”，该字体是在三一体基础上变形而来的字体，由于常用于签名，故得此名。与三一体相比，签名体的曲线变化更多，且在个别不需要连写的字母，如dāl和ʿalif与其他字母连接时会有多余的连接线。

⑧ 行书体（riqāʿ），音译作“里卡”体，伊斯兰书法“六体”之一。“里卡”意为“纸条、信纸”等用于书写的材料，该字体与签名体相似，笔画之间也有多余的连接线，但其字号更小，适合快速书写且字迹清晰，常用于书信及其他需要快速书写的场合。

⑨ 伊斯兰书法在发展到“六体”阶段时，出现了带弧度的笔画，此时书法以ʿalif和芦苇笔下的一点为基准，以ʿalif为直径的圆确定笔画书写范围，以一点为度量单位确定笔画比例，下文所介绍的某种字体横向、竖向的点即为此意。

⑩ 此处的一个点（dāng）是伊朗传统计量单位，指某个整体的六分之一。因此一个半点就等于四分之一。这句话的意思即为正典体书写中有四分之一的笔画为带弧度的笔画。下一句的四个半点则等于四分之三。

⑪ 曲笔（dawr），指书写中带弧度的笔画。

⑫ 直笔（saṭḥ），指书写中没有弧度的直线笔画。

قسم سیم ثلث نامیده بدین سبب که دو دانگ در دورست و چهار دانگ و سطح.

قسم چهارم نسخست که تابع ثلثست و نسخ را از اینجهت نسخ گفته‌اند که بیشتر مصاحف و کتب بدان خط کتابت مینمایند و گویا چنانست که خطوط دیگر منسوخ شده و این خط ناسخ دیگر خطوطست.

اما قسم پنجم توقیعست نصفی دور و نصفی سطح و قضاة سجلات بدین خط مینویسند و بتوقیعات میرسد و قسم ششم رقاعست که خفی‌ترست از توقیع و تابع توقیعست و شباهت به یکدیگر دارند و از هم فر ق نمی‌توان کرد و رقعها را بدان خط می‌نویسند و بعضی دیگر اصل وضع را که شش است از جهات سته گرفته‌اند فوق و تحت و یمین و یسار و خلف و قدام و هرچه هست ازین شش بیرون نیست و اقسام خط را بدین دلیل هشت هم می‌توان گرفت که هرگاه خطی از این خطوط بقلم جلی کتابت کنی طومار باشد و اگر باریک نویسی غبار باشد پس طومار و غبار دو قسم دیگر باشد و هشت شود و هفت نباشد و دیگر آنکه اقسام خط را بر اختلاف قلم وضع میکردند اقسام خط را حد وعد نمیتوانست گفت پس معلوم شد که اقسام خط شش است و واضع هر یک را اصول نهاده که از یکدیگر ممتاز باشند. چنانچه سبق ذکر یافت ابن مقله وزارت الراضی بالله عباسی کرده ولادتش عصر روز پنجشنبه ۲۱ شوال سنهٔ اثنی و سبعین و ماتین وفاتش در دارالخلافهٔ بغداد در شهور سنه ثمان و عشرین و ثلثمائه بعد از رحلت ابن مقله دخترش تعلیم علی بن هلال داد که شهرت بابن بواب دارد علی بن هلال الشهیر بابن بوّاب بواسطه آنکه شاگرد ابن مقله است و استاد خط اوست خوش نوشت و نزد سلاطین و خلفا معتبر بود و قرب و منزلت تمام یافت اول کسیکه از استادان خوشنویس شد و قطعه نوشت بعد از وضع و استخراج خط که ابن مقله شکرالله سعیه کرد علی بن هلال بود و هیچ آفریده چه در زمان او و چه بعد ازو بدو نرسید تا زمان مستعصم که یاقوت پیدا شد کتابه نویسی و مثنی برداشتن از مخترعات ابن بواب ست و او پیدا کرد.

قبلة الکتاب جمال الدین یاقوت مستعصمی غلام مستعصم عباسی که آخر خلفای متغلبین است بوده و از حبش است وی تتبع خط ابن بواب کرد و خط را بدورسانید اما در قلم تراشیدن و قط زدن تغییر روش استادان پیش داد

第三种字体为三一体，因三分之一的笔画为曲笔，三分之二为直笔，故得此名。

第四种字体誊抄体源自三一体。因多数《古兰经》及其他书籍的书写均使用该字体，故该字体得此名。正是它的出现使得其他字体销声匿迹。

第五种字体是签名体，它的笔画中一半是直线一半是带弧线条，法官使用该字体记录文件和签发命令。第六种是行书体，它源自签名体，但（字形）更小。这两种字体非常接近，很难区分彼此。人们常用行书体来写字条。另外一些人从六个方向来区分字体，即字体的上部、下部、左部、右部、前部以及后部，但依然分为这六种字体。还有些人则认为除了这六种字体，还有两种字体，即用粗笔写出的大体①，和用细笔写出的极细体②，这样就组成了八种字体，而不是七种字体。还有一些人根据书法用笔的不同对字体进行区分，但这不能算是一种评价标准。因此字体仍应分为六种，在这种分类方法中，字体彼此的区别也很清晰。之前提到的伊本·穆格莱曾任拉迪一世③的宰相，他生于（伊历）272年10月21日④，一个星期四的下午，并于（伊历）328年⑤在哈里发国首都巴格达去世。在他去世之后，他的女儿指导阿里·本·赫拉勒，也就是伊本·巴瓦卜练习书法。这样一来，伊本·巴瓦卜可以说是伊本·穆格莱的学生。伊本·巴瓦卜擅长书法，深受王室及哈里发的信赖并享有极高的地位。他是最早的书法大师以及最早完成单幅书法⑥的书法家之一。在发明并创建了书法体系的伊本·穆格莱（愿真主满意于他）之后，就是伊本·巴瓦卜的时代，他的技艺高超绝伦，无人匹敌，直到穆斯台绥木⑦时期雅古特·穆斯台绥米⑧的出现，雅古特·穆斯台绥米擅长书籍抄写，并学习模仿伊本·巴瓦卜的字体。

书法家的向导⑨贾马尔丁·雅古特·穆斯台绥米是阿比西尼亚人，最初是最后一位哈里发穆斯台绥木的奴隶。他研习并遵循了伊本·巴瓦卜的书写原则，但改进了前人削笔和裁剪笔头的方法。他根据疆域的支柱（愿真主赐福与他）的话确定了自己的原则。

---

① 大体（ṭūmār），该词本义为“册、卷、卷轴”等用于书写的材料，在书法中专指字形较大的字体，有时也特指正典体与三一体这一类大号字体。

② 极细体（ghubār），该词本义为“尘埃、尘土”，在书法中专指字体线条粗细小于0.5毫米的字体。极细体在设计之初主要用于在飞鸽传送的信纸之上书写，后主要用于抄写可随身携带的《古兰经》，参见插图13由极细体抄写的《古兰经》。

③ 拉迪一世（Al-Rāżī Bi'llāh ʿAbbāsī，909—940年），阿巴斯王朝第二十任哈里发。

④ 公历886年3月31日。

⑤ 公历939/940年。

⑥ 单幅书法（qaṭʿa），此处指独立成页的书法作品，这种书法作品一页上通常只有斜向抄写的两到三个对句。参见插图14。

⑦ 穆斯台绥木（Mustaʿṣim，1213—1258年），阿巴斯王朝第五十五任哈里发（1242—1258年在位）。

⑧ 雅古特·穆斯台绥米（Yāqūt al-Mustaʿṣimī，？—1298年），阿巴斯王朝时期的著名书法家，因效力于穆斯台绥木宫廷，故以“雅古特·穆斯台绥米”为称号。他在伊本·穆格莱与伊本·巴瓦卜书法的基础之上进一步美化了书法“六体”，是伊斯兰“书法三杰”之一。

⑨ 这是后世给贾马尔丁·雅古特·穆斯台绥米的称号。

و استدلال و استرشاد از کلام معجز نظام حضرت شاه ولایت پناه صلوات الله علیه نمود حیث قال طل حلقه القلم و اسمنها و آحرف القطّ و ایمنها فان سمعت صلیلا کصلیلا المشرقی والا قاعد نقطه: حاصل عبارت آنکه نوک قلم را دراز بتراش و فربه بگذار و قط قلم منحرف بزن که چون قلم بر کاغذ نهی آواز کند مثل آواز شمشیر مشرقی و این مشرقی گویند شخصی بوده که شمشیر را در غایت خوبی و لطافت ساختی چنانکه هر که شمشیر او را آزمودی و بر هر چه زدی دو نصف کردی و اگر حرکت می‌دادند به حرکت می‌آمد و ازغایت نازکی آوازی می‌شنیدندی پس بهتر آنست که قط قلم منحرف زنند و نوک قلم دراز و گوشت‌دار باشد چون بر صفحه کاغذ نهی در حرکت آید و صدایی از او ظاهر گردد و ابن بوّاب قلم را قط نمیزد و از آن سبب کتابت او نازک و لطیف نیست اما قبله الکتاب یاقوت قلم را قط زد و از آن قاعده تغییر کرد و در خط نیز تغییرات فرمود از بهر آنکه خط تابع قلمست بدین جهت خط او را ترجیح بر خط ابن بوّاب می‌نهند بواسطهٔ نزاکت و لطافت نه از جهت اصول و قاعده اما اصل خط همانست که ابن مقله استخراج کرده و جمعی که اقسام خط را هفت گرفته‌اند طومار را یک قسم دیگر از خط نام نهاده‌اند چنانکه شاعر گوید.

بیت

طومار و محقق و رقاع و ریحان   نسخ است که ثلث او بتوقیع نوشت

و یاقوت مجموع اصل خط را در این یک بیت بر سبیل اجمال ذکر کرده.

اصول و ترکیب کراس و نسبت   صعود و تشمیر نزول و ارسال

یاقوت چون قبلة الکتّاب شد هر روز بلافاصله دو جزء کتابت قرآن می‌کرد و هر ماهی دو مصحف تمام می‌نمود و در آخر آن قید می‌کرد که این مصحف چندمست و سیصد و شصت و چهارم را دیده‌اند که نوشته بوده و هر روز هفتاد کس را سرخط می‌داد.

محقق بنزدیک هر کس که هست   که ریحان خطش برد دل ز دست

也就是削笔时，笔头应削得长且厚，最前端的角度削到这种程度为佳——当笔尖划过纸面时能发出马什拉吉之剑的声音。据说马什拉吉所造之剑极其完美，任何人使用他的剑，都可将所碰之物一削两断。人们挥舞这种剑，剑锋舞动时会发出尖锐的声音。削笔也应达到如此效果，笔头应削出特定角度，笔尖则应长且饱满。笔放在纸上时，能达到运笔自如且发出声响的效果。伊本·巴瓦卜不在意削笔，因此他的书写算不上优美精致，然而书法家的向导雅古特却懂得处理笔头，他改变了（处理笔头的）方法，从而给书法带来了变化，因为书法是依靠笔来完成的。也因如此，人们更欣赏雅古特书法的优雅，而没有因为伊本·巴瓦卜创造了新的书法原则就青睐于他，因为最基本的书法原则早已由伊本·穆格莱创立。另有一些人认为书法字体有七种，他们将大体视为第七种字体。正如诗人所说：

对句

大体与正典体、行书体与芳典体，三分之一的政令[①]是誊抄体。

雅古特也曾用一个对句指出了书法的所有要素：

基本笔法[②]、组合[③]、定位[④]与比例[⑤]，提笔[⑥]、曲线提笔[⑦]、降笔[⑧]及拖笔[⑨]。

雅古特在被称为“书法家的向导”之后，每日都要写三十分之一的《古兰经》，每个月可完成两份《古兰经》的抄写工作，并会在每份抄本后标注出编号。至今人们已见到第364份抄本。每天他还会为70个人提供范例帖[⑩]。

他的正典体人人喜爱，他如香草[⑪]般的字迹动人心弦。

---

① 此句中的“三分之一”与“三一体”是同一个词，“政令”与“签名体”是同一个词。这是波斯诗歌中常见的双关修辞手法。这个对句共提到七种书法字体。

② 基本笔法（uṣūl），伊斯兰书法四大章法之一，主要包含伊斯兰书法的笔画规范，包含伊斯兰书法中的11个概念：重笔、轻笔、直笔、曲笔、直线提笔、曲线提笔、直线降笔、曲线降笔、落笔和空白处的对比、收笔以及字母分类。

③ 组合（tarkīb），伊斯兰书法四大章法之一，指单词中的字母、单词、句子以及行与行组合写在一起时的规律及形式。

④ 定位（karās，kursī），伊斯兰书法四大章法之一，指字母与基准线的相对位置，主要分为字母主体落在基准线上、位于基准线上方以及位于基准线下方这三种情况。

⑤ 比例（nisbat），伊斯兰书法四大章法之一，指以基本笔画，例如点和字母“ʾalif”的书写为基准，字母纵向、横向及斜向的笔画应遵循的固定比例，以及相同或相似字母始终保持大小一致等的比例原则。

⑥ 提笔（ṣuʿūd），指由下而上书写的笔画，其中又分为直线提笔和曲线提笔。

⑦ 曲线提笔（tashmīr），指由下而上的曲线笔画。

⑧ 降笔（nuzūl），指由上而下的笔画，其中又分为直线降笔和曲线降笔。

⑨ 拖笔（irsāl），该词本义为“送出”，在伊斯兰书法中指字母书写收尾时将笔画拖长的部分。该对句前半句包含了伊斯兰书法完整的四大章法，后半句则均为基本笔法。

⑩ 范例帖（sarkhaṭ），指在每一行开头书写一个范例单词，在其后留出练习空间的书写纸张。

⑪ “香草”与“芳典体”为同一个单词。

رقاعش پسندیدهٔ روزگار بتوقیع او سحر را ختم کار
غبارش بر اطراف سیمین حریر چو آثار خط بر رخ دلپذیر

حکایت مشهورست که در وقتی که هلاکوخان بغداد را گرفت و لشکر مغول به شهر ریختند یاقوت به مغزه‌یی گریخت و در آنجا دوات و قلم همراه داشت و کاغذ مشق نداشت رومالی از جنس متقال بعلبکی با خود داشت حرفی چند در آن نوشته بود که عقل را از دیدن آن حروف حیرت دست می‌داد و آن پارچه نوشته در کتابخانهٔ نوّاب غفران پناه ابوالفتح بهرام میرزا برد الله مضجعه بود والد ماجدم میرمنشی روح الله روحه و عطر بنسیم الغفران مضجعه نقل می‌فرمود که کافی مسطّح بر آنجا نوشته بود که فی الواقع حمل بسحر و اعجاز می‌توانست نمود و بعضی دیگر نقل کرده‌اند که بی‌قلم به انگشت سبّابه بر آن رومال مشق کرده و این شهرت تمام دارد گویند که در همانروز که یاقوت در مناره جای جسته بود یکی از یاران و شاگردان او به بالا آمد و گفت که چه نشسته‌یی که لشکر مغول بغداد را قتل و غارت کرد و تمام شهر خراب شد یاقوت گفت غم نیست چرا که کافی نوشته‌ام که به تمام عالم می‌ارزد چه جای یک شهر بغداد که اگر خراب شود با کی نیست یاقوت معمر بود و عمرش از صد سال تجاوز نموده و عینک می‌نهاده و کتابت می‌کرده است وفاتش در ابتدای سلطنت سلطان غازان در شهور سنهٔ ست و تعسین و ستمایه در دارالاسلام بغداد قبرش در جوار قبر احمد حنبل است و از شاگردان او شش کس سرآمد شده مرخص بوده‌اند که اسم یاقوت را در خط خود بنویسند و ایشان را استادان ستّه می‌گویند:

اول شیخزاده سهروردی که مولدش بغداد بوده و عمارات آنجا را اکثر او کتابه نوشته و در مسجد جامع بغداد سورة الکهف را سراسر نوشته

他的行书体久经考验，他的签名体令魔法失效。

他的极细体游走在锦缎银线边缘，犹如美人面庞上的动人曲线。

据说当旭烈兀[①]攻占巴格达[②]，蒙古大军涌入这个城市之时，雅古特躲入了一间杂货店。他当时随身带了笔和墨，却未携带纸张，只有一块巴勒贝克[③]产的亚麻头巾。于是他在头巾上写下几句话，任何看到它的人都会深感震撼。这块带字的头巾现藏于尊贵的阿布·法特赫·巴赫拉姆·米尔扎[④]（愿真主怜悯他）的书画院中，征服世界的王子[⑤]曾将此物交与鄙人的父亲米尔·蒙什（愿真主怜悯他）。有一段时间，父亲经常据此临摹。我幼时曾见过这块头巾，其上的字体线条平直，完全体现出雅古特如魔法般的技巧。有些人说，雅古特当时是用食指当笔在头巾上写的字。而接下来的情节就尽人皆知了。当雅古特藏身在宣礼塔[⑥]之中时，他的一个朋友及学徒恰巧也在那里，便问他："你怎么还不走？蒙古军队正在城里抢劫杀人，整座城都要毁了。"雅古特回答："不用担心，我已写下了价值连城的东西，即使蒙古人真的毁了巴格达，也没有关系。"雅古特会戴着眼镜书写抄本。他最终活了一百多岁，是位长寿之人，他于合赞汗[⑦]统治初期，（伊历）696年[⑧]于伊斯兰之城——巴格达去世，他的陵墓与艾哈迈德·罕百里[⑨]之墓相邻。他的学生中有六人极为出色，人称"六体名家"，他们可将老师雅古特的名字写在自己的作品之上。[⑩]

第一位是谢赫扎德·苏赫拉瓦尔迪[⑪]，他生于巴格达，这座城中大部分建筑上的书法均出自他手，他还在巴格达的聚礼清真寺[⑫]写下整个"山洞章"[⑬]，随后石匠将"山

---

① 旭烈兀（Hulagu Khan，1218—1265年），蒙古人，伊朗伊利汗王朝（Ilkhanate，1256—1335年）的开创者。

② 1257年，旭烈兀带军攻打阿巴斯王朝的都城巴格达，当时的哈里发穆斯台绥木拒绝投降。次年旭烈兀攻下该城后，穆斯台绥木被杀。

③ 巴勒贝克（Baa'lbik），古城市名，今位于黎巴嫩贝鲁特的东北地区。

④ 阿布·法特赫·巴赫拉姆·米尔扎（Abū al-Fatḥ Bahrām Mīrzā），萨法维王朝创立者伊斯玛仪一世之子，阿布·法特赫·易卜拉欣·米尔扎之父。他曾先后担任霍拉桑、吉兰和哈马丹的统领。他自1529/1530年起掌管霍拉桑地区时驻扎在赫拉特，是萨法维王朝时期重要的艺术赞助者。

⑤ 即阿布·法特赫·易卜拉欣·米尔扎。

⑥ 此处的"宣礼塔"（manāra）与上文的"杂货店"（maghāza）有冲突，两个单词的字形相像。

⑦ 合赞汗（Ghazan Khan，1271—1304年），伊朗伊利汗王朝的第七任君王，他在登基前改信伊斯兰教，确认了伊斯兰教在伊利汗王朝的宗教统治地位。

⑧ 公历1296/1297年。

⑨ 艾哈迈德·罕百里（Aḥmad ibn Ḥanbal，780—855年），伊斯兰教法学家，罕百里学派的创始人。

⑩ 雅古特及他的六名学生被合称为"七大家"。在伊斯兰书法的师徒制度中，优秀的学生在得到老师许可后，可在自己的书法作品中签写老师的名字。

⑪ 谢赫扎德·苏赫拉瓦尔迪（Shaykhzāda al-Suhravardī，1256—1340年），波斯著名书法家及音乐家，生于巴格达，一生抄写了多部《古兰经》手稿，有"雅古特第二"的称号。

⑫ 聚礼清真寺（Masjid-i Jāma'），常见的清真寺名。

⑬ 即《古兰经》第十八章。

و استادان بنا آن را منبت بیرون آورده‌اند اما زینتی ندارد و به دستور آجر است.

دویم ارغون کاملی وی هم از مشاهیرست در بغداد دو مدرسهٔ عالیست هر دو کاشی کاری یکی در مرغابیه و یکی در کنار جسر کتابه‌های هر دو به خط اوست.

سیم نصرالله طبیب در بغداد کتابهٔ بعضی از عمارات عالی به خط اوست.

چهارم مبارکشاه زرّین قلم او به غایت نازک و شیرین نوشته و در کمال صافی و پاکیزگی سطورست گویند که چون سلطان اویس جلایر در نجف اشرف عمارات بنیاد کرد شبی حضرت شاه ولایت پناه سلام الله علیه را در خواب دید که به سلطان اویس امر فرمود که کتابهٔ عمارات را به مبارکشاه زرین قلم بگو که بنویسد از اینجهت او را زرین قلم گفتند و شهرت تمام وی از خطه طیبه و محروسهٔ فاخره تبریز است.

پنجم یوسف مشهدی وی خدمت یاقوت بسیار کرده و در آخر عمر از عراق عرب به آذربایجان رفته رحل اقامت در دارالسلطنه تبریز انداخت و بقیه عمر در آنجا به کتابت و مشق اوقات صرف نمود عبدالله صیرفی شاگردی او را نموده است.

ششم سید حیدر گُنده نویس بضم الکاف یعنی جلی‌نویس به غایت خوشنوشت مجذوب و اهل حال بوده، هر کس ازو تعلیم گرفته هم خوشنویس می‌شده و هم به مناصب و مراتب عالی می‌رسیده

洞章”雕刻在砖块之上，但其上没有装饰纹样。

第二位是阿鲁浑・卡梅里[①]，他非常出名。巴格达有两所由瓷砖装饰的学堂，一所在摩尔高比耶[②]，另一所在桥边，这两所学堂的瓷砖上的书法皆出自他手。

第三位是纳斯鲁拉赫・塔比卜[③]。巴格达部分建筑上的书法是他的作品。

第四位是“金笔”穆巴拉克沙[④]，他的书法极为精致优美。据说，贾拉耶尔王朝的苏丹乌畏思[⑤]在修建尊贵的纳杰夫城期间，有一晚梦到了疆域的支柱[⑥]（愿他安息）命令他，让“金笔”穆巴拉克沙负责这些建筑上的书法。穆巴拉克沙由此获得“金笔”之称，他的一切荣耀都归于优美且雄伟的大不里士城。

第五位是优素福・马什哈迪[⑦]，他跟随在雅古特身边照料多年，晚年时离开阿拉伯的伊拉克前往阿塞拜疆，并定居在帝王之城[⑧]大不里士。他将晚年时光全部倾注在抄写以及书法练习之上。阿卜杜拉・斯拉非[⑨]是他的学生。

第六位是赛义德・海达尔[⑩]，他是一位擅长写大字的书法家[⑪]，他的大字极其完美。他写字时总是全神贯注，沉迷其中。他教过的学生也都成了书法大家，并享有盛

---

① 阿鲁浑・卡梅里（Arghūn Kāmilī），生卒年及出生地不详，其目前留存的作品中，最早及最晚的作品的时间分别是1300/1301年及1352年，参考Wheeler Thackston, *Album Prefaces and Other Documents on the History of Calligraphers and Painters* (Leiden: Brill, 2001), p.8。

② 摩尔高比耶（Murghābiyya），英译本此处为“玛尔扎尼耶”（Marjāniyya），该学堂据记载建于伊朗贾拉耶尔王朝时期（Jalayirid Sultanate，1335—1432年）。

③ 纳斯鲁拉赫・塔比卜（Naṣrullāh Ṭabīb），出生地不详，其目前留存的两部作品分别标注了1328/1329年及1334/1335年，他可能于1339年去世，参考Wheeler Thackston, *Album Prefaces and Other Documents on the History of Calligraphers and Painters* (Leiden: Brill, 2001), p.8。

④ “金笔”穆巴拉克沙（Mubārak-shāh Zarrīn-Qalam），伊朗大不里士人，下文“他的一切荣耀都归于优美且雄伟的大不里士城”即说明他是大不里士人。现存的一幅他完成的作品上标注了1331/1332年，参考Wheeler Thackston, *Album Prefaces and Other Documents on the History of Calligraphers and Painters* (Leiden: Brill, 2001), p.8。

⑤ 乌畏思（Ūvays I，1356—1374年在位），贾拉耶尔王朝国王，该王朝的统治范围为今伊朗西部及巴格达地区。

⑥ 指伊玛目阿里。

⑦ 优素福・马什哈迪（Yusuf Mashhadī），据记载，他与雅古特同年去世。“马什哈迪”意为“马什哈德人”，指出了此人的出生地或家族籍贯。这是一类常见的伊朗姓氏的形成方式，后文人名中的“内沙布里”指“内沙布尔人”，“大不里兹”指“大不里士人”，“赫拉维”指“赫拉特人”，这些皆为此类姓氏。

⑧ “帝王之城”是大不里士的别称，意为“都城”，后文多个城市名之前都加了符合该城特色的别称，例如“信仰之城”“教化之城”。一座城可以有多个别称，而同一个别称也可以用于多座城市。

⑨ 阿卜杜拉・斯拉非（‘Abdullāh Sīrafī，？—1341/1342年），擅长书法及瓷砖烧制。其目前留存的作品有多部《古兰经》抄本，大不里士多座建筑上也有他的书法笔迹。

⑩ 赛义德・海达尔（Sayyid Ḥaydar），该名字出现在多部相关著作中，但目前尚未找到属于此人的书法作品。姓名中的“赛义德”通常表明此人是阿里与法蒂玛之子哈桑或侯赛因的后裔。

⑪ 即大字书法家（gūnda-nivīs），原词的转写为kūnda-nivīs，由于该词没有匹配的词义，故应为误写。

از آن جمله خواجه علیشاه وزیر و خواجه غیاث‌الدین محمّد رشید هر دو شاگردی وی کرده و هر دو خوشنویس گشته باقصی مراتب و مناصب و توفیقات کلیه فایز و موفق گشته‌اند اما همه کس را تعلیم نمی‌داده.

احمد رومی استاد خط و نادر زمان و اعجوبه دوران بوده و ثلث و محقق و ریحان و نسخ و رقاع و توقیع را در نزاکت و خوبی بجایی رسانیده که معتقد بعضی آنست که صافتر و نازکتر از خواجه یاقوت می‌نوشته اما اعتقاد خودش آن بوده که پسر خود را می‌گفته جهدی کن که اگر همچو من ننویسی مثل آن غلامک یعنی یاقوت بنویسی امّا بعد از استادان سته شاگردان ایشان منهم سلیمان سلمی نیشابوری و سید شرف الدین خطاط شیرازیست که در زمان پادشاهی سلطان محمّد اولجایتو بوده در وقتی که سلطان محمّد سلطان ابوسعید پسر خود را به دارایی ممالک خراسان می‌فرستاد سید را به معلمی او تعیین فرمود شاهزاده در احترام و تعظیم و اعزاز سید که استاد وی بود مبالغه می‌نمود چنانچه پیاده به منزل او می‌رفت و استاد را از قیام مانع آماده در پیش او بدو زانوی ادب می‌نشست خط سید شرف‌الدین کمتر در میانست.

دیگر از شاگردان احمد رومی پیر یحیی صوفی که شاگرد او و مبارکشاه زرین قلم است صوفی مذهب و صاحب مشرب بوده و با مشایخ صوفی بسر می‌برده اکثر عمارات نجف اشرف علی راقدها الف الف صلواة و سلام و کتابه‌های آن بخط اوست و در خدمت سلاطین جلایر و ایلخانی و امیر چوپان سلدوز بوده که طایفه‌یی از اتراک مغولند

誉。其中有火者·阿里沙[①]宰相以及火者·盖耶速丁·穆罕默德·拉施特[②]宰相，他二人跟随赛义德·海达尔学习书法，他们的书法达到了极高的境界。赛义德·海达尔并不是一位人人都肯教的老师。

艾哈迈德·鲁米[③]是书法大师、时代的奇迹和绝无仅有的天才。他能完美地书写三一体、正典体、芳典体、誊抄体、行书体以及签名体，一部分人认为他的字迹甚至比雅古特的字迹更加流畅精致。而他对自己的信心则可从对儿子的劝诫中窥见一斑："你要努力！即使最终你的书法无法像我的一样优秀，至少可以像那个奴仆雅古特的一样。"排在"六体名家"之后的是他们的学生。其中有苏莱曼·苏拉米·内沙布里[④]以及设拉子书法家赛义德·沙拉夫丁[⑤]。后者生活在完者都统治时期，完者都任命自己的儿子不赛因为霍拉桑的统领后，又安排赛义德·沙拉夫丁教授不赛因书法。这位王子非常敬重自己的老师，他会步行前往老师的住处，也不允许老师起身（迎接），他还总是跪坐在老师面前（听讲）。目前很难见到赛义德·沙拉夫丁的书法作品。

除此之外还有皮尔雅赫耶·苏非[⑥]。他既是艾哈迈德·鲁米的学生，也曾跟随"金笔"穆巴拉克沙学习书法。他是一位虔诚的教徒，时常与苏非长老们在一起。在阿里（向他献上千万句祝福）长眠的尊贵的纳杰夫城中[⑦]，很多建筑上的字体都由他完成。皮尔雅赫耶曾为贾拉耶尔宫廷、伊利汗宫廷以及阿米尔·楚邦·索尔杜兹[⑧]效力。阿米尔·楚邦是突厥蒙古人，在不赛因君主去世后，阿米尔·楚邦之孙马列克·阿什拉夫[⑨]

---

① 火者·阿里沙（Khwāja ʿAlī-Shāh，？—1324年），先后在伊利汗王朝的第八任君王完者都（Uljāytū，1280—1316年）和第九任君王不赛因（Abū Saʿīd，1304—1335年）的宫廷中担任宰相一职，在任时曾在巴格达修建了多座建筑。

② 火者·盖耶速丁·穆罕默德·拉施特（Khwāja Ghiyās̱ al-Dīn Muḥammad Rashīd，1256—1353年），先后在伊利汗王朝合赞汗、完者都和不赛因三任君王的宫廷中担任宰相，并受前两位君王的委托编纂了历史巨著《史集》（*Jāmaʿ al-Tavārīkh*），最终因与同朝宰相火者·阿里沙的矛盾被陷害致死。

③ 艾哈迈德·鲁米（Aḥmad Rūmī），姓名中的"鲁米"说明他本人或家族生活在东罗马地区。其书法字帖参见插图15。

④ 苏莱曼·苏拉米·内沙布里（Sulaymān Sulamī Nayshābūrī）。

⑤ 赛义德·沙拉夫丁（Sayyid Sharaf al-Dīn）。

⑥ 皮尔雅赫耶·苏非（Pīryaḥyā Ṣūfī），伊历8世纪的重要书法家，最擅长三一体，其目前留存的重要作品是《古兰经》抄本。

⑦ 伊玛目阿里的陵墓位于纳杰夫。

⑧ 阿米尔·楚邦·索尔杜兹（Amīr Chūpān Suldūz，1262—1327年），他曾任伊利汗王朝三朝宰相，在不赛因统治时期因功高盖主遭到不赛因的驱逐，其后人在伊朗西北部地区短暂建立起地方政权楚邦王朝。

⑨ 马列克·阿什拉夫（Malik Ashraf，1330—1357年），阿米尔·楚邦之孙，楚邦王朝的第二位也是最后一位统治者，1345年至1357年间掌握伊朗西北部地区的实际统治权。

چون بعد از فوت سلطان ابوسعید ملک اشرف نبیرهٔ امیر چوپان و بعضی دیگر از آن دودمان چند روزی سلطنت راندند و ایشان را چوپانیان می‌گویند.

عبدالله صیرفی ولد خواجه محمود صراف تبریزی است یاقوت عصر خود بوده شاگردی سید حیدر نیز نموده، در کتابه‌نویسی استاد و از کاشی‌تراشی نیز وقوف تمام داشت عمارات دارالسلطنه تبریز خصوصاً عمارت استاد و شاگرد و کتابه‌های بیرون و درون و کمرهای گنبدها و سردرها تمامی بخط اوست و در نوشتن آنها سحر کار فرموده و اعجاز نموده آن عمارت را امیر سلدوز چوپانی ساخته عبدالله معاصر سلطان محمّدپادشاه اولجایتو و سلاطین چوپانیان بوده و در مدرسهٔ دمشقیه دارالسلطنه تبریز کتابهٔ طاقی بخط اوست و در راه بلیانکوه تبریز مسجدی قریب ببقعه سلیمانیه این بیت از بیرون پنجره در کاشی‌کاری خط اوست و بی‌تکلف خط به آن خوبی مشاهده نشده.

هذالمَنازلُ و الآثارُ و الطللُ　　　مُخبرات بانّ القوم قَدرَ حَلوا

و میرزا سلطان ابراهیم بن میرزا شاهرخ که از خوشنویسان مقرر ثلث است به تبریز فرستاد این آیهٔ مبارکه که به خط او بر سنگی نوشته شده بود سنگ تراشان کنده به شیراز برده در دکان عمارتی که وی در میان صحن مسجد جامع بزرگ شیراز که در زمان سامانیان احداث یافته و میرزا آن عمارت را در شهور سنه عشرین و ثمانمایه ساخته نصب نموده و آن آیه اینست. اِنَّ المُتَّقینَ فی جَنّاتٍ و نَهرٍ فی مَقعَدِ صِدقٍ عِندَ مَلیکٍ مُقتَدرٍ.

及其他子孙曾短暂地建立起王朝，世人称之为“楚邦王朝[①]”。

阿卜杜拉·斯拉非，是大不里士的火者·马赫穆德·萨拉夫[②]之子，被称作“那个时代的雅古特”，他是赛义德·海达尔的学生[③]，擅长书法及瓷砖烧刻。帝王之城大不里士中的一些建筑，特别是名为“师与生”的建筑[④]的内外装饰、拱顶底部以及入口处的书法装饰皆为阿卜杜拉·斯拉非之作，这些作品的水平均达到登峰造极的境界。这些建筑由阿米尔·楚邦·索尔杜兹下令修建，阿卜杜拉·斯拉非生活在穆罕默德·完者都君主（统治时期）以及楚邦王朝时期。位于帝王之城大不里士的大马士吉耶学堂[⑤]的门廊上有阿卜杜拉·斯拉非的书法，在通往巴里扬山[⑥]的路上，距离苏莱曼尼耶纪念堂[⑦]不远处有一座清真寺，寺院窗外的瓷砖上刻着一句由阿卜杜拉·斯拉非所写的对句，毫不夸张地说，这件作品无人能及。

这房舍、遗迹和景象，无一不诉说着他们曾来过这里。

苏丹之子易卜拉欣·本·米尔扎·沙哈鲁[⑧]，公认的三一体大师，曾派石匠前往大不里士，将阿卜杜拉·斯拉非刻在石头上的吉祥章节裁取下来，安置在设拉子大聚礼清真寺广场中间的建筑之上，这座建筑始建于萨曼王朝[⑨]，后由米尔扎[⑩]于（伊历）820年[⑪]重修。这个吉祥的章节是“敬畏的人们，必定在乐园里，在光明中，在全能的主那里，得居一个如意的地位”（《古兰经》54：54-55）。

---

① 楚邦王朝（Chubanids，1335—1357年），统治区域为以大不里士为中心的伊朗西北部，两任统治者分别是阿米尔·楚邦的两个孙辈哈桑·库查克（Ḥasan Kuchak，1319—1343年）以及马列克·阿什拉夫。

② 火者·马赫穆德·萨拉夫（Khwāja Maḥmūd Ṣarāf）。

③ 本书第37页提到阿卜杜拉·斯拉非也是优素福·马什哈迪的学生。

④ 师与生（Ustād va Shāgird）是大不里士的一座清真寺。该建筑上的书法由阿卜杜拉·斯拉非及其学生完成，故得此名。这座清真寺建于楚邦王朝哈桑·库查克统治大不里士时期，后在地震中受损，在伊朗恺加王朝（Qajar Dynasty，1796—1925年）时期得以重修。

⑤ 大马士吉耶学堂（Madrasa-yi Damishqiyya），该建筑在阿米尔·楚邦之子大马士革·火者（Damishq Khwāja）的命令下修建，故得此名。

⑥ 巴里扬山（Balīyān-kūh），位于大不里士城东，也称作“比朗山”（Bīlān-kūh）或“瓦里扬山”（Valīyān-kūh）。

⑦ 苏莱曼尼耶纪念堂（Buqʿa-yi Sulaymāniyya），具体信息不详。

⑧ 易卜拉欣·本·米尔扎·沙哈鲁（Ibrāhīm b. Mīrzā Shāhrukh，1394—1435年），帖木儿王朝统治者，于1415年至1435年间统治伊朗法尔斯地区。他不仅热衷于赞助书法家和画家，自己也热爱并擅长书法和绘画艺术，他所抄写的《古兰经》曾被放置在伊朗设拉子的“古兰经门”之上，为过往的旅人祈福。

⑨ 萨曼王朝（Samanids，875—999年），由波斯人建立的统治伊朗及中亚地区的王朝，其统治中心在今中亚的巴尔赫及布哈拉。该王朝重视文化及科技的发展，对波斯语言及文学的发展起到了至关重要的作用。

⑩ 即易卜拉欣·本·米尔扎·沙哈鲁，该词也可理解为“王子”。

⑪ 公历1417/1418年。

دیگر حاجی محمّد بند دوز تبریزی که شاگرد صیرفیست و استاد معین‌الدین و مولانا شیخ محمّد بندگیر خطاط در شهور سنه ثمان و ثمانین و سبعمائه به خدمت امیر تیمور رسیده کتابتی که امیر تیمور بملک مصر فرستاد مقرر فرمود که مولانا به آب طلا نوشته این کتابت بعرض سه گز و بطول هفتاد ذرع بوده که ایلچی مصر برده نیز حاجی محمّد فرزند صیرفی است و ازو مرخص بوده در اسم استاد نوشتن، کتابهٔ عمارات چهار منارهٔ دارالسلطنه تبریز بخط معین‌الدّین است و وی استاد مولانا شمس‌الدّین مشرقی قطابی بوده و بعد از آن پسران او عبدالحق و عبدالرحیم و مولانا جعفر تبریزی که از شاگردان مولانا شمس‌الدّین‌اند تمامی حکّام خطهٔ خط بوده‌اند .

دیگر از خوشنویسان مشهور عُمر اَقطَع است که دست راست نداشته و به دست چپ خط بر صحایف به نوعی می‌نگاشت که دیدهٔ الوالابصار در آن خیره و عقل اولوالالباب از مشاهدهٔ آن طیره می‌گشت جهت سلطان صاحبقران امیر تیمور گورکان مصحفی بخط غبار نوشت که در کوچکی و حجم بمثابه‌یی بود که در زیر نگین انگشتری می‌توانست گذشت و بهدیه نزد سلطان صاحبقران برد وی بواسطهٔ آنکه کلام حضرت ملک علاّم را در نهایت حقارت و کوچکی نوشته بود خوش نیامد و اقبالی نکرد و تفقدی به او ننمود و عمر اقطع ازین مهم منفعل شده مصحفی دیگر در غایت بزرگی چنانچه هر سطری از آن یک ذرع بلکه بیشتر بود نوشت بعد از اتمام و تذهیب و زینت و جلد آن را برگردونی بسته به جانب دولتخانهٔ صاحبقران روان شد

阿卜杜拉·斯拉非的另一个学生是哈吉·穆罕默德·班德杜兹·大不里兹①，而这位书法家又培养出穆因丁②及毛拉纳·谢赫·穆罕默德·班德吉尔③这两位书法家。哈吉·穆罕默德于（伊历）788年④起为阿米尔·帖木儿⑤效力。当帖木儿向埃及的君王去信时，他命令毛拉纳⑥以金水书写在宽3盖斯⑦，长17扎尔⑧的纸上，最终由埃及的使臣带回。哈吉·穆罕默德还是斯拉非之子，他获准（在自己的作品上）写下老师的名字。都城大不里士恰哈尔玛纳莱⑨地区一些建筑上的书法出自穆因丁之手。穆因丁是毛拉纳·沙姆斯丁·马什拉吉·古塔比⑩的老师，之后毛拉纳·沙姆斯丁的儿子阿卜杜哈格⑪、阿卜杜拉西姆⑫以及毛拉纳·贾法尔·大不里兹⑬又师从自己的父亲，完美地掌握了书法的技巧。

另一位著名的书法家是奥马尔·阿格塔⑭，他没有右手，用左手写满一页页纸张。只要看一眼他所写的书法，沉稳的智者就会瞪大双目，理智的哲人就会失去控制。他为征服者阿米尔·帖木儿·古尔康尼⑮抄写了一份极细体《古兰经》，其字体小到可以刻在印章戒指之上。他将这份礼物献给征服者⑯之后，征服者面露不悦，也没有给予他任何赏赐，因为极细体使真主的话（《古兰经》）显得渺小。奥马尔·阿格塔感到非常羞愧，于是又用极大的字体重新抄写了一份《古兰经》，每一行都达到甚至超过一扎尔长。在完成该抄本的书写、泥金装饰以及装订之后，他将抄本装在推车中运往王宫。征

---

① 哈吉·穆罕默德·班德杜兹·大不里兹（Ḥājjī Muḥammad Band-dūz Tabrīzī，？—1386/1387年），跟随父亲阿卜杜拉·斯拉非学习书法。姓名中的“哈吉”是封号，意为“去麦加朝圣过的人”。

② 穆因丁（Muʿīn al-Dīn），伊历8世纪的书法家，大不里士人。

③ 毛拉纳·谢赫·穆罕默德·班德吉尔（Mawlānā Shaykh Muḥammad Bandgīr），“毛拉纳”与“谢赫”都是宗教尊称，意为“教长”或“师尊”。

④ 即公历1386/1387年。

⑤ 阿米尔·帖木儿（Amīr Taymūr，1336—1405年），突厥蒙古人，创立伊朗帖木儿王朝（Timurid Empire，1370—1507年），定都中亚的撒马尔罕。

⑥ 即毛拉纳·谢赫·穆罕默德·班德吉尔。

⑦ 盖斯（gaz），伊朗传统计量单位，1盖斯约为100厘米，其衡量标准随时间和地域的变化略有不同。

⑧ 扎尔（ẕarʿ），伊朗传统计量单位，1扎尔约为104厘米。

⑨ 恰哈尔玛纳莱（Chahār-manāra），该词意为“四座尖塔”，是大不里士大巴扎北部一片区域的名称，该区域因曾有四座尖塔而得此名。

⑩ 毛拉纳·沙姆斯丁·马什拉吉·古塔比（Mawlānā Shams al-Dīn Mashraqī Quṭābī，？—1409年）。

⑪ 阿卜杜哈格（ʿAbd al-Ḥaq），也可能是阿卜杜希（ʿAbd al-Ḥay）。

⑫ 阿卜杜拉西姆（ʿAbd al-Raḥīm，？—1455年），大不里士人。他除了擅长书法，还是著名的诗人和神秘主义者。

⑬ 毛拉纳·贾法尔·大不里兹（Mawlānā Jaʿfar Tabrīzī）。

⑭ 奥马尔·阿格塔（ʿUmar Aqṭaʿ），“阿格塔”是他的称号，意为“被截肢的人”。插图12展示的书法作品可能就是奥马尔·阿格塔为帖木儿抄写的超大字体《古兰经》。

⑮ 阿米尔·帖木儿·古尔康尼（Amīr Taymūr Gūrkānī），即阿米尔·帖木儿。

⑯ 即阿米尔·帖木儿。

چون این خبر بمسامع سلطان صاحبقران رسید با جمعی از علما و صلحا و اکابر و امرا و اعیان دولت پیاده به استقبال شتافته اکرام و احترام بیشتر به مولانا فرمود و احسان بی‌پایان به او نمود و یک ورق از آن مصحف نزد استادی مولانا مالک دیلمی بود.

دیگر از جمله خوشنویسان قدیم مولانا معروف خطاط بغدادیست که سرآمد جهان و نادرهٔ دوران بود. غیر از حیثیت خط در اقسام هنرها و اصناف کارها ماهر بوده و اهلیت و استعداد تمام داشته و شعر را نیکو می‌گفته واز سلطان احمد جلایر در بغداد رو گردان شده به اصفهان پیش میرزا اسکندر بن میرزا عمر شیخ بن امیر تیمور گورکانی آمد و در کتابخانهٔ او از اهل تعیّن و اعتبار گشت گویند یک روز هزار و پانصد و بیت مقرر کرده بود کتابت نماید دو روز هیچ ننوشت و از حکم میرزا تخلف نمود سبب تغافل ازو استفسار کردند گفت می‌خواهم که یک روز کتابت سه روزه کنم میرزا اسکندر فرمود که سایبانها و چتر و اوطاق برافراختند و یکی قلم می‌تراشید و مولانا می‌نوشت نماز دیگر چهار هزار و پانصد بیت در کمال لطافت و نزاکت تمام نمود میرزا اسکندر انعام فراوان بوی التفات فرمود میرزا شاهرخ در وقت فتح ممالک عراق مولانا را به دارالسلطنهٔ هرات آورده رقم اختصاص برو کشید و او را کاتب خویش ساخته در کتابخانه جایش داد و کتابت به او فرمود، مولانا مرد خوش محاورهٔ شیرین کلام بوده نمد عسلی پوشیده و طاقیهٔ بلندهم از آن جنس بر سر نهادی و الف نمدی برگرد آن پیچیدی جوانان مستعد دارالسلطنهٔ هرات مثل مولانا روح الائمهٔ خوارزمی و غیره با مولانا معروف مصاحب بودندی بعضی بواسطهٔ مشق خط و جمعی به مصاحبت و مولانا بسیار خوش‌منش و خویشتن‌دار بوده و میرزا بایسنغر میرزابن شاهرخ خمسهٔ نظامی به مولانا فرمود که کتابت نماید و کاغذ به جهت مولانا معروف فرستاد

服者听到这个消息后，立即带领着王公贵族和群臣贤士起身相迎。这一次，征服者赐予了他无上的荣耀、尊敬与赞许。这份抄本中的一页目前由我的老师毛拉纳·马列克·迪拉米[①]保管。

还有一位古代的书法大师毛拉纳·玛鲁夫·哈塔特·巴格达迪[②]，是书法艺术中的佼佼者和时代奇才。除了书法方面的造诣，他在其他艺术领域也极具天赋。不仅如此，他还擅长写诗。他曾离开位于巴格达的贾拉耶尔王朝苏丹·艾哈迈德[③]的宫廷，来到伊斯法罕为米尔扎·伊斯坎达尔·本·米尔扎·奥马尔·谢赫·本·阿米尔·帖木儿·古尔康尼[④]的宫廷效力，并成为其王室书画院中令人敬佩的一员。据说，原本约定好他每天须写1500个对句，但两天过去了，他却什么也没写。当别人问起为何如此漫不经心地违反君王的要求时，他的回答是想在一天的时间内完成三天的工作。于是米尔扎·伊斯坎达尔命人准备好遮阳的伞盖和一间屋子，再安排一人负责削笔，好让毛拉纳专注书写。待到第二日黎明来临时，他已完美完成了4500个对句的书写，米尔扎·伊斯坎达尔便赐予了他大量礼物。米尔扎·沙哈鲁攻占伊拉克时，将毛拉纳带回了帝王之城赫拉特。沙哈鲁对他极为重视，将他安置在自己的王室书画院之中，并命他担任自己的御用文书。毛拉纳善于言谈，常穿蜜色的毛毡料衣服，头戴一顶相同材质的高帽，并在帽子上缠满毛毡布片。赫拉特城中的年轻才子，例如毛拉纳·鲁赫·阿迈·花拉子米[⑤]等，都是毛拉纳的好友，他们中有一些是为了跟随他修习书法，有一些则是喜欢与之交流。毛拉纳为人高尚自持，米尔扎·沙哈鲁之子米尔扎·拜松古尔[⑥]曾给毛拉纳送去纸张，

---

① 毛拉纳·马列克·迪拉米（Mawlānā Mālik Daylamī，1518—1562年），萨法维王朝的著名书法家，曾担任易卜拉欣·米尔扎的书法和绘画老师，并负责管理塔赫玛斯普一世的书画院。他为塔赫玛斯普一世抄写的贾米（Jāmī，1414—1492年）《七宝座》（*Haft Awrang*，成书于1468—1485年间）是他最著名的作品。

② 毛拉纳·玛鲁夫·哈塔特·巴格达迪（Mawlānā Maʿrūf Khaṭāṭ Baghdādī），巴格达人，伊历8世纪末9世纪初的著名书法家。他先后在贾拉耶尔王朝苏丹·艾哈迈德的宫廷、帖木儿之孙米尔扎·伊斯坎达尔的宫廷以及沙哈鲁的宫廷之中负责书写工作。

③ 苏丹·艾哈迈德（Sulṭān Aḥmad，1382—1410年在位），贾拉耶尔王朝的统治者，苏丹乌畏思之子，其统治期间贾拉耶尔的都城位于巴格达，他热衷于赞助艺术。

④ 米尔扎·伊斯坎达尔·本·米尔扎·奥马尔·谢赫·本·阿米尔·帖木儿·古尔康尼（Mīrzā Iskandar b. Mīrzā ʿUmar Shaykh b. Amīr Taymūr Gūrkānī，1384—1415年），“本”意为“……之子”，因此该王子名为米尔扎·伊斯坎达尔，他是奥马尔·谢赫（ʿUmar Shaykh，1356—1394年）之子，阿米尔·帖木儿之孙。

⑤ 毛拉纳·鲁赫·阿迈·花拉子米（Mawlānā Rūḥ al-Aʿimma Khwārazmī）。

⑥ 米尔扎·拜松古尔（Mīrzā Bāysunghur，1397—1433年），米尔扎·沙哈鲁第三子，阿米尔·帖木儿之孙，他是帖木儿王朝时期的重要艺术赞助者，他所赞助的作品之中，最重要的一部是菲尔多西（Firdawsī，940—1020年）《列王纪》的插图手抄本。插图15展示了拜松古尔跟随艾哈迈德·鲁米学习书法时的习作。

مولانا مدت یکسال و نیم آن کاغذ را نگاهداشت آنگاه آن کاغذ را نانوشته به خدمت میرزا فرستاد و میرزا به غایت ازو رنجیده از اتفاقات ایّام و سوانح روزگار در همان اوان مولانا را به مصاحبت احمد لُر که در مسجد جامع دارالسلطنهٔ هرات میرزا شاهرخ را کارد زده بود متهم ساختند و او را گرفتند و اکثر جوانان مستعد که پیش مولانا متردد بودند کناره نمودند ارباب طمع از آن جماعت زرها گرفتند و مولانا معروف را چند نوبت بپای دار آورده عاقبت در چاه حصار قلعه اختیارالدّین هرات او را حبس کردند.

مولانا معروف سرآمد مستعدان جهان و نادرهٔ دوران بود و غیر از خط انواع فنون و اصناف کمالات داشت و در جواب قصیدهٔ خواجه جمال‌الدّین ساوجی قصیده‌یی گفته.

ز ترک چشم تو هر غمزهیی که آمد راست درون سینه نشست آن چنان که دل می‌خواست

مولانا عبدالله طبّاخ وی از دارالسلطنهٔ هرات بود در آنجا ترقّی کرده کار او بالا گرفت و مشهور آفاق شد و خطوط را خوش نوشت و در افشان و وصّالی قدرت داشته واکثر عمارات دارالسطنهٔ هرات خصوصاً گازرگاه خط اوست و عمارت موسومه به آغاجه که منسوب باغاجه زوجهٔ سلطان حسین میرزا بایقراست در مشهد مقدّس معلّی مزگّی اکثر کتابه‌های آن بخط اوست.

مولانا نعمت‌الله بوّاب شاگرد عبدالرحیم خلوتی بوده وی بسیار نیکو می‌نوشته

命令他抄写内扎米的《五部诗》[①]，而毛拉纳一字未写，并在一年半之后将这些纸张送还给拜松古尔，导致他非常生气。就在此时，艾哈迈德·鲁尔[②]在帝王之城赫拉特的聚礼清真寺中试图用刀刺杀米尔扎·沙哈鲁。作为艾哈迈德·鲁尔的朋友，毛拉纳被牵连囚禁。曾经来往密切的年轻才子们此时都远远避开了，一些贪婪之人甚至骗走了毛拉纳的钱财。毛拉纳多次被拉到斩首台前（但未被行刑），他最终被囚禁在赫拉特艾合提亚尔丁堡[③]的地牢之中。

毛拉纳·玛鲁夫是位才华出众的时代奇才，他不仅擅长书法，还精通其他艺术。他曾写出下面这首颂体诗[④]回应火者·贾马尔丁·萨维吉[⑤]所写的颂体诗：

你的每一丝秋波都击中我心，一如我心所愿。

毛拉纳·阿卜杜拉·塔巴赫[⑥]出生于帝王之城赫拉特，他发迹于此并最终声名远扬。他既是书法大师，也擅长洒金术以及书籍拼贴[⑦]。赫拉特城中的大部分建筑，特别是高扎尔高赫[⑧]（地区的建筑）都留下了他的笔迹。侯赛因·米尔扎·拜哈拉[⑨]在尊贵神圣的马什哈德城为君王之妻阿加彻[⑩]修建了名为“阿加彻”的建筑，建筑上的大部分书法是由他完成的。

毛拉纳·内马特拉赫·巴瓦卜[⑪]是阿卜杜拉西姆·哈瓦提[⑫]的学生，擅长书法。

---

① 《五部诗》（*Khamsa*）是波斯诗人内扎米（Nizami，1141—1209年）的代表作，同时也是波斯文学史上的重要作品，因广受喜爱，曾多次被制成精美华丽的手抄本。

② 艾哈迈德·鲁尔（Aḥmad Lur），苏非派中的胡鲁非教派（Hurufism）信徒，在赫拉特以制帽为生。1427年，他于赫拉特的聚礼清真寺意图刺杀萨法维君王沙哈鲁，当即被抓获并最终丧命，随后又有多名相关人员被捕。

③ 艾合提亚尔丁堡（Galʻa-yi Ikhtīyār al-Dīn），位于赫拉特城中，始建于公元前330年亚历山大东征时期。

④ 颂体诗（qaṣīda），波斯诗歌最常见的诗体之一，通常不少于15个对句。该诗体主要用于歌功颂德，故得此名。

⑤ 火者·贾马尔丁·萨维吉（Khwāja Jamāl al-Dīn Sāvujī，1309/1310—1376/1377年），生活在贾拉耶尔王朝的波斯诗人，擅长颂体诗及抒情诗。

⑥ 毛拉纳·阿卜杜拉·塔巴赫（Mawlānā ʻAbdullāh Ṭabbākh，？—1475/1476年），擅长三一体及波斯体，曾去过巴格达及印度。除书法外，他还擅长绘画及诗歌。

⑦ 书籍拼贴（vaṣṣālī），既指将不同材质的纸张拼贴成新的书写纸张的技艺，也指将破损或散开的书页重新黏合在一起的工艺。

⑧ 高扎尔高赫（Gāzargāh）是位于赫拉特北部的一片陵园，此处埋葬了包括伊斯兰教教义学大师安萨里（Khwāja ʻAbdullāh Anṣārī，1006—1088年）在内的多位名人，沙哈鲁因常来拜谒安萨里墓，故命人重新修葺了陵墓。

⑨ 侯赛因·米尔扎·拜哈拉（Ḥusayn Mīrzā Bāyqarā，1438—1506年），帖木儿玄孙，于1468/1469年至1506年间统治赫拉特地区。由于拜哈拉对艺术的崇尚，他的统治时期是赫拉特艺术发展的高峰时期。

⑩ 阿加彻（Aghācha，Āghācha，Āghaja），侯赛因·米尔扎·拜哈拉之妻，二人至少育有两子。

⑪ 毛拉纳·内马特拉赫·巴瓦卜（Mawlānā Niʻmatullāh Bavāb）。

⑫ 阿卜杜拉西姆·哈瓦提（ʻAbd al-Raḥīm Khalvatī），即上文出现的阿卜杜拉西姆。

کتابهٔ عمارات بقعه رفیعهٔ مظفریهٔ دارالسلطنه تبریز که از مستحدثات جهانشاه پادشاه است تمامی بخط اوست.

مولانا شمس‌الدّین شاگرد نعمت‌الله بوّاب او نیز خوش می‌نوشته این جماعت از شجرهٔ خطوط ستّه‌اند که مذکور گشت.

مولانا پیر محمّد از دارالملک شیرازست به غایت خوش می‌نوشته و گوی رجحان از خوشنویسان آنجا ربوده و در آن اوان کسی مثل وی ننوشته اکثر کتابه‌های مزارات و عمارات شیراز بخط اوست.

امیر مجدالدّین ابراهیم از خوشنویسان مقرر بوده و بظهیری منسوبست وی نیز از شیرازست.

مولانا محمود سیاوش و مولانا پیرمحمّد ثانی نیز هر دو از دارالملک شیرازند و معاصر یکدیگر بوده‌اند اکثر کتابه‌های مساجد و مدارس شیراز بخط ایشانست در شهور سنه عشرین و تسعمائه بوده‌اند.

مولانا شمس‌الدّین محمّد ظهیر و مولانا روزبهان و میرعبدالقادر حسینی و حافظ عبدالله از خوشنویسان مقرر شیرازند اکثر کتابه‌های آنجا بخط ایشانست و آثار ایشان بسیارست و اکثر خوشنویسان که در فارس و خراسان و کرمان و عراق نام برآورده‌اند ریزه‌خواران خوان ایشانند.

مولانا شمس‌الدّین بایسنغری از نوادر خوشنویسان بوده و خطوط ستّه را بسیار خوب می‌نوشته

大不里士城中由贾汗沙[①]国王下令建造的穆扎法里耶礼拜堂[②]，其书法部分由他一手完成。

毛拉纳·沙姆斯丁[③]是内马特拉赫·巴瓦卜的学生，他也擅长书法。以上提及的书法家都师出“六体名家”。

毛拉纳·皮尔·穆罕默德[④]生于尊贵的设拉子城，他的书法在那座城市中一枝独秀，一时无人能及。设拉子的陵园和建筑上的书法大多出自他手。

阿米尔·玛志达丁·易卜拉欣[⑤]也是公认的书法家，与沙西里[⑥]相识。他也是设拉子人。

毛拉纳·马赫穆德·西亚瓦什[⑦]以及毛拉纳·皮尔·穆罕默德·萨尼[⑧]也是设拉子人，他们生活在同一个时代。直到（伊历）920年[⑨]，设拉子城中的清真寺及学堂上的书法大多由他们完成。

毛拉纳·沙姆斯丁·穆罕默德·沙西尔[⑩]、毛拉纳·鲁兹贝汉[⑪]、米尔·阿卜高代尔·侯赛尼[⑫]以及哈菲兹·阿卜杜拉[⑬]都是公认的设拉子书法家，他们的字迹遍布设拉子的建筑，他们也留存下来许多书法作品。法尔斯、霍拉桑、克尔曼以及伊拉克的许多著名书法家不过是他们亦步亦趋的追随者而已。

毛拉纳·沙姆斯丁·拜松古里[⑭]是一位书法天才，擅长“六体”，在书法技艺上紧随雅古特的脚步。他的笔法精致、有章法且秀美。在书写被称为“书法新娘”的波斯体

---

① 贾汗沙（Jahānshāh，1397—1467年），黑羊王朝（Kara Koyunlu，1375—1468年）最后一任统治者，1438—1467年在位期间以大不里士为都城，统治伊朗西北部、伊拉克及阿拉伯半岛东部沿海地区。

② 穆扎法里耶礼拜堂（Buqʿa-yi Muẓaffariyya）。

③ 毛拉纳·沙姆斯丁（Mawlānā Shams al-Dīn）。

④ 毛拉纳·皮尔·穆罕默德（Mawlānā Pīr Muḥammad）。

⑤ 阿米尔·玛志达丁·易卜拉欣（Amīr Majd al-Dīn Ibrāhīm）。

⑥ 沙西里（Ẓahīrī）。

⑦ 毛拉纳·马赫穆德·西亚瓦什（Mawlānā Maḥmūd Siyāvash）。

⑧ 毛拉纳·皮尔·穆罕默德·萨尼（Mawlānā Pīr Muḥammad S̱ānī），即皮尔·穆罕默德二世，他是伊历10世纪的书法家，擅长三一体及誊抄体。

⑨ 公历1514/1515年。

⑩ 毛拉纳·沙姆斯丁·穆罕默德·沙西尔（Mawlānā Shams al-Dīn Muḥammad Ẓahīr）。

⑪ 毛拉纳·鲁兹贝汉（Mawlānā Rūzbihān）。

⑫ 米尔·阿卜高代尔·侯赛尼（Mīr ʿAbd al-Qādir Ḥusaynī），活跃于伊历10世纪末至11世纪初，现存有多部《古兰经》上写有他的名字。他擅长芳典体，后半生效力于印度的古特卜沙希王朝宫廷（Qutb Shahi Dynasty，1518—1687年）。

⑬ 哈菲兹·阿卜杜拉（Ḥāfiẓ ʿAbdullāh）。

⑭ 毛拉纳·沙姆斯丁·拜松古里（Mawlānā Shams al-Dīn Bāysunghurī），伊历9世纪的著名书法家，擅长“六体”及波斯体。因为他是拜松古尔的老师，故被称作“拜松古里”。拜松古里意为“与拜松古尔有关的……”。

قلم بر قلم و قدم بر قدم یاقوت گذاشته بسی نازک و باسلوب و شیرین می‌نوشته خصوصاً چهره گشای خط نستعلیق که عروس خطهاست کسی بهتر ازو مشاطگی نکرده فقیر خط او را با خطوط استادان سبعه موازنه کردم و به میزان نظر سنجیدم خط وی کم از هیچکدام نیست او استاد بایسنغر بوده مشهورست که میرزا بایسنغر دیوان قاضی شمس‌الدّین طبسی را به مولانا فرموده بود که کتابت نماید و همیشه می‌گفت که این نوع شعر و این قسم خط که درباره این دو شمس کرامت شده از فیوضات الهیست کتابه‌های مسجد جامع مشهد مقدّس معلّی بیشتر بخط مولانا شمس است.

نوّاب میرزا بایسنغر ولد میرزا شاهرخ او نیز بغایت خوش نوشته استاد عصر بوده و تعلیم خط از مولانا شمس گرفته و مولانا شمس در خدمت میرزا می‌بوده و بایسنغری بدان مناسبت در اسم می‌نوشته کتابه‌های پیش طاق عمارت مسجد جامع مشهد مقدّس که والدهٔ ماجدهٔ او گوهرشاد بیگم ساخته بخط اوست و اسم خود نوشته که کتبه بایسنغر بن شاهرخ بن امیر تیمور گورکان و کتابهٔ بعضی عمارات سبزوار نیز بخط اوست.

نوّاب میرزا سلطان ابراهیم برادر میرزا بایسنغر او نیز بسیار خوب می‌نوشته شاگرد مولانا محمّد شیرازیست میرزا بغایت مستعد و فاضل و هنرمند بوده و ارباب فضل و استعداد را دوست می‌داشته و با ایشان محشور بوده. از جمله اعلم المورّخین مولانا نورالدین لطف الله المشتهر بحافظ ابرو الهروی تاریخ موسوم بزبدة التواریخ البایسنغری که باسم میرزا بایسنغر نوشته بعد از رحلت میرزا بایسنغر به شیراز رفته و در خدمت میرزا سلطاطن ابراهیم میرزا می‌بوده

时，他的作品犹如揭开这新娘的面纱一般动人，水平无人能及。鄙人曾将他的作品与“七大家”①进行对比，发现他的字迹不逊色于任何一位大师。他是拜松古尔王子的老师，拜松古尔曾将高齐·沙姆斯丁·塔巴斯②的诗集交予他抄写。王子常说这样由两位沙姆斯丁共同完成的诗集和书法乃是神圣的馈赠。圣城马什哈德的聚礼清真寺建筑上的大部分书法作品都出自毛拉纳·沙姆斯丁之手。

米尔扎·沙哈鲁之子纳瓦卜·米尔扎·拜松古尔③在书法方面也达到一定水平，是当时的书法大师，他跟随毛拉纳·沙姆斯丁学习书法，而毛拉纳·沙姆斯丁也因此将“拜松古里”加在自己的名字之后。拜松古尔之母高哈尔沙德·贝格姆④在圣城马什哈德主持修建了聚礼清真寺后，他负责在门廊上完成书法装饰，并写下“拜松古尔·本·沙哈鲁·本·阿米尔·帖木儿·古尔康之作”。萨卜泽瓦尔⑤城中的一些建筑上的书法也是他的真迹。

纳瓦卜·米尔扎·苏丹·易卜拉欣⑥是米尔扎·拜松古尔的兄长，也擅长书法，他是毛拉纳·穆罕默德·设拉子依⑦的学生。他本人极具才华和天赋，并欣赏和结交了一些有才华的人。这之中的历史学家有毛拉纳·努尔丁·鲁特夫拉赫⑧，即哈菲兹·阿布鲁·赫拉维⑨，他以米尔扎·拜松古尔之名写出了史书《历史精华》⑩。在米尔扎·拜松古尔去世后，哈菲兹·阿布鲁·赫拉维前往设拉子继续为苏丹·易卜拉欣·米尔扎效

① 即雅古特与他的六名学生。

② 高齐·沙姆斯丁·塔巴斯（Qāżī Shams al-Dīn Ṭabasī，？—1226/1227年或1228/1229年），霍拉桑人，后在赫拉特及布哈拉生活，著有一部《诗集》（*Dīvān*），其诗歌风格更接近伊拉克及阿塞拜疆地区的诗歌风格。

③ 即米尔扎·拜松古尔，“纳瓦卜”（navvāb）是伊朗萨法维王朝及恺加王朝时期对王室贵族的称呼。

④ 高哈尔沙德·贝格姆（Gawhar-shād Bigum，1376—1457年），沙哈鲁之妻，在沙哈鲁及其子拜松古尔当政时期具有重要的社会影响力。沙哈鲁当政元年，她便下令将都城由撒马尔罕迁至赫拉特，并在新都主持修建了多座建筑，她与沙哈鲁一同致力于科学与文艺的发展，为沙哈鲁的宫廷吸引了大量文人及科学家。“贝格姆”是对地位尊贵者的妻子和女儿的称呼。

⑤ 萨卜泽瓦尔（Sabzivār），城市名，现位于伊朗霍拉桑拉扎维，距离马什哈德约有三小时车程。

⑥ 纳瓦卜·米尔扎·苏丹·易卜拉欣（Navvāb Mīrzā Sulṭān Ibrāhīm），即本书第41页的易卜拉欣·本·米尔扎·沙哈鲁。

⑦ 毛拉纳·穆罕默德·设拉子依（Mawlānā Muḥammad Shīrāzī）。

⑧ 毛拉纳·努尔丁·鲁特夫拉赫（Mawlānā Nūr al-Dīn Luṭfullāh），他更为人熟知的名字是下文的哈菲兹·阿布鲁·赫拉维。

⑨ 哈菲兹·阿布鲁·赫拉维（Ḥāfiẓ Abrū al-Hiravī，？—1430年），生于霍拉桑地区，波斯历史学家，先后效力于帖木儿及沙哈鲁的宫廷，著有多部地理及历史作品，这些作品是了解伊朗及中亚地区历史的重要史料。

⑩ 《历史精华》（*Zubdat al-Tavārīkh al-Bāysunqhurī*）是帖木儿宫廷的史学家哈菲兹·阿布鲁以米尔扎·拜松古尔之名写的史书，该书分为四个部分，记述了从创世纪到沙哈鲁统治后期的历史。作者于1430年（伊历833年）去世，因此该书也记录到1426/1427年（伊历830年）为止。由于哈菲兹·阿布鲁始终在帖木儿王朝官廷工作，所以该书中关于伊朗历史，特别是帖木儿王朝的记录具有重要的历史价值。

و عمدة الفضلا مولانا شرف الدین علی یزدی نیز در خدمت میرزا در شیراز می‌بوده و تاریخ ظفرنامه را باعانت و رعایت نوّاب میرزایی و پرتو التفات و همراهی جمعی کثیر از فضلا و ارباب استعداد که در آن اوان در آن مکان بواسطهٔ نوشتن تاریخ مجتمع بودند نوشته میرزا به انواع حیثیات و کمالات آراسته بوده کتابه‌های مدارسی که در شیراز در آن ایام خود احداث نموه مثل دارالصفا و دارالایتام بخط او بوده و در عمارت بقعهٔ ظهیری نیز بخط میرزاست و در صفّه مقبره شیخ‌العاشقین شیخ سعدی شیرازی غَفَرلَه این غزل بخط آن بی بدل بر ازارهٔ آن بکاشی تراشی مسطورست.

غزل

بجهان خرم از آنم که جهان خرم از اوست — عاشقم بر همه عالم که همه عالم ازوست
نه فلک راست مسلم نه ملک را حاصل — آنچه در سر سویدای بنی آدم ازوست
شادی و غم بر عارف چه تفاوت دارد — ساقیا باده بده شادی آن کاین غم ازوست
پادشاهی و گدایی بر ما یکسانست — که بدین در همه را پشت اطاعت خم ازوست
سعدیا گر بکند سیل فنا خانهٔ عمر — دل قوی دار که بنیاد بقا محکم ازوست

و در شهور سنهٔ خمس و ثلثین و ثمانمایه نوشته و مصحفی به قطع دو ذرع در طول و یک ذرع و نیم در عرض نوشته و وقف بر مزار بابا عماد الدین لطف‌الله نمود.

حکایت کنند که خوش طبعی سمرقندی از شیراز در سمرقند به خدمت میرزا شاهرخ رسید

力。“智者的支柱”毛拉纳·沙拉夫丁·阿里·亚兹迪①当时也在设拉子为其效力，他所写的史书《胜利之书》②受到了君主的关注以及学者的帮助。那段时间，一大群学者贤士为了完成此书的写作而聚集在一起。出现在这本书中的米尔扎（易卜拉欣）集美德和成就于一体，米尔扎（易卜拉欣）在设拉子修建了两所学堂——达拉萨法及达拉埃塔姆③，并且完成了建筑上的书法部分，沙西里纪念堂④门上的书法同样出自他手。“爱之导师”谢赫·萨迪·设拉子依⑤（愿真主怜悯他）陵墓的拱顶上，铭刻着这位无与伦比的王子所抄写的诗句⑥：

抒情诗

我喜悦于这个世界，因这喜悦的世界由他而生。

我深爱着这个世界，因这整个世界自他而来。

喜悲于我皆无异，萨吉⑦啊且为我斟酒，因这喜悲皆由他而起。

国王与乞丐有何不同，在他面前皆需弯腰屈膝。

萨迪啊！若虚无洪流将生命吞噬，要坚信永恒之根基因他⑧而牢固。

该作品完成于（伊历）835年⑨。易卜拉欣还为巴巴·艾玛丁·鲁特夫拉赫⑩陵园抄写了一份《古兰经》，该作品长2扎尔，宽1.5扎尔。

据说有一位好心肠的撒马尔罕人从设拉子返回撒马尔罕时，去拜见了米尔扎·沙哈鲁。沙哈鲁向此人询问苏丹·易卜拉欣的情况，他便将易卜拉欣的种种成就娓娓道来，

---

① 毛拉纳·沙拉夫丁·阿里·亚兹迪（Mawlānā Sharaf al-Dīn ʿAlī Yazdī，？—1454年），波斯学者，15世纪著名历史学家，著有帖木儿的传记《胜利之书》（*Ẓafar-nāma*），“智者的支柱”是对他的尊称。

② 《胜利之书》，也译作《帖木儿武功记》或《帖木儿回忆录》，是沙拉夫丁·阿里·亚兹迪受苏丹·易卜拉欣之命于1419/1420年开始写作，并于1424/1425年完成的史书。根据该书作者叙述，该书包含前言及三个章节，分别献给帖木儿、沙哈鲁及易卜拉欣，但目前仅存第一部分，这部分详细记录了帖木儿一生所经历的大事，该书是研究14—16世纪帖木儿王朝以及伊朗、中亚地区历史的重要作品。

③ 达拉萨法（Dār al-Ṣafā）及达拉埃塔姆（Dār al-Aytām）是两所由易卜拉欣·米尔扎主持修建的学堂，易卜拉欣死后葬入达拉萨法。这些建筑于1591年在战争中被毁。

④ 沙西里纪念堂（Buqʿa-yi Ẓahīrī）。

⑤ 谢赫·萨迪·设拉子依（Shaykh Saʿdī Shīrāzī，1210—1291/1292年），设拉子人，波斯文学史上“四大巨匠”之一，其代表作为《果园》（*Bustān*）和《蔷薇园》（*Gulistān*）。常年四方游历使得他的作品中流露出对劳苦大众的关心和同情。其陵墓位于设拉子。

⑥ 该诗句出现在主建筑西北墙上，是易卜拉欣摘抄自萨迪诗句的书法作品。原诗是萨迪所写的一首抒情诗，共8个对句，此处摘抄的诗句缺少第2、4、5对句。

⑦ 萨吉（sāqī），意为“斟酒人”，通常是容貌俊美的青年男子或女子，在波斯诗歌中，诗人常借与萨吉对话的形式表达自己的思想。

⑧ 该诗句中的“他”意指真主。

⑨ 公历1431/1432年。

⑩ 巴巴·艾玛丁·鲁特夫拉赫（Bābā ʿImād al-Dīn Luṭfullāh）。

وی از احوال میرزا سلطان ابراهیم استفسار نمود آن شخص از کمالات میرزا خصوصاً مباحثات علمی و مشق خط نقل بسیار نمود و آخر سخن را بدان منتهی ساخت که میرزا بر در و دیوار شیراز کُنْتُه سلطان ابراهیم نوشته که تجنیس کتبه است میرزا شاهرخ را بسیار خوش آمد و حقیقت به میرزا سلطان ابراهیم نوشت، پادشاهان جغتای را اینقدر وسعت مشرب و فهم و حالت بوده است.

میرزا سلطانعلی بن میرزا سلطان خلیل بن پادشاه جلیل حسن پادشاه در حینی که دارایی مملکت فارس به میرزا سلطان خلیل مفوّض شد میرزا سلطان خلیل را در آنجا پسری شد و آن را سلطانعلی نام کرد چون به نه سالگی رسید از خوش‌نویسان آن مملکت گشت چنانچه این بیت که از نتایج طبع اوست شاهد بر آنست.

یکی از عنایات حق است این　　　که نه ساله‌ام می‌نویسم چنین

و این ابیات در عمارت تحت جمشید که در مرودشت شیراز واقعست و بر سنگ نقش شده بخط او مشاهده شد مناسب احوال نوشته.

صحبت گیتی که تمنّا کند　　　با که وفا کرد که با ما کند
ملک سلیمان مطلب کان هواست　　　ملک همانست سلیمان کجاست
این گهر و گنج که نتوان شمرد　　　سام چه برداشت سلیمان چه برد
خاک شد آنکس که در این خاک زیست　　　خاک چه داند که درین خاک چیست
هر ورقی چهرهٔ آزادییست　　　هر قدمی فرق ملکزادهییست
عمر بخشنودی دلها گذار　　　تا ز تو خشنود شود کردگار
هر که بنیکی عمل آغاز کرد　　　نیکی او روی بدو باز کرد

و کان ذالک فی تاریخ احدی و ثمانین و ثمانمائه.

并特别强调了易卜拉欣学习雄辩技艺和练习书法的事。这人最后还说，王子在设拉子的城门及城墙上写下“我就是那个人——苏丹·易卜拉欣”，这个词还有“由苏丹·易卜拉欣所写”的双关之意。[①]沙哈鲁听后非常喜悦，还写信告知了苏丹·易卜拉欣。（由此可见）察合台君主们就是这样视野开阔，思维敏捷。

米尔扎·苏丹·阿里·本·米尔扎·苏丹·哈里勒·本·帕夏·加里勒·哈桑·帕夏[②]是米尔扎·苏丹·哈里勒[③]之子。他在苏丹·哈里勒掌管法尔斯期间出生，并由苏丹·哈里勒取名为苏丹·阿里。他九岁时就已是当地的书法名家之一。这句诗印证了他的才华：

这是来自真主的赐福，令我九岁就可挥笔自如。

在位于设拉子马尔夫达士特[④]的贾姆希德宝座[⑤]建筑上，刻着由苏丹·阿里抄写的诗句，字体优美且极为应景：

谁人敢祈求与世界同岁，这世界从未也不会应允这样的请求。[⑥]

何必白白追寻苏莱曼[⑦]的国度，如今国度在此，君王又在何处？

这无尽的珍宝财富，就算是萨姆[⑧]或苏莱曼也无法带走。

安眠在这泥土之中的人早已化为泥土，泥土怎知何人掩埋在此？

每一页[⑨]都能映照出某个自由的灵魂，每一步都会踏在昔日君王的头颅之上。

随心所欲、快活地度过一生吧，只有这样，造物者才会感到喜悦。

每一位心怀善意做事的人啊，善意已经再度回到他的身上。

苏丹·阿里作于（伊历）881年[⑩]

---

① “我就是那个人”（Kuntu-hu）与“由……所写”（Kataba-hu）这两个词组中，只有两个字母上的点的位置有些许不同，因此达到了字形和字义上一语双关的效果。

② 米尔扎·苏丹·阿里·本·米尔扎·苏丹·哈里勒·本·帕夏·加里勒·哈桑·帕夏（Mīrzā Sulṭān ʿAlī b. Mīrzā Sulṭān Khalīl b. Pādshāh Jalīl Ḥasan Pādshāh）。

③ 米尔扎·苏丹·哈里勒（Mīrzā Sulṭān Khalīl，1384—1411年），帖木儿之孙，在帖木儿去世后参与了继位者之争，失败后于1405年至1409年间统治中亚河中地区，最终被叔叔沙哈鲁夺走了对该地区的统治权。

④ 马尔夫达士特（Marv-dasht）是位于伊朗法尔斯省的城市，历史遗迹贾姆希德宝座（Takht-i Jamshīd）以及波斯帝陵（Naqsh-i Rustam）等皆在此地。

⑤ 贾姆希德宝座，即希腊人所说的波斯波利斯（Persepolis），位于伊朗法尔斯省设拉子城外。它是阿契美尼德王朝时期建造的宫殿群，于公元前330年亚历山大东征时期被毁，苏丹·阿里生活的时期此处已是废墟。

⑥ 该诗句出自波斯诗人内扎米的《五部诗·秘宝之库》（*Khamsa Makhzan al-Asrār*）。

⑦ 苏莱曼（Sulaymān），伊斯兰教中的先知之一，对应《圣经》中的所罗门（Solomon）。他是第一圣殿的建造者，象征着财富和权力。

⑧ 萨姆（Sām），在波斯传说故事中，是波斯英雄鲁斯塔姆（Rustam）的爷爷，是具有神力的神话人物。

⑨ 可能指历史的每一页或每一天。

⑩ 公历1476/1477年。

مولانا عبدالحی سبزواری او شاگرد مولانا عبدالله طبّاخ است مردم خراسان او را استاد می‌دانند کتابهٔ گنبد مبارک حضرت امام همام ثامن صلوات الله علیه از بیرون بخط اوست.

مولانا حافظ محمّد از خوشنویسان مقرر دارالمؤمنین قم بوده معاصر سلاطین آق قوینلوست در خط ثلث سرآمد زمان بوده و عدیل خود نداشته است.

حافظ قنبر شرفی مملوک غفران پناه قاضی شرف‌الدّین عبدالمجید قمی جد امّی والد ماجد راقم بوده شرفی به مناسبت اسم قاضی در خط می‌نوشته و اصل او نیز بطریق یاقوت مستعصمی از حبش بوده وی خط ثلث را خوش می‌نوشته و کتابهٔ درگاه مسجد جامع دارالمؤمنین قم و محراب مسجد و درگاه و مزار کثیرالانوار سلطان سید ابواحمد در درب ری به خط اوست و آخر رجوع بخط نسخ تعلیق کرده و بروش مولانا سلطانعلی می‌نوشت در آن فن نیز سرآمد شد باقی حالات او در تذکرةالشعراء ایراد یافته.

مولانا نظام‌الدّین ولد مولانا شمس‌الدّین از دارالارشاد اردبیل بوده و خطوط ستّه را نیکو نوشته و نسخ تعلیق را نیز صاف و پاکیزه می‌نوشته از خوشنویسان مقرر آذربایجانست و در دارالارشاد اردبیل بکتابت اشتغال داشته و از زمان سلاطین ترکمان تا سنهٔ عشرین و تسعمائه در قید حیات بوده است.

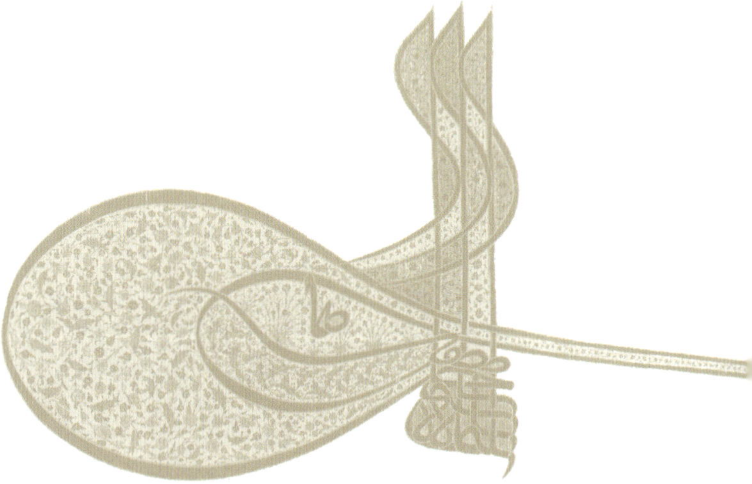

毛拉纳·阿卜杜希·萨卜泽瓦里[①]是毛拉纳·阿卜杜拉·塔巴赫的学生，霍拉桑人都视他为大师，他的字迹出现在尊贵的伊玛目礼萨圣陵的拱顶外。

毛拉纳·哈菲兹·穆罕默德[②]出生于信仰之城库姆[③]，是当地公认的书法家之一。他生活在白羊王朝[④]时期，他的三一体极为出色，无出其右。

哈菲兹·甘巴尔·沙拉非[⑤]是鄙人归真的曾外祖父高齐·沙拉夫丁·阿布马吉德·库米[⑥]的奴仆，因此沙拉非会在自己的书法作品上写下“高齐”这个名字。与雅古特·穆斯台绥米一样，他也是阿比西尼亚人。他非常擅长三一体。信仰之城库姆的聚礼清真寺的门廊和壁龛[⑦]之上，以及位于雷伊[⑧]城门附近的圣洁的苏丹·赛义德·阿布艾哈迈德[⑨]墓的门上都有他的书法作品。他晚年开始学习波斯体，并遵循毛拉纳·苏丹·阿里[⑩]的技法练习，成了掌握这一字体的大师之一。他的其他情况在《文英荟萃》[⑪]中已提及。

毛拉纳·内扎姆丁[⑫]是毛拉纳·沙姆斯丁之子，生于教化之城阿尔达比尔[⑬]。他擅长“六体”，笔下的波斯体也流畅隽永，他是阿塞拜疆地区公认的书法家。他以书法为生，从土库曼人统治时期[⑭]一直活到（伊历）920年[⑮]。

---

① 毛拉纳·阿卜杜希·萨卜泽瓦里（ʿAbd al-Ḥay Sabzivārī，1516/1517—？），“萨卜泽瓦里”意为“萨卜泽瓦尔人”。

② 毛拉纳·哈菲兹·穆罕默德（Mawlānā Ḥāfiẓ Muḥammad）。

③ 库姆（Qom）是位于伊朗中部的城市，因第八位伊玛目的妹妹法蒂玛（Fāṭima，790—816年）葬于此地，故该地成为什叶派的圣地之一，库姆在伊朗是仅次于马什哈德的圣地。

④ 白羊王朝（Aq Qoyunlu）是土库曼人于1378—1501年建立的王朝，其统治范围最大时包含今伊朗、伊拉克北部及阿塞拜疆等区域。

⑤ 哈菲兹·甘巴尔·沙拉非（Ḥāfiẓ Qanbar Sharafī）。

⑥ 高齐·沙拉夫丁·阿布马吉德·库米（Qāżī Sharaf al-Dīn ʿAbd al-Majīd Qumī），本书作者的曾外祖父，白羊王朝后期他在镇守城门时被杀。

⑦ 壁龛（miḥrāb），清真寺内部的一处特殊墙面，用来指示麦加的方向，以引导信徒进行礼拜。

⑧ 雷伊（Ray），位于德黑兰南部不远处的城市，与库姆相距两小时车程。

⑨ 苏丹·赛义德·阿布艾哈迈德（Sulṭān Sayyid Abū-Aḥmad）。

⑩ 毛拉纳·苏丹·阿里（Mawlānā Sulṭān ʿAlī），伊历9—10世纪至少有6名伊斯兰书法家名为苏丹·阿里。此处最有可能就是本书第101页提及的波斯体大师毛拉纳·苏丹·阿里·马什哈迪。

⑪ 《文英荟萃》即前言部分介绍的、高齐·艾哈迈德所写的另一部诗人传记，目前已散佚。

⑫ 毛拉纳·内扎姆丁（Mawlānā Niẓām al-Dīn），伊历9世纪的书法家，擅长“六体”及波斯体。

⑬ 阿尔达比尔（Ardabil），伊朗西北部的城市，苏非派长老谢赫·萨菲丁（Shaykh Ṣafī al-Dīn，1252—1334年）埋葬于此，他的教徒中有萨法维王朝的建立者伊斯玛仪一世，该地及其周围地区历史上被称为“阿塞拜疆地区”。

⑭ 黑羊王朝、白羊王朝和萨法维王朝皆是土库曼人在伊朗和中亚地区建立的王朝，根据本书的用词习惯，此处可能指黑羊王朝及白羊王朝。

⑮ 公历1514/1515年。

مولانا حیدر قمی شاگرد حافظ قنبر شرفیست خطوط ستّه را خوش می‌نوشته و خط کوفی را هم نیکو می‌نوشته و در قم ادیب بوده و اولاد اکابر در پیش او چیزی می‌خواندند و به میمنت شهرت تمام داشته هر پسری که نزد او چیزی خواند به مرتبه‌یی فایز شد، کتابه‌های بیرون و درون گنبد حضرت معصومه سلام‌الله علیها به خط اوست و در زاویهٔ حسینیه نیز در صفّهٔ عمارت کتابه‌های ثلث و کوفی بخط اوست مولانا حیدر خوش‌آواز بوده و حافظ تمام کلام ملک علام بوده است.

مولانا سیّدولی از سادات قم بوده ثلث را به غایت خوش می‌نوشته از خوشنویسان مقرر عراقست کتابهٔ صفّه و درگاه حضرت معصومه علیها الصلوة والتحیّه و درگاه زاویهٔ حسینیه واقعه در درب کنکان که از منشآت جد مادری را قسمت به خط اوست.

مولانا شهره امیر والد استادی مولانا مالک دیلمیست کاتب و خوشنویس مقرر بوده ونسخ را خوش می‌نوشته در اوایل مولانا مالک پیش پدر مشق ثلث و نسخ می‌کرده و در آن فن یاقوت عصر بوده و تعلیم از پدر داشته است.

مولانا نظام بخارایی خطوط ستّه را بتمامی خوش می‌نوشته ودر کتابخانهٔ نوّاب غفران پناه ابوالفتح بهرام میرزا بوده و از جمله مخترعات اوست که به انگشت خط ثلث را چنان باسلوب و نزاکت تمام می‌نوشته که قلم از تعریف آن عاجزست و کمالات او از حد تقریر و حیّز تسطیر متجاوزست و از جمله این قطعهٔ کنایه‌آمیز از طبع وقّاد نوّاب میرزایی در باب ثلث نویسی او بانگشت مشهور می‌باشد.

شناسای رقوم هفت خط مولی نظام‌الدّین — که مانند خطش در عرصهٔ افاق کم باشد
نویسد از سرانگشت خط ثلث را یا رب — که دیدست این چنین کاتب که انگشتش قلم باشد

مولانا محمّدحسین ولد مولانا یحیی مشهور به باغ دشتی از متأخرین خوشنویسان دارالسلطنه هراتست ثلث و رقاع و نسخ را به غایت خوش می‌نوشته کاتب مسلّم بوده است.

毛拉纳·海达尔·库米[①]是哈菲兹·甘巴尔·沙拉非的学生。他擅长“六体”，对书写库法体也颇有心得。他在库姆以教书为生，贵族家庭的孩子们都跟着他学习，因为人们认为他能带来好运，跟着他学习的孩子，最终都能有所成就。法蒂玛圣陵[②]拱顶内外的书法出自他手，另外，侯赛尼耶堂[③]角落里的三一体和库法体书法也是他的作品。毛拉纳·海达尔擅长吟诵，能完整地背诵《古兰经》。

毛拉纳·赛义德瓦里[④]是生活在库姆的圣裔。他写的三一体极为精妙，他是伊拉克地区公认的书法家。法蒂玛圣陵门楣和大门处的书法，以及位于坎冈[⑤]的侯赛尼耶堂门口处的部分书法都是由他完成的。这座侯赛尼耶堂是由鄙人外祖父[⑥]修建的。

毛拉纳·沙赫莱·阿米尔[⑦]是我的老师毛拉纳·马列克·迪拉米之父，他是书记官和知名书法家，擅写誊抄体。毛拉纳·马列克最初跟随他的父亲练习三一体和誊抄体，后来成为他那个时代的雅古特。

毛拉纳·内扎姆·布哈拉依[⑧]精通“六体”，在归真的阿布·法特赫·巴赫拉姆·米尔扎的书画院中工作。他的奇事之一是用手指书写三一体也能完美无缺。他的书法水平已经突破了书写的局限，简单的语言难以描述他的成就。下面这首富含深意的短诗体现出他用手指书写三一体的才华：

擅长七种字体的运笔者毛拉·内扎姆丁[⑨]，书法水平如他一般者世间难寻。

他竟能用指尖写出三一体，谁还曾见过这样以指代笔的书记官？

毛拉纳·穆罕默德·侯赛因[⑩]是毛拉纳·雅赫耶[⑪]之子，别名巴格·达什提[⑫]，是帝王之城赫拉特的书法新秀之一。他擅长书写三一体、行书体以及誊抄体，是位出色的书记官。

---

① 毛拉纳·海达尔·库米（Mawlānā Ḥaydar Qumī）。

② 法蒂玛圣陵（Fāṭima al-Maʿṣūma）位于库姆，如本书第57页注释③所述，是法蒂玛安葬之地。法蒂玛是第七位伊玛目穆萨·卡齐姆之女、第八位伊玛目阿里·礼萨之妹。

③ 侯赛尼耶堂（Zāviyya-yi Ḥusayniyya），指举办伊玛目侯赛尼纪念活动的场所。坎冈如今有多个侯赛尼耶堂。

④ 毛拉纳·赛义德瓦里（Mawlānā Sayyid-Valī）。

⑤ 坎冈（Kangān，Kankān）是位于库姆城外的一片区域。

⑥ 据高齐·艾哈迈德在《历史选粹》（*Khulāṣat al-Tavārīkh*）前言部分的记载，高齐·艾哈迈德的外祖父是阿伽·卡玛尔丁·侯赛因·穆萨耶比（Āqā Kamāl al-Dīn Ḥusayn Musayyibī），他随祖先从伊拉克迁往库姆，在土库曼人统治时期，负责库姆的城防及火药，并因此积累了一笔财富。但不久他就将这笔钱用于救济穷苦人以及其他向主的善事，他还在库姆城外的坎冈修建了侯赛尼耶堂。

⑦ 毛拉纳·沙赫莱·阿米尔（Mawlānā Shahra Amīr）。

⑧ 毛拉纳·内扎姆·布哈拉依（Mawlānā Niẓām Bukhārāyī）。

⑨ 毛拉·内扎姆丁（Mūllā Niẓām al-Dīn），即毛拉纳·内扎姆·布哈拉依。

⑩ 毛拉纳·穆罕默德·侯赛因（Mawlānā Muḥammad Ḥusayn）。

⑪ 毛拉纳·雅赫耶（Mawlānā Yaḥyā）。

⑫ 巴格·达什提（Bāgh Dashtī）。

مولانا حسین فخار شیرازی به اتابکان منسوبست و از خوشنویسان دارالملک شیراز بوده او نیز کاتب مقررست.

میرمنشی حسین قمی والد مصنّف والد مساجد راقمست اسم شریف ایشان شرف الدین حسین از جانب نوّاب کامیاب مالک رقاب جنّت مکان علیین آشیان شاه طهماسب مخاطب به میرمنشی شدند و به این اسم مشهور در افاق گشتند اول مرتبه در دارالسلطنهٔ هرات منشی نوّاب غفران پناه سام میرزا گشتند بعد از آن در زمان وکالت احمد بیک نور کمال انشاء ممالک از دیوان اعلی بدیشان مفوض شد سه سال به آن خدمت اقدام داشتند و مدت پانزده سال وزیر و منشی جمله المناصب سرکار مغفرت پناه قاضی جهان وکیل بودند و بعد از آن ممیّز کل اعراب و اعراب و اخلاج ممالک محروسه گشتند و پس از آن وزیر کارخانهٔ خاصه شریفه در ولایت شوره کل و چخور سعد بودند که نوّاب اسمعیل میرزا و شاهقلی سلطان استاجلو حکومت آنجا داشتند و بعد از گذشت آن هفت سال تمام بوزارت نوّاب شاهزاده عالمآرا سلطان ابراهیم میرزا در مشهد مقدّس معلّی اقدام داشتند و بعد از آن سه سال دیگر بجای آقا کمال الدّین وزیر خراسان وزارت مشهد منوّر مقدّس معلّی و ولایات داشتند و از آنجا که بدرگاه عالم پناه آمدند تا زمان حیات آن خسرو فرخنده صفات شب و روز در مجلس بهشت آیین و محفل فلک تزیین به مجلس نویسی و کتابت متفرقه اقدام داشتند

毛拉纳·侯赛因·法哈尔·设拉子依[①]与阿塔贝克族[②]有来往，是帝王之城设拉子知名的书记官。

米尔·蒙什·侯赛因·库米是鄙人之父。他的尊名是沙拉夫丁·侯赛因。归真的、吉庆的、永居天园的塔赫玛斯普国王（愿真主光耀他的陵墓）赐予了他“米尔·蒙什”[③]这个令他享誉世界的名字。最初他在帝王之城赫拉特担任归真的萨姆·米尔扎[④]王子的文书，随后在艾哈迈德·贝克·努尔·卡玛尔[⑤]掌事时期，他在国事部担任了三年的大书信官[⑥]之职。其后的十五年间，他是高齐·贾汗瓦基尔[⑦]宰相手下的大臣及文书。在这之后，他被任命为疆域内所有阿拉伯人及哈拉吉[⑧]部落（所在地）的审查官[⑨]。在伊斯玛仪·米尔扎[⑩]以及沙赫古里·苏丹·乌斯塔支鲁[⑪]统治舒拉格尔及楚呼尔萨德[⑫]地区时，父亲担任负责皇家画室事务的宰相。在这之后，他又在圣城马什哈德为“世界装点者”苏丹·易卜拉欣·米尔扎效力[⑬]了七年。在此之后的三年里，他代表霍拉桑宰相阿伽·卡玛尔丁，管理马什哈德及其治下疆域。这之后他回到塔赫玛斯普国王的宫廷，国王去世前，他一直在御前承担着书写之职。他跟随上面提及的毛拉纳·海

① 毛拉纳·侯赛因·法哈尔·设拉子依（Mawlānā Ḥusayn Fakhkhār Shīrāzī），伊历9世纪的著名书法家，擅长三一体和誊抄体。

② 阿塔贝克族（Atābikiyān），也称为“萨尔古里族”（Salghuriyān），是土库曼人中的一族，该部族于12—13世纪在法尔斯地区建立起与塞尔柱帝国并存的地方政权。

③ 意为“御用文书”。

④ 萨姆·米尔扎（Sām Mīrzā，1517—1566年），萨法维王朝伊斯玛仪一世之子，塔赫玛斯普一世之弟，塔赫玛斯普一世于1534/1535年任命他为赫拉特地区的执政官，随后他又分别在加兹温及阿尔达比尔生活，最终被塔赫玛斯普一世刺死。萨姆·米尔扎擅长写作和书法，同时也热衷于赞助艺术事业。

⑤ 艾哈迈德·贝克·努尔·卡玛尔（Aḥmad Bayk Nūr Kamāl），萨法维王朝时期重要的政治人物，他最初是萨姆·米尔扎的导师，1532/1533年起在塔赫玛斯普一世宫廷中担任宰相，后因被控谋杀塔赫玛斯普一世而入狱。“贝克”（bayg，bayk，big，bik）意为“大人、先生”，是突厥语中对地位尊贵者的称呼。

⑥ 大书信官（inshā' al-mamālik），与文书的工作内容基本相同，主要负责宫廷中书写通信等工作。“大书信官”意为“书信官（inshā'）之首”。

⑦ 高齐·贾汗瓦基尔（Qāżī Jahān-Vakīl，1483—1552年），生于加兹温，继艾哈迈德·贝克·努尔·卡玛尔之后在塔赫玛斯普一世宫廷中做了15年的宰相，他是萨法维王朝时期重要的政治人物之一，后被捕入狱。

⑧ 哈拉吉（Ikhlāj，Khalaj），生活在阿姆河流域的突厥部落。

⑨ 审查官（mumayyiz），地位在大臣之下的宫廷职务。

⑩ 伊斯玛仪·米尔扎（Ismā'īl Mīrzā，1537—1577年），也就是伊斯玛仪二世（Ismā'īl Ⅱ），他是塔赫玛斯普一世之子，生于加兹温，在塔赫玛斯普一世去世后于1576年至1577年间短暂即位。

⑪ 沙赫古里·苏丹·乌斯塔支鲁（Shāh-qulī Sulṭān Ustājlū，？—1576年），萨法维王朝时期的土库曼贵族，塔赫玛斯普一世宫廷中的军官，曾跟随塔赫玛斯普一世之子穆罕默德·胡达班达（Muḥammad Khudābanda，1531—1595年）一同前往霍拉桑，担任赫拉特的行政官。

⑫ 舒拉格尔及楚呼尔萨德（Shūra-kil va Chukhūr-Sa'd），萨法维王朝时期对阿塞拜疆及亚美尼亚埃里温地区的称呼。

⑬ 此事发生在1556/1557年（伊历964年），当时11岁的高齐·艾哈迈德跟随父亲一同前往马什哈德。

آنحضرت روح الله روحه در خط ثلث شاگرد مولانا حیدر مذکور بودند و ثلث و نسخ را بدرجهٔ اعلی رسانیدند و در آخر بواسطهٔ انشاء رجوع به تعلیق فرمودند و در آن فن نیز تتبع مولانا درویش می‌نمودند و شکسته نسخ تعلیق بمزه و بمثابه‌یی می‌نوشتند که ارباب خط آن را قطعه می‌نمودند و در انشاء فارسی و ترکی عدیل خود نداشتند و به غایت صاحب سلیقه و ماهر بودند و در کسب علوم بعد از اتمام مقدمات صرف و نحو و منطق که در بلدهٔ طیبه کاشان پیش مولانا سلطان محمّد صدقی استرابادی مباحثه نموده بودند در اردوی معلّا شاگردی استاد البشر عقل حادی عشر میر غیاث الدّین منصور شیرازی کرده بودند و اکثر کتب هیات و ریاضی را نزد آنحضرت مباحثه نمودند بعضی از مصنفات نوّاب میرزا با کتب معانی بیان مولانا تقی شیرازی که سرآمد شاگردان میر بود گذاردند و شرح تجوید و حواشی را با مرحومی خواجه جمال الدّین محمود شیرازی گذرانیده بودند و در سلیقه شعری و بلاغت طبع ورای بدیهه مرتبه عالی داشتند اما به آن اقبال نمی‌فرمودند اگر تمامی کمالات و حیثیات ایشان را با دیگر صنایع و هنرها مثل نقاری و زرگری و نقّاشی و جام بری ذکر نمایم مردم حمل بر نسبت بندگی و علاقهٔ فرزندی خواهند نمود لهذا بدین اکتفا نمودم و فضایل علمی ایشان بواسطهٔ شغل دنیوی و خدمت و ملازمت پادشاه صفوی مخفی مانده بود و از بدایت عمر و حیات تا نهایت اوقات با برکات آن حمیده صفات بیک قاعده و تیره‌گذران بود و جوانی و پیری یکسان در پیش ایشان از کثرت مجاهدات با نفس و ریاضات و طاعات و عبادات و اجتناب از محرمات و مکروهات و سلامت نفس از اوان جوانی تا انتهای عمر و زندگانی و ایام اشتغال و تقرّبات پادشاهی و تردد مجلس شاهنشاهی تا اوقات عزلت و انزوا و گوشه نشینی بیک روش بود چنانچه مرحومی مولانا معین الدین استرابادی غفر الله له در قصیدهٔ مدح ایشان گفته

达尔学习三一体，并完美掌握了三一体及誊抄体，他还遵循毛拉纳·达尔维什[①]的原则修习波斯悬体，同时擅长波斯草书体[②]。他所写的波斯文和突厥文更是无人能及。他是一位有才华和品位的人。而在求知方面，父亲最初在卡尚跟随毛拉纳·苏丹·穆罕默德·塞德吉·阿斯塔拉巴迪[③]学习了词音学和逻辑学的基础知识，随后在王室营地成了有“人类之师”和“十一智者”之称的米尔·盖耶速丁·曼苏尔·设拉子依[④]的学生，跟随他学习天文学和数学，还研读了他最优秀的学生毛拉纳·塔基·设拉子依[⑤]所写的修辞学书籍。此外，父亲还跟随归真的火者·贾马尔丁·马赫穆德·设拉子依[⑥]学习了台智维德[⑦]以及经注学。父亲拥有吟诗以及即兴演说的天赋，但没有（在这些方面）花费更多精力。如果鄙人在这里将他完美的品行以及在手工和艺术方面的才能，例如石膏塑像、冶金、绘画以及玻璃制作的技艺一一列举，那么人们会认为鄙人是出于父子关系（而赞颂他），故在此我不再赘述。他忙于处理国家大事，一心为萨法维的国王效力而将自己的艺术才华掩藏起来。他自降生直至生命的最后都遵循着同一个原则，不论是年轻还是年迈，他都能做到绝对的隐忍、克制与敬主，不论是在君王面前效力还是归田隐居，他都始终坚守着相同的人生准则。归真的毛拉纳·穆因丁·阿斯塔拉巴迪[⑧]（真主怜悯他）在一首赞颂他的诗中写道：

---

① 毛拉纳·达尔维什（Mawlānā Darvīsh，？—1514/1515年），即本书第75页详述的毛拉纳·达尔维什·阿卜杜拉（Mawlānā Darvīsh ʿAbdullāh），他在帖木儿王朝晚期多次出任统治者宫廷及地方政权的文书，其作品主要集中于16世纪初期。插图16是达尔维什的波斯悬体作品。

② 波斯草书体（shikasta nastaʿlīq），即谢卡斯特·纳斯塔里格体，有时也简称“谢卡斯特体”。该字体发源于16—17世纪的伊朗，主要用于波斯语官方政令、信件以及诗歌的书写。“谢卡斯特”意为“破碎的、断裂的”，该字体具有波斯体线条流畅优美的特征，同时其横向笔画拉长，字母间的连笔书写也更简洁，因此更适合快速书写。与波斯悬体一样，斜向甚至是无规则的书写更能展现波斯草书体的优美。高齐·艾哈迈德写作此书时，该字体尚属成形阶段，18世纪波斯草书体才得以完善，代表书法家有达尔维什·阿卜杜·马吉德·塔列甘尼（Darvīsh ʿAbd al-Majīd Ṭāliqānī，1737—1771年），其作品参见插图17。

③ 毛拉纳·苏丹·穆罕默德·塞德吉·阿斯塔拉巴迪（Mawlānā Sulṭān Muḥammad Ṣadaqī Astarābādī，？—1545/1546年），出生于伊朗古尔冈省阿斯塔拉巴德，但他长期在卡尚生活，是伊历10世纪卡尚地区著名的诗人和学者。

④ 米尔·盖耶速丁·曼苏尔·设拉子依（Mīr Ghiyās̱ al-Dīn Manṣūr Shīrāzī，1461—1541年），萨法维王朝时期的著名学者，在伊斯玛仪一世宫廷中任职。他父亲在设拉子修建的曼苏里耶堂（Manṣūriyya）培养出大批学者，是当时设拉子的学术中心。

⑤ 毛拉纳·塔基·设拉子依（Mawlānā Taqī Shīrāzī）。

⑥ 火者·贾马尔丁·马赫穆德·设拉子依（Khwāja Jamāl al-Dīn Maḥmūd Shīrāzī），盖耶速丁·曼苏尔最出色的学生之一，曾在曼苏里耶堂求学。

⑦ 台智维德（tajvīd），伊斯兰教中研究准确阅读《古兰经》的学科。

⑧ 毛拉纳·穆因丁·阿斯塔拉巴迪（Mawlānā Muʿīn al-Dīn Astarābādī，1568—？），居住在马什哈德，是塔赫玛斯普一世时期的著名学者及诗人，效力于易卜拉欣·米尔扎。

بیت

سلیم النفس قمی میرمنشی   خلاف بابویه در باب ما نیست

القصه صاحب نفس قدسی و اخلاق ملکی بودند اکثر روزهای دراز در تابستان به وضوی صباح نماز عشا می‌گزاردند و بیشتر ایام متبرکات و روز پنجشنبه روزه می‌داشتند و هرگز بی‌وضو نبودند و متّصل به تلاوت کلام الله مشغول بودند و در سرعت کتابت ید طولائی داشتند و در علم سیاق ایشان را مهارت تمام بود و در آن عمل و فن دستور محاسبان زمان بودند و شکسته و نسخ تعلیق‌آمیز و تعلیق را کس بخوبی ایشان ننوشت و در آن باب مخترع بودند و طرز نوشتن و روش خط از اول تا آخر بیک قاعده بود و در مدت العمر تغییری بواسطهٔ پیری در خط ایشان نشد سن شریف آنحضرت هفتاد و شش سال، در آستانه امامزاده واجب التعظیم و التکریم عبدالعظیم علیه التحیّه و التسلیم در شب جمعه هفتم شهر ذیقعدة الحرام عام تسعین و تسعمائه از دار فنا بجنّت سرای بقا ارتحال فرمود استادی مولانا عبدی جنابدی در تاریخ فوت آنحضرت گفته :

سپهر شرف میر منشی که بود   فلک را سر قدر بر پای او
چو از گلشن دهر دلگیر شد   ریاض جنان گشت مأوای او
چو تاریخ جستم ز پیر خرد   بگفتا «بهشت برین جای او»

در درون آستانه مقدّسهٔ مذکوره مدفون شد علیه الرحمة و مغفرة واسعه.

میر نعمت‌الله پسرزاده میرعبدالوهّاب تبریزی مشهورست که از اکابر سادات و نقبا و فضلا بوده، در زمان سلاطین آق قوینلو بسیار مطاع گردیده و میرنعمت‌الله باخلاق حمیده و اوصاف پسندیده معروف و مشهور و به سلامت نفس موصوفست خطوط ثلث و نسخ را خوب می‌نویسد امّا شکسته تعلیق امیر نیز بسیار با مزه است و مطلقا در پیری تغییری در خط ایشان نشد

对句

库姆的米尔·蒙什拥有纯粹的灵魂，在我们心中他的地位与巴巴维耶①无异。

父亲拥有圣洁的灵魂和天使般的品性。大部分漫长的夏日里，他都坚持晨间小净与晚间礼拜，斋月以及每个周四，他也会坚持把斋。他从不在没有小净的情况下诵念《古兰经》。他一直很擅长速记和统计数字，是那个时代计算者们的榜样。他所写的波斯草书体带有波斯悬体风格的誊抄体②，他的波斯悬体书写水平无人能及，并且在这些字体的书写上有所创新。他书写的标准和方法始终如初，这一生从未因年岁增长而影响书写水平。父亲76岁时离开这个尘世，前往永恒的天园，他于（伊历）990年11月的第七天，星期五夜晚③葬在伊玛目后裔阿卜杜·阿齐姆④圣陵之中。我的老师毛拉纳·阿布迪·朱纳巴迪⑤关于他归真的日期写道：

当米尔·蒙什来到神圣的天园时，天使也向他致以敬意。

当他厌倦了这尘世的花园，便前往天国花园居住。

当我向一位智者询问他（去世）的日期时，智者说："最高处的天园便是他的故里。"⑥

父亲于上面提到的陵园安葬入土。（愿真主怜悯宽恕他。）

米尔·内马特拉赫⑦是知名的米尔·阿卜杜瓦哈卜·大不里兹⑧之子，他们来自受人尊敬的圣裔和学者家族，在白羊王朝统治时期，这个家族备受当地人尊敬。米尔·内马特拉赫高尚的德行和纯粹的为人远近闻名，他也因此受人尊敬。他所写的三一体和誊抄体炉火纯青，波斯草书体也达到一定水平，书法水平丝毫没有受到年龄的影响。在帝王之城大不里士被奥斯曼帝国占领⑨之后，他成了卡尚的

---

① 巴巴维耶即阿里·本·巴巴维耶（ʿAlī b. Bābaviyya，？—939年），什叶派宗教学者，库姆人，死后葬在库姆。英译本此处为"Bānūya"，释义为"法蒂玛"。

② 波斯悬体与誊抄体结合在一起就形成了后来的波斯体。

③ 公历1582年12月3日。

④ 阿卜杜·阿齐姆（ʿAbd al-ʿAẓīm，792—868年），是第二位伊玛目哈桑的后裔，其陵墓建在雷伊。

⑤ 毛拉纳·阿布迪·朱纳巴迪（Mawlānā ʿAbdī Junābadī，？—1580年），塔赫玛斯普一世时期的著名诗人，是易卜拉欣·米尔扎的宫廷诗人，著有颂体诗诗集，其诗作风格多模仿波斯诗人萨迪。

⑥ "最高处的天园便是他的故里（bihisht-i barīn jā-yi ū）"这句话除字面意思外，还有表达年份的作用。根据阿拉伯辅音字母计数法（abjad），部分辅音字母有对应的数值，将此短句各字母对应成数值后相加，所得结果为990，即说明米尔·蒙什去世的年份为伊历990年。

⑦ 米尔·内马特拉赫（Mīr Niʿmatullāh）是大不里士人，除精通书法外，他还是一位宗教学者。

⑧ 米尔·阿卜杜瓦哈卜·大不里兹（Mīr ʿAbd al-Vahhāb Tabrīzī，？—1516/1517年），伊历9世纪大不里士著名的神学家，担任过当地的谢赫伊斯兰。在萨法维帝国与奥斯曼帝国交战时，他代表伊斯玛仪与塞利姆一世进行谈判，最终死于狱中。

⑨ 奥斯曼土耳其人自1585年起攻打包括大不里士在内的阿塞拜疆地区，并于1586—1603年占领该地区。

بعد از واقعهٔ دارالسلطنه تبریز که بدست رومیان افتاد شیخ الاسلام بلدهٔ کاشان گشتند بعد از آن چهار سال قاضی القضاة دارالسلطنه اصفهان شدند.

مولانا علی بیگ از دارالسلطنه تبریز بود و از خوشنویسان مشهورست خطوط را به غایت نازک و شیرین و صاف می‌نوشت اکثر کتابه‌های مساجد و عمارات مجدّد دارالسلطنهٔ تبریز به خط اوست.

مولانا شیخ کمال سبزواری شاگرد مولانا عبدالحی است خطوط ستّه را خوش می‌نوشت و همیشه به کتابت کلام ملک علام و ادعیهٔ دوازده امام اشتغال تمام داشت و فقیر در شهور سنهٔ خمس و ستین و تسعمائه در مشهد مقدّس رضیّه رضویّه علی شرفها الصلوة والسلام و التحیة ادراک ملاقات او نمودم پیر نورانی بود کتابه‌های درون روضهٔ مقدّسه بخط اوست.

مولانا علی بیگ تبریزی از خوشنویسان تبریزست راقم در شهور سنهٔ ثمان و ثمانین و تسعمائه در دارالسلطنه تبریز به ادراک ملاقات او فایز شدم به غایت آدمی صفت و خوش صحبت بود خطوط او بر اکثر عمارات مساجد مجدد دارالسلطنه مذکورست.

مولانا مقصود خواهرزاده میر مفتول بند تبریزی بوده و به غایت خوش می‌نوشته کتابهٔ عمارت مسجد میرمفتول بند در حوالی چرنداب تبریز بخط اوست وی به هند رفت.

میر نظام الشرف از اعاظم سادات موسوی و از اجلاء اکابر دارالسعاده ابرقوه بود جمع بین الخطوط نموده بود هم خط نسخ و ثلث و هم تعلیق را با مزه می‌نوشت فضیلت و مولویت داشت شیخ‌الاسلام و قاضی القضاة ابرقوه و چهار دانگه فارس و بوانات بود وی متخلّق به اخلاق جلی و به کمالات معنوی آراسته سلیقهٔ انشا هم داشت و در عبارت‌آرایی و عربی‌دانی نظیر نداشت

谢赫伊斯兰[①]，之后在帝王之城伊斯法罕担任了四年的教法执政官[②]。

毛拉纳·阿里·贝格[③]出生于帝王之城大不里士，他的字体细致优美，他是著名的书法家。大不里士众多新修的清真寺及建筑上的书法皆出自他手。

毛拉纳·谢赫·卡玛尔·萨卜泽瓦里[④]是毛拉纳·阿卜杜希[⑤]的学生，擅长“六体”，经常抄写《古兰经》以及十二位伊玛目的祷告词，鄙人曾于（伊历）988年[⑥]在圣城马什哈德与他会面，他是一位精神矍铄的长者。圣陵[⑦]内部的书法是由他完成的。

毛拉纳·阿里·贝格·大不里兹[⑧]是大不里士的书法名家之一，鄙人于（伊历）988年在帝王之城大不里士见到他，他是一位非常高尚又健谈的人。大不里士城中大部分新修的清真寺上的书法都是他的作品。

毛拉纳·马格苏德[⑨]是米尔·马夫图尔班德·大不里兹[⑩]的外甥，其书法水平极高。建在大不里士查兰德奥卜[⑪]地区的米尔·马夫图尔班德清真寺上留有他的书法作品。他后来前往印度生活。

米尔·内扎姆沙拉夫[⑫]是来自伊玛目穆萨家族的圣裔，也是幸福之城阿巴尔古赫[⑬]最尊贵的家族成员。他能将各种字体融合在一起，擅长誊抄体、三一体以及波斯悬体。他高尚且尊贵，是阿巴尔古赫、法尔斯的察哈尔当格[⑭]和巴瓦纳特[⑮]地区的谢赫伊斯兰以及教法执政官。他道德高尚、擅长书法，在语言表达和阿拉伯语知识方面的造诣无人

---

① 谢赫伊斯兰（shaykh al-Islām）是由地方政权授予宗教人士的头衔，这类宗教人士教法学识丰富，广受尊敬，通常负责地区宗教事务的裁决。谢赫伊斯兰领取国家俸禄，还会为当地的穆斯林讲授宗教课程。

② 教法执政官（qāżī）是负责地区宗教事务及民事裁决的宗教人士，其地位在谢赫伊斯兰之后。

③ 毛拉纳·阿里·贝格（Mawlānā ʿAlī Bayg）。

④ 毛拉纳·谢赫·卡玛尔·萨卜泽瓦里（Mawlānā Shaykh Kamāl Sabzivārī），生活在塔赫玛斯普一世以及伊斯玛仪二世执政时期（1576—1577年），是当时著名的书法家和画家。

⑤ 可能指本书第57页介绍的毛拉纳·阿卜杜希·萨卜泽瓦里。

⑥ 公历1580/1581年。

⑦ 指位于马什哈德的伊玛目礼萨圣陵。

⑧ 毛拉纳·阿里·贝格·大不里兹（Mawlānā ʿAlī Bayg Tabrīzī），即上文的毛拉纳·阿里·贝格，两段内容有所重复。

⑨ 毛拉纳·马格苏德（Mawlānā Maqṣūd）。

⑩ 米尔·马夫图尔班德·大不里兹（Mīr Maftūl-band Tabrīzī），诗人，于1584/1585年在查兰德奥卜去世。

⑪ 查兰德奥卜（Charand-āb）是位于大不里士中心的一片老城区，此处所建的墓园葬有几位名人。

⑫ 米尔·内扎姆沙拉夫（Mīr Niẓām al-Sharaf，？—1586/1587年）。

⑬ 阿巴尔古赫（Abarqūh），位于伊朗亚兹德省的城市。

⑭ 察哈尔当格（Chahār-dānga）。

⑮ 巴瓦纳特（Bavānāt），位于伊朗法尔斯省的城市，在阿巴尔古赫以南。

فوتش در حوالی گنجه در معسکر همایون اثر فی شهور سنهٔ خمس و تسعین و تسعمایه.

قاضی محمّدباقر از آدمی زادگان و قضاة خطهٔ طیبهٔ اردوباد بود و قضای آن ولایت بدو متعلّق بود طالب علمی کرده و کمالات بسیار داشت شعر را نیز نیکو می‌گفت و در آن فن استاد عصر خود بود و در خط سرآمد بود خطوط سبعه را خوش می‌نوشت.

مولانا میرزا علی جامع کمالات و حاوی حیثیات بسیارست در عنفوان جوانی در اندک زمانی نمایان شد و ازعلوم متداوله مستغنی گردید و شروع در علم فقه و حدیث نمود و در علم لغت و پیروی لغات و عربیت بلندمرتبه گردید کم کسی مثل وی تتبع آنها نموده باشد منشی بی مثل و مانندست و در علم تجوید و قرائت همچو او کسی ماهر نه و برخواندن و نوشتن فقرات و عبارات عربی و خطبه‌های نیکو دیگر مثل او قادر نه و در علم قرائت استاد فن و خطابت بلبل خوش الحان انجمنست خطوط ثمانیه جمع ساخته هر یک را بهتر از دیگری می‌نویسد، در کتابت ید طولی و در انشا و عبارت مرتبه اعلی دارد و فصاحت و بلاغتش درجهٔ قصوی یافته اکثر کتب و احادیث و فقه و ادعیه را به خط نوشته و مباحثه و تصحیح و تحشیه نموده و هیچکس آن کار نکرده و آثار کمالات ایشان بسیارست و شاهد عدل بر آن حجج و صکوک و قبالات و امثله علیه عالیه دیوان الصدارة السامیه الانجوئیة المطاعیه است که بقلم خجسته رقم او در ایران منتشر گشته وی از بلدهٔ طیبهٔ سلطانیه است و قضای آنجا با طارمین به او متعلّق است.

مولانا علاء بیگ تبریزی از خوشنویسان مقرر دارالسلطنهٔ تبریز بود شاگرد مولانا علی بیگ است کمالات بسیار داشته او به هند رفت.

مولانا علیرضا تبریزی شاگرد مولانا علاء بیگ تبریزیست صاحب اخلاق حمیده و اوصاف پسندیده است بعد از فترت رومیه شومیه و خرابی دارالسلطنهٔ تبریز به دارالسلطنهٔ قزوین آمده در آن بلده توطّن اختیار نموده

能及。他于（伊历）995年[①]在占贾[②]附近的王室军营去世。

高齐·穆罕默德·巴基尔[③]的祖辈是在乌尔都巴德[④]担任教法执政官的贵族，因此他本人也是这一地区的教法执政官。他勤学好问，成就卓越；他擅长吟诗，是当时的著名诗人；他精通“七体”[⑤]，书法造诣也颇高。

毛拉纳·米尔扎·阿里[⑥]成就卓越且集优秀品质于一身。他年轻时便凸显出个人才华，他很早就熟练掌握常识并开始学习伊斯兰教法学以及圣训学。他在词汇学、词源学以及阿拉伯语方面的水平无人能及。他是一位独一无二的文书；他精通台智维德，诵读《古兰经》的水平高超；他能完美地阅读并书写阿拉伯语词组和句子，并进行宗教演说；他是诵读《古兰经》的大师，也是宫廷之中最优秀的演说家。他擅长八种字体[⑦]，且书写各字体的水平难分上下。他的书法和演说水平极高，更是熟练掌握雄辩的艺术。他亲自抄写《古兰经》、圣训以及伊玛目祷告词，并将讨论、注释和边注写在一旁[⑧]，这是他人从未做过的尝试。他的优秀作品有很多，例如国王及地方执政官的宫廷之中有很多文件、书信、契约皆出自他手。他出生于怡人的苏丹尼耶[⑨]，是该地以及塔罗敏[⑩]地区的教法执政官。

毛拉纳·阿拉·贝格·大不里兹[⑪]是帝王之城大不里士公认的书法家，他师从毛拉纳·阿里·贝格，颇有成就。他后来前往印度生活。

毛拉纳·阿里礼萨·大不里兹[⑫]是毛拉纳·阿拉·贝格·大不里兹的学生，他道德高尚、品行端正。在鲁姆人[⑬]犯下恶行，毁掉帝王之城大不里士之后，他前往帝王之城

---

① 公历1586/1587年。

② 占贾（Ganja）是位于今阿塞拜疆共和国西北部的城市。

③ 高齐·穆罕默德·巴基尔（Qāżī Muḥammad Bāqir）。

④ 乌尔都巴德（Urdūbād），阿塞拜疆西南部的城市，位于大不里士北部。

⑤ “七体”通常指“六体”与大体这七种字体。

⑥ 毛拉纳·米尔扎·阿里（Mawlānā Mīrzā ʻAlī）。

⑦ 指大体、波斯体以及“六体”。

⑧ 插图18展示了一本写有边注的《古兰经》。

⑨ 苏丹尼耶（Sulṭāniyya），古代的苏丹尼耶即今天的赞詹省。如今的苏丹尼耶为赞詹省的城市。

⑩ “塔罗敏”（Ṭārumīn）是“塔罗姆”（Ṭārum）一词的复数，塔罗敏地区指上塔罗姆及下塔罗姆地区，位于伊朗赞詹省，在苏丹尼耶北边。

⑪ 毛拉纳·阿拉·贝格·大不里兹（Mawlānā ʻAlāʼ Bayg Tabrīzī），伊历10世纪末—11世纪初的书法家，他擅长“六体”，在大不里士仍可见到他的书法作品。

⑫ 毛拉纳·阿里礼萨·大不里兹（Mawlānā ʻAlī-Riżā Tabrīzī），伊历10世纪的书法家，精通三一体、誊抄体以及波斯体，他深受阿巴斯一世的重视，该国王统治时期位于加兹温和伊斯法罕的多处王室建筑及宗教场所的书写工作都交由他负责。他的生卒年份不详，作品中最晚的日期是1616年。

⑬ 鲁姆人（Rumīyān），也可译作“罗马人”，此处特指东罗马人，也就是奥斯曼土耳其人。“鲁姆人犯下恶行”指的就是上述1585年奥斯曼土耳其人攻打大不里士一事。

و در مسجد جامع آنجا رحل اقامت انداخته به کتابت اشتغال نمودند کتابه‌های مسجد جامع آنجا به خط اوست و چند مصحف در آنجا تمام نمودند و باقی حالات وی در پهلوی خوشنویسان نسخ تعلیق سمت تحریر خواهد یافت.

حسن بیگ ولد مرحومی حسن بیگ سالم است وی از تبریزست و شاگردی مرحومی مولانا علاء بیگ تبریزی نموده آثار نجابت و آدمی زادگی و نامرادی و از خودگذشتگی ازو ظاهر و مترشح است او نیز بعد از تلاطم دارالسلطنه تبریز به عراق آمده گاهی در اصفهان و اکنون در دارالسلطنهٔ قزوین به مشق و کتابت اشتغال دارد و در مسجد جامع قزوین به کتابت اقدام می‌نماید خطش کم از استادان ستّه نیست مصاحف به خط او را اهل تجارت به اطراف و اکناف ربع مسکون می‌برند و به قیمت اعلا هدیه می‌دهند.

مولانا فغان‌الدّین بلبل در دارالسلطنهٔ اصفهان نشو و نما و کسب کمالات و هنرها نموده و خط ثلث و نسخ و رقاع را بر طاق بلند نهاده و بسیار با مزه و نازک می‌نویسد اگرچه بلند پروازیها دارد اما نمی‌تواند خود را از مملو کیت و رقیت خلاص سازد و جهت رفع خجالت گاهی اسم خود را اصفهانی می‌نویسد و بعضی اوقات بلبل رند و تجاهل می‌نماید که کسی پی به آن نبرد و از دو شاهد عادل خلاصی نمی‌یابد یکی سیاهی و دیگر نام بلبل و معهذا از مالکش وارث بسیار مانده و بهر شهر و مملکتی که رفت یکی از آنها او را پیدا کرده در معرض فروختن دارند و او با این همه حالت و استعداد از شومی بخت سیاه در هیچ شهری سفید نمی‌تواند شد وی شاهنامه را بسیار خوب می‌خواند و تتبع مولانا علیرضا تبریزی می‌کند و گاهی مشق نسخ تعلیق کرده قطعه‌ها بر کاغذهای حل کاری کرده می‌نویسد، اما صورت ترقّی ندارد مدتی در میدان قم آشیانه داشت و به قطعه‌نویسی و شاهنامه‌خوانی اشتغال می‌نمود ناگاه غوغا و هنگامه را برطرف نموده عزم دارالسلطنهٔ قزوین نمود.

بیت

بلبل بناله بلدهٔ قم را وداع کرد — کاین شهر را ترانهٔ او ناپسند بود

加兹温并定居下来。他居住在当地的聚礼清真寺中，并以书法为生。他完成了这座清真寺的书法装饰部分，还抄写了几份《古兰经》。有关他的其他情况将会出现在（介绍）波斯体大师[①]的部分。

哈桑·贝格[②]是归真的哈桑·贝格·萨勒姆[③]之子，他出生于大不里士，是归真的毛拉纳·阿拉·贝格·大不里兹的学生。他为人高尚谦逊，极富牺牲精神。自大不里士的动乱[④]之后，他前往伊拉克，后来又在伊斯法罕生活过。如今他在帝王之城加兹温专注于修习书法，他还为该城的聚礼清真寺完成了书法工作。他的书法丝毫不逊色于那些擅长“六体”的大师。商人们将他抄写的《古兰经》带到世界各地，以高价出售。

毛拉纳·费冈丁·布尔布尔[⑤]在帝王之城伊斯法罕接受教育并最终获得成就。他的三一体、誊抄体以及行书体登峰造极，充满意趣。他虽有远大抱负，但囿于自己的奴仆身份，有时会在书法作品上签下“伊斯法罕尼[⑥]”以及“布尔布尔[⑦]”，试图减轻自己的羞愧心理。他单纯地希望不会有人发现自己的身份，但他根本逃脱不了这两个事实：一个是黑色（的皮肤），一个是“布尔布尔”这个名字。再者，他的主人拥有众多继承人，无论他去哪，这些人都会找到他并设法卖掉他。虽然他天赋极高，却因为肤色的问题无法在任何城市立足。他擅长吟诵《列王纪》[⑧]，并（在书法方面）模仿阿里礼萨·大不里兹的风格。他有时会练习波斯体，还有机会在撒有金粉的纸上书写单幅作品，但他始终没有飞黄腾达的机会。有一段时间他在库姆的广场上度日，以书写单幅作品和吟诵《列王纪》为生。有一天，他突然放下了人们的非议，离开了伊斯法罕前往帝王之城加兹温。

对句

夜莺叹息着与库姆告别，因为这座城中无人赏识他的歌声。

---

① 即本书第三章。

② 哈桑·贝格（Ḥasan Bayg）。

③ 哈桑·贝格·萨勒姆（Ḥasan Bayg Sālim），英译本此处为“马赫穆德·贝格·萨勒姆”（Maḥmūd Bayg Sālim）。

④ 指奥斯曼土耳其人1585年攻打大不里士一事。

⑤ 毛拉纳·费冈丁·布尔布尔（Mawlānā Fighān al-Dīn Bulbul），活跃于1596/1597年。

⑥ 伊斯法罕尼（Iṣfahānī），意为“伊斯法罕人”。

⑦ 布尔布尔，意为“夜莺”，在波斯文化中常将擅长吟诵和写作的人比作夜莺。

⑧ 《列王纪》是波斯诗人菲尔多西于公元980年至1020年间完成的长达6万对句的史诗巨著。《列王纪》问世后，诞生了唱颂师这一职业。更多相关研究可参考张鸿年：《列王纪研究》，北京大学出版社，2009。

فصل دوم
در ذکر خوشنویسان تعلیق

بر مرآت حقایق نما ظاهر و هویدا باشد که خط تعلیق از رقاع و توقیع مأخوذست و خواجه تاج سلمانی که اصفهانی بوده واضع آنست و قبل از آن یک چند شکسته می‌نوشته و خط درست تعلیق در میان نبوده او درست کرده و به نزاکت و رعنایی نوشته چون نوبت به خواجه عبدالحی منشی رسید قاعده و نزاکت و اسلوب پیدا کرد و سلسله تعلیق نویسان و شجرهٔ ایشان به این دو استاد می‌رسد.

خواجه عبدالحی از دارالمؤمنین استرابادست دو روش خط او در میانست یکی در نهایت رطوبت و حرکت که مناشیر و احکام سلطان سعید شهید میرزا ابوسعید گورکان را بدان روش نوشته و منشیان خراسان مثل مولانا درویش و میر منصور و خواجه جان جبرئیل وغیره بدان طرز نوشته‌اند و دیگری در کمال استحکام و پختگی و اصول و چاشنی که احکام پادشاه مرحوم حسن بیگ و سلطان یعقوب و سایر سلاطین آق قوینلو را بدان طرز نوشته و منشیان عراق سیما شیخ محمّد تمیمی و مولانا ادریس و غیر هما تتبع ایشان نموده‌اند خواجه عبدالحی در انشاء میرزا سلطان ابوسعید مشهور آفاق گشت در فن خود یاقوت عصر بوده و کسی بدون نرسیده و شیخ محمّد تمیمی شاگرد وی بود و در آخر حقوق شاگردی وی را فراموش کرده به عقوق مبدل ساخت و در مجالس سلاطین گفت که بهتر از خواجه می‌نویسم خواجه او را نفرین کرد و به نفرین خواجه فوت شد خواجه تا اوایل ظهور دولت خسرو جلیل ابوالبقا شاه اسمعیل در حیات بود اما بواسطهٔ کِبرسن و پیری منزوی گشته در تاریخ سنهٔ سبع و تسعمایه در دارالسلطنه تبریز فوت شد در سر خیابان تبریز حظیره‌یی ساخته مشهور به عبدالحیّه است مدفن وی در آنجاست.

第二章
波斯悬体书法家

真理之镜清晰地印证着，波斯悬体是由行书体以及签名体发展而来的。伊斯法罕人火者·塔吉·萨尔曼尼[①]是这一字体的发明者，而在此之前他还练习过一段时间的波斯草书体。当时还没有标准的波斯悬体，是他规范了这一字体，并且将其书写得优雅精致。至火者·阿卜杜希·蒙什[②]时，他规定了（这一字体书写的）准则及风格。所有波斯悬体书法家的谱系都可追溯到这两位大师。

火者·阿卜杜希生于信仰之城阿斯塔拉巴德，他创造了两种书写风格，第一种风格极为灵动，苏丹·萨义德·沙希德·米尔扎·不赛因·古尔康[③]宫廷的布告以及政令皆使用这一风格的字，霍拉桑地区的文书们，例如毛拉纳·达尔维什、米尔·曼苏尔[④]及火者·琼·哲布来依[⑤]等人就使用此种风格书写。另一种书写风格则稳重成熟、充满韵味，已故国王哈桑·贝格[⑥]、苏丹·雅古卜[⑦]及白羊王朝其他君王所发布的政令皆使用此种风格的字。有着伊拉克人长相的文书如谢赫·穆罕默德·塔米米[⑧]、毛拉纳·易德立斯[⑨]及其他人皆采用这一书写风格。火者·阿卜杜希由于负责书写苏丹·不赛因的信件而出名，并成为他所生活的时期的雅古特，一时无人能及。谢赫·穆罕默德·塔米米作为他的学生，最后竟忘记了身为学生的本分，变得桀骜不驯，其曾在御前宣称：“我比火者写得好。”火者·阿卜杜希听后咒骂他，他也因此而去世。火者·阿卜杜希一直活到拥有稳固政权的伊斯玛仪国王执政初期，晚年因年岁已高便开始了隐居生活，并于（伊历）907年[⑩]在帝王之城大不里士去世。他曾于大不里士街头修建了一片名为阿卜·海亚[⑪]的区域，他的墓地便安置于此。

---

① 火者·塔吉·萨尔曼尼（Khwāja Tāj Salmānī），擅长“六体”、波斯悬体和波斯草书体，生活于帖木儿王朝不赛因统治时期，他同时还是一位诗人。

② 火者·阿卜杜希·蒙什（Khwāja ʿAbd al-Ḥay Munshī，？—1501/1502年），不赛因宫廷中的文书，如今，土耳其托普卡帕宫图书馆中藏有他的书法作品。

③ 苏丹·萨义德·沙希德·米尔扎·不赛因·古尔康（Sulṭān Saʿīd Shahīd Mīrzā Abu Saʿīd Gūrkān），即上文提到的帖木儿君王不赛因。

④ 米尔·曼苏尔（Mīr Manṣūr），阿斯塔拉巴德人，毛拉纳·达尔维什的学生，本书第81页有他的详细介绍。

⑤ 火者·琼·哲布来依（Khwāja Jān Jibraʾīl）。

⑥ 哈桑·贝格（Ḥasan Bayg，1423—1478年），即乌尊哈桑，白羊王朝第九任统治者，1453—1478年执政期间相继击败黑羊王朝以及帖木儿王朝的不赛因，大面积地扩张了白羊王朝的疆域并迁都大不里士。

⑦ 苏丹·雅古卜（Sulṭān Yaʿqūb，1464—1490年），白羊王朝第十一任统治者，乌尊哈桑之子。

⑧ 谢赫·穆罕默德·塔米米（Shaykh Muḥammad Tamīmī）。

⑨ 毛拉纳·易德立斯（Mawlānā Idrīs）。

⑩ 公历1501/1502年。

⑪ 阿卜·海亚（ʿAbd al-Ḥaiyya），大不里士一块区域的历史地名，今已不存在。

مولانا حاجی علی منشی استرابادیست از شاگردان نیک خواجه عبدالحی است و در هرات منشی کپک میرزا شده باستراباد آمد و بعضی اوقات منشی شیروان و گیلان هم شد.

خواجه جان طغرائی شهرت وی به طغرائی از آنست که طغرای مناشیر و احکام را بسیار خوب می‌نوشته وی از قزوین بوده است.

مولانا شیخ محمّد تمیمی ولد خواجه جان است انشاء سلاطین ترکمان کرده اما شهرت به تمیمی داشته این قطعه را ظرفا جهت او گفته‌اند.

بگو لعاب نقد خواجه جان را — که خط مشکل آسان می‌نویسد
چه منشی آنکه طغرای نشانها — بخون پادشاهان می‌نویسد
بهر دیوان نهد پای مبارک — انارالله برهان می‌نویسد

مولانا ادریس مرد دانشمند بوده در انشاء مهارت تمام داشته خط او اگرچه نازک و رعنا نیست اما اسلوب و اصول خوب دارد انشاء حسن پادشاه و رستم پادشاه و الوندبیگ کرده است.

مولانا درویش عبدالله از خراسان بوده اصلش بلخیست و همیشه درویش عبدالله بلخی می‌نوشته بغایت خوشنویس بوده اگرچه بعضی او را بهتر از خواجه عبدالحی می‌دانند اما هر کدام روشی دارند و هر دو بی‌قرینه بوده‌اند و معاصر یکدیگرند

毛拉纳·哈吉·阿里·蒙什·阿斯塔拉巴迪[1]是火者·阿卜杜希出色的学生之一，他在赫拉特担任卡帕克·米尔扎[2]的文书，随后他去往阿斯塔拉巴德，有一段时间他在希尔凡[3]以及吉兰[4]担任文书。

火者·琼·图格拉伊[5]因其在布告及政令上所写的花押体极为出色而被称为“图格拉伊”，他是加兹温人。

毛拉纳·谢赫·穆罕默德·塔米米是火者·琼之子，负责为土库曼君王们[6]誊抄书信。他以“塔米米[7]”这一称号出名，下面这些诗句就是关于他的：

且看火者·琼如珍宝般的作品，看他如何轻松化解书法中的难题。

是哪位文书所写的花押签名，蘸取君王的鲜血作墨汁？

当他吉祥的双脚踏入宫廷之中，都会写下：愿真主为他作证[8]。

毛拉纳·易德立斯是一位有学识之人，他擅长抄写书信。他的风格虽算不上优雅精致，却也自成一体。他担任过哈桑·帕夏[9]、鲁斯塔姆·帕夏[10]以及阿万德·贝格[11]宫廷中的书信官。

毛拉纳·达尔维什·阿卜杜拉在霍拉桑生活，但他的家乡在巴尔赫，因此他总是写下达尔维什·阿卜杜拉·巴尔西[12]（作为签名）。他是一名出色的书法家，有些人认为他的书法优于火者·阿卜杜希（的书法），但其实二者的作品各有千秋。两人作为同时

---

① 毛拉纳·哈吉·阿里·蒙什·阿斯塔拉巴迪（Mawlānā Ḥājjī ʿAlī Munshī Astarābādī）。

② 卡帕克·米尔扎（Kapak Mīrzā，？—1507/1508年）即穆罕默德·穆森·米尔扎（Muḥammad Muḥsin Mīrzā），“卡帕克”为他的称号，该词既是他所生活的时期零钱的货币单位，也有“狗”的意思。他是侯赛因·米尔扎·拜哈拉与阿加彻之子，在联合兄弟对抗父亲失败后逃往阿斯塔拉巴德，后被父亲劝降并担任马什哈德的统治者。

③ 希尔凡（Sharvān，Shīrvān），历史地名，在今阿塞拜疆境内，位于里海西南沿岸及库拉河之间。

④ 吉兰（Gīlān），今伊朗的省份，位于里海西南沿岸，在希尔凡地区的南边。

⑤ 火者·琼·图格拉伊（Khwāja Jān Ṭughrā'ī），“图格拉伊”来源于“图格拉”（ṭughrā'），该词意为“花押体”，该字体出现于14世纪中期的奥斯曼帝国，苏丹通常会使用这一字体设计自己的正式签名及印章图案。为防止被仿制，花押体文字通常高度抽象化及风格化。火者·琼因擅长花押体而得此称号。火者·琼·图格拉伊可能就是本书第73页的火者·琼·哲布来依。

⑥ 可能指黑羊王朝及白羊王朝的统治者。

⑦ “塔米米”一词有“稳固”之意。

⑧ “愿真主为他作证”是一句祷告语，在此处表祝福。此诗赞美了火者·琼，而非塔米米，可能为作者之误。

⑨ 哈桑·帕夏（Ḥasan Pādshāh），即乌尊哈桑，他曾在大不里士修建哈桑·帕夏清真寺和学堂等一系列建筑。

⑩ 鲁斯塔姆·帕夏（Rustam Pādshāh，？—1497年），白羊王朝第五任君王，乌尊哈桑之孙，1493—1497年在位，执政中心位于大不里士。

⑪ 阿万德·贝格（Alvand Bayg，？—1505年），白羊王朝第八任君王，乌尊哈桑之孙，1497—1502年在位，执政中心也在大不里士。

⑫ 巴尔西（Balkhī），意为“巴尔赫人”。巴尔赫（Balkh），今位于阿富汗境内，历史上是霍拉桑地区的重要城市。

و مولانا درویش انشاء اولاد میرزا سلطان ابوسعید و میرزا سلطان حسین بایقرا و اولاد او و شاهی بیگ‌خان اوزبک نموده به خدمت خواجه عبدالحی بطریق شاگردان بسر می‌برده

مولانا در زمان سعید دارین میرزاسلطان حسین سرآمد زمان و مسلم ایران و توران گشته شاگردان او خواجه جان جبرئیل و میر منصور منشی نیز خوب نوشته‌اند.

حکایت: مشهورست که نوبتی شابیگ خان اوزبیگ کتابتی به مولانا درویش فرمود که بیکی از سلاطین ترکستان بنویس و قدغن تمام در اتمام آن نمود. اتفاقاً مولانا را فرصت نوشتن آن نشد و خان کتابت را طلبید مولانا مضطرب شده نتواست اظهار معذرت نماید طومار کاغذ سفیدی بیرون آورده شروع در خواندن مضمون کتابت نمود چنانچه اهل مجلس و حضار تعریفات بسیار کرده تحسین نمودند بعضی از مقربان که نزدیک بودند تعجب نمودند.

چه نامه صفحه‌یی از نور دیدند ز سودای سوادش دور دیدند
چو روز وصل از ظلمت مبرّا چو آئینه صفا بخش و مجلاً
بجای ظلمتش انوار باهر درو صد معنی مستور ظاهر
ز نور باطن و سودای عنوان بظللمت جا گرفته آب حیوان

بالاخره حقیقت قدرت و حالت مولانا را عرض نمودند که طومار سفید نانوشته را چنین گذرانیده، خان را خوش آمد و صله و جایزه بوی شفقت کرد، مولانا در همان مجلس قلم برداشت و کتابت را همان طریق نوشته تسلیم نمود.

خواجه میرمحمّد منشی قمی از شاگردان سرآمد خواجه عبدالحی منشی است در غایت رطوبت و حرکت و پختگی می‌نوشته و منشی رستم پادشاه گشته مناشیر و احکام پادشاه مذکور بخط اوست.

حکایت: مشهورست که رستم پادشاه را بازترلانی طرفه بوده که بسیار تعلّق خاطر داشته

代的书法家，水平不相上下。毛拉纳·达尔维什作为书信官，先后为米尔扎·苏丹·不赛因之子米尔扎·苏丹·侯赛因·拜哈拉、苏丹·侯赛因·拜哈拉之子和沙希·贝格·汗·乌兹别克[①]效力。他总是以学生对待老师的方式对待火者·阿卜杜希。

毛拉纳因在两个世界都充满幸福[②]的米尔扎·苏丹·侯赛因时期表现出众，被视为伊朗与土兰[③]地区的榜样。他的学生火者·琼·哲布来依以及米尔·曼苏尔·蒙什也是优秀的书法家。

逸事：据说有一次，沙贝格·汗·乌兹贝格[④]命令毛拉纳·达尔维什给一位突厥君王写信，并要求他务必完成，不巧毛拉纳当时没时间完成此事。当汗王[⑤]前来追要时，毛拉纳心慌意乱，因为他知道自己难逃其责。于是他拿出一卷纸，一边念出信的内容一边书写。他的行为引得当时在场的人们一片称赞，而一些站在他身边的大臣更是大为惊讶。

> 他们看到如光芒般闪耀的信纸，在黑色的线条中参透内在的含义。
>
> （信纸）像复活日一样远离黑暗，像镜子一样令人舒畅透亮。
>
> 黑暗退去，光明尽显，上百个隐秘的含义突现。
>
> 从内在光明与外在黝黑之中，生命之水取代黑暗出现。[⑥]

随后众人将毛拉纳的才华和（书写时的）情形，即如何将光洁的白纸染黑的过程告知汗王，汗王听后非常高兴，便下令对毛拉纳大加封赏。于是毛拉纳在御前取出毛笔，用同样的方式写好了一幅作品呈献给汗王。

火者·米尔·穆罕默德·蒙什·库米[⑦]是火者·阿卜杜希·蒙什出色的学生之一，他的书法飘逸流畅。他作为鲁斯塔姆·帕夏的文书，负责抄写这位国王下达的政令。

逸事：据说鲁斯塔姆·帕夏有一只非常心爱的矛隼。这只矛隼生病了，即将走到

---

① 沙希·贝格·汗·乌兹别克（Shāhī Bayg Khān Ūzbik，1451—1510年），即穆罕默德·昔班尼，昔班尼王朝（Shaybanids，1500—1599年）的建立者，于1507年打败帖木儿人并占领了他们当时的首都赫拉特。

② 即在今世和后世都充满幸福，这是对逝者的敬语。

③ 土兰（Tūrān），历史上对伊朗以东地区的称呼，指代范围不定，有时指含中国在内的地域，有时指中亚地区。

④ 沙贝格·汗·乌兹贝格（Shābig Khān Ūzbayg），即上文的沙希·贝格·汗·乌兹别克，两个姓名单词的拼写有所不同，可能是抄写错误。

⑤ 即沙贝格·汗·乌兹贝格。

⑥ 这段诗歌描写了毛拉纳·达尔维什在白纸上用黑色墨汁写字的过程。诗中的“黑暗”既可指黑色的墨汁及线条，也可指无知的状态，而“光明”除了指代白纸，还有了解事物内涵，摆脱无知状态的含义。

⑦ 火者·米尔·穆罕默德·蒙什·库米（Khwāja Mīr Muḥammad Munshī Qumī），生卒年不详，他于伊历931年对伊玛目礼萨圣陵进行瓦合甫捐赠，相关的捐赠明细也保留了下来，根据该明细可判断火者·米尔·穆罕默德的捐赠是该圣陵收到的第一笔，也是迄今为止最重要的捐赠。

آن باز رنجور گشته و به سرحد انتقال و ارتحال رسیده رستم پادشاه ساعت به ساعت یک یک از مقربان و پروانه‌چیان را به جهت تحقیق و خبرگیری بر سر آن می‌فرستاده و می‌گفته هر که خبر فوت باز را بیاورد و را به قتل می‌رسانم تا آنکه خواجه میرمحمّد منشی را به قدغن فرستاده رسیدن خواجه و پرواز روح باز به آشیانهٔ عقبی مقارن افتاده خواجه برگشته عرض کرد که باز بر روی زمین افتاده و بالها گشاده و گردن کشیده و از دامگاه حیات رمیده رستم میرزا را با وجود آن طیش و حدّت و تعلّق از تقریر خواجه بسیار خوش افتاده و باز را فرمود دفن کردند خواجه میرمحمّد بعد از رستم میرزا ترک ملازمت سلاطین کرده در قم منزوی گشت سایر حالات و اشعار او در تذکرةالشعراء ایراد یافته.

خواجه عتیق منشی از خطهٔ طیبهٔ اردوبادست بسیار پخته و کنده (بضم کاف) می‌نوشته و در انشاآت نوّاب جمجاه صاحبقران گیتی‌ستان علیین آشیان شاه اسمعیل ترقّیات کلی نموده و طغرای شاهی را که اکنون همچنان در میانست او پیدا کرده بعد از استعفا از ملازمت متولی مشهد مقدّس معلّی مزکی شد و سالها در آن عتبه عالیه و سدهٔ سنیّه بسر می‌برده و عمارت عالی به جهت مقبرهٔ خود ساخته که آن مقبره در جنب مدرسهٔ شاهرخی واقعست و رقبات خود را که در آنجا داشت بر آن وقف نمود.

نوّاب میرعبدالباقی از دارالعباده یزدست و از اولاد عارف ربانی شاه نعمت‌الله ولی است سالها منصب صدرات و وکالت پادشاه جلیل شاه اسمعیل نمود تعلیق را بسیار خوش می‌نوشته و به نزاکت و پختگی خط او کم ملاحظه شده احکام و اسناد مشایخ و موالی دارالعبادهٔ یزد به خط شریف آنحضرت مشاهده شد.

مولانا ادهم از قصبهٔ فاخرهٔ ابهر بوده یک چند انشاء دیوان نوّاب همایون علیین آشیان شاه طهماسب نمود در سال دویم از سلطنت آن اعلیحضرت فردوس منزلت به بی‌التفاتی قاضی جهان و کیل بدست دمَری سلطان شاملو مقتول شد و استخوانش را

生命的尽头。鲁斯塔姆·帕夏每隔一个小时就派一名近臣前去了解矛隼的情况，并说："谁要是带回了隼死掉的消息，我就杀了他。"轮到火者时，他正好碰到隼的灵魂前往后世巢穴的时刻[①]，于是他这样答复君王："隼摔倒在地上，双翅张开，脖颈伸展，已摆脱了生命的牢笼。"鲁斯塔姆·帕夏虽因痛失爱隼而难过，但听了火者的话，高兴起来，便命人掩埋了这只隼。鲁斯塔姆·帕夏去世后，火者·米尔·穆罕默德就辞去所有宫廷职务，开始在加兹温隐居。《文英荟萃》中记录了他的相关情况及所写诗作。

火者·阿提格·蒙什[②]出生于幸福的城市乌尔都巴德，他的书法成熟浑厚。他在担任尊贵的伊斯玛仪国王[③]的文书期间，技艺大为精进。他为国王设计了花押体签名，其作品至今还能看到。在离开宫廷之后，他成了圣城马什哈德的管理者，并在神圣的伊玛目礼萨圣陵中居住了多年。火者在靠近沙哈鲁西学堂[④]的地方修建了一座宏伟的建筑以安置自己的陵墓，他还将自己在当地拥有的财物作为瓦合甫捐献了出去。

纳瓦卜·米尔·阿卜杜巴吉[⑤]生于尊崇之城亚兹德，是神圣的苏非大师沙赫·内马特拉赫·瓦里[⑥]的后人，他在伊斯玛仪宫廷中担任了多年的萨德尔[⑦]与监察官，擅长波斯悬体。他的字体雅致成熟，属难得一见的佳品。亚兹德城中谢赫及长官[⑧]们所写的文件与政令皆是由这位尊者完成的。

毛拉纳·阿德哈姆[⑨]出生于繁荣之城阿卜哈尔[⑩]，曾短暂担任高贵的塔赫玛斯普国王的书信官。在这位永居天园的国王登基的第二年，由于高齐·贾汗瓦基尔的疏忽，达姆里苏丹·沙姆鲁[⑪]趁机将毛拉纳·阿德哈姆杀害，过了一段时间他的尸骨才被运往尊

---

① 即死亡。

② 火者·阿提格·蒙什（Khwāja ʿAtīq Munshī）。

③ 即萨法维王朝的伊斯玛仪一世。

④ 沙哈鲁西学堂（Madrisa-yi Shāhrukhī），可能建成于沙哈鲁统治时期，原本位于伊玛目礼萨圣陵附近，后因圣陵扩张，如今已看不到该学堂的遗址。

⑤ 纳瓦卜·米尔·阿卜杜巴吉（Navvāb Mīr ʿAbd al-Bāqī，？—1514年），苏非圣人沙赫·内马特拉赫·瓦里的后人，继承父亲之职担任内马特拉希派（Silsila-yi Niʿmatullāhī）中的教长，于1511年被任命为萨德尔，1513年被任命为执政官。他除了书法还擅长写诗，著有一本抒情诗集。

⑥ 沙赫·内马特拉赫·瓦里（Shāh Niʿmatullāh Valī，1330/1331—1428/1429年或1430/1431年），生活于14—15世纪的著名苏非思想家以及诗人，他创建的内马特拉希派直至今日都是最有影响力的苏非派别。他的陵墓位于伊朗克尔曼省，是苏非教徒的圣地。

⑦ 萨德尔（ṣadr），是从伊斯兰教法学者中选拔出来的宗教领袖，负责监督宗教阶层以及管理宗教财产。

⑧ 长官（mavālī），英译本此处为"当地居民"（ahālī）。

⑨ 毛拉纳·阿德哈姆（Mawlānā Adham，？—1524年）。

⑩ 阿卜哈尔（Abhar），位于伊朗赞詹省的城市。

⑪ 达姆里苏丹·沙姆鲁（Damrī-Sulṭān Shāmlū）是塔赫玛斯普一世时期著名的长官之一，在1526/1527年与乌兹别克军队打仗时被杀。

بعد از مدتی به کربلای معلّا نقل نمودند اصلش عرب بوده و از مادر به مالک اشتر می‌رسید و از جانب پدر به احمد غزالی.

مولانا ابراهیم از خوشنویسان مقررست و او را ثالث خواجه عبدالحی و مولانا درویش می‌توان گفت او خط را به غایت نازک و صاف ساخت از استرابادست مدتی انشاء آستانهٔ مقدّسهٔ عرش منزله نموده بعد از آن مدتی دیگر در دارالمؤمنین قم کتابت کرده و این دو بیت به خط نسخ تعلیق بر عنوان در درگاه کاشی کاری آستانه مقدّسهٔ منورهٔ متبّر که حضرت معصومه صلوات الله علیها بخط اوست.

الهی بحق بنی فاطمه که بر قولم ایمان کنی خاتمه

اگر دعوتم رد کنی ور قبول من و دست و دامان آل رسول

گاهی نیز شعر می‌گفت این مطلع از نتایج طبع اوست.

منم جا داده در صحرای دل مشکین غزالی را

برآورده بخوناب جگر نازک نهالی را

مولانا سلطان محمود ولد مولانا ابراهیم است او نیز بروش پدر خوش می‌نوشته و شعر نیز می‌گفته و نجاتی تخلّص می‌کرده ازوست.

بیت

دو دمسازیم ما همدم بکنج درد و غم با هم

که مینالیم از درد جدایی روز و شب با هم

مولانا اسمعیل او نیز پسر مولانا ابراهیم مذکورست تعلیق را خوب می‌نوشته و شعر نیز می‌گفته این بیت ازوست.

آمد بهار و هر طرفی صوت بلبلست

ساقی بیار می که عجب موسم گلست

میرمنصور از استرابادست و به غایت خوش مینوشته و روش مولانا درویش را داشته.

贵的卡尔巴拉[①]城。他是阿拉伯人，其母系家族可上溯至马列克·阿施塔尔[②]，父亲则来自艾哈迈德·安萨里[③]家族。

毛拉纳·易卜拉欣[④]是公认的书法家，他的书法精巧流畅，可以说他的水平仅排在火者·阿卜杜希和毛拉纳·达尔维什之后。他是阿斯塔拉巴德人，当地伊玛目后裔圣陵上的书法是他的作品，之后他又在信仰之城库姆完成了一些书法作品。法蒂玛圣陵门廊上方瓷砖上的两个波斯体对句出自他之手。

真主啊！以法蒂玛之子之名，请将这个信念放在我的祈祷之中。

不论你接受还是否定我的祷告，我的手都会紧紧抓住圣裔的衣摆。[⑤]

他有时也写诗，下面这首诗就是他的作品：

荒芜的心间为这麝香鹿辟开一片天地，我用心肝之血哺育这嫩芽。

毛拉纳·苏丹·马赫穆德[⑥]是毛拉纳·易卜拉欣之子，他跟随父亲修习书法。他还会写诗，“纳贾提[⑦]”是他的笔名。

对句

我们这一对共呼吸的痴心人，躲在痛苦与伤心的角落里。

当我们一同为分离而心碎时，你我就合为一体，永远在一起。

毛拉纳·伊斯玛仪[⑧]也是上述的毛拉纳·易卜拉欣之子。他擅长波斯悬体，也爱好作诗，这首诗是他的作品：

春光来到，处处夜莺啼叫，且斟美酒赞颂这绽放的奇迹。

米尔·曼苏尔是阿斯塔拉巴德人，擅长书法，他遵循毛拉纳·达尔维什的准则修习书法。

---

① 卡尔巴拉（Karbarā'），位于伊拉克巴格达西南部。680年，在卡尔巴拉战役中，伊玛目阿里之子、什叶派第三位伊玛目侯赛因·本·阿里·本·阿比·塔利卜（Ḥusayn b. ʿAlī b. Abī Ṭālib，628—680年）被杀，故该城是什叶派圣地之一。

② 马列克·阿施塔尔（Mālik Ashtar，？—658年），他生于也门，是最早的穆斯林之一，作为穆罕默德以及阿里的拥护者，在什叶派中享有盛誉。

③ 艾哈迈德·安萨里（Aḥmad Ghazālī，1061—1123或1126年），他是波斯著名的神学家、哲学家以及神秘主义者穆罕默德·安萨里（Muḥammad Ghazālī，1058—1111年）的弟弟，同样是一位神学家、神秘主义者和诗人，曾短暂接替他的哥哥，在巴格达的高等神学院（Niẓāmiyya）授课。他著有多部神学及神秘主义作品，所提出的“神爱论”对后世神秘主义者影响深远。

④ 毛拉纳·易卜拉欣（Mawlānā Ibrāhīm，？—1558年），波斯书法家，擅长波斯悬体及波斯体。

⑤ 第一个对句中，“请将这个信念放在我的祈祷之中”指“我”在礼拜的祷告词中会赞颂法蒂玛及其子女，第二个对句中提到的手抓住衣摆是一个祈求的动作，指不会放弃对先知圣裔的追求和信仰。

⑥ 毛拉纳·苏丹·马赫穆德（Mawlānā Sulṭān Maḥmūd），伊历10世纪的诗人及书法家。

⑦ 纳贾提（Nijātī）。

⑧ 毛拉纳·伊斯玛仪（Mawlānā Ismaʿīl）。

میرقاسم ولد میرمنصور او نیز خوشنویس بوده در وقتی که نوّاب همایون پادشاه به ایران آمد او ملازم و منشی آن پادشاه شده همراه وی به هند رفت و بعد از رحلت پادشاه مذکور یک چند ملازمت خلف صفدر او شاه جلال الدّین اکبر نمود.

مولانا بهاءالدّین حسین مشهدی منشی آستانه سدره مرتبه بوده و بسیار خوش می‌نوشت و خط او برابری بخط سایر استادان می‌نماید.

مولانا محمّدقاسم ولد مولانا بهاءالدّین حسین منشی او نیز به روش پدر خوش می‌نوشت.

خواجه نصیر او نیز منشی بود و خوش می‌نوشت.

خواجه اختیار منشی از دارالسلطنهٔ هرات بود به غایت نازک و صاف می‌نوشت آثار ازو بسیار مانده و قطعه بیشمار نوشته مدت سی سال در دارالسلطنهٔ هرات به انشاء پادشاه سکندر نشان سلطان محمّد پادشاه که در آن اوان میرزای خراسان بود اقدام نمود مولانا از هرات بیرون نیامد و سفری نکرد.

مفخر زمان میرزا شرفجهان ولد نوّاب قاضی جهان بسیار پخته و نازک و صاف می‌نوشتند و روش مولانا درویش داشتند.

米尔·卡西姆[①]是米尔·曼苏尔之子，与父亲一样，也是书法家。当胡马雍·帕夏[②]来到伊朗时，他担任这位国王的随从和文书，并随国王一道返回印度。在侍奉过这位国王之后，他曾担任这位国王之子贾拉尔丁·阿克巴[③]国王的随从。

毛拉纳·巴哈丁·侯赛因·马什哈迪[④]在伊玛目礼萨圣城组织[⑤]担任文书，他擅长书法，水平与其他书法大师不相上下。

毛拉纳·穆罕默德·卡西姆[⑥]是毛拉纳·巴哈丁·侯赛因·蒙什[⑦]之子，他继承了父亲的风格，也是一位出色的书法家。

火者·纳西尔[⑧]也是一位文书，他擅长书法。

火者·艾合提亚尔·蒙什[⑨]生于帝王之城赫拉特，他的字迹精致纯粹，他有很多作品留存至今。他作为文书，在帝王之城赫拉特为与亚历山大同样尊贵的苏丹·穆罕默德[⑩]效力了三十年，当时这位王子负责管理霍拉桑。毛拉纳一生从未离开赫拉特远游。

时代的骄傲米尔扎·沙拉夫贾汗[⑪]是纳瓦卜·高齐贾汗[⑫]之子。他的字迹成熟精妙，有毛拉纳·达尔维什书法之风。

---

① 米尔·卡西姆（Mīr Qāsim）。

② 胡马雍·帕夏（Humāyūn Pādshāh，1508—1556年），莫卧儿帝国皇帝，巴布尔之子，1530年开始执政，1540年在与苏尔王朝（Sur Empire，1539—1556年）的交战中失利后逃往伊朗，寻求萨法维王朝塔赫玛斯普一世的庇护。1545年起，胡马雍在塔赫玛斯普一世的帮助下，重新开始争夺对印度的统治权。在波斯停留时期，胡马雍受到波斯王室优待，同时也深受当时波斯文化及艺术的影响。他返回印度时，带走了一批优秀的波斯画师和书法家，并在印度模仿萨法维王朝建立起宫廷画室，为印度艺术的发展开启了新篇章。

③ 贾拉尔丁·阿克巴（Jalāl al-Dīn Akbar，1542—1605年），莫卧儿帝国皇帝，胡马雍之子，1556—1605年当政，被视为莫卧儿帝国最伟大的皇帝。他沿袭父亲的传统，重视文化和艺术的发展，是印度细密画艺术的重要赞助者。

④ 毛拉纳·巴哈丁·侯赛因·马什哈迪（Mawlānā Bahāʾ al-Dīn Ḥusayn Mashhadī）。

⑤ 伊玛目礼萨圣城组织（Āstāna Sadra Martaba，Āstāna Quds Rażavī）是隶属于伊玛目礼萨圣陵的组织。该组织产生于圣陵初建之时，主要负责圣陵的运作，包括对该圣陵宗教捐助的管理，因此该组织对马什哈德的经济发展也有重大影响。

⑥ 毛拉纳·穆罕默德·卡西姆（Mawlānā Muḥammad Qāsim）。

⑦ 毛拉纳·巴哈丁·侯赛因·蒙什（Mawlānā Bahāʾ al-Dīn Ḥusayn Munshī）即毛拉纳·巴哈丁·侯赛因·马什哈迪。

⑧ 火者·纳西尔（Khwāja Naṣīr）。

⑨ 火者·艾合提亚尔·蒙什（Khwāja Ikhtiyār Munshī），伊历10世纪的著名书法家，关于其逝世时间，有伊历970年（1562/1563年）及伊历990年（1582/1583年）两种推断。他培养了众多学生，其书法风格也影响了很多人，故有些人会在自己的作品上写下他的名字。

⑩ 即本书第61页注释⑪提及的穆罕默德·胡达班达，萨法维王朝君王，塔赫玛斯普一世之子，1578年至1587年间统治伊朗。

⑪ 米尔扎·沙拉夫贾汗（Mīrzā Sharaf-Jahān，1506/1507—1560/1561年），加兹温人，萨法维王朝时期的书法家、诗人及文学家，著有诗集及有关音乐的作品。

⑫ 纳瓦卜·高齐贾汗（Navvāb Qāżī-Jahān，1483—1553年），塔赫玛斯普一世的大臣，当时著名的学者和宗教人士。

میرزا روح الله ولد مشارالیه او نیز به روش پدر می‌نوشته و به غایت خط او صاف و پخته و بامزه بوده شرح حالات پدر و پسر در تذکرةالشعرا ثبت شده است.

حسنعلی بیگ عربکرلو از قورچیان خاقان جنّت مکان شاه طهماسب بود پسر خواجه شاهقلی بیگ وزیر قورچیان خاصهٔ شریفه بود و خوش و بامزه می‌نوشت و کمال استعداد داشت و قطعه‌نویس بود خط او را به همه جا بردند.

خواجه میرک منشی از سادات کرمان بود وی انشاء سیدالسلاطین و اکمل الخواقین شاه طهماسب نمود تعلیق را خوش می‌نوشت و کمال استعداد داشت در شهور سنهٔ ثلث و اربعین و تسعمائه در ری رحلت نمود.

محمّدبیگ بعد از خواجه میرک منشی شد وی از احفاد خواجه شیخ محمّد کججی است که در خطّهٔ تبریز بقعه دارد و پسر زادهٔ میر زکریای وزیرست وی تعلیق را خوش می‌نوشت و دو مرتبه منشی شد در شهور سنهٔ اثنی و ثمانین تسعمائه در قزوین رحلت نمود.

میرزا کافی نسبت وی به سلطان المحققین و استادالفضلاء المتبحرین خواجه نصیرالدین محمّد طوسی قدس سره می‌رسد آباء و اجداد او همیشه در آذربایجان قاضی و از اهل شرع بودند و کمال استعداد وعلم و رشاد داشت و در انشاء و محاورات و عبارات بی‌نظیر بود تعلیق و شکسته را خوش می‌نوشت اگرچه منشی بود اما مصاحبت و اعتبارات تمام به شاه جنّت مقام داشت در شهور سنهٔ تسع و ستین و تسعمائه در قزوین رحلت نمود در مشهد مقدّس معلّی مدفون گشت بعد از او باز انشاء را به محمّد بیگ دادند وی دو سال دیگر انشاء نمود.

میرقاسم منشی از دارالمؤمنین استراباد بود خوش می‌نوشت و خیلی کمالات داشت و جمع الخطوط نموده بود مدتی رد مجلس بهشت آیین تقرب تمام داشت.

米尔扎·鲁霍拉赫[1]是上述之人[2]的儿子，他遵循父亲的书写风格，其字迹精致成熟且充满意趣。这对父子的情况在《文英荟萃》中已有记载。

哈桑·阿里·贝格·阿拉伯科尔鲁[3]是永居天园的塔赫玛斯普国王宫廷中的军官，其父是皇家军队的军务大臣火者·沙赫古里·贝格[4]。他的书法优美、有品位，凸显了他的天赋，他还擅长写单幅书法作品。他的作品流传到了各地。

火者·米拉克·蒙什[5]是出生于克尔曼的圣裔，是众王之王塔赫玛斯普国王的文书，擅长写波斯悬体且极具才华。他于（伊历）943年[6]在雷伊去世。

穆罕默德·贝格[7]在火者·米拉克·蒙什之后（担任文书）。他是葬于大不里士的火者·谢赫·穆罕默德·阔朱吉[8]的后人，他的爷爷则是米尔·扎卡里亚·瓦泽尔[9]。他擅长写波斯悬体，两次担任文书。他于（伊历）982年[10]在加兹温去世。

米尔扎·卡非[11]是学者中的君王、贤人中的领袖火者·纳西尔丁·穆罕默德·图西[12]的后代，他的祖辈始终在阿塞拜疆地区担任教法执政官以及其他与教法相关的职位。他拥有天赋和才华，擅长写书信及辞说，他所写的波斯悬体以及波斯草书体极为精彩。他虽是文书，却与永居天园的国王[13]保持着紧密的关系。他于（伊历）969年[14]在加兹温去世，后葬在圣城马什哈德。在他去世之后，穆罕默德·贝格继续承担了两年的文书工作。

米尔·卡西姆·蒙什[15]出生于信仰之城阿斯塔拉巴德，他擅长书法，颇具才华，擅长将多种字体融合在一起，有一段时间他在塔赫玛斯普国王的宫廷之上颇受重视。

---

① 米尔扎·鲁霍拉赫（Mīrzā Rūḥullāh），伊历10世纪的书法家。

② 即米尔扎·沙拉夫贾汗。

③ 哈桑·阿里·贝格·阿拉伯科尔鲁（Ḥasan ʿAlī Bayg ʿArabkirlū），伊历10世纪的书法家，英译本对其名字的记录是侯赛因·阿里·贝格·阿拉伯基尔鲁（Ḥusayn ʿAlī Bayg ʿArabgīrlū）。

④ 火者·沙赫古里·贝格（Khwāja Shāh-Qulī Bayg）。

⑤ 火者·米拉克·蒙什（Khwāja Mīrak Munshī，？—1536/1537年）。

⑥ 公历1536/1537年。

⑦ 穆罕默德·贝格（Muḥammad Bayg，？—1574/1575年）。

⑧ 火者·谢赫·穆罕默德·阔朱吉（Khwāja Shaykh Muḥammad Kujujī，？—1278/1279年），大不里士人，是当地备受尊重的名人。

⑨ 米尔·扎卡里亚·瓦泽尔（Mīr Zakarīyā-yi Vazīl），1501/1502年伊斯玛仪一世占领大不里士时，他被任命为大臣。

⑩ 公历1574/1575年。

⑪ 米尔扎·卡非（Mīrzā Kāfī，？—1561/1562年）。

⑫ 火者·纳西尔丁·穆罕默德·图西（Khwāja Naṣīr al-Dīn Muḥammad Ṭūsī，1201—1274年），波斯中世纪最著名的学者之一，擅长天文学、数学、医学、神学及逻辑学等学科。

⑬ 指萨法维王朝的塔赫玛斯普一世。

⑭ 公历1561/1562年。

⑮ 米尔·卡西姆·蒙什（Mīr Qāsim Munshī），可能与本书第83页的米尔·卡西姆是同一人。

قاضی الوبیگ اردوبادی اسمش قاضی عمادالاسلام است او نیز شجره نسبت را به خواجه نصیرالدّین محمّد علیه الرحمه می‌رساند منشی بی‌بدل بود و قرینهٔ خود نداشت و در خطوط سته و خط تعلیق سرآمد روزگار بود فقیر تا به این وادی افتاده‌ام و به خدمت این حضرات رسیده‌ام منشی به خوش ادراکی و عبارت آرائی او ندیده‌ام وی طالب علمی و فقاهت نیز داشت و قضای اردوباد و آن سرحد و ولایات به او متعلّق بود و فقیه اوقاف سرکار چهارده معصوم صلوات الله علیهم اجمعین را که نوّاب مغفرت پناه شاهزاده سلطانم کرده او به خط رقاع نوشته در اواخر عمر قاضی یک دو سه سال در دارالسلطنهٔ قزوین در خدمت اشرف می‌بود چون خوش قد و بلند قامت بود شاه جنّت مکان در بدیهه جهت او گفته بود.

بیت

قاضی اردوباد سخت کسیست　　　بر مثال یکی درخت کسیست

و با والد ماجد راقم از قدیم مصاحب و مربوط بود و سعادت همسایگی و قرب جوار نیز دست داده بود و به طریق شاگردان از فقرات و منشآت ایشان مستفید و بهره‌مند می‌شد به غایت خوش صحبت و پرمعرفت و حکات بود در شهور سنهٔ ثلث و سبعین و تسعمائه در قزوین رحلت کرد.

موسی بیگ اصلش اگرچه ترک است اما صاحب کمالات و حیثیات بود و نویسندگی را با خوش‌نویسی جمع کرده بسیار خوش می‌نوشت و در فن نویسندگی نیز عدیل نداشت و مدتی در دفترخانهٔ همایون می‌بود تا آخر وزیر دارالارشاد اردبیل گشت و در آنجا رحلت نمود.

قاضی عبدالله خویی جامع اکثر حیثیات و استعدادات بود تعلیق را با مزه نوشتی و نسخش با کمال و لطافت و نزاکت بودی منشی بی‌بدل بود در فارسی و عربی و ترکی ماهر بود و قرینهٔ خود نداشت و در اوایل در دارالصداره مثال نویس شد و بعد از آن به مجلس اشرف افتاد و به تحریر انشاء و بعضی اوقات بر آن خدمت انشاء اشتغال داشت کتابات ترکی را او می‌نوشت رساله‌یی در واجبات ترکی به اسم سامی شاه عالی نوشته

高齐·乌鲁·贝克·乌尔都巴迪[①]的本名是高齐·奥玛德伊斯兰，他也是火者·纳西尔丁·穆罕默德[②]（愿真主宽恕他）的后裔。他是一位无与伦比的文书，他所写的“六体”及波斯悬体非常出色。鄙人自开始写作此书，为这些贵人[③]效力以来，从未遇到像他一样思维敏捷、能说会道，且对学问和教法学充满求知欲的文书。他是乌尔都巴德以及周边地区的教法执政官。归真的苏丹努姆[④]为十四圣贤[⑤]进行捐赠后，他用行书体为其抄写了一份瓦合甫明细。他晚年为塔赫玛斯普国王效力，在加兹温的宫廷中担任了一年、二年或三年的教法执政官。由于他身材高大匀称，永居天园的国王[⑥]曾就此即兴吟诗：

对句

乌尔都巴德有位正直的法官，他的身材挺拔如大树。

高齐·乌鲁·贝克·乌尔都巴迪与鄙人母亲的长辈相识，我们曾非常幸运与他家为邻，并以学生的身份时常从他的言谈与写作中受益。他善于言谈、为人睿智，于伊历973年[⑦]在加兹温去世。

穆萨·贝格[⑧]出生于突厥家庭，颇有成就且道德高尚。他擅长将书法与写作融合在一起，不仅书法成就极高，而且在写作方面毫不逊色。他曾在尊贵的国王[⑨]的宫廷就职，最终前往教化之城阿尔达比尔担任宰相，并在该城逝世。

高齐·阿卜杜拉·霍伊[⑩]是一位集多种才华于一身的人。他所写的波斯悬体极有品位，誊抄体也写得非常精致。他是位无与伦比的文书，精通波斯语、阿拉伯语和突厥语。最初他负责在大臣院[⑪]抄写政令，之后他进入塔赫玛斯普国王的宫廷，负责书写信件，有时还负责书写突厥语信件。他以尊贵的君王的名义用突厥语写了一篇有关宗教

---

① 高齐·乌鲁·贝克·乌尔都巴迪（Qāżī al-Ulū Bayk Urdūbādī，？—1565/1566年），这个名字中，“高齐”和“贝克”都是他的官职，“乌尔都巴迪”则是他的出生地或成名地，因此下文提到他的本名是高齐·奥玛德伊斯兰（Qāżī ʿUmād al-Islām）。

② 即本书第85页提到的火者·纳西尔丁·穆罕默德·图西。

③ 指书中提及的书法家及艺术家。

④ 苏丹努姆（Sulṭānum，1516—1593年），塔赫玛斯普一世的妻子，伊斯玛仪二世以及穆罕默德·胡达班达的母亲。

⑤ 在什叶派信仰中，先知穆罕默德，穆罕默德之女、阿里之妻法蒂玛，连同十二位伊玛目共十四人是绝不会犯错的圣贤，他们只遵循真主的意愿行事。插图4为苦行僧云游修行时携带的乞食钵，上面刻有对十四圣贤的祷告词。

⑥ 指萨法维王朝的塔赫玛斯普一世。

⑦ 公历1565/1566年。

⑧ 穆萨·贝格（Musā Bayg）。

⑨ 可能指塔赫玛斯普一世。

⑩ 高齐·阿卜杜拉·霍伊（Qāżī ʿAbdullāh Khuyī，？—1583年），萨法维王朝时期的诗人、作家以及书法家。

⑪ 大臣院（dārā al-ṣadāra），宫廷大臣的办公之处。

وی قاضی زادهٔ بلدهٔ خوی است قضای آنجا تعلّق بوی داشت پدرش قاضی سعدالله قاضی خوی و سلماس بوده و فضیلت داشت و شعر ترکی و فارسی را خوب می‌گفت از جمله این رباعی ترکی از اشعار اوست رباعی.

قاضی نه یمان شکسته حال اولمش سن بیر بدر فراقدن هلال اولمش سن
سن بلبل ایدین گلندن آیری دو شدن دیلین دو تلوب گورنجه لال اولمش سن

هنگام مراجعت شاه سکندرشان شاه سلطان محمّد و شاهزاده صاحبقران سلطان حمزه میرزا از خراسان و مشهد مقدّس در حوالی سبزوار در شهر شوال سنهٔ احدی و تسعین و تسعمائه رحلت نمود.

خواجه مجدالدّین ابراهیم از دارالملک شیرازست خیلی جامع کمالات و حاوی استعداداتست و تعلیق را پاکیزه و با مزه بروش استادان شیراز می‌نویسد و مدتی وزارت شاهزادهٔ شهید پریخان خانم نمود در آن خدمت مدد او به مسلمانان می‌رسید و خدمت سادات واهل علم می‌کرد بعد از واقعهٔ شاهزاده مدت بیست سال در دارالسلطنهٔ قزوین منزوی بود و عزلت اختیار کرده به صعوبت اوقات می‌گذرانید در شهور سنهٔ اربع و الف در قزوین رحلت نمود در آنجا مدفون گشت.

میرزا احمد ولد مرحومی میرزا عطاءالله اصفهانیست که مدتی وزیر شاه جنّت مکان علیین آشیان شاه طهماسب در کلّ ممالک آذربایجان و شروان بوده

义务的论述。他出生于霍伊[1]，同时也是此地的教法执政官，而他的父亲高齐·萨杜拉赫[2]曾担任过霍伊与萨马思[3]的教法执政官。霍伊是一位天赋才华之人，擅长吟诵突厥语和波斯语诗歌，下面这首突厥语抒情诗就是他的作品之一：

高齐啊，当满月离去时，你如新月般破碎迷离。

如夜莺远离了要歌颂的玫瑰，你双唇紧闭，悄言无声。

当如亚历山大般尊贵的苏丹·穆罕默德与尊贵的王子苏丹·哈姆扎·米尔扎[4]的军队从霍拉桑以及圣城马什哈德返程，途经萨卜泽瓦尔附近时，[5]高齐·阿卜杜拉去世，时间是（伊历）991年10月[6]。

火者·马吉德丁·易卜拉欣[7]是都城设拉子人，拥有诸多才艺和成就。他笔下的波斯悬体纯粹而有韵味，他在写作风格上是设拉子大师们的追随者。有段时间他为已故公主帕里汗·哈努姆[8]效力，并在此期间为穆斯林、圣裔以及学者提供了很多便利。公主去世之后，他在帝王之城加兹温隐居起来，过了二十年清苦的生活。他于（伊历）1004年[9]在加兹温去世，并葬于此地。

米尔扎·艾哈迈德[10]是已故的米尔扎·阿塔拉赫·伊斯法罕尼[11]之子，曾在永居天园的塔赫玛斯普国王的宫廷中担任宰相，管理整个阿塞拜疆以及希尔凡地区。他是一位

---

① 霍伊（Khuy），伊朗西阿塞拜疆省的重要城市。

② 高齐·萨杜拉赫（Qāżī Saʿdullāh）。

③ 萨马思（Salmās），伊朗西阿塞拜疆省的重要城市，位于霍伊的南边。

④ 苏丹·哈姆扎·米尔扎（Sulṭān Ḥamza Mīrzā，1566—1586年），穆罕默德·胡达班达的长子。其母亲企图支持其上台，导致分别支持长子和次子阿巴斯一世（Abbas the Great，1571—1629年）的势力发生冲突。最终哈姆扎·米尔扎于1586年神秘死亡。

⑤ 由于时任赫拉特指挥官的阿里·古里汗（ʿAlī Qulī-Khān，？—1589年）对于穆罕默德·胡达班达要求交出当时还年幼的阿巴斯一世这一命令拒不服从，穆罕默德·胡达班达与长子哈姆扎·米尔扎于1582年带兵与阿里·古里汗在霍拉桑地区交战。一年后两军言和，穆罕默德·胡达班达继续任命阿里·古里汗为赫拉特的指挥官以及阿巴斯一世的监管人，而阿里·古里汗则承认了哈姆扎·米尔扎的王位继承权。在这次战争中，马什哈德和萨卜泽瓦尔都是战场，两座城市均处于霍拉桑的范围之内。

⑥ 对应公历1583年10月18日—11月17日。

⑦ 火者·马吉德丁·易卜拉欣（Khwāja Majd al-Dīn Ibrāhīm，？—1595/1596年）。

⑧ 帕里汗·哈努姆（Parī-Khān Khānum，1548—1578年），“哈努姆”意为“尊贵的女士”，她是塔赫玛斯普一世的女儿，与伊斯玛仪二世和穆罕默德·胡达班达是兄妹关系。她与萨法维红帽军（Qizilbāsh）联手杀死伊斯玛仪二世后，受到红帽军以及宫廷宰相的忌惮，后被杀死。红帽军是创建萨法维王朝时发挥了重要作用的什叶派军事力量，因其帽子的顶端为红色而得此名。

⑨ 公历1595/1596年。

⑩ 米尔扎·艾哈迈德（Mīrzā Aḥmad）。

⑪ 米尔扎·阿塔拉赫·伊斯法罕尼（Mīrzā ʿAṭāʾullāh Iṣfahānī），塔赫玛斯普一世时期的宫廷官员，后被任命为管理阿塞拜疆以及希尔凡的宰相，去世时间为16世纪60年代。

ولی چون مستعد و اهل بود تعلیق را خوب می‌نوشت و شعر را نیز خوب می‌گفت آخر وزیر مرشد قلیخان چاوشلو شد و در جنگ تربت بدست برادرزادهٔ خود به تفنگ کشته شد فی شهور سنهٔ تسعین و تسعمائه.

خواجه ملک محمّد منشی از دارالسلطنهٔ هرات بود خویش نزدیک خواجه اختیار منشی هروی بود شاگردی خواجه کرده خوشنویس مقرر شده بود اما سلیقهٔ انشاء و دیگر استعداد نداشت مدت هشت سال انشاء دیوان شاه سکندرشان سلطان محمّد شاه کرد و درجنگ ترکمان و تکلو با شاهزاده صاحبقران سلطان حمزه میرزا در صاین قلعه ناپدید شد.

میرزا محمّد ولد علی بیگ سرخ بود عمش زینل کر مدتی در دفترخانهٔ همایون دفتر قرا الوس را داشت ایشان از اقوام میر زکریا کججی‌اند میرزا محمّد دخترزادهٔ خواجه میرک منشی بود بدان نسبت و خویشی مدتی در دارالانشاء خدمت نمود و از آنجا به مجلس اشرف افتاده و مدتی خدمت انشاء کرد و در زمان شاه اسمعیل مصاحب و منشی الممالک شد

有才之人，不仅会写波斯悬体，还擅长作诗。他最后担任莫尔希德·古里汗·查维什鲁[①]的宰相，并于（伊历）990年[②]，在托尔巴特[③]战役中被自己的侄子用步枪杀死。

火者·马列克·穆罕默德·蒙什[④]是帝王之城赫拉特人，他是火者·艾合提亚尔·蒙什·赫拉维的近亲并跟随其学习书法，他是公认的书法家。然而他在撰写书信及其他方面的技艺水平有限。他在如亚历山大般尊贵的苏丹·穆罕默德国王的宫廷中担任了八年书信官。在土库曼人与塔克洛人[⑤]的战役中，他与尊贵的王子苏丹·哈姆扎·米尔扎在萨因堡[⑥]一同消失了。

米尔扎·穆罕默德[⑦]是阿里·贝格·苏尔赫[⑧]之子。他的叔叔泽纳尔·卡尔[⑨]有一段时间曾在伊斯玛仪国王的宫廷中负责与卡拉乌鲁斯[⑩]有关的事务。他是米尔·扎卡里亚·阔朱吉[⑪]的亲戚，也是火者·米拉克·蒙什的外孙，正因如此，他曾在书信院[⑫]中任职，随后又调任至御前担任了一段时间的书信官。在伊斯玛仪国王[⑬]统治时期，他担任近臣以及大文书[⑭]，之后在与亚历山大同样尊贵的国王[⑮]统治时期，一开始担任管理

---

① 莫尔希德·古里汗·查维什鲁（Murshid Qulī-Khān Chāvushlū，？—1587年），伊斯玛仪二世及其后的时期伊朗东南部锡斯坦的地区统治者，与阿里·古里汗一起在扶持阿巴斯一世上台的过程中发挥了重要作用，并参与了1582年与穆罕默德·胡达班达的对抗。在阿巴斯一世上台之后，他因不服从中央政权而被下令杀死。查维什鲁（Chāvushlū）或查普什鲁（Chāpushlū）是突厥部落埃斯塔支鲁（Istājlū）的支系部落，该突厥部落是组成萨法维红帽军的重要军事力量，在萨法维王朝时期始终拥有抗衡正统政权的能力。也因如此，莫尔希德·古里汗·查维什鲁也被称为“莫尔希德·古里汗·埃斯塔支鲁”。

② 公历1582/1583年。

③ 托尔巴特（Turbat），历史地名，即今天的托尔巴特海达里耶（Turbat-i Ḥaydariyya），位于伊朗霍拉桑拉扎维省，在马什哈德的南部。1582年，穆罕默德·胡达班达包围了由阿里·古里汗以及莫尔希德·古里汗镇守的托尔巴特堡，但未能攻破。最终两军达成了暂时的停火协议。

④ 火者·马列克·穆罕默德·蒙什（Khwāja Malik Muḥammad Munshī），伊历10世纪的书法家。

⑤ 塔克洛人（Takkalū）是生活在安纳托利亚南部的土库曼人部落，在进入伊朗之后主要分布在霍拉桑、克尔曼、克尔曼沙以及哈马丹地区。塔克洛人是组成萨法维王朝重要军事力量红帽军的七支部落力量之一，在萨法维王朝时期拥有重要影响力。此处所说的土库曼人与塔克洛人指的是在两位王子即位之战中，支持阿巴斯一世的阿里·古里汗和莫尔希德·古里汗所带领的部落和军事力量。

⑥ 萨因堡（Ṣāyīn Qal'a）在伊朗东阿塞拜疆省内，是一片位于马拉盖南部的多山地区。

⑦ 米尔扎·穆罕默德（Mīrzā Muḥammad，？—1588/1589年）。

⑧ 阿里·贝格·苏尔赫（'Alī Bayg Surkh）。

⑨ 泽纳尔·卡尔（Zaynal Kar）。

⑩ 卡拉乌鲁斯（Qalā-Ulūs），可能指生活在巴格达附近的突厥部落。

⑪ 米尔·扎卡里亚·阔朱吉（Mīr Zakariyā-yi Kujujī），即本书第85页的米尔·扎卡里亚·瓦泽尔。

⑫ 书信院（dār al-inshā'），指负责书信抄写的书法家聚集工作的地方。米尔扎·穆罕默德的名字出现在塔赫玛斯普一世宫廷书信官的列表之中，故此处可能指他曾在塔赫玛斯普一世的书信院中任职。

⑬ 指伊斯玛仪二世。

⑭ 大文书（munshī al-mamālik），即文书之首，字面意思是“各疆域的文书之首”。

⑮ 指苏丹·穆罕默德。

و بعد از آن در زمان شاه اسمعیل مصاحب و منشی الممالک شد و بعد از آن در زمان شاه سکندرشان بعضی اوقات در اوایل وزیر عراق و ممیز در جزین گردید و در دیگر ایام مستوفی الممالک آن پادشاه و مصاحب و انیس شاهزادهٔ قمر لقا سلطان حمزه میرزا شد و بعد از قتل سلطان حمزه میرزا به وزارت اعظم شاه سکندرشان سرافراز شد و در زما دولت ابد پیوند شاه مالک رقاب قمر رکاب شاه عباس خلدالله ملکه ابد او وکالت مرشد قلیخان چاوشلو گرفتار شد و به مبلغی کلی جریمه رسید و بعد از فوت مرشد قلیخان ششماه باز وزیر اعظم شد تا در شهور سنهٔ سبع و تسعین و تسعمائه در وقت مراجعت از خراسان به قتل رسید وی خوش می‌نوشت و سلیقه شعر هم داشت.

میرزا محمّدحسین ولد مرحومی میرزا شکرالله اصفهانی مشهورست که در زمان خاقان جنّت مکان مستوفی الممالک و در زمان شاه اسمعیل وزیر اعظم بود وی بسیار اهلیت و استعداد دارد، در خط تعلیق تالی مولانا درویش است و تتبع او می‌کند بسیار بامزه و خوش می‌نویسد در ولایت ایران کاری نساخت و طالعش مددی نکرد بالضروره به جانب هند رفت و اکنون آنجا به منصب انشاء پادشاه مامورست.

میرزا حسین منشی ولد خواجه عنایت الله اصفهانی است پدر و عمش در سلسلهٔ حسن بیگ و حسن بیگ یوزباشی استاجلو وزیر و مستوفی بودند وی مدتی تحریر دارالانشاء کرد و آخر طمع انشا به رأسه داشت روزگار با او همراهی ننمود بالاخره به جانب هند رفت والیوم آنجاست.

مولانا محمّدامین منشی نبیرهٔ مولانا ادهم منشی است اما در دارالسلطنهٔ قزوین نشو و نما یافته تعلیق را خوش می‌نوشت و سریع‌الکتابت بود منشی بی‌قرینه و صاحب سلیقه بود مدتها در دارالانشاء اوقات صرف نموده مدار نوشتن کتابات روم ترکی و فارسی برو بود

伊拉克的大臣以及达尔加津[①]的审查官，随后又成为这位国王手下的财政大臣[②]。在此之后,他又是如月一般尊贵的王子苏丹·哈姆扎·米尔扎的近臣。在苏丹·哈姆扎·米尔扎被杀之后，他又成了苏丹·穆罕默德国王的大宰相。在得真主庇佑、国运永祚的阿巴斯国王统治时期，他被莫尔希德·古里汗·查维什鲁的地方政权抓捕并受到重罚。在莫尔希德·古里汗去世后，他又担任了六个月的大宰相，最后于（伊历）997年[③]在途经霍拉桑时被杀害。他擅长书法及诗歌。

米尔扎·穆罕默德·侯赛因[④]是已故的米尔扎·舒克鲁拉赫·伊斯法罕尼[⑤]之子，在永居天园的哈冈[⑥]统治时期担任财政大臣，在伊斯玛仪国王统治时期担任大宰相。他是一位极有天赋和能力之人，在波斯悬体的书写上追随毛拉纳·达尔维什的风格，其书法作品非常出色。他在伊朗始终不得志，便前往印度，目前在那里担任国王的书信官。

米尔扎·侯赛因·蒙什[⑦]是火者·艾那亚图拉赫·伊斯法罕尼[⑧]之子，他的父亲及叔叔在哈桑·贝格[⑨]以及埃斯塔支鲁部落的哈桑·贝格·尤兹巴什[⑩]政府中（分别）担任大臣和财政大臣。他在书信院担任过一段时间的抄写员。虽然他有意掌管书信院，然而命运并未垂青于他，于是他前往印度，如今在那里生活。

毛拉纳·穆罕默德·阿敏·蒙什[⑪]是毛拉纳·阿德哈姆·蒙什之孙，但他在帝王之城加兹温长大。[⑫]他擅长波斯悬体且书写速度很快。他是位出色的文书，且极富品位。他曾在书信院任职过一段时间，大部分书写突厥语和波斯语的任务都由他完成。他还

---

① 达尔加津（Darjazīn，Dargazīn），位于伊朗哈马丹市附近。

② 财政大臣（mustawfī al-mamālik），这一职务自蒙古人统治时期起在伊朗出现，一直延续到恺加王朝时期。

③ 公历1588/1589年。

④ 米尔扎·穆罕默德·侯赛因（Mīrzā Muḥammad Ḥusayn）。

⑤ 米尔扎·舒克鲁拉赫·伊斯法罕尼（Mīrzā Shukrullāh Iṣfahānī），萨法维王朝时期重要的政治人物，在塔赫玛斯普一世时期担任财政大臣，在伊斯玛仪二世时期担任大臣，负责政务裁决。

⑥ 哈冈（khāqān），波斯语古籍中对中亚或中国统治者的称呼，此处指塔赫玛斯普一世。

⑦ 米尔扎·侯赛因·蒙什（Mīrzā Ḥusayn Munshī，？—1529/1530年），伊历10世纪的著名书法家、文学家。

⑧ 火者·艾那亚图拉赫·伊斯法罕尼（Khwāja ʿInāyatullāh Iṣfahānī）。

⑨ 哈桑·贝格（Ḥasan Bayg），与下文重复。

⑩ 哈桑·贝格·尤兹巴什（Ḥasan Bayg Yuzbāshī），此处应为侯赛因·贝格·尤兹巴什（Ḥusayn Bayg Yuzbāshī，？—1577年），他是萨法维王朝时期的重要突厥部落埃斯塔支鲁部落的首领，在塔赫玛斯普一世时期拥有重要的政治影响力。在塔赫玛斯普一世继任者的政治争斗中，他作为另一位王子穆斯塔法·米尔扎（Muṣṭafā Mīrzā，1556—1576年）的支持者被伊斯玛仪二世抓捕，最终死于狱中。“尤兹巴什”是突厥语中“带领一百人的军官”之意，该职务的存在一直延续到恺加王朝时期。

⑪ 毛拉纳·穆罕默德·阿敏·蒙什（Mawlānā Muḥammad Amīn Munshī，？—1592/1593年）。

⑫ 上文介绍毛拉纳·阿德哈姆是阿卜哈尔人，而毛拉纳·穆罕默德·阿敏·蒙什则是在加兹温长大的，故行文中有此转折。

دو سال انشاء شاه والاجاه شاه عباس نمود در سنهٔ احدی و الف در قزوین رحلت نمود.

اسکندر بیگ منشی فقیر را به منزلهٔ فرزندست اوصاف حمیده واخلاق پسندیده بسیار دارد در ابتداء حال به دفترخانه همایون رفته در دفتر شرعیات به نویسندگی اقدام می‌نمود در خط تعلیق بسیار نویسنده خوشنویس شد چون استیفاء آن دفاتر براقم مفوض شد فقیر آن مهم و دفاتر را به او رجوع نمود و مدتی در یساقها و سفرها با یکدیگر می‌بودیم چون جوهر تمام در او مشاهده می‌شد فقیر نوشتن بعضی احکام و ضبط سر رشته وقایع و سوانح حالات به او تکلیف می‌کرد رفته رفته به موأنست فقیر در فن انشاء و تحریر کتابات پادشاهان و احکام همایون سرراست شده طبعش به آن عادت نمود بعد از یک دو سال که از وزارت دیوان فارغ شد به دارالانشاء رجوع نمود و یک چند به امور مولانا محمّد امین منشی به تحریر اشتغال داشت نویسندهٔ ماهر در علم سیاق خوشنویس منشی مثل وی کمست و الحال مدار به تحریر پروانجات و نوشتن کتابات سلاطین بروی است و در سرعت کتابت و لطافت طبیعت نادر افتاده و مهمات دارالانشاء با وجود منشی دانا ازو متمشی می‌شود و او اوقات صرف نموده دماغ از صبح تا شام و از شام تا بام می‌سوزد گویا که صدق مفهوم این رباعی که:

هر رند که در مصطبه مسکن دارد — بویی ز من سوخته خرمن دارد
هرجا که سیه گلیم آشفته دلیست — شاگرد منست و خرقه از من دارد

شامل حال وی و اکثر ارباب حیثیت که در میانند خواهد بود.

خواجه علاءالدین منصور از کرهرود است تعلیق را خوش می‌نویسد در بدو حال درخدمت میرزا کافی منشی به تحریر دارالانشاء اشتغال داشت و مدت‌ها در مجلس راه داشت و در ایام محمّدی بیگ منشی نیز اعتبارش بیشتر شد و بعد از فوت او همچنان خدمت می‌نمود و طلاخود می‌کشد بعد از رحلت شاه جنّت مکان استیفاء ترکان اختیار نموده آخر در ولایت کرهرود منزوی شد عزلت اختیار کرد.

在无上尊贵的阿巴斯国王身边担任了两年书信官。他于（伊历）1001年[①]在加兹温去世。

伊斯坎达尔·贝格·蒙什[②] 与鄙人如父子般亲近，他是一位拥有高尚品德之人。他最初就任于国王的内阁[③]并负责宗教文件的书写工作，擅长波斯悬体。当鄙人负责管理宗教文件时，便将这些事务交给他。有一段时间，我们曾一起共事、出行。我意识到他的才华之后，便建议他记录下一些行政命令、事件和细节。在鄙人的影响之下，他也渐渐熟悉了书写王室信件及政令的技巧。一两年之后，他离开宫廷前往书画院，并跟随毛拉纳·穆罕默德·阿敏·蒙什完成书写工作。他是位出色的书写师，在文书中很难找到像他一样精通西亚格[④]技艺的人。大部分证书及信函的抄写工作都由他完成。他书写的速度以及精致程度无人能及。虽然书信院有一群优秀的人遵循他的方法工作，但他依然每日从早到晚思考工作。

这首抒情诗正好描述了他以及像他一样优秀的人物所拥有的品质：

每个以酒肆为家的放浪之徒，无一不沾染了我的落魄气息。

无论身着黑袍的心焦之人身在何方，他都是我亲赐黑袍的得意门生。[⑤]

火者·阿拉丁·曼苏尔[⑥]是卡拉鲁德[⑦]人，擅长波斯悬体。他最初跟随米尔扎·卡非·蒙什[⑧]在书信院从事书写事务，并在很长一段时间内在御前工作。在穆罕默迪·贝格·蒙什[⑨]（管理书信院）时期，他愈加受到重视。而在这位掌事去世之后，火者·阿拉丁·曼苏尔继续自己的工作，但不再受他人管辖。在永居天园的国王塔赫玛斯普一世去世之后，他开始为突厥人效力并负责财政工作。晚年他回到卡拉鲁德，过起了耕田隐居的生活。

---

① 公历1592/1593年。

② 伊斯坎达尔·贝格·蒙什（Iskandar Bayg Munshī，1560—1633年），历任伊斯玛仪二世及阿巴斯一世的文书，他于阿巴斯一世时期开始编写《世界装点者阿巴斯史》（*Tārīkh-i ʿĀlam-Ārā-yi ʿAbbāsī*），该书记载了从萨法维王朝创始者伊斯玛仪一世直至阿巴斯一世时期的历史，是有关这一时期的重要史书。由于《艺术芳园》一书收录的书法家也主要集中于萨法维王朝时期，所以两书中提到的人物有部分重合，可进行人物信息的交叉比对。

③ 内阁（daftar-khāna），此处指塔赫玛斯普一世的内阁。

④ 西亚格（sīyāq）是一种专门用来统计数字的传统字体，由阿拉伯字母变形而来。

⑤ 该诗描述了苏非神秘主义者的状态，意指出入酒肆、放浪形骸只是神秘主义者的外在表现，而身穿黑袍、为真主忧心才是神秘主义者的内在本质。该诗作者将其他神秘主义者比作自己的徒弟，意在表明自己的纯粹。

⑥ 火者·阿拉丁·曼苏尔（Khwāja ʿAlāʾ al-Dīn Manṣūr）。

⑦ 卡拉鲁德（Kara-rūd），位于伊朗中央省的城市。

⑧ 即本书第85页提到的米尔扎·卡非。

⑨ 穆罕默迪·贝格·蒙什（Muḥammadī Bayg Munshī）。

فصل سوم

در ذکر خوشنویسان نسخ تعلیق

واضع خط نسخ تعلیق خواجه میرعلی تبریزی است و او تعلیم پسرش عبیدالله داد و او درین فن سرآمد دوران شد و بعضی دیگر نوشته‌اند که خطش صورتی برنکرد اما قول اول اصحست و اقرب مولانا جعفر شاگرد عبدالله است او خوش نوشته مولانا اظهر و مولانا عبدالرحمن خوارزمی روش دیگر نوشته‌اند و از عبدالرحمن دو پسر نیکو سیر مانده‌اند.

یکی مولانا عبدالرحیم مشهور بانیسی شهرت او بانیسی آنست که مصاحب و انیس یعقوب پادشاه بوده و پادشاه مذکور او را آنیسی خطاب می‌فرمود و ظرافتها با وی می‌نمودند بدان لقب انیسی تخلّص می‌کرده این بیت از نتایج طبع اوست.

بیت

یاران مکنید خوشنویسی کاین ختم شده است بر انیسی

و این مطلع نیز از اشعار اوست:

مژه مانع نشود اشک من محزونرا نتوان بست بخاشاک ره جیحون را

اکثر کتاب دارالملک شیراز تتبع بروش انیسی کرده‌اند و شاگرد و خوشه‌چین خرمن اویند.

第三章
波斯体书法家

波斯体的创制者是火者·米尔·阿里·大不里兹①，他（将此字体）教授给儿子乌贝德拉赫②，他的儿子也成为当时书法界的佼佼者。还有一些人认为米尔·阿里的字不过如此，但实际上他的书法非常出色。毛拉纳·贾法尔③是乌贝德拉赫的学生，他也擅长书法。毛拉纳·阿兹哈尔④及毛拉纳·阿卜杜拉赫曼·花拉子米⑤则用不同的方法（书写波斯体），阿卜杜拉赫曼的两个儿子也传承了父亲的书法技巧。

（两个儿子中的）一个是毛拉纳·阿卜杜拉西姆⑥，有“阿尼西”之称。他是雅古卜·帕夏⑦的近臣和伙伴，因国王时常以“阿尼西”相称，且与他关系亲近，故他得此称号。下面这个对句体现了他的诗歌水平：

对句

朋友啊不要费心练习书法了，因为阿尼西的书法已炉火纯青。

这个开篇诗句也是他所写的诗歌之一：

睫毛怎能挡住我这伤心人的泪水，正如枝丫无法阻挡阿姆河⑧的水。

都城设拉子的大部分书籍都是模仿阿尼西的风格抄写的，抄写者都是阿尼西的学生，捡拾着阿尼西的智慧果实。

---

① 火者·米尔·阿里·大不里兹（Khwāja Mīr ʿAlī Tabrīzī，？—1446/1447年），出生地不详，曾在大不里士和巴格达生活。从目前留存的书法作品来看，在他的作品之前就已存在与波斯体非常相近的字体，火者·米尔·阿里·大不里兹将这种字体的书写规范固定了下来，因此被后人视为波斯体的创制者。在这之后波斯体与其他字体一样，也产生了不同的风格。目前大英博物馆（Add.18.113）收藏的波斯诗人哈珠·克尔曼尼（Khwājū Kirmānī，1280—1352年）的《诗歌全集》（*Kullīyāt*）上出现了火者·米尔·阿里·大不里兹的签名，该作品约创作于1405年。

② 乌贝德拉赫（ʿUbaydullāh）。

③ 毛拉纳·贾法尔（Mawlānā Jaʿfar，？—1455年），伊历9世纪的书法家，同时也是最擅长波斯体的书法家之一，他先后在拜松古尔和沙哈鲁的书画院中工作，故有“拜松古里”的称号。他所完成的最著名的作品是由拜松古尔赞助的《列王纪》手抄本（1430年）。

④ 毛拉纳·阿兹哈尔（Mawlānā Aẓhar，？—1475/1476年），伊历9世纪的书法家，在波斯体书写水平方面被视为仅次于毛拉纳·贾法尔以及火者·米尔·阿里·大不里兹的第三人。他的作品目前大多保存在伊朗和土耳其，时间跨度为1421/1422—1472/1473年。

⑤ 毛拉纳·阿卜杜拉赫曼·花拉子米（Mawlānā ʿAbd al-Raḥman Khwārazmī，？—1481年之后）。

⑥ 毛拉纳·阿卜杜拉西姆（Mawlānā ʿAbd al-Raḥīm，？—1497年），也叫阿卜杜·拉西姆·阿尼西·花拉子米（ʿAbd al-Raḥīm Anīsī Khwārazmī），苏丹·雅古卜以“阿尼西”称呼他。“阿尼西”由“阿尼斯”（anīs）一词变化而来，该词意为“伙伴、朋友”。

⑦ 即苏丹·雅古卜。

⑧ 阿姆河（Jayḥūn，Āmū-daryā）是流经中亚多国的河流，在阿姆河与锡尔河（Sayḥūn，Sīr-daryā）一同冲刷出的平原地区内形成了多个中亚文化中心，如布哈拉、撒马尔罕等，同时阿姆河也被视为古代伊朗与土兰的分界河，因此经常出现在波斯文学作品之中。

دیگر مولانا عبدالکریم مشهور به پادشاه بروش برادر خود انیسی می‌نوشته چنانچه تفرقه میان خط او و برادرش نمی‌توان کرد باعث آنکه وی خود را پادشاه می‌خوانده و می‌نوشته آنست که دماغش مخبط شده بود به مردم حکمهای غریب می‌نمود اما فقیر و کم آزار بوده و در آخر قطعه‌ها کتبه زرّافه وگاهی کتبه پادشاه می‌نوشته با وجود آن حالت گاهی فکر شعر می‌کرده این ابیات ازوست.

ترا در دیده جا کردم که از مردم نهان باشی

چه دانستم که آنجا هم میان مردمان باشی

***

سخن بامن نمی‌گویی و آنگاهی که میگویی

ز بس حیرت ندانم با که می‌گویی چه می‌گویی

مولانا سیمی نیشابوری به غایت مستعد و صاحب فنون بوده و در مشهد مقدّس اعلی مزگّی ساکن گشته به مکتب‌داری اشتغال داشته به هفت قلم خط نوشتی و در فن شعر و پاکیزگی و سرعت کتابت عدیل نداشته و معماری خوب بوده و در رنگ‌آمیزی و سیاهی ساختن و افشان و تذهیب سرآمد روزگار بوده و در این فن رسایل خوب دارد و ترسلی نیز تألیف نموده و صاحب فن بوده اولاد اکابر مشهد مقدّس معلّی بواسطهٔ میمنت همیشه پیش او چیزی می‌خوانده و هر کس که پیش او تعلیم گرفته به مرتبهٔ عالی رسیده خواجه عبدالحی منشی از جمله شاگردان اوست و اهل زمان او را مسلم می‌داشتند مشهورست که مولانا سیمی در یک روز دو هزار بیت به دعوی خود گفته و نوشته و این حد هیچکدام از اهل شعر و ارباب کتابت نبود و هیچکس توفیق این مرتبه نداشت و نیافته و جهت سجع انگشتری خود این بیت را گفته و به حکّاک داده که نقش کرده و در انگشتری نهاده.

یک روز بمدح شاه پاکیزه سرشت

سیمی دو هزار بیت گفت و بنوشت

وی در زمان علاءالدوله بن میرزا بایسنغر بن میرزا شاهرخ بن امیر تیمور بوده.

（阿卜杜拉赫曼的另一个儿子）是毛拉纳·阿卜杜卡里姆[1]，有“国王[2]”的称号，他采用兄弟阿尼西的风格书写，因此很难区分这对兄弟的字迹。阿卜杜卡里姆之所以称自己为“国王”，是因为他大脑混乱。他有时会写一些奇怪的政令，但本质上是一个谦逊且温和的人。他有时会在自己短诗的最后签上“长颈鹿之作”或“国王之作”。尽管如此，有时他也会认真地写诗，这个对句就是他的作品：

我将你置于瞳孔之中以远离众人，谁知眼中的你依然在众人之中。

你从不与我相语，而当你开口时，我却不知你与谁说，又说些什么。

毛拉纳·希米·内沙布里[3]是一位极富才华之人，他在圣城马什哈德生活并经营着一所学堂。他擅长书写七种字体[4]，在诗歌及速写方面的能力出众。除此之外，他在建筑、调色、制墨、洒金术和泥金装饰方面的才华也是同时代艺术家中的佼佼者，他还写了一些关于这些艺术技巧的文章[5]并且精于此道。马什哈德城中的达官贵人之子因为他的福运，都喜欢跟随他学习。任何人只要受了他的指点，就很容易取得成功。火者·阿卜杜希·蒙什就是他的学生，同时代的人都非常认可他。毛拉纳·希米最有名的事迹是，按他本人的说法，他曾在一天之内写出两千个对句，这是任何诗人都无法企及的高度，也从未有人做出过这种成就。他为此还写了一个对句，并命雕刻师将其刻在戒指之上：

希米在一日之内，写出两千句赞颂国王的诗。

他生活在阿拉·道拉·本·米尔扎·拜松古尔·本·米尔扎·沙哈鲁·本·阿米尔·帖木儿[6]的时代。

---

① 毛拉纳·阿卜杜卡里姆（Mawlānā ʿAbd al-Karīm），也叫阿卜杜卡里姆·帕夏·花拉子米（ʿAbd al-Karīm Pādshāh Khwārazmī），伊历10世纪的书法家，苏丹·雅古卜宫廷中的书法家，擅长波斯体。

② 国王（pādshāh），音译为“帕夏”。

③ 毛拉纳·希米·内沙布里（Mawlānā Sīmī Nayshābūrī），出生于伊历8世纪末，有关他的记录最晚出现于1436/1437年。

④ 根据希米·内沙布里留存下来的作品判断，此处所说的七种字体指“六体”及细体。

⑤ 《希米之宝藏》（*Jawhar-i Sīmī*），成书于1433年，是最早阐述纸张染色技巧的史料，相关研究见Wheeler M. Thackson，“Treatise on Calligraphic Arts：A Disquisition on Paper，Colors，Inks，and Pens by Simi of Nishapur，” in *Intellectual Studies on Islam*：*Essays Written in Honor of Martin B. Dickson*，eds. Michel Mazzaoui and Vera Moreen（Salt Lake City：University of Utah Press，1990），pp. 219-228.

⑥ 阿拉·道拉·本·米尔扎·拜松古尔·本·米尔扎·沙哈鲁·本·阿米尔·帖木儿（ʿAlaʾ al-Dawla b. Mīrzā Bāysunghur b. Mīrzā Shāhrukh b. Amīr Taymūr，1417—1460年），即阿拉·道拉，拜松古尔之子，赫拉特皇家书画院的管理者，他在父亲去世之后曾短暂担任赫拉特的统治者。他虽然受到沙哈鲁及高哈尔沙德的支持，但在后期权力争斗中失利，最后在流亡中去世。

اما کسی که گوی رجحان از میان خوشنویسان ربوده قبلة الکتاب مولانا سلطانعلی مشهدی بود که خطش در میان خطوط کالشمس بین سایرالکواکب عالمگیر شد و خط او به جایی رسید که از محالاتست که دست کسی بدانجا رسد مولانا حالات خود و ایّام مشق و ترقّی و نظر یافتن از جانب حضرت امیر کل را در رسالهٔ منظومه که نقل آن در این نسخه شده نموده چون مولانا خط را به سر حد اعجاز رسانیده و آوازه وصیت طنطنه او با کناف و اطراف عالم رسید سعید دارین سلطان حسین میرزا او را بدارالسلطنه هرات طلبیده در کتابخانهٔ خاصه جا داده مولانا به کتابت سرکار خاصهٔ نوّاب اشتغال داشت و در نسخه‌ها اسم خود که می‌نوشت کاتب السلطانی قید می‌کرد و کتابه‌های عمارات و منازل باغ جهان‌آرا مشهور به باغ مراد تمامی به خط مبارک ایشان است و اوراق مجالس النفایس که از تألیفات ترکی امیرکبیر علیشیر است و در خانه امیر در حوض آب بسنگ مرمر نوشته و اکنون هر صفحه و ورقی از آن حرز مثال مردم دارند به خط شریف ایشانست مشهورست که در وقتی که شاهی بیگ خان اوزبک دارالسلطنهٔ هرات را گرفت مولانا قطعه‌یی نوشته به دیدن او رفت آن ترک جاهل قلم بدست گرفته و مولانا را پیش طلبیده آن قطعه را به قلم تعلیم و اصلاح درآورده مولانا در همان ایام بعد از رحلت نوّاب سلطان حسین میرزا و انقراض دولت خاندان او به مشهد مقدّس معلّی مزگی عرش درجه آمده منزوی گشت تا ودیعت حیات به قابض ارواح سپرد. و وفاتش در تاریخ دهم شهر ربیع‌الاول سنه ست و عشرین و تسعمائه (غم بیحساب) به طریق تعمیه تاریخ گشته قبرش در محاذی مابین پای مبارک حضرت امام همام ثامن ضامن مفترض الطاعهٔ واجب العصمهٔ صلوات‌الله و سلامه علیه از بیرون متصل به گنبد امیر علیشیر و مدرسه شاهرخی نزدیک به پنجرهٔ فولادی

而在所有书法家中夺得桂冠的正是书法的向导毛拉纳·苏丹·阿里·马什哈迪①。他的书法作品之于其他人的作品就好像宇宙中的太阳之于其他星星一般闪耀夺目。他的书法水平已经达到了他人难以企及的高度。毛拉纳将他的经历，包括学徒时光、进步时期以及受到尊贵的领袖②青睐的事情都记录在了一本诗歌体的书中，本书也进行了抄录③。当他的书法技艺炉火纯青，名誉声望远播四面八方之时，苏丹·侯赛因·米尔扎④将他召到帝王之城赫拉特并安顿在王室书画院之中。毛拉纳在这里专门为王室工作并在多部作品上留下了“皇家文书”⑤的签名。此外，贾汗阿拉公园，也就是著名的莫拉德公园⑥的建筑上所有的铭文都是由苏丹·阿里完成的。阿米尔·卡比尔·阿里希尔⑦写过一部突厥语的《文坛荟萃》⑧，并将其刻在自家水池的大理石石板之上。时至今日，人们依然将其视为有魔力的符咒，而这件书法作品就出自苏丹·阿里之手。据说在沙希·贝格·汗·乌兹别克占领帝王之城赫拉特之后，苏丹·阿里写了一首短诗献给他，而那个无知的突厥人竟把苏丹·阿里传唤到跟前，手里拿着笔将他的短诗批改一番。苏丹·阿里在苏丹·侯赛因·米尔扎去世及其政权衰败之后前往神圣的马什哈德。他在那里隐居直至将自己的生命归还给死亡天使。他于（伊历）926年春天的第一个月的第十天⑨归真，这个日期成了一个令人痛苦的日子。他的墓地在尊贵英勇的第八位伊玛目（他是绝对可靠的，我们永远追随他）的陵墓⑩对面并且靠近钢铁窗户，外面紧挨着的是阿里希尔（所建的）带拱顶的建筑以及沙哈鲁西学堂。他享年85岁，培养了一批

---

① 毛拉纳·苏丹·阿里·马什哈迪（Mawlānā Sulṭān ʿAlī Mashhadī，1442或1453—1520年），伊历9世纪至10世纪最著名的波斯体书法家。他生于马什哈德，受时任赫拉特统治者拜哈拉的邀请前往赫拉特负责书写工作。除了书法，他还擅长写诗，与同时代的大臣及察合台语诗人阿里希尔·纳瓦依（ʿAlīshīr Navāʾī，1441—1501年）关系密切。他于1514年所写的《书法规范》（*Ṣirāṭ al-Suṭūr*）一书以自传体的形式记录了自己修习书法的过程以及书法学习的相关知识。插图7及插图19为苏丹·阿里·马什哈迪的书法作品。

② 指伊玛目阿里。

③ 高齐·艾哈迈德在此书中直接引用了苏丹·阿里所写的《书法规范》的部分内容。

④ 即侯赛因·米尔扎·拜哈拉。

⑤ 皇家文书（Kātib al-Sulṭānī），此处是苏丹·阿里对自己的称呼。

⑥ 贾汗阿拉公园（Bāgh-i Jahān-ārā），也称作“莫拉德公园”（Bāgh-i Murād），位于赫拉特东北部，是在赫拉特地方统治者拜哈拉的命令下修建而成。

⑦ 阿米尔·卡比尔·阿里希尔（Amīr Kabīr ʿAlīshīr），即上面注释中的阿里希尔·纳瓦依，他出生于赫拉特，与拜哈拉关系密切。他是位诗人，代表作品有《五部诗》，被视为察合台语文学的奠基人。

⑧ 《文坛荟萃》（*Majālis al-Nafāʾis*）是阿里希尔·纳瓦依作于1491/1492年的突厥语传记，其中记录了帖木儿王朝初期至沙哈鲁国王时期的诗人。全书分为九个章节以及一个结语篇，作者于1498年进行了补充。由于该书对于帖木儿王朝文学状况的记载真实且全面，所以16世纪它被译为波斯语，该书是珍贵的历史材料。

⑨ 伊历926年3月10日，公历1520年2月29日。

⑩ 即位于马什哈德的伊玛目礼萨圣陵。

مدت عمرش هشتاد و پنج سال و مولانا شاگردان سرآمد داشته سوای مولانا میرعلی که برابری با استاد مینماید و پنج کس دیگر بوده‌اند مولانا محمّد ابریشمی، مولانا سلطان محمّد نور، مولانا سلطان محمّد خندان، مولانا زین‌الدّین محمود، مولانا میرعلی جامی و اینها در خدمت مولانا خوشنویس گشته سرآمد زمان و خوشنویسان دوران بوده‌اند.

آنکه در عالم بخط مشکفام — نسخ کرده خط استادان تمام
گشته شاگردانش از راه یقین — در طریق حق کرام‌الکاتبین

از جملهٔ آنها مولانا محمّد ابریشمی است که سرآمد شاگردان وی بوده این ابیات را گفته و در لوح مزار مولانا بخط خود نوشته شعر.

آن کو رقم زدی قلمش خط جانفزا — در حرف او کشیده قلم کاتب قضا
جان یافتی قلم چو رسیدی بخط او — آخر، ولی شدش قلم دست خاک پا
خطش همین نبود نکو در طریق نظم — لطف سخن چو حسن خطش بود دلگشا
ره داد از مناسبت نام نزد خویش — سلطان ابوالحسن علی موسی رضا
رو در فناست هرچه ببینی بغیر او — ماند همین خدا و نماند بجز خدا

و این رباعی را نیز از اشعار مولانا سلطان علی مولانا محمّد ابریشمی در حاشیهٔ آن لوح نوشته:

رباعی

عین عدم و الم بود عالم دون — زنهار درو مجوی آرام و سکون
چون اکثر جزو عالم آخرالمست — رفتیم ازین الم دل غرقه بخون

کتبه محمّد ابریشمی

优秀的学生。加上毛拉纳·米尔·阿里[①]这个与老师齐名的学生，他共有五个学生在跟随自己学习之后，成为书法领域的时代佼佼者，他们分别是毛拉纳·穆罕默德·阿布里沙米[②]、毛拉纳·苏丹·穆罕默德·努尔[③]、毛拉纳·苏丹·穆罕默德·汉丹[④]、毛拉纳·津丁·马赫穆德[⑤]以及毛拉纳·米尔·阿里·贾米[⑥]。

在这世上用麝香般纯黑的墨水书写的那个人，他的技艺超越所有大师。

他的学生们通过绝对信念的方式，像书写天使一样行走在追寻真主的道路上。

毛拉纳·穆罕默德·阿布里沙米作为最出色的学生，为他的老师撰写了如下诗句并亲自抄写后刻在老师毛拉纳的墓碑之上：

他提笔写下动人心魄的字迹，而命运记录者则在这字里行间画线。

握在他手中的笔仿佛拥有生命，然终有一日手中笔也将变为脚下泥。

在追寻和谐之中除了他的字迹，他的话语也令人心旷神怡。

因姓名相同他留出了一席之地[⑦]，苏丹·阿布哈桑·阿里·穆萨·礼萨[⑧]。

除了他，你所见一切皆为虚无，世间万物只有真主永存。

下面这首诗是苏丹·阿里的作品，由毛拉纳·穆罕默德·阿布里沙米书写并刻在墓碑边缘：

抒情诗

这个俗世充满虚无与痛苦，何必妄想寻求平静与安宁。

这个由苦难组成的世界，留给我们的只有伤痕累累的心。

——穆罕默德·阿布里沙米抄写

---

① 毛拉纳·米尔·阿里（Mawlānā Mīr ʿAlī，1476—1544年），赫拉特人，他精通所有书法字体，其中以波斯体最为出色。他培养了多名优秀的学生，因此在16世纪的宫廷书法作品中，至少有三人将米尔·阿里的名字签在自己的作品上以示尊敬。米尔·阿里最初在拜哈拉宫廷中担任文书，伊斯玛仪一世征服赫拉特之后，他又为当时的宫廷效力。随着乌兹别克人于1528/1529年占领赫拉特，他又被乌兹别克人强制带到布哈拉的宫廷中担任文书，最终在布哈拉去世。他的书法作品参见插图8及插图20。

② 毛拉纳·穆罕默德·阿布里沙米（Mawlānā Muḥammad Abrīshamī），生于马什哈德，伊历10世纪的著名书法家。他是阿里希尔·纳瓦依的文书，其书法作品最晚出现在1525/1526年。除书法外，他还擅长写诗。

③ 毛拉纳·苏丹·穆罕默德·努尔（Mawlānā Sulṭān Muḥammad Nūr，1472—1536年），帖木儿王朝拜哈拉宫廷中的书法家，生于赫拉特，最终在布哈拉去世，其作品展示见插图6。

④ 毛拉纳·苏丹·穆罕默德·汉丹（Mawlānā Sulṭān Muḥammd Khandān），伊历10世纪的著名书法家，为阿里希尔·纳瓦依担任文书，除了书法，他还擅长诗歌和音乐。

⑤ 毛拉纳·津丁·马赫穆德（Mawlānā Zayn al-Dīn Maḥmūd），苏丹·阿里的女婿，跟随苏丹·阿里学习书法。

⑥ 毛拉纳·米尔·阿里·贾米（Mawlānā Mīr ʿAlī Jāmī），即上文的毛拉纳·米尔·阿里。

⑦ 此句的意思是，苏丹·阿里解释是因为自己与伊玛目阿里的名字相近，才有机会葬在伊玛目礼萨的墓旁。

⑧ 苏丹·阿布哈桑·阿里·穆萨·礼萨（Sulṭān Abū al-Ḥasan ʿAlī Mūsā Rizā），即第八位伊玛目礼萨。

مولانا سلطانعلی شعر را بسیار خوب میگفته این مطلع ازوست.

گل در بهار از آن رخ گلگون نمونه‌ایست چون اشک من که از دل پرخون نمونه‌ایست

و ایضاً اشعار فی شرح حاله:

مرا عمر شصت و سه شد بیش و کم هنوزم جوانست مشکین قلم
هنوز آن چنان هستم از فضل حق که باطل نگردانم الحق ورق
توانم هنوز از خفی و جلی نویسم که العبد سلطان علی

و از آثار خطوط مولانا رحمهٔ الله که تا قیام قیامت باقیست این عبارات و فقراتست که بر سنگ مرمر بر دیوار تخت مقبرهٔ پادشاه مغفور مبرور میرزا منصوربن میرزا بایقرابن میرزا عمر شیخ بن امیر تیمور گورکان نوشتهٔ سعید دارین میرزا سلطانحسین قبر والد ماجد خود را که میرزا منصور باشد و در پهلوی مزار فایض الانوار پیر هرات خواجه عبدالله انصاری واقعست تختی وسیع بسته و بر آن سنگ مولانا این فقرات را نوشته هر که مشاهده کرده قدرت و اعجاز ویرا در خط می‌داند و هیچ یک از خوشنویسان نتوانسته‌اند که نقل آن بدان عنوان نمایند.

نقل العبارة:

این صفهٔ بدیع‌البنیان منیع الارکان که از کمال صفوت و صفا و غایت بهجت و بهاحاکی نزهت ریاض رضوان و راوی زینت مناظر جنان است و انوار رحمت و آثار فیض فضل نامتناهی از ساحت باراحتش لایح وتابان از برای مرقد سلطان سعید مغفور غیاث السلطنه والدین منصور و اولاد مبرورش عمارت یافت به تاریخ سال هشتصد و هشتاد و دو که فضل بی‌پایان بیان آن می‌نماید و نسایم خلد برین از شمایم عنبرینش متنسّم می‌آید.

چون بهشت از مرقد منصور سلطان رخ نمود
این عمارت را به وجهی بس نکو تاریخ بود

حرره العبد سلطان علی مشهدی

و سنگ مزار اکثر شاهزاده‌های تیموری و امیرزادگان جغتای که در آن مزار وحوالی آن بلدهٔ فاخره واقعست به خط مولاناست و این رساله در باب خط و تعلیم مشق از اشعار آبدار اوست که به طریق منظوم در این نسخه مرقوم گشته.

毛拉纳·苏丹·阿里擅长写诗，下面这个开篇诗句也是他的作品：

春日玫瑰映衬着娇艳的面庞，而我的热泪诉说着泣血的心。

下面这首诗则是作者的自传：

我的年岁已是六十有三，而黑色的笔却能青春永驻。

真主仁慈，我依然下笔从容，从不浪费一纸一笔一墨。

粗体字和细体字[①]皆不在话下，我提笔写下“奴仆苏丹·阿里”[②]。

米尔扎·苏丹·侯赛因给父亲米尔扎·曼苏尔·本·米尔扎·拜哈拉·本·奥马尔·谢赫·本·阿米尔·帖木儿·古尔康[③]所修建的墓地位于赫拉特长老火者·阿卜杜拉·安萨里[④]的墓旁。覆盖在米尔扎·曼苏尔陵墓上的其中一块花岗石板上刻着诗句，而这些诗句正是真主怜悯的、将度过审判日的毛拉纳的作品之一。任何看过这件书法作品的人都会深感震撼，任何一位书法家都无法用语言形容他作品的精彩。

铭文内容

这块由稳健的柱子支撑起来的石板极尽纯粹、令人愉悦，仿佛诉说着天园的美景。这片闪耀着圣洁之光与拥有着无限恩慈的墓地属于归真的君主曼苏尔以及他的子女[⑤]。这块建于（伊历）882年[⑥]的墓地充满荣光，天园的微风吹拂，带来了琥珀般的气息。

当天园之景在曼苏尔·苏丹的墓地显现时，这里便毫无疑问地成为历史的一部分。

——（真主的）奴仆苏丹·阿里·马什哈迪书写

葬在这片墓地以及周围吉祥之地的大部分帖木儿王子以及察合台长官的墓碑上的字皆由毛拉纳完成。下面的这篇文章是关于书法以及练习规则的[⑦]，它是毛拉纳所写的诗歌作品之一，在此摘抄如下：

---

① 粗体字（jalī）和细体字（khafī）是通过芦苇笔头及线条的粗细对书法字体的分类，粗体字指线条粗细在6毫米至2厘米之间的字体，细体字的线条粗细则在0.5毫米至0.75毫米之间。

② 指苏丹·阿里是真主的奴仆。

③ 米尔扎·曼苏尔·本·米尔扎·拜哈拉·本·奥马尔·谢赫·本·阿米尔·帖木儿·古尔康（Mīrzā Manṣūr b. Mīrzā Bāyqarā b. ʿUmar Shaykh b. Amīr Taymūr Gūrkān，？—1445/1446年），帖木儿王朝统治者苏丹·侯赛因的父亲，帖木儿的曾孙。

④ 火者·阿卜杜拉·安萨里（Khwāja ʿAbdullāh Anṣārī），“赫拉特长老”（Pīr-i Hirāt）是他的称号。苏丹·侯赛因自称是安萨里的第九代子孙，因此将父亲与他葬在一起。安萨里墓位于本书第47页提及的赫拉特高扎尔高赫地区。

⑤ 即米尔扎·曼苏尔和苏丹·侯赛因。苏丹·侯赛因在为父亲修建墓地时就开始为自己准备墓地。

⑥ 公历1477/1478年。

⑦ 即本书第101页注释①提及的《书法规范》。

در بیان حمد و سپاس حضرت باری تعالی گوید:

بسم‌الله الرحمن الرحیم

ای قلم تیز کن زبان بیان   بهر حمد خدای هر دو جهان
آن خدایی که آفریده قلم   زان قلم حرف صنع کرده رقم
هرچه بودست و هست و خواهد بود   ثبت فرموده در صحیفهٔ جود
کاملان جمله محو ذات ویند   واصفان عاجز از صفات ویند
خود ثنا خوان خود بود یزدان   رو ثناء علیک را برخوان

در نعت حضرت رسالت پناه صلی‌الله علیه و آله و سلم

مصطفی را که فیض از مولیست   حاجت خواندن و نوشتن نیست
شده معلوم او ز روز قدم   قلم صنع هرچه کرده رقم
لوح محفوظ بیگمان دل اوست   قاب قوسین جا و منزل اوست
در طبقهای آسمان بنگر   سر بسر پر جواهر و گوهر
مانده در باقی نثارست آن   شرح معراج را بخوان و بدان
تا شوی آگه از کمال نبی   نبی هاشمی مطلبی

در نسبت خط بحضرت شاه ولایت صلوات‌الله علیه

پیشتر از زمان شاه رسل   خلق را رهنمای نشأهٔ قل
سر بخطی که خامه فرسودی   خط عبری و معقلی بودی
مرتضی اصل خط کوفی را   کرد پیدا و داد نشو و نما
وین خطوط دگر که استادان   وضع کردند هم ز کوفی دان
واضعان کاسمشان درین بابست   ابن مقله است و ابن بوابست
سند علم خط بحسن عمل   پس بود مرتضی علی ز اول

赞颂全能的真主

奉至仁至慈的真主之名

笔啊，将你的笔锋再削尖一些，好赞颂这两个世界的真主。

那个创造了笔的真主，又用这笔写下创造之令。

过去、现在以及未来之物，他都一一记录在宽仁之簿。

完美之人面对他的完美品行自惭形秽，巧言者亦无法描述他的完美。

他是他自己的赞颂者，去大声赞美真主吧。

赞美信徒的庇护者、神圣的先知，愿真主赐福与他

穆斯塔法蒙主庇佑，无须掌握读写本领。①

创世以来的一切皆记录在神圣记忆②中，而他对此了如指掌。

神圣记忆在他心中，他的位置在两张弓之外。③

向一层一级的天空望去，珍珠宝石铺满各处。

去阅读感受先知登霄的含义，它是真主恩慈的印证。

你会明白先知的完美，先知，哈希米，穆塔利比。④

关于疆域之主⑤（愿安拉赐福与他）的书法

在先知的时代来临之前，人们已在阿里的指引下生活。⑥

当真主将注意力转向文字时，他选择了希伯来语和阿拉伯语。⑦

穆尔塔扎⑧是库法体的发明者，在他笔下该字体得以发扬光大。

要知道其他大师所创造的字体，无一不是由库法体而来。

此章中所出现的字体创造者，有伊本·穆格莱与伊本·巴瓦卜。

书法之美源于品性之善，因此穆尔塔扎·阿里自始至终都位列其中。

---

① 穆斯塔法（Muṣṭafā）是《古兰经》中提到先知穆罕默德时使用的名字之一，意为“被选中者”。该句的意思是先知在没有学过读写的情况下背诵出了《古兰经》。

② 神圣记忆（qalam-i ṣunʿ，lawḥ-i maḥfūẓ），伊斯兰教认为世界上所有存在的事物都会被记录下来，而这个记录就是“神圣记忆”。因此本书第103页诗歌中出现过的真主执笔画线，指的就是真主记录存在的事物的过程。这个词还有“拥有神圣记忆的人”的含义。

③ 此处意指先知穆罕默德在接受启示时，与真主相距两张弓的距离。《古兰经》（53：9）中有“他相距两张弓的长度，或更近一些”。

④ 哈希米（Hāshimī）意为“哈希姆家族的人”，穆塔利比（Muṭṭalibī）则指“穆塔利卜的后人”，这两个词指出先知穆罕默德来自哈希姆家族，他的爷爷名为穆塔利卜。

⑤ 疆域之主（Shāh-i Vilāyat）是什叶派穆斯林对伊玛目阿里的尊称。

⑥ 先知穆罕默德在登霄时来到第七层天空，听到真主用伊玛目阿里的声音与他对话。先知询问原因时，真主回答：“你是由我的光创造出来的，而阿里由你的光创造而来。我知道你最喜欢阿里，因此用他的声音与你对话。”因此，这里所说的“阿里的指引”实际上指的就是真主。

⑦ 指由希伯来语写成的《圣经》以及由阿拉伯语写成的《古兰经》。

⑧ 穆尔塔扎（Murtażā）是伊玛目阿里的尊号，意为“受尊敬者”。

زانکه هم اوست در تمام علوم علما را بعلم امام عموم
وین همه علمها امیر بحلم کسب فرموده از مدینهٔ علم
هر که داند در مدینهٔ علم نقد وقتش شود خزینهٔ علم

در تعریف و فضیلت خط

غرض مرتضی علی از خط نه همین لفظ بود و حرف و نقط
بل اصول و صفا و خوبی بود زان اشارت بحسن خط فرمود
خط که فرموده است نصف العلم سرور انبیا بعلم و بحلم
آن خط مرتضی علی بودست زان نبی نصف علم فرمودست
آن چنان خط کجاست حد بشر قلمی دیگرست و دست دگر
قلم پاک آن رفیع جناب خورده از جویبار جنّت آب
دست در پاش او خزانهٔ رزق خامهٔ او کلید خانهٔ رزق
از مدادش چه گویم وزدوات آب حیوان نهفته در ظلمات
ورقی را که خط شاه بر اوست بوسه گاه ملایک و بشر اوست
بشنو این بیت رازمن که رواست که حدیثی بمدح شیر خداست
هر عدو را که او فکند ز پای نام بر دستش وز بنده خدای
نشوی غافل از بنی هاشم وز یدالله فوق ایدیهم
مدح شه کاملان چنین گفتند همه درهای معنوی سفتند
منکه جز حسرتم بضاعت نیست چون روم کعبه کاستطاعت نیست
چه قلم بود یارب آن و چه دست قلم اینجا رسید سر بکشست

در بیان حال خود و شروع در مشق خط

در جوانی بدی بخط میلم عشق خط راندی از مژه سیلم
بر سر کوی کم قدم زدمی تا توانستمی قلم زدمی
گه ز انگشتها قلم کردی بخیال خطی رقم کردی

他存在于所有的知识之中，他是学者中的领袖。

在知识的城堡[①]中，他谦逊地吸取着世间真理。

而他在知识之城所学的一切，都成为他这一世的财富。

赞颂书法之美

穆尔塔扎·阿里钻研书法，不为一笔一画之美。

他用完美的书法，展现了原则、纯粹与美德。

那个说出“书写占知识的一半”[②]的人睿智温顺，是先知中的领袖。

正是穆尔塔扎·阿里所写的字，使先知说出这样的话。

他的书法超凡绝尘，世间再也找不出相同的笔、相同的手。

尊贵的国王[③]拿起纯净的笔，饱蘸天园的圣泉之水。

他手中抛洒的是生存之宝藏，而他的笔正是生存的关键。

我该如何评说他手中的笔和墨，这黑暗之中隐藏着生命之水。

国王[④]的字迹铺满纸面，这是天使与人类轻吻之处。

且听我吟诵这神秘的诗句，它是我对真主之狮的赞颂。

每个被他（阿里）扔在脚边的敌人，荣耀之名都将降临在他的唇间，因为他面对的是真主的奴仆。[⑤]

不要忘记哈希姆的后人，因为“真主的手是在他们的手之上的”[⑥]。

他们如此赞美着完美之王，字字珠玑又篇篇锦绣。

而我除了悲伤一无所有，失去力气的我该如何去往克尔白。[⑦]

真主啊，那是怎样的笔和手，即使笔断墨尽也无法超越。

自我介绍以及书法学习之初

自青年起我便醉心书法，沉迷其中的我泪水涟涟。

我极少在街头游荡闲晃，只为手中之笔更加流畅。

有时我用手代替芦苇笔，睡梦中依然挥舞双手勤加练习。

---

① 指先知穆罕默德，本书第15页提到先知曾说：“我是知识之城，阿里则是城门。”

② 这句话由先知穆罕默德所说，已在本书第21页提及。

③ 指伊玛目阿里。

④ 指伊玛目阿里。

⑤ 此句的意思是所有被伊玛目阿里打败的敌人都会感到荣光，嘴边不自觉念诵出真主的名字，因为他们的对手是真主的奴仆阿里。

⑥ 出自《古兰经》（48：10），哈希姆的后人指先知穆罕默德及其家人，此处主要指伊玛目阿里，这个对句的意思是只要相信先知穆罕默德，就会被真主接纳。

⑦ 克尔白（Kaʿba），又称“天房”，位于沙特阿拉伯麦加禁寺的建筑，是穆斯林朝觐的目的地以及礼拜所向之处。这个对句的意思是“当我想到阿里的故事时非常悲伤，甚至没有力气去克尔白朝觐”。

از قضا میر مفلسی روزی پیشم آمد بسان دلسوزی
قلم و کاغذ و دواتم جست بیست و نه حرف را ز حرف نخست
بنوشت و روان بدستم داد شدم از التفات او دلشاد
زانکه ابدال بود و صاحبحال گشته حالش مبدل‌الاحوال
زین سبب عشق خط زیاده شدم دل گرفتار مرد ساده شدم
بعد از آن مدتی برین بگذشت مهر خطم از آن و این بگذشت
نیت روزهٔ علی کردم قلم مشق را جلی کردم
در خیال اینکه کار بگشاید شه بخوابم جمال بنماید
تا شبی خواب دیدم از ره دید که خطم دید و جامه‌ام بخشید
بیش ازین زین سخن نیارم گفت که ندارم مجال گفت و شنفت
خواب را مختصر نمودم باز قصهٔ خواب هست دور و دراز
تا کسی پرده خرد ندرد در حق من گمان بد نبرد
بنده سلطانعلی غلام علیست شهرت خط او ز نام علیست
روز و شب گوید از علی ولی ذکرم اینست از خفی و جلی

در بیان احوال خود گوید

سنهٔ عمر چون به بیست رسید خط سودا ز صفحه‌ام بدمید
رو نهادم بکنج مدرسه‌یی بی‌خیال کجی و وسوسه‌یی
روز تا شام مشق می‌کردم نه غم خواب بود و نه خوردم
اکثر روزها چو ماه صیام روزه می‌داشتم به صدق تمام
شام در روضهٔ رضا بودم سر بر آن آستانه می‌سودم
چون که از روضه آمدم بیرون پیش مادر شدم بخانه درون
خدمتش را به جان کمر بسته در مطلوب خویش در بسته
تا بتانستمش نیازردم روزگاری بدو بسر بردم
از پدر زان نگفتم و حالم که سفر کرده بود ازین عالم

某日一位落魄之人面带忧虑，不经意间来到我面前。

他拿起我的笔墨纸张，从第一个字母开始写下二十九个字母[①]。

他写完后将纸张放在我手中，因他的青睐我欢欣雀跃。

因为他是阿布达尔[②]，是进入哈尔状态[③]之人，他的哈尔状态改变了世界的状态。[④]

从此我对书法的爱与日俱增，我已完全倾心于那位纯粹的男子。

在那之后又过了一段时间，我对书法的喜爱超过了一切事物。

我为阿里把斋，我勤练书法，写满张张草稿纸。

只希望有朝一日书法精进，能在梦中看到国王[⑤]展现他的完美。

直到一日在梦中，我亲眼看到他欣赏着我的书法并赐予我一套衣服。

除此之外，我无法描述更多，面对此事我深感言语之无力。

在此我只简短叙说，真实的梦其实远比这更漫长悠远。

以免有人听后产生误会，对我产生不好的看法。

鄙人是阿里的奴仆——苏丹·阿里，以阿里之名我的书法得以扬名。

我日夜念诵着守护人阿里之名，在心里和嘴边[⑥]。

本人的介绍

当我的人生到达二十岁时，我的生命之墨开始浸染纸张。

我栖身在学堂的一处角落，弃绝所有欲望和杂念。

我不分昼夜练习书法，不吃不睡，心无他念。

所有的日子都如斋月一般，我全心全意把斋度日。

夜晚我会前往礼萨陵墓，头碰门廊虔诚祷告。

离开礼萨陵墓后，我会前往母亲的家。

我勒紧裤腰[⑦]，全心侍奉，不顾自己，只求母亲如意。

我自出生起就从未让母亲烦心，我们二人一起度过岁月。

我无法说起我的父亲，只因他已离开人世。

---

① 阿拉伯语字母表有28个字母，当包含声门塞音符号“哈姆扎”（hamza）时则为29个。

② 阿布达尔（abdāl）是伊斯兰教中被真主选中且只有真主知道的一个特殊群体，他们有固定的人数和阶层，其中任何一个人去世后，下一级别中的一人就会替代他的位置。他们是在审判日连接真主与人类的群体，只要他们存在，真主就不会毁灭世界。“阿布达尔”一词有“继承者”和“贵族”之意，该词多出现在苏非神秘主义的教义表述中。

③ 哈尔（ḥāl，aḥvāl），本义是“状态”，在苏非神秘主义中则指教徒在接近真主的过程中有时会体验到的精神状态，例如亲近、狂喜、迷醉或清醒等。苏非教徒只有脱离物质世界才能感受到哈尔状态。

④ 指因为他是能通过哈尔状态亲近真主的阿布达尔，真主因为他的存在而没有毁灭世界。

⑤ 指伊玛目阿里。

⑥ 心里和嘴边（khafī va jalī），字面意思是小的和大的，同时在书法中也有“细体字和粗体字”之意。

⑦ 有“为某事做好准备”之意。

من ازو هفت ساله مانده جدا   او بچل سالگی بریده ز ما

شرح تقوی و طاعت هر دو   نبود از من شکسته نکو

رحمت ایزدی بر ایشان باد   جایشان در جوار پاکان باد

در بیان ترقّی خود گوید

چونکه از مشق بیحد و بیعد   شدم القصه شهرهٔ مشهد

پیش من گلرخان سیم ذقن   بهر تعلیم خط بوجه حسن

آمدندی ز دور و از نزدیک   خواه از ترک و خواه از تاجیک

جمله یار و برادرم بودند   همه روزه برابرم بودند

چشم سربستم و گشادم سِر   دیدن چشمِ سر چو نیست مضر

چشم سر عیب بین معیوبست   چشمِ سر هرچه دید محبوبست

در ذکر خوشنویس شدن

بعد ازین ترک مدرسه کردم   کس ندیدی به مدرسه گردم

سر نهادم بکنج خانهٔ خویش   گفتم از سوز سینه با دل ریش

کای دل آن به که ترک خط گویم   نقش خط را ز لوح دل شویم

یا چنان سازمش کزان گویند   حرف حرف مرا به جان جویند

پس نشستم بجد و جهد تمام   حاصل قصه روزها تا شام

مشق را چون قلم کمر بسته   پس زانوی خویش بنشسته

ببریدم ز یار و خویش و رفیق   آخرالامر یافتم توفیق

گفت پیغمبر آن شه سرور   سر مپیچ از حدیث پیغمبر

هر که کوبد دری ز روی نیاز   می‌شود عاقبت برویش باز

در بیان حسن خط

خط که مایقرأست شهرت او   آن اشارت بود بخط نکو

بهر آنست خط که بر خوانند   نه که در خواندنش فرو مانند

ایکه مایقرأش همی خوانی   نتوان خواندنش به آسانی

حسن خط چشم را کند روشن   قبح خط دیده را کند گلخن

在我七岁时，四十岁的父亲与我们永别。
无为的我，无法描述父亲所拥有的美德与虔诚。
愿真主怜悯他，愿他永远与纯粹之人为伴。

本人的进步之路

在不眠不休的练习之后，结果一言以蔽之，我在马什哈德家喻户晓。
如花似月的面庞一一出现在我面前，只为更好地学习书法。
他们自四面八方而来，有些来自突厥，有些来自塔吉克。
我们成为朋友、兄弟，他们每日都跟随在我身边。
我闭起头上睁开的秘密之眼，因为用心灵之眼观看才不会出错。
头上寻找错误的眼睛存在极限，而心灵之眼所见皆是惊喜。

成为书法家的过程

在这之后我离开学堂，再没人见过我返回那里。
我把头埋在家的一角，满腔愤慨地对我受伤的心灵说：
“心儿啊，最好放弃书法，把它从心头抹去吧！
除非你所写的字人人称颂，个个为你蜂拥而至。”
就此我怀着坚定虔诚的心，从早到晚端坐桌前。
我腰杆挺立如笔杆一般，双膝跪地，认真练习。
我远离一切亲人朋友，最后终于出人头地，取得成功。
永远不要忘记先知的箴言，那位先知、国王和领袖曾说：
“任何有求而来敲门的人，那扇门终究会应声打开。”

书法之美

书法的知名度在于传阅是否广泛，人人传阅的作品定是佳作。
因为书写的目的就是阅读，切不要写出他人无法识读的作品。
书写的用处在于阅读，但完成它并不（总是）一件易事。
好的字迹使人眼前一亮，差的字迹则使人如坠迷雾。

در بیان قلم گوید

اولا میکنم بیان قلم	بشنو این حرف از زبان قلم
که قلم سرخ رنگ میباید	نه بسختی چو سنگ می‌باید
نه سیاه و نه کوته و نه دراز	یاد گیر ای پسر ز روی نیاز
معتدل نی سطبر و نه باریک	وندرونش سفید نه تاریک
نه درو پیچ و نی درو تابی	ملک خط راست نیک اسبابی
گر قلم سحن باشد و گر سست	دست از این و آن بباید شست

در بیان مرکّب ساختن

بطلب دودهٔ تمام عیار	دوده یکسیر و صمغ خوب چهار
زاک و مازو بجوچه زود و چه دیر	گیر یکسیر ازین و زان دو سه سیر
صمغ در آب ریز پاک ز خاک	تا چو ماءالعسل گدازد پاک
یکدو روزش بصمغ محکم کوب	خانه را از غبار پاک بشوب
تت بصد ساعتش صلایه بکن	یادگیر از من این ستوده سخن
زمه از زاک بهتر است بسی	وین ندانسته جز فقیر کسی
در سیاهی بود ز زاک ضرر	عوض زاک بس زمه بهتر
آب مازو بجوش و دار نگاه	تا شود نیک صاف و خاطرخواه
زمهٔ نرم را بدو کن ضم	روشنت گفتم آنچه بد مبهم
بعد از آن اندک اندکش میریز	تجربه میکن و بدو مستیز
تا بوقتی که با قوام آید	در نوشتن دلت بیاساید
زور بازو ازو دریغ مدار	ورنه میدان که کرده‌ی بیگار

در تعریف کاغذ و رنگ کردن

کاغذی بهتر از ختایی نیست	حاجت آنکه آزمایی نیست
حبّذا کاغذ سمرقندی	مکنش رد اگر خردمندی
خط برو صاف و خوب می‌آید	لیک پاک و سفید می‌باید

关于芦苇笔[①]

首先让我来聊一聊芦苇笔，要认真聆听笔尖淌出的忠告。

芦苇笔以红色[②]为佳，切不可如石头般坚硬。

应避开黑色芦苇且不可过长或过短，年轻人啊谨记我的劝告。

芦苇还应厚度适中，不可过粗或过细，内里应为白色而非黑色。

如果一根芦苇既不弯曲且无结瘤，那它就是制笔的佳品。

如果芦苇过软或过硬，挑选时也要注意避开。

关于制墨

选取上好的炭末，一西尔[③]的炭末应搭配四西尔的优质树胶[④]。

及时备好矾及栎五倍子[⑤]，用量分别是一西尔和两三西尔。

接着倒入树胶和纯净的水，直至混合物如蜂蜜一般（柔软）。

捶打树胶（混合物）一至两天，其间应防止尘土混入。

捶打一百个小时才算大功告成，一定要牢记我的忠告。

白矾[⑥]比矾更加适合（制墨），这一点除了鄙人，无人知晓。

使用矾来制墨会出现问题，而使用白矾的效果更加理想。

将栎五倍子放入水中持续煮沸，直至水达到心仪的清澈状态。

让我清楚明了地告诉你，接下来应将柔软的白矾与其混合在一起。

一点点加入（白矾），慢慢尝试，切勿手忙脚乱。

直至混合物变得黏稠，此时你就可以安心用它来书写。

过程中切勿偷懒省力，否则你将前功尽弃。

纸张及着色

纸张之中以中国纸[⑦]为上品，这一点已毋庸置疑。

撒马尔罕的纸张如此精良，聪明如你，切莫错过。

线条画过纸张时流畅自如，而纸张依然洁白纯净。

---

① 插图20、插图21、插图22分别展示了书籍的制作过程，书法用笔和制墨原料，书法工具。

② 指红棕色。与木色的芦苇秆相比，红棕色的芦苇秆更加结实且笔直。黑色芦苇秆则多已腐败发霉。

③ 西尔（sīr），古代计重单位，在伊朗、阿富汗、印度等地都有使用，但所对应的重量不同。在伊朗地区，1西尔等于75克。

④ 即阿拉伯树胶，是树上分泌出的晶状固体，有高度水溶性，制作墨水时添加树胶可起到增加黏着性、控制墨水中悬浮炭粒的作用。

⑤ 栎五倍子（māzū），或栎瘿，是瘿蜂在栎属植物上产卵后形成的苹果状瘿，经过氧化反应后可产生蓝黑色汁液。

⑥ 白矾（zama），明矾提炼而来的白色或透明状结晶体。该词也是马什哈德地区对矾的称呼。

⑦ 中国纸（kāghaẕ-i khatā‘ī），也称作“撒马尔罕纸”。公元8世纪怛罗斯战役前，撒马尔罕已成为中亚的造纸中心，当时造纸的主要原料是麻。

خواه رسمی و خواه سلطانی | جهد کن تا که خوب بستانی
هیچ رنگی به از حنایی نیست | با تو گویم که رنگ آن از چیست
زعفران و حنا و قطرهٔ چند | از مدادست بیش ازین مپسند
خط برو خوب و هم طلا خوبست | زینت خط خوب مرغوبست
چشم را رنگ سرخ و سبز و سفید | خیره سازد چو دیدن خورشیسد
بهر خط نیم رنگ می‌باید | تا ازو دیده‌ها بیاساید
رنگهایی که تیره رو باشد | خط رنگین برو نکو باشد
کاغذ سرخ را سفید نویس | تا نماید خط تو خوب و نفیس
کاغذی کان کبود رنگ بود | از سفیداب دلپسند بود

در باب آهار ساختن و کاغذ آهار کردن

ساز آهار از نشاسته کن | یاد گیر این ز پیر پخته سخن
اولا کن خمیر و آب بریز | پس بجوشش دمی به آتش تیز
پس لعاب سرش بدو کن ضم | صاف سازش نه نرم و نه محکم
رو بکاغذ بمال و سعی نمای | تا که کاغذ نیوفتد از جای
کاغذ خویش چون دهی آهار | مال آبی بروی او زنهار

در صفت مهره زدن

مهرهٔ کاغذ آنچنان باید | که رُخ رخ درو به ننماید
تختهٔ مهره پاک باید شست | زور بازو ولی نه سخت و نه سست

در تعریف قلمتراش

با تو ذکر قلمتراش کنم | حرفهای نهفته فاش کنم
تیغ او نه دراز و نه کوتاه | تنک و پهن نیست خاطرخواه

无论是正式用纸还是宫廷用纸，[1]尽量购买上佳的纸张。

没有什么颜色比得上海娜[2]色，让我来告诉你它的制作过程。

藏红花[3]、海娜和几滴墨水，除此之外不要加入其他物质。[4]

无论是用墨水还是金粉书写，都能使书法显得更加优美。

而红色、绿色和白色（的字迹），每种都如太阳般吸引你的目光。

当你观赏淡色线条（写成的书法）时，眼睛则会感到舒适放松。

在深色（纸张）上，最好使用亮色（颜料）书写。

（例如）在红纸上应使用白色颜料书写，这样最能突显你的字迹。

在深蓝纸上使用铅白颜料书写，效果也能令人满意。

制浆及上浆[5]

要想上浆应先从制浆做起，你要认真倾听这位长者的智慧之语。

首先将淀粉和水调和在一起，然后在烈火上加热片刻。

紧接着在其中加入植物胶，搅拌到不稀不稠的状态。

然后将其涂在纸张表面，过程中要确保纸张不移位。

在给纸张上浆之前，应先小心翼翼地浸湿纸张。

研光过程

研光后的纸张上，应确保不出现任何痕迹。

研光板[6]的表面应清洁无尘，按压时手臂的力度应不轻不重。

削笔刀

关于削笔刀，我将告诉你珍藏的秘密。

削笔刀的刀片不宜过长或过短，也不能过窄、过宽，适宜为佳。

---

① 正式用纸（rasmī）指民间正式场合使用的纸张，宫廷用纸（sulṭānī）则是指王室专用的纸张。

② 海娜（ḥinā），由散沫花叶研磨而成的天然染料，粉末呈深棕色，染色时呈现出红色、橙色或浅棕色，常用于染发或绘制人体花纹。

③ 藏红花为原产伊朗的名贵植物，除药用和食用价值外，藏红花还可用作黄色染料。藏红花虽价格昂贵，但色牢度高，其清香的气味还具有抗霉防蛀的功效，因此可运用在织物和绘画之中。

④ 以上三句是指用藏红花、海娜以及墨水对纸张进行染色。除此之外，还可用核桃皮、洋葱皮、茶水和其他物质进行染色。

⑤ 浆（āhār），或糨糊，在此指伊斯兰造纸过程中涂抹在纸张上的黏稠物质，通常由大米、淀粉、榅桲籽以及蛋清物质混合而成。上浆后纸张的厚度增加，这样纸张不仅变得结实光亮，在经过进一步的研光步骤后，还能有效防止墨水和颜料渗入纸张。此外，有了上浆层的存在，当书写者写错字时可以直接用棉球蘸水抹去错字，或用小刀刮去。可参考Sheila S. Blair，*Islamic Calligraphy*（Edinburgh：Edinburgh University Press，2008），p.47.

⑥ 研光板（takhta-yi muhra）指用于研光纸张的物品，通常是一些光滑的天然物品，如玛瑙、蜜蜡、贝壳和牛角等。研光一方面可以使糨糊固定在纸张表面，另一方面也使纸张更加光滑平整，易于书写。研光的过程及工具可参考插图20及插图22。

تا که در خانهٔ قلم گردد　　وان قلم قابل رقم گردد

در باب قلم تراشیدن

تا قلم را درست دست دبیر　　نتراشد بگزلک تدبیر
نرود بر مراد دل قلمش　　خوش نباشد بچشم کس رقمش
تا توانی قلم روان متراش　　دیر بتراش و خویش را مخراش
خانهای قلم دراز مکن　　بهر خط خوب نیست ختم سخن
تیز و کوته مکن که نیست نکو　　بشنو این نکته و دلیل مجو
اندکی از درون او بگذار　　با برون قلم نداری کار
شق گشاده مکن که نیست پسند　　در تشویش خویش را در بند
شیوهٔ اعتدال مرعی دار　　که وسط بهترست در همه کار
وحشی و انسیش برابر کن　　چاردانگ و دو دانگ گشته کهن

در باب قط زدن

نی قط صاف و پاک می‌باید　　که درو عکس روی بنماید
از سطبری نی ملول مباش　　بهر خط بهتر است کردم فاش

در بیان قط زدن قلم

شرط قط دان که بیشمار بود　　هر که دانست مرد کار بود
گیر محکم قلمتراش اول　　با نی قط اگر نیی احوال
قلم خویش بر نی قط نه　　گر بگیری قلم باصبع به
ساز محکم قلم بناخن خیش　　تا که در قط زدن نگردد ریش
قط اول نکو نمی آید　　قط دیگر اگر زنی شاید
قط محرف زنی خطا باشد　　متوسط زنی روا باشد
تا صدای قط قلم شنوی　　غافل از قط آن قلم نشوی
گه صدای قط از قلم نه نکوست　　بل صدای ندای علت اوست

这样削笔刀才能削进芦苇秆中，做成可以书写的笔杆。

削笔过程

且听我言，除非已抓好笔杆，否则不要开始。

若削笔的效果不够理想，那么所写的字迹也不会美观。

在熟练之前应慢慢削笔，这样才不会伤到自己。

笔尖部分不应过长，否则影响书写效果，我言尽于此。

笔尖也不能太短或太尖利，且听我言，无须多问。

慢慢向笔杆内部削去，此时与（笔杆）外部无关。

切割笔尖缝①时不宜过宽，这样才不会惹来麻烦。

笔头最好左右均衡，因为不偏不倚本就是处世的好原则。

（笔头）的锐角和钝角度数应相同，四分之六度搭配二分之六度已经过时。②

裁笔

削笔垫板③应平整光洁，甚至能映衬出你的脸庞。

不要因芦苇秆过粗而感到畏缩，这样（的笔）对书写最好，这是我的诚心劝告。

裁笔过程

裁笔的要求数不胜数，掌握此技的都是专业之人。

准备好芦苇秆后，取出裁笔刀和削笔垫板。

将笔杆置于削笔垫板上，最好用手指按住笔杆。

用指甲稳稳顶住笔头，这样在裁笔时才不会裁错。

如果裁一下效果还不到位，那么裁两下或许就没问题。

斜向裁笔是错误的做法，从正中裁下去才能取得对的结果。④

在你听到裁笔结束的声音之前，一定要小心翼翼对待此事。

裁笔的声音不值得欢庆，因为那是芦苇秆断裂后发出的哀鸣之声。⑤

---

① 笔尖缝（fāq），指在芦苇笔最前端切出的细小缝隙，用于储墨。通常新手削笔时不切笔尖缝，因为此时书写者控制不好力度，笔尖缝容易导致笔头裂开。文中出现的是“切割笔尖缝”（shaq）这个动词。

② 此句原文中的“vaḥshī”本义是“外侧”，“insī”本义是“内侧”，在芦苇笔中，“vaḥshī”指“锐角笔头”，即笔头在斜切之后角度小于90度的一边，书法家通常用锐角笔头书写；“insī”则为钝角笔头，即角度大于90度的一边，这一边通常靠近身体内侧。前半句中“锐角和钝角度数应相同”的意思是锐角笔头为45度，而钝角笔头为（45+90）度，即135度。后半句中“四分之六度”和“二分之六度”指钝角笔头为（60+90）度，即150度，锐角笔头为30度。

③ 削笔垫板（nay-qaṭ）指削笔尖时垫在笔杆下方的条状板，通常由比削笔刀软一些的材质，如木头或动物角制成。垫板下方平整稳固，上方表面则略有弧度，以匹配笔尖的弧度。

④ 斜向裁笔指的是沿着笔头的对角线裁切笔头。从正中裁下去则指的是沿着笔头一侧的顶点以及笔头对面一侧的中间点裁笔。

⑤ 在裁笔尖时，如果听到清脆的“咔啪”声，就证明笔的截面干净利落，效果理想，反之则不然。

صاف باید قط قلم باری   تا براید ز دست تو کاری

در بیان تجربهٔ قلم به نقطه

کاتبا چون قلم تراشیدی   خاک بر پشت خامه مالیدی
آن قلم را به نقطه تجربه کن   بشنو این حرف را ز پیر کهن
از قلم نقطه چون درست آید   خوشنویسی اگر کنی شاید

در بیان واضع خط نسخ تعلیق

نسخ تعلیق اگر خفی و جلیست   واضع الاصل خواجه میرعلیست
نسبتش بوده با علی ازلی   نسبتش نیز می‌رسد بعلی
تا که بودست عالم و آدم   هرگز این خط نبوده در عالم
وضع فرموده او ز ذهن دقیق   از خط نسخ و از خط تعلیق
نی کلکش از آن شکر ریزست   کاصلش از خاک پاک تبریزست
نکنی نفی او ز نادانی   بیولایت نبوده تا دانی
کاتبانی که کهنه و نویند   خوشه چینان خرمن اویند
مولوی جعفر و دگر اظهر   خوشنویسان اظهر و اطهر
در جمیع خطوط بوده شگرف   زاوستادان شنیده‌ام این حرف
خط پاکش چو شعر او موزون   هست تعریف او ز حد بیرون
بد معاصر بمجمع الافضال   شیخ شیرین مقال شیخ کمال
آنکه شعرش چو میوه‌های خجند   هست شیرین‌تر از نبات و ز قند
همه رفتند ازین جهان خراب   رخ نفهتند در نقاب تراب
بهرشان زانچه خوانم و دانم   روح الله روحهم خوانم

در باب ترکیب و قواعد خط

ظاهر خط اصول و ترکیب است   کرسی و نسبتش به ترتیب است
بعد اینها بود صعود و نزول   شمره هم داخلست و هست قبول
نسخ تعلیق را مجو ارسال   کاندرین باب نیست قال و مقال
هست ارسال در خطوط دگر   این بدان و ازین سخن بگذر

总之，裁笔应干脆利落，这样你笔下的成果才能完美。

写点试笔

书写者呀，削笔完成后，你应该用土揉搓笔杆①。

且认真听取这位长者的忠告，此时你应用新笔尝试写点。

如果新笔能写出完美的点，那你极有可能写出漂亮的字。

波斯体的发明

无论是粗体还是细体的波斯体，发明者都是火者·米尔·阿里。

他与阿里的关系是永恒的，这种关系持久且伟大。

自这个世界及人类存在以来，从未出现过这样的字体。

他运用自己灵活的头脑，结合誊抄体和波斯悬体发明出（波斯体）。

他的笔尖能流淌出蜜糖，而他本人是大不里士人。②

不要无知地忽视他，你要知道他是（书法）疆域的守护者。

无论男女老幼，所有书写者皆受益于他。

（例如）莫拉维·贾法尔以及阿兹哈尔，③他们都是优秀的书法家。

米尔·阿里擅长所有字体，我曾听大师们这样评价。

而他的诗歌也如他的字体般和谐，言语已无法表达对他的赞美。

他是时代的美善者，他是巧言者谢赫·卡玛尔④。

他的诗歌如同苦盏的水果，他的甜言蜜语胜过蜂蜜冰糖。

如今他们已离开这易逝的世界，任黄土泥沙遮住面庞。

向他们献上我的祝语："愿真主保佑他们的灵魂。"

书写的组合与原则

书写要注意笔法及组合，还要注意定位与比例。

接着是提笔及降笔写法，曲线提笔的方法也包含其中。

波斯体中没有拖笔写法，这个字体与它无关。

其他字体会使用拖笔，至此我们不再讨论这个话题。⑤

---

① 这个步骤的目的是加大笔杆的摩擦力，使笔杆便于抓握。

② 这个对句的前后半句从内容上看没有关联，主要是为了波斯语音韵的对仗。

③ 即本书第97页提及的贾法尔以及阿兹哈尔，他们是仅次于米尔·阿里·大不里兹的波斯体大师，并且两人是米尔·阿里·大不里兹的学生。

④ 谢赫·卡玛尔（Shaykh Kamāl，1320—1400年），指卡玛尔丁·马苏德·霍詹迪（Kamāl al-Dīn Masʿūd Khujandī），著名神秘主义者及诗人，生于苦盏（Khujand，位于塔吉克斯坦），后长期在大不里士生活，他与另一位卡玛尔丁——著名的细密画大师卡玛尔丁·贝赫扎德（Kamāl al-Dīn Bihzād，1450—1535年）一同葬在大不里士的卡玛尔丁合葬墓（Ārāmgāh-i Du Kamāl）。作者在此处提及此人，是因为米尔·阿里与谢赫·卡玛尔生活在同一时代且都是诗人。

⑤ 此段中的笔法、组合、定位、比例、提笔、降笔、曲线提笔和拖笔均为伊斯兰书法中出现的概念，详细注释见"术语表"。

جمع میکن خطوط استادان نظری میفکن درین و در آن
طبع تو سوی هر کدام کشید جز خط او دگر نباید دید
تا که در چشم پر شود ز خطش حرف حرفت چو در شود ز خطش

در بیان نقل خط

بر دو نوعست مشق و ننهفتم با تو ای خوبرو جوان گفتم
قلمی خوان یکی دگر نظری نبود این سخن منی و مری
قلم مشق کردن نقلی روز مشق خفی و شام جلی
نظری دان نگاه کردن خط بودن آگه ز لفظ حرف نقط
هر خطی را که نقل خواهی کرد جهد کن تا نکوبی آهن سرد
حرف حرفش نکو تأمل کن نه که چون بنگری تغافل کن
قوت و ضعف حرفها بنگر دار ترکیب او به پیش نظر
در صعود و نزول آن می‌بین تا که حظی بری از آن و ازین
باش از شمرهای حرف آگاه تا شود پاک و صاف و خاطرخواه
چونکه خط روی در ترقّی کرد بنشین گوشه‌یی و هرزه مگرد
مختصر نسخه‌یی بدست آور بخط خوب و دار پیش نظر
هم بدان قطع مسطر و قلمش ساز ترتیب تا کنی رقمش
پس از آن مینویس حرفی چند خود پسندی بخویشتن مپسند
جهد کن تا ز مشق نقلی خویش نشوی غافل ارکنی کم و بیش
نقل را اهتمام باید کرد سطر سطرش تمام باید کرد
نه که هر سطر چون کنی بنیاد ز ابتدا کرد و حرف بد افتاد
بگذاری و باز حرف دگر کنی آغاز ازین غلط بگذر
کز غلط هیچکس کسی نشود بوریا هرگز اطلسی نشود

در ذکر تعلیم خط و قواعد آن

نظم فرمودن قواعد خط هست نزد فقیر محض غلط
نتوان هم به نثر بنوشتن واندرین باب نیست هیچ سخن
زانکه خط را حد و بدایت نیست همچو الفاظ کش نهایت نیست
لیکن از مفردات حرفی چند می کنم عرضه بیش ازین مپسند

若将各位大师的书法，收集起来一一评判。
无论曾被哪位大师吸引，有了他的书法，他人便是过眼云烟。
当你的视线被他的书法占满时，受他影响，你也会写出珍珠般的字迹。

书法临摹

书法习作有两种，漂亮的年轻人啊，我将知无不言。
一种是笔临一种是意临，[1]这一点毋庸置疑。
笔临是对习帖的临摹，白天可用细体临摹，夜晚则用粗体临摹。
意临则指观察习帖，熟记习帖中的单词和笔画。
无论你要临摹哪张书法作品，切勿在钢铁未热时就开始打铁。[2]
要仔细揣摩习帖中的一笔一画，切不可匆忙开始。
要注意字母笔画的强弱力道，不要错过字母组合的精髓。
观察字母的提笔和降笔写法，努力体会它们的美感。
尤其注意曲线提笔的写法，确保能写得干净利落，令你满意。
当你的水平有所进步时，寻一处角落集中注意力。
选择一张优秀的小张书法作品，举在眼前专注观看。
掌握它的格式和笔法，直到你可以完全临摹出来。
然后试着书写几个字母，此时千万不要骄傲。
临摹字帖时应万分小心，不要出现一丝一毫的失误。
全神贯注才是正确的态度，要一行一行耐心完成。
写一行字出现错误时，无须从头开始写起，
只需跳过这个错误，重新写一个字母。
任何人都不会因为写错的字而成功，（好比）胡写乱画的垫子永远成不了地图。

书法教学的原则

想用韵文表达书法原则，在鄙人看来完全不可能。
换成散文也一样行不通，因为书法难以用语言表达。
书法的精髓无始无终，正如语言的海洋无穷无尽。
即便如此，书法的个中原理且让我试着诉说一二。

---

① 笔临（galamī）和意临（naẓarī），前者以下笔练习为主，后者则以观察为主。
② 波斯语中有一条与中文含义相同的谚语：趁热打铁。此处是运用该谚语的否定句型，表示时机未成熟时，先不要轻举妄动。

هست الف بی و کاف خرد و دراز   با سر جیم و هی بدان آغاز

در بیان کششهای خط

مد سین کشیده و سر عین   نزد تو سازمش بیان بی شین
چند حرفی که هست صورتشان   جمله مانند هم یکی میخوان
ذکر منظوم حرفها اینست   گر صوابست و گر خطا اینست
گرچه از مفرد و مرکب خط   از الف تا به همزه و بنقط
جمله را می‌توان قواعد گفت   یک دو سه نوع و از کسی ننهفت
خط چو ظاهر بود توان گفتن   هنر و عیب آن و بنهفتن
ای که حرفی نکرده‌یی بنیاد   بتو تعلیم چون دهد استاد
زانکه تعلیم خط بوجه حسن   غایبانه نمی‌توان گفتن
سرخطت غایب و تو حاضرنی   اعتراض تو هست بی‌معنی
حسن خط چونکه هست پوشیده   کس ندانسته تا نکوشیده
تا نگوید معلمت به زبان   نتوانی نوشتنش آسان
شرح دانستنش ز بیش و ز کم   قلمی باشد و زبانی هم
معتبر لیک تو زبانی دان   تا شود جمله مشکلت آسان

در بیان تعلیمات مفردات

حرکت در الف سه می‌باید   گرچه آن از قلم همی شاید
بی و تی را اگر کنی تو دراز   اولش بر اخیر مشرف ساز
لیک هرگه نویسیش کوته   راست باید کشید و بود آگه
کن سرجیم را دو نقطه و نیم   دور او را چسان دهم تعلیم
چون به تحریر در نمی‌آید   با تو تقریر اگر کنم شاید
اول کافها دراز اولیست   آخر کافها چو بی وچوتیست
مد سین همچو بی و تی‌دراز   اولش بر اخیر مشرف ساز
دان سر عین صادی و نعلی   نیست نوعی دگر چو عین علی
سر عینی که با صعود بود   یا که چون عد بدال پیوندد
این دو نعلی بود دگر صادی   با تو گفتم ز روی استادی
گرچه این هر دو را به شکل دگر   که خوش آینده‌تر بود به نظر

例如字母ʿalif、ba和kāf的写法可长可短，我还会告诉你jīm的起笔和ha应如何写。①

书法线条

拉长的字母sīn以及字母ʿayn的开头（该如何写），让我一五一十说给你听。

有些字母的外形相似，可以将它们归为一类。

这是一篇关于字母的韵文，无论水平高低，鄙人已尽全力。

无论是字母的原形还是组合形态，从ʿalif、hamza再到点的写法，

这些原则我将一一道来，有关它们的一种、两种和三种形态我绝无保留。②

只有首先写出字母，他人才可对其进行评判。

如果你什么字母都不肯写，老师又该如何指点？

要想接受好的书法教学，若学生不在场则无法实现。

如果你和你的习作都未出现在（老师）面前，那么怎样评价都毫无意义。

一个人若不勤加练习，书法之美就不会现身。

如果你的老师无法言传身教，那么你很难取得成功。

若想掌握老师的经验，口头传授和笔头练习缺一不可。

但仍要注意言传身教最为有效，它能让你的问题迎刃而解。

字母原形的学习

ʿalif的书写有三笔，或者说笔杆的运行分为三步。

要想写出修长的ba与ta，注意起笔部分应高于落笔部分。

但如果想将此类字母写得短小，笔画则须保持平直。

字母jīm的顶端部分高两个半点③，但我要如何教授曲线的笔法？

如果无法呈现在纸上的话，那我或许可以用语言阐释清楚。

字母kāf的第一笔与ʿalif写法相同，其余部分则像字母ba和ta。

字母sīn的长度与修长的ba和ta一样，起笔也要高于收笔部分。

要知道字母ʿayn的上半部分形似字母ṣād和马掌，它就像“阿里”的开头字母ʿayn④一样再无别的形状。

字母ʿayn上半部分的提笔处，应像ʿad这个单词中ʿayn与dāl连接在一起时一样。

出于师生情谊，我来告诉你，两个马掌组成的ʿayn就像ṣād。

尽管如此，（ʿayn的上下）两部分最好有所区分，这样写出来会更加悦目。

---

① 该对句讲到了5个波斯语字母具体的书写技巧。

② 大部分波斯语字母在单词的词首、词中和词尾出现时写法不同，同一个字母出现在同一个位置也可能有多种写法。因此苏丹·阿里的意思是他会将一个字母的多种形态阐述清楚。

③ 点（nuqṭa）即芦苇笔头落下写出的一点。点和ʿalif是伊斯兰书法中的基准笔画，其余字母的高度和长度可根据点和ʿalif的大小来确定。

④ 阿里（ʿAlī）名字的开头字母是ʿayn。

می‌توان هم نوشتنش آسان یک چو فم اللاسد دگر ثعبان
هی بود دال و فی و ذو صادین وین دو خط را دهند زینت و زین
بعد هی مد اگر بود خوبست زانکه ترکیب خوب مطلوبست
می‌توان نیز هی ذو صادین گر صعودش بود میان دوعین
دو سه نوع دگر بود هی نیز ظارهست آن بنزد اهل تمیز
نیست اصلاح خط پسندیده نزد استاد نیست سنجیده
گر بود ریش نیز حرفی چند که باصلاح باشد آن دربند
بالضرور از قلم کن اصلاحش دور میباش لیک از الحاحش
نکنی از قلمتراش اصلاح کاتبان را چه کار با جرّاح

در باب خوشنویس شدن

ایکه خواهی که خوشنویس شوی خلق را مونس و انیس شوی
خطهٔ خط مقام خود سازی عالمی پر زنام خود سازی
ترک آرام و خواب باید کرد وین ز عهد شباب باید کرد
سر بکاغذ چو خامه فرسودن زین عمل روز و شب نیاسودن
ز ارزوهای خویش بگذشتن وز ره حرص و آز برگشتن
نیز با نفس بد جدل کردن نفس بدکیش را زدن گردن
تا بدانی جهاد اصغر چیست بازگشتن بسوی اکبر چیست
و آنچه با خود روا نمیداری هیچکس را بدان نیازاری
دل میازار گفتمت زنهار کز دلازار حق بود بیزار
ورد خود کن قناعت و طاعت بی طهارت مباش یکساعت
همه وقت اجتناب واجب دان از دروغ و ز غیبت و بهتان
از حسد دور باش و اهل حسد کز حسد صد بلا رسد بجسد
حیله و مکر را شعار مکن صفت ناخوش اختیار مکن
هر که از مکر و حیله و تلبیس پاک گردید گشت پاک نویس
داند آنکس که آشنای دلست که صفای خط از صفای دلست
خط نوشتن شعار پاکانست هرزه گشتن نه کار پاکانست
گوشهٔ انزوا نشیمن کن یادگیر این سخن ز پیر کهن

这样描述或许更好理解，（‘ayn的两部分中）一个像虎口，另一个像龙[①]。

而字母ha的写法有时像dāl和fa，有时像两个ṣād，[②]像后者时的字母ha就像一个美妙的装饰品。

而ha的结尾线条如果能适当延长，会使它与后面字母的组合更显优雅。

ha还可以像两个ṣād一样书写，其中的提笔部分与‘ayn（的提笔部分）非常相似。

ha还有其他两三种写法，聪明的人对此非常了解。

修改线条并不是理想的做法，老师们也不认可这样的行为。

若有几个字母线条不连贯，可以试着修复它。

必要时可以去修改线条，但绝不要形成习惯。

绝不要使用削笔刀去修改[③]，书写者怎能像手术医生一样？

如何成为书法家

如果你想成为一名书法家，令人人对你喜爱有加，

那么就去占领书法世界吧，让你的名字充满这个世界。

从你年轻时起，就要学会放弃睡眠与安宁。

像一杆笔一样埋头对着纸张，没日没夜、一刻不停地练习。

放弃你的欲望吧，远离贪念的迷途。

要与欲念做抗争，亲手消灭不纯粹的想法。

你会从中感受到与欲念抗争的含义，这种抗争比与他人抗争更加艰难。

而你自己都无法承受的东西，就不要强加到他人身上。

我说过不要去侵扰他人的心灵，真主不喜欢这样的行为。

要以知足和顺从为信条，即使只是陷入一个小时不纯粹的状态也不可饶恕。

无论何时，都应远离谎言、非议和诽谤。

远离嫉妒情绪和嫉妒之人，人会因嫉妒遭受上百种灾祸。

勿将虚伪和阴谋视为人生准则，更不要做任何邪恶之事。

所有杜绝阴谋邪恶之人，才能成为书法精妙之人。

每一位用心之人都知道，字迹的精妙反映了心灵的纯粹。

修习书法能使人心灵净化，无所事事则对心灵无益。

将僻静角落视作久居之所，你要听从我这位老者的话。

---

① 参见“波斯语字母表”可知，字母‘ayn的上半部分像一只张开的虎口，下半部分则像龙。

② 字母ha在书写时有多种变化，字母原形的第一笔与dāl的写法相同，出现在单词词首时的其中一种写法与字母fa的第一笔相同，而出现在词中的其中一种写法是由两个ṣād的第一笔组合而成的。

③ 本书第147页提到毛拉纳·卡西姆·沙迪沙赫就是采用削笔刀修改写错的字。

در باب انزوا که لازمهٔ خوشنویسی است

مرتضی شاه اولیا حقّا   در زمان تغلّب خلفا
انزوا را شعار ساخته بود   تا دمی وارهد ز گفت و شنود
کردی اکثر کتابت مصحف   خط ازین یافت رسم عزو شرف
وین علومی که در جهانست علم   هم در آن دور ریختش ز قلم
ورنه در عهد خواجهٔ دوسرا   کی بدی فارغ از جهاد و غزا
غرض این فقیر ازین تحریر   این بود از نقیر و از قطمیر
کانزوا لازم خط است و علوم   گوشه‌یی گیر تا کنی معلوم

در باب معذرت گوید

نوجوانی بسی سخن گفتن   همه دم قصهٔ کهن گفتن
از قضا ایستاده بد پیری   بهر اخذ و ادای تکبیری
گفت او را جوان تو هم سخنی   گوی یا از نوی و یا کهنی
پیر گفتا اگر نه مدهوشی   سخنی به بود ز خاموشی
کاتب مشهدی تو هم بنیوش   قول پیر گدا و شو خاموش
عمرها کاغذ سفید سیاه   ساختی و دلت نشد آگاه
ترک تعلیم این تعلّم گیر   بهره‌یی گیر از تکلّم پیر
این زمان کت سیاه گشت سفید   کردهٔ از حیات قطع امید
جهد کن کز کمال آگاهی   عذر تقصیر خویشتن خواهی
ورق نامه را نگردانی   نامهٔ عمر خویش برخوانی
داد تعلیم در جهان دادی   چون بدیدی حقوق استادی
بگذر از کاغذ و دوات و قلم   گرچه زینها بعالمی تو علم

در صفت حال و مدّت سال

بود هشتاد و چار عمر عزیز   گشته زایل تمام عقل و تمیز
در جوانی اگرچه نیز نبود   اندرین باب عذر لنگ چه سود
بهر تو عذر لنگ از آن گفتم   ای پسندیده یار و ننهفتم
که ز دست بلای شوم فرنگ   شده بودم ز رنج آبله لنگ

隐居之于书法的必要性

在哈里发政权更迭时期，穆尔塔扎确是圣人中的领袖。
他以隐世静修为生活准则，躲开所有无谓的口舌之争。
多数时候他都在抄写《古兰经》，从而将荣耀赋予书法。[①]
而这些世间存在的真理，他在那个时间也用笔写了出来。
除了那位两个世界的领袖[②]，谁还能带领大家打赢圣战?
鄙人写下这些，就是为了真心地告诉你，
隐世对于学习书法和求知非常重要，只有隐居才能达到目的。

请求宽恕

有一个滔滔不绝的年轻人，不停地重复说着老故事。
当一位长者路过此地，为赞念真主而停下脚步时，
年轻人立刻说道："你也说些什么吧，老故事新故事都可以。"
长者回答："如果所说之话毫无意义，那最好还是闭口不言。"
马什哈迪的书写者[③]啊，且听听长者的建议保持沉默吧!
你这一生将多少白纸染黑，而你的心灵为何还不清醒?
听从长者的建议放弃书法吧[④]，你将会从这个建议中有所收获。
这一生肩头（的黑发）渐白，你也将断绝对生命的希望。
尽量用你所有的学识，去祈求真主原谅你的罪恶。
无须再翻阅书本纸张，去细细品读你的生命之书吧。
我高呼此生已尽心尽力教导他人，然而何时才能得见为人师的回报?
忘记笔墨纸张吧，虽然它们曾让你闻名于世。

个人状态及年龄

我珍贵的生命已度过八十四年[⑤]，所有的智慧已离我远去。
当然年轻时我也不曾聪慧，再找这蹩脚的借口又有何用?
但我依然请你原谅我的残疾，因为我的朋友啊，对你，我从来知无不言。
由于染上西方疾病，我备受折磨，这天花使我成为残疾。

---

① 此对句与本书第23页第1~2行的对句非常相像。
② 指先知穆罕默德。
③ 指苏丹·阿里。
④ 此处的意思是苏丹·阿里建议读者放弃学习书法。苏丹·阿里在以下的几个对句中表达了书法并未给自己带来财富及好运，年老后非常后悔的意思。
⑤ 英译本此处为七十四岁。

مدت چند سال پیوسته بودم از رنج آبله خسته
خسته دل وز قوا نمانده اثر نتوان گفت شعر ازین بهتر
خاصه در مشهد خراب بیاب او فتاده خرابتر ز خراب
و اندرن درد بی‌دوا دردا که کسی پرسشی نکرد مرا
آشنا حال آشنا پرسد مشهدی را کسی چرا پرسد
خواستم ذکر خویش و حالت خویش در قلم آورم ملالت خویش
ذکر وحشت چو وحشت افزاید ترک این حرف را کنم شاید
عرض تاریخ و سال و ماه کنم تا کی این نامه را سیاه کنم

در ختم این نسخه گوید

سال تاریخ نظم این نامه نهصد و بیست زد رقم خامه
بود ماه نخست اول سال که به آخر رسید قیل و مقال
شرح آداب خط ز بیش وز کم کردم آخر درین رساله رقم
انچه دانستم و ندانستم گفتم القصه تا توانستم
هنر و عیب خود بیان کردم آنچه بودی نهان عیان کردم
ای خوش آنانکه عیب پوشانند نه که سر خیل عیب کوشانند
حق نگهدار عیب پوشان باد بالنبی و آله الامجاد

مولانا میرعلی از سادات عظام حسینی دارالسلطنهٔ هراتست در خط گوی سبقت و تفوّق از همه ربوده چه در اسلوب این خط واضع قاعدهٔ جدید و ضابطهٔ سدید است اما به مولانا سلطانعلی نمی‌رسد چنانچه گفته‌اند: مصراع: آری که هیچ میر به سلطان نمی‌رسد. میر در کمال حسن و وجاهت و اهلیت و قابلیت بوده و جامی از جملهٔ عشّاق او بوده شرح آن در تحت اسم جامی درتذکرة الشعرا ایراد یافته وی در اوایل حال پیش مولانا زین‌الدّین محمود شاگردی کرده بعد از آن در مشهد مقدّس معلّی به خدمت مولانا سلطانعلی رسید و مشق و تعلیم گرفت و در آنجا نشو و نما یافت هم جلی و هم خفی وهم قطعه نویسی و هم کتابت را بدرجهٔ اعلی و مرتبهٔ قصوی رسانید و آخر خط را برطاق بلند نهاد که دست هیچ خطّاطی بدان نمی‌رسد

在连续几年的时光里，我饱受疾病折磨。

在这样心灵疲惫、四肢无力的状态下，没有人能写出更好的诗句。

特别是在马什哈德这样的荒芜之地，我陷入一片凄凉之中。

而在承受着无药可医的病痛之时，可叹从未有人问候过我。

相熟之人都会彼此问候，谁又会关心这个马什哈德人[①]。

本想在这里写下我的情况，抒发自己的困惑，

但诉说恐惧只会令恐惧加倍，或许我应该停止这个话题。

下面我将记录，写下这些文字的年月日期。

结语

关于这部诗篇的写作日期，我的笔写下（伊历）920年。

这一年的第一个月[②]，这部作品得以完结。

在这部作品中，我尽力阐述了书法的规则。

无论是已知的还是未知的内容，我都尽己所能写在书中。

不论是我的长处还是缺陷，我都毫无保留在此展现。

愿那些遮掩（他人）缺陷的人得到幸福，而不是那些暴露（他人）错误的人。

以先知和他尊贵家庭之名，真主保佑那些遮掩他人缺陷的人。[③]

毛拉纳·米尔·阿里出生于帝王之城赫拉特的圣裔家庭之中。他是书法艺术的先驱者，虽然他为这门艺术创立了新的规则和标准，但地位依然不及毛拉纳·苏丹·阿里。正如这半句诗所言：统领怎能与国王平起平坐？[④]米尔是一位极具美德、天赋和才华之人，他也极为倾慕贾米[⑤]的才华，故在《文英荟萃》中以贾米之名介绍了其情况。米尔最初是毛拉纳·津丁·马赫穆德的学生，之后来到圣城马什哈德跟随苏丹·阿里学习书法并日益精进。他的粗体字、细体字、单幅书法以及正式体[⑥]都达到了极高水准。他将书法的境界抬高到了其他书法家都无法企及的高度。在他一生所完成的作品之中有这样

① 指苏丹·阿里。

② 伊历920年1月对应公历1514年2月26日至3月28日。本书第101页提及苏丹·阿里于伊历926年去世时享年85岁，然而苏丹·阿里于伊历920年写作此文时自称74/84岁，三个年龄无法对应，若以苏丹·阿里自述的年龄为准，最有可能的情况是，伊历920年时苏丹·阿里74岁，伊历926年他去世时享年80岁，则可推断他的出生年份为伊历846年。另苏丹·阿里生卒年对应的公历年份分别为1442年及1520年，照此计算，苏丹·阿里享年78岁，这个误差是由伊斯兰历每年约为354天，每隔32.6个公历年，伊斯兰历在年份上就会多1年造成的。

③ 对苏丹·阿里《书法规范》的摘录至此结束。

④ 此处是用两位书法家的名字进行双关修辞，米尔·阿里中的“米尔”有“统领”之意，而苏丹·阿里中的“苏丹”有“国王”之意。

⑤ 贾米，本书第45页注释①中提及的波斯著名诗人。

⑥ 正式体（kitābat）指线条粗细在0.75~1.5毫米之间的字体。该尺寸的字体常出现在正式的书写及信件中。

از جمله یادگاری او درین روزگار این اشعارست که به قلم گهر بار جلی نوشته و در دارالسیادهٔ مشهد مقدّسه بر در دارالحفّاظ نصب فرموده:

سلام علی آل طه و یس سلام علی آل خیرالنبیین
سلام علی روضه حل فیها امام ینامی به الملک والدین
امام بحق شاه مطلق که آمد حریم درش قبله‌گاه سلاطین
شه کاخ عرفان گل باغ احسان مه برج امکان در درج تمکین
علی بن موسَی الرضا کز خدایش رضا شد لقب چون رضا بودش آئین
پی عطر روبند حوران جنّت غبار درش را بگیسوی مشکین
اگر خواهی آری بکف دامن او برو دامن از هرچه جز اوست در چین

خادم آل علی میر علی حسینی

مقطع این غزل را که اینست:

چو جامی چشد لذّت تیغ مهرش
چه غم کز مخالف خورد خنجر کین

میر ننوشته بودند و این دو بیت را که میر در باب تاریخ آن کتابت گفته بقلم متوسط از هر جانب صفحه در پایین دو مصرع محرّف بدین طرز نوشته:

ماند بر صفحهٔ ایّام ز مشکین قلمم
یادگاری که بگویند از آن اهل قلم
بهر تاریخ مه و سال کتابت امروز
دهم ذی قعده کلک قضا کرد رقم

و این ابیات نیز از نتایج طبع وقّاد میرست که به قلم جلی نوشته و هم در دارالسیاده متبرّ که در محاذی بالینگاه چسبانیده قطعه:

هست در مدح امام هشتم این نظم بدیع وارث علم نبی نقد امیرالمؤمنین
آن شهنشاهی که آمد آستان عزّتش کعبهٔ ارباب دولت قبلهٔ ارباب دین
این هم از آثار فیض او بود کاین نظم را سال تحریر آمده «مدح امام هشتمین»

一首诗歌作品，米尔·阿里采用如珍珠般的粗体字写在位于圣城马什哈德的伊玛目礼萨圣陵门上：

真主保佑塔哈与亚斯[①]的家人，真主保佑最伟大的先知的家人。

真主保佑那个在天园中居住的人，那个长眠于荣耀疆域和信仰之地的人。

他是真正的伊玛目、绝对的君王，他的门前是君王们朝拜的方向。

他是苏非城堡之主、宽容花园之花，他是潜能塔上的月与顺从宝匣中的珠。[②]

阿里·本·穆萨·礼萨的名字来自真主，因为他令真主感到满意。[③]

追寻天园中黑瞳美人面纱上的香气，而她用（伊玛目礼萨）圣陵门前的尘土为黑色的发辫添香。

如果你想要追随他，就应放弃其他所有人。

阿里家族的仆人米尔·阿里·侯赛尼[④]

这首诗（原本）的结尾是这样的：

若贾米沉醉于爱人的利剑，他又怎会因敌人刺来的利刃而感到痛苦？

米尔并没有抄写这个对句。米尔用两个对句记录下了他书写这首诗歌的时间，他采用中号笔在门口两侧的下方用倒着的方式各写下一个对句：

时光书页上留下了我的黑色笔迹，人们会谈论这就是那位书法大师的印记。

关于今天在此书写的日期，我写下“11月10日审判之笔[⑤]作”。

下面的这首诗也能体现出米尔·阿里的智慧和品位。他用大号笔在位于（伊玛目礼萨）陵墓对面的达拉希亚代[⑥]写下了这首短诗：

这首珍贵的诗是为赞颂第八位伊玛目而作。他是先知智慧的继承者，也是信仰者统帅[⑦]的后人。

那位尊贵的众王之王的门前，是众国王与信徒朝拜的克尔白。

而这也是他的仁慈降临之体现，因为这首诗的写作时间可写作“赞美第八位伊玛目”[⑧]。

---

① 塔哈（Ṭahā）与亚斯（Yas）［或亚辛（Yasīn）］是《古兰经》中对先知穆罕默德的称呼。

② 这四个对句所指之人都是伊玛目阿里。

③ 伊玛目礼萨姓名中的“礼萨”有“高兴、满意和顺从”等含义。

④ 这首诗的作者是贾米，米尔·阿里是抄写者，后面的一个对句则是米尔·阿里自己增加的内容。

⑤ 根据阿拉伯辅音字母计数法，“审判之笔”（kilk qiżā）的笔画加起来是971，即米尔·阿里书写的时间为伊历971年11月10日，对应公历1564年6月20日。

⑥ 达拉希亚代（Dār al-Siyāda），一条位于伊玛目礼萨圣陵西部及西南部的走廊，属于高哈尔沙德清真寺的一部分。走廊两侧分为多个区域，每个区域都有精美的书法作品。

⑦ 指伊玛目阿里。

⑧ 根据阿拉伯辅音字母计数法，“赞美第八位伊玛目”（madḥ-i imām-i hashtumīn）的笔画所对应的数值加起来是939，表示该诗完成于伊历939年，对应公历1532/1533年。

و این رباعی نیز از اشعار حضرت میر قدّس سره است که در پائین آن نوشته:

ای خاک درت سجده‌گه خاص و عوام　　آب رخ هفت کشور آن طرفه مقام
هر کس نبود آتش مهرت بدلش　　تا هست بصد محنت و غم باد مدام

این قطعه در مدح ظهیرالدین محمّد بابر پادشاه ممالک هند گفته:

سر من خاک ره پادشه ملک سخن　　فخر شاهان ممالک شرف نسل تمر
پادشاه فضلا بحر سخا کان کرم　　سَرِ ارباب هنر شاه محمّد بابر

و هم از اشعار حضرت میر است در باب اظهار مضمر.

رباعی

سر حلقهٔ دهر و سر هر بیوطنی　　خاقان دلاوری و خضر زمینی
بعد از سخنت نیست بگیتی اکنون　　مجموعهٔ معنی شه ملک سخنی

این مطلع و رباعی که مبنی است از صنعت اظهار المضمر و شعرست بر مدح مربّی اهل علم و فضل و هنر نتیجهٔ طبع اوست.

مطلع

دلا مگو غم و دردم اگر بیابی راه　　به پیش آصف عالی گهر حبیب الله

رباعی

ای ذات تو فیض بخش با اهل کرم　　از حسن تو گردیده فزون ذوق و طرب
تو معدن ملک جودی و دیده نهند　　صاحبجاهان بپایت از عین ادب

شرف ملک و صاحب عهدی

صنعت این رباعی و مطلع آنست که هر حرفی را که در مطلع مندرجست چون در ضمیر نگاه دارند به اصطلاحی که متعارفست عمل نموده به مصراعی که در آخر نوشته شده رجوع کنند بوضوح پیوندد که حرف مضمر کدامست.

این قطعه را در باب خط و قاعدهٔ مشق و خوشنویس شدن فرموده.

پنج چیزست که تا جمع نگردد در خط　　هست خطّاط شدن نزد خردمند مُحال
دقّت طبع و وقوفی ز خط و خوبی دست　　طاقت محنت و اسباب کتابت بکمال
ور ازین پنج یکی راست قصوری حاصل　　ندهد فایده گر سعی نمایی صد سال

下面这首抒情诗也是米尔（愿他的陵墓圣洁）的作品，就刻在上面这首诗的下方：

无论尊卑，所有人都跪在你的门前，你的尊贵代表着七大境域的尊严。

那些心中无法对你燃起爱慕之火的人，会持续承受百倍的痛苦与折磨。

而下面这首短诗则是为赞颂印度君王扎希尔丁·穆罕默德·巴布尔[①]所作：

我跪拜在言语王国君主的脚下，他是众王的表率，是帖木儿家族的骄傲。

他是美德之主、宽容之海、仁善之宝库，他是有才之士的领袖穆罕默德·巴布尔国王。

下面这首诗也抒发了米尔·阿里的情感。

抒情诗

你是时代之领袖、流浪者之主，你是无畏之王、今世之海兹尔[②]。

言语王国之君啊，在你发言之后，这个世界无须其他的言语和思想。

以下这两首序言诗及抒情诗体现了米尔·阿里的诗歌写作技巧，并流露出了他的内在情感。诗歌主题是赞颂博学多才的老师。

序言诗

心儿啊不要诉说苦闷，若你在前往爱主的尊贵的国王的路上。

抒情诗

你的灵魂仁慈慷慨，而你的美德又使喜悦加倍。

你是宽恕与慷慨之源，众人皆恭敬地在你的门前鞠躬致敬。

疆域之贵族、时代之主。[③]

这两首诗的特色在于，因为诗人表达的是心中所想，故采用了平实的话语。结尾的这个半句点出了这首诗是为谁而写的。

下面这首短诗的主题是书法、练习准则以及成为书法家的途径。

如果不具备以下五点，再聪明的智者也无法成为书法家。

细心的性格、书法知识、灵巧的手、面对挫折的忍耐力以及齐全的书写工具。

这五个条件即使只缺其中一个，就算努力百年也将一无所成。

---

① 扎希尔丁·穆罕默德·巴布尔（Ẓahīr al-Dīn Muḥammad Bābur，1483—1530年），印度莫卧儿帝国的开国君主，他是帖木儿的第五代后人，于1526—1530年在位。

② 海兹尔（Khiżr），也译作“海德尔”，一位《古兰经》中未提及的神秘先知，传说他找到了生命水并获得永生，他还拥有神秘的知识与智慧。

③ 这两首序言诗及抒情诗可能是在赞美伊玛目阿里。

مولانا مدّتی در دارالسلطنهٔ هرات بسر می‌برده چون عبیدخان اوزبک در ایّام دارائی سام میرزا و لَلهگی حسین خان شاملو هرات را گرفت مولانا میرعلی را همراه سایر اعیان آنجا در شهور سنهٔ خمس و ثلاثین و تسعمائه به بخارا فرستاد میر مدتی در بخارا در کتابخانهٔ عبدالعزیزخان ولد عبیدخان بکتابت اشتغال داشت و این قطعه را در آنوقت از غایت خستگی دماغ و دلتنگی در بخارا گفته.

عمری از مشق دو تا بود قدم همچون چنگ — تا که خط من بیچاره بدین قانون شد
طالب من همه شاهان جهانند و مرا — در بخارا جگر از بهر معیشت خون شد
سوخت از غصه درونم چکنم چون سازم — که مرا نیست ازین شهر ره بیرون شد
ان بلا بر سرم از حسن خط آمد امروز — وه که خط سلسلهٔ پای من مجنون شد

مولانا شعر و معمّا بسیار دارد و تمامی آنها در تذکرة الشعرا ایراد یافته و این ابیات از اشعار اوست.

تاریخ

میر عرب قطب زمان غوث دهر — ساخت چنین مدرسه‌یی بوالعجب
بوالعجب اینست که تاریخ اوست — مدرسهٔ عالی میر عرب

و این معمّا باسم مهدی ازوست:

رباعی

خوش آنکه به عشق مبتلا گردیده — بیگانه ز خویش و آشنا گردیده

毛拉纳（米尔·阿里）最初在帝王之城赫拉特生活。当欧贝德汗·乌兹别克[①]于（伊历）935年[②]占领赫拉特时，侯赛因汗·沙姆鲁[③]正担任当地的执政官以及萨姆·米尔扎的拉拉[④]。这之后，米尔·阿里以及赫拉特城中的其他贵族都被安置到布哈拉。[⑤]米尔·阿里在布哈拉期间，在欧贝德汗·乌兹别克之子阿卜杜·阿齐兹汗[⑥]的书画院中负责书写工作。当时他由于疲惫和思乡写下了这首诗：

一生的书法练习使我腰弯如弓[⑦]，也使得不幸的我所写的书法被奉为圭臬。

世间君王对我趋之若鹜，而我在布哈拉疲于奔命，充满痛苦。

我的内心充满煎熬，但又能如何？我要怎样才能逃离这座城市？

书法才华带来的厄运已降临在我头上，可叹啊，书法已成为我这疯子的镣铐。

毛拉纳（米尔·阿里）还写了很多诗作和谜语，《文英荟萃》中皆有记载。下面这首是他的作品：

日期[⑧]

阿拉伯的领袖，时代的指针和拯救者，建了一所令人惊奇的学堂。

惊奇之处在于学堂的建造日期，与阿拉伯的领袖的伟大的学堂相同。[⑨]

这首署名“马赫迪”的谜语也是他的作品：

抒情诗

那个落入爱情陷阱中的人异常高兴，他开始远离亲朋好友。

---

① 欧贝德汗·乌兹别克（ʿUbayd-Khān Ūzbik），昔班尼王朝第四任统治者，1533—1539年统治中亚地区。他年幼时便跟随叔叔，也就是昔班尼王朝开国君主穆罕默德·昔班尼（Muḥammad Shaybānī，1451—1510年）出兵霍拉桑地区，他一生共六次发兵霍拉桑地区，并曾占领马什哈德。

② 公历1528/1529年。

③ 侯赛因汗·沙姆鲁（Ḥusayn-Khān Shāmlū，？—1534年），来自组成萨法维红帽军的突厥沙姆鲁家族，是赫拉特地区的统治者以及萨姆·米尔扎的拉拉。他在1528/1529年与欧贝德汗·乌兹别克的战争中失利，带领萨姆·米尔扎逃往设拉子。随后由于他的影响力过大且屡次出现反叛行为，最终被塔赫玛斯普一世下令杀死。

④ 拉拉（lala，laligī），意为“导师”，在萨法维王朝以及奥斯曼帝国，国王会选择大臣或其他重要的政治人物担任年幼王子的导师，以培养王子继承王位的能力。

⑤ 中世纪入侵者在攻城成功之后，会将该城的艺人、工匠等有手艺本领之人带回自己的都城。

⑥ 阿卜杜·阿齐兹汗（ʿAbd al-ʿAzīz-Khān），欧贝德汗·乌兹别克之子，1540—1549年统治赫拉特地区。目前已知有一部1537/1538年由米尔·阿里抄写的手抄本是在阿卜杜·阿齐兹汗的书画院中完成的。

⑦ 弓（chang），今译作“竖琴”，最早的竖琴装弦的一侧呈弓状，因此波斯诗歌中常用弓（竖琴）比喻弯腰的样子。

⑧ 此类诗作通常运用阿拉伯辅音字母计数法，将建筑或抄写铭文的日期隐藏在诗句之中。

⑨ 指根据阿拉伯辅音字母计数法，该建筑的建造年份与“阿拉伯的领袖的伟大的学堂”这个词组的笔画数值相同。

یکبارگی از قید خرد وارسته   در میکده‌ها بیسر و پا گردیده

این رباعی نیز ازوست:

چشم سیه تو کشت زارم چه کنم   بربود ز دل صبر وقرارم چه کنم
بی‌تو نفسی صبر ندارم چه کنم   القصه ز دست رفت کارم چه کنم

و این رباعی را بترکی گفته و از جهت عبیدخان اوزبک بقلم جلی نوشته :

رباعی

خان دهر باشیمه سایهٔ گستر اولسون   دولت انکا یار و بخت یاور اولسون
کونکلی داکی آرزو میسر اولسون   یا رب آنکه آفاق مسخر اولسون

فی شهور سنهٔ ۹۴۴ مولانا در بخارا رحلت نمود علیه رحمة من الله الودود مرقع و قطعه و نسخه‌های ایشان در ربع مسکون منتشرست.

خواجه محمود بن خواجه اسحق‌الشهابی از قریهٔ سیاوشان دارالسلطنهٔ هراتست پدرش خواجه اسحق الشهابی در زمان حکومت دورمیش‌خان شاملو کلانتر دارالسلطنهٔ هرات بود در وقتی که عبیدخان هرات را گرفت چنانچه مذکور شد خواجه اسحق را با کوچ و فرزندان به بخارا فرستاد چون مولانا میرعلی نیز همراه بود خواجه محمود را به مناسبت همشهری بودن به شاگردی برداشت و در مقام تربیت و ترقّی او شد خواجه محمود در خدمت میرکار را به جایی رسانید که بعضی خط او را بر خط میر ترجیح می‌دادند و میر میگفته که شاگردی بهتر از خود به همرسانیده‌ام و این قطعه را مولانا میرعلی جهت او گفته در همین باب همین قطعه او را کافی است.

خواجه محمود آنکه یک چندی   بود شاگرد این حقیر فقیر
یاد دادم باو ز قلّت عقل   آنچه دانستم از قلیل و کثیر
بهر تعلیم او دلم خون شد   تا خطش یافت صورت تحریر

他一刀切断理智的枷锁，无头无脚游荡在酒肆之中。[①]

他的作品中还包括下面这首抒情诗：

该如何是好，你的黑色眼珠令我无助，它偷走了我内心的宁静。

该如何是好，看不到你，我又一刻不得安宁，无心再做任何事。

下面这首突厥语诗歌是为欧贝德汗·乌兹别克所写，采用了大号笔书写：

抒情诗

愿汗王能勇拓疆土，快乐常伴，好运永随。

愿他心想事成，真主啊，愿他能征服地平线。

毛拉纳（米尔·阿里）于（伊历）944年[②]在布哈拉离开人世，愿真主的仁慈降临于他。

火者·马赫穆德·本·火者·阿斯哈格·沙哈比[③]出生于赫拉特西亚瓦善[④]，他的父亲是火者·阿斯哈格·沙哈比[⑤]。当杜尔米什汗·沙姆鲁[⑥]占领赫拉特时，火者·阿斯哈格担任该城的治安官[⑦]。如上所述，在欧贝德汗占领赫拉特之后，火者·阿斯哈格连同他的家人都被带到了布哈拉。而米尔·阿里也在此行之中，出于同乡之情，他收下火者·马赫穆德作为自己的学生。火者·马赫穆德在米尔·阿里的教导之下书法日益精进，有人认为他的水平甚至在老师之上。米尔·阿里也说自己培养出了青出于蓝的学生。米尔·阿里就此还写了一首短诗：

火者·马赫穆德曾有一段时间，跟随鄙人学习。

鄙人才疏学浅，依然倾其所有教授与他。

我呕心沥血教导他，直至他的书法之技大成。

---

① 根据英译本的注释，这首诗的谜底可能是伊斯兰教隐遁的先知马赫迪（Mahdī），因为这两个对句所描述的为爱疯狂之人可称为“jnū”，根据阿拉伯辅音字母计数法，这个词与Mahdī的笔画数值都是59。

② 公历1537/1538年。其他史书中对于米尔·阿里的逝世年份有不同记载，较受认可的是由萨姆·米尔扎所写的诗人传记《萨姆的馈赠》（*Tuḥfa-yi Sāmī*，1550年）中记录的年份：伊历951年（公历1544/1545年）。

③ 火者·马赫穆德·本·火者·阿斯哈格·沙哈比（Khwāja Maḥmūd b. Khwāja Asḥaq al-Shahābī，？—1583年），波斯书法家，米尔·阿里的学生。由于他的书法水平与老师不相上下，所以有时会在作品上签下老师的名字，这导致米尔·阿里非常不悦，同时也使后人研究米尔·阿里逝世年份的难度增加。他的作品时间跨度为1517/1518—1583年。

④ 西亚瓦善（Siyāvashān），位于赫拉特城附近的村庄。

⑤ 火者·阿斯哈格·沙哈比（Khwāja Asḥaq al-Shahābī），火者·马赫穆德·本·火者·阿斯哈格·沙哈比之父，曾担任赫拉特治安官。

⑥ 杜尔米什汗·沙姆鲁（Dūrmīsh-Khān Shāmlū），来自组成萨法维红帽军的突厥沙姆鲁家族，阿里·古里汗的爷爷。他与兄弟侯赛因汗·沙姆鲁先后担任赫拉特地区的统治者以及萨姆·米尔扎的拉拉。

⑦ 治安官（kalāntar），萨法维王朝时期兴起的职务，通常由当地有名望的贵族担任，负责一方的民间治安。该词今天仍保留在伊朗警务系统之中。

در حق او نرفت تقصیری گرچه او هم نمی‌کند تقصیر

هرچه او می‌نویسد از بد و نیک جمله را می‌کند بنام حقیر

خواجه محمود بعد از چند مدّت که در آنجا بسر می‌برد دلگیر شده به ام‌البلاد بلخ آمد و در آنجا ساکن شد و جمعیت بسیار بهم رسانید و احتیاج به کتابت و قطعه‌نویسی نداشت از آن جهت خط وی کمیابست وی مصاحب سلاطین بود و شترغو را نیکو می‌نواخت و بیشتر از لعب و لهو میدفیلا هر کس به دیدن او رفتی قطعه‌یی به او تکلیف می‌کرد این بیت ازوست که در آخر قطعه‌ها بسیار نوشته بود.

بود این مشق محمود الشهابی که مثلش در جهان هرگز نیابی

مولانا کمال‌الدین محمود رفیقی از دارالسلطنهٔ هرات بوده وی خوش می‌نوشته و لطافت داشته و شعر را هم نیکو می‌گفته است.

مولانا مجنون چپ‌نویس ولد مولانا کمال‌الدین رفیقی است مولانا مجنون از خوشنویسان و کاتبان دارالسلطنهٔ هرات است و نسخ تعلیق را بامزه و خوش و پخته می‌نوشته و خطی از خود اختراع کرده بود که از ترکیب کلمات آن صورت انسان و حیوان به هم می‌رسید و از جمله این مصراع را که «نرخ شکر و قند شکست از شکرستان» از دو طرف نوشته بود بصورت سه چهار آدمی که بر زبر یکدیگر بوده باشند و صورت و خط هر دو در کمال خوبی و تخلّص مجنون مذکور بود و کتاب ناز و نیاز از اشعار آبدار اوست و کتاب لیلی و مجنون هم از منظومات اوست که به اسم سامی نوّاب سام میرزا نوشته و نوّاب میرزایی در تذکرة الشعرای سامی ذکر او نموده. این بیت از قصیده‌ییست که در مدح شاه غفران پناه جنّت بارگاه شاه طهماسب گفته:

فیروزهٔ سپهر در انگشترین تست روی زمین تمام بزیر نگین تست

مولانا مجنون رساله‌یی در باب تعلیم و آداب خط به تفصیل نوشته و تعلیمات مفردات را یک یک از حروف تهجی نوشته.

从未有人挑剔他书法中的破绽，他也从不对他人品头论足。

他的作品无论好坏，都会写上鄙人的名字。

火者·马赫穆德在布哈拉生活了一段时间之后感到厌倦，便移居至著名的巴尔赫。很多人都聚集在他身边，他也不再需要以书写为生，因此他的作品非常稀少。他与许多贵族为友，他擅长弹奏舒图尔古①，还喜欢谈天说地。每个去见他的人都会求他写一张单幅书法。下面这首短诗就是他的作品，出现在很多单幅书法的结尾部分：

这是火者·马赫穆德的习作，世上再无这样的作品。

毛拉纳·卡玛尔丁·马赫穆德·拉非吉②是赫拉特人，他擅长书法且字体精致。他的诗作也非常优秀。

毛拉纳·马杰农·查普耐威斯③是毛拉纳·卡玛尔丁·拉非吉之子，是生活在赫拉特的书法家及文书。他书写的波斯体成熟且充满趣味。他创造了一种将字母组合成人脸或动物形象的字体，其中的一个例子就是下面这半个对句“恋人的蜜唇令蜜糖变得廉价”。这个诗句是从两边开始书写的④，形成了两三张人脸堆叠在一起的图案。这张作品中的字体和图形都非常出彩，并且写有“马杰农”的签名。《谈情说爱》⑤是他的佳作之一，《马杰农与蕾莉》⑥则是他以尊贵的王子萨姆·米尔扎之名所写的诗作。尊贵的王子在他的诗人传记⑦中记载了这位书法家。下面这个对句摘自他为苏丹之王、忠诚的领袖⑧的仆人塔赫玛斯普国王所写的颂体诗：

蔚蓝天空在你的戒指⑨之中，大地上的一切皆听从你戒指的号令。

毛拉纳·马杰农还写了一本介绍书法准则及教学的书，他在书中详细讲述了字母原形的

---

① 舒图尔古（shuturghū），一种中亚弹拨乐器，由于声音如同骆驼叫声而得此名。

② 毛拉纳·卡玛尔丁·马赫穆德·拉非吉（Mawlānā Kamāl al-Dīn Maḥmūd Rafīqī），伊历10世纪擅长波斯体的书法家及诗人。

③ 毛拉纳·马杰农·查普耐威斯（Mawlānā Majnūn Chap-nivīs，?—1544/1545年），也被称作马杰农·拉非吉（Majnūn Rafīqī），“马杰农”是他的外号，意为“疯子”，“查普耐威斯”也是他的外号，意为“左撇子”。他是毛拉纳·卡玛尔丁·马赫穆德·拉非吉之子，跟随父亲学习波斯体且与父亲一样擅长写诗。萨姆·米尔扎在《萨姆的馈赠》中对他有记载。

④ 此处可能运用了波斯语书法中的交叉线写法（chalīpā），即在单幅书法作品上斜向抄写两个对句的方式。由于此处只有半个对句，毛拉纳·马杰农很可能正、反两个方向各抄写了一遍。

⑤ 《谈情说爱》（*Nāz va Niyāz*）分为十二章节，每一章节都讲述恋爱者的请求以及被爱者的回答，这是一种借世俗情爱表达苏非主义者对真主之爱的文学形式。

⑥ 《马杰农与蕾莉》（*Majnūn va Laylī*）这部作品的内容与其他以此为名的作品内容完全不同，毛拉纳·马杰农只是借用了该诗的韵律，内容写的是书法规范、墨水以及纸张等。萨姆·米尔扎在《萨姆的馈赠》中摘抄了该诗作的部分对句。

⑦ 即本书第139页注释②中提及的《萨姆的馈赠》。

⑧ 指伊玛目阿里。

⑨ 国王的戒指通常由宝石、金银制成并刻有自己的名字，用来在重要文件上盖章。因此这个对句中的“戒指”有“权力”之意。参见插图5。

مولانا ادهم از یزد بوده به ادهم کور مشهورست خط نسخ تعلیق را نازک می‌نوشته اکابر نور کمال از خراسان او را به اصفهان فرستاده کتابه‌های منازل ایشان را او نوشته و رعایت کلی یافته گویند که مولانا حیرتی نیز در آن وقت در سلسلهٔ نور کمالیه می‌بوده و قصاید مدح جهة ایشان می‌گفته مولانا حیرتی و مولانا ادهم هم وثاق بوده‌اند مولانا ادهم همه وقت مشق می‌کرده و مولانا حیرتی از وضع او به تنگ آمده این بیت گفته بود.

کور کاتب شدی ز مشق استاد　　　آنقدر مشق کن که کور شوی

مولانا شیخ عبدالله کاتب از کاتبان مقرر دارالسلطنهٔ هرات بود و قریب به چهل و پنج سال با امیر کبیر علیشیر سر برده و از موانست و مصاحبت او بهره‌یی تمام یافته و پیوسته در سلک مشاهیر فضلا و ظرفا منتظم با وجود علوّ نسب و حسب هرگز خیال کبر و انانیّت را پیرامن خاطر نگذاشته خط تعلیق و خط نسخ تعلیق را در غایت لطافت می‌نوشته و خطوط استادان ما تقدم را خوب می‌شناخته و شعر نیز می‌گفته این مطلع ازوست.

چنین کان ترک مست خویش را بیباک می‌بینم　بسا سرها که در پای سمندش خاک می‌بینم

مولانا سلطان محمّدبن مولانا نورالله که به سلطان محمّد نور بین الجمهور اشتهار دارد شاگرد خوب مولانا سلطانعلی است و کاتب مقرر دارالسلطنة هرات بود و خفی را بسیار نازک و پاکیزه می‌نوشته.

مولانا سلطان محمّد خندان او نیز شاگرد سلطان علی است و کاتب خوب بود و از شعر و معمّا بهرهٔ تمام داشته و مدّت‌العمر در دارالسلطنهٔ هرات به کتابت مشغول بوده و در قطعه‌نویسی بی‌عدیل است قطعه‌های خوب بر صفحهٔ روزگار گذاشته.

مولانا عبدی از خطّهٔ طیّبهٔ نیشابورست خط نسخ تعلیق را خوب می‌نوشته و کاتب بی‌بدل بوده و به خدمت نوّاب کامیاب علیین آشیان شاه طهماسب سرافراز شده و اکثر اوقات در ملازمت آن پادشاه خجسته صفات بسر می‌برد

写法。[①]

毛拉纳·阿德哈姆[②]是亚兹德人，以阿德哈姆·库尔之名为人所知。他写的波斯体极为精巧。霍拉桑努尔·卡玛尔家族[③]的贵族们将他带到伊斯法罕，并请他在自家的房舍建筑上完成书法装饰，毛拉纳也因此赢得了盛誉。据说毛拉纳·赫拉提[④]当时也跟随这个家族，为他们写了多首颂体诗，两人同住在一个屋檐下。由于毛拉纳·阿德哈姆无时无刻不在练习书法，毛拉纳·赫拉提感到极为厌烦，于是写下了这首诗：

一个瞎眼文书因为勤练书法而成为大师，继续练习吧，你会越来越瞎。

毛拉纳·谢赫·阿卜杜拉·卡特卜[⑤]是帝王之城赫拉特的知名书法家。45年来他一直伴随在阿米尔·卡比尔·阿里希尔的身边，并因为这份友谊而获益不少，他一直被视为知书达理的贵族阶层。他尽管身份尊贵，但始终谦逊亲和。他书写的波斯悬体及波斯体极为精秀，且他熟稔历任大师的书法。他还擅长写诗，下面这首序言诗是他的作品：

我看到那个勇猛的醉酒的突厥美女，有多少人倒在她的战马之下。

毛拉纳·苏丹·穆罕默德·本·毛拉纳·努拉赫[⑥]，以苏丹·穆罕默德·努尔之名闻名。他是苏丹·阿里的学生，是赫拉特城中广受认可的书法家。他擅长细体，字迹精致利落。

毛拉纳·苏丹·穆罕默德·汉丹也是苏丹·阿里的学生。除了书写，他还擅长写诗歌和谜语。他一生都在帝王之城赫拉特担任书记官。他的单幅书法（书写水平）无人能及，而他也留下了很多优秀的书法作品。

毛拉纳·阿布迪[⑦]出生在纯净之城内沙布尔[⑧]，擅长波斯体，是不可多得的书记官。他一生的大部分时光都跟随在哈冈之中最公正的哈冈、拥有永恒记忆的塔赫玛斯普

---

① 这本书可能指《书法与读写能力》（*Khaṭṭ va Savād*），该书完成于伊历10世纪中期，主要内容包括书法字体、著名书法家、波斯体的写法、字母原形的写法以及书法之美。但目前还无法证实这本书的作者为毛拉纳·马杰农。

② 毛拉纳·阿德哈姆（Mawlānā Adham），与本书第79页提到的一位书法家同名。他的外号是“阿德哈姆·库尔”（Adham Kūr），“kūr”是“瞎子”的意思。

③ 努尔·卡玛尔（Nūr Kamāl）家族，目前仅查阅到家族中的一位突厥贵族艾哈迈德·贝格·努尔·卡玛尔（Aḥmad Bayg Nūr Kamāl）于1523—1534年在塔赫玛斯普一世宫廷中担任过宰相。

④ 毛拉纳·赫拉提（Mawlānā Ḥayratī，？—1554年），活跃于伊历10世纪塔赫玛斯普一世时期的波斯诗人，擅长抒情诗以及叙事诗。

⑤ 毛拉纳·谢赫·阿卜杜拉·卡特卜（Mawlānā Shaykh ʿAbdullāh Kātib），姓名中的“卡特卜”意为“书记官”。

⑥ 毛拉纳·苏丹·穆罕默德·本·毛拉纳·努拉赫（Mawlānā Sulṭān Muḥammad b. Mawlānā Nūrullāh），即本书第103页提到的毛拉纳·苏丹·穆罕默德·努尔。

⑦ 毛拉纳·阿布迪（Mawlānā ʿAbdī），“阿布迪”是阿卜杜拉（ʿAbdullāh）的简称，因为阿里希尔·纳瓦依称他为“阿布迪”，故他得此名号。他是伊历10世纪的波斯体书法家，在塔赫玛斯普一世宫廷中担任文书。

⑧ 内沙布尔（Nayshābūr），位于伊朗霍拉桑拉扎维省，是伊朗的历史文化名城。

مولانا بسیار فانی و درویش و آدمی صفت بوده و شعر را بسیار خوب می‌گفته این اشعار ازوست.

ما را سریر سلطنت آن خاک در بسست   وز برق آه بر سر ما تاج زر بست
ایدل کشیده دار چو عبدی عنان صبر   کز مهر مهوشان هوست اینقدر بسست

مولانا شاه محمود مشهور به زرّین قلم خواهرزادهٔ مولانا عبدیست و از نیشابورست شاگرد وی بوده مشهورست که مولانا عبدی در حالت اعراض همیشه به مولانا شاه محمود می‌گفته که ای بدبخت جهد کن که تا خوشنویس شوی اگر همچو من ننویسی باری مثل این سلطان علیک و میرعلیک بنویسی مولانا شاه محمود ثالث مولانا میرعلی و مولانا سلطانعلی بود مشهور آفاق شد و در کتابت عدیم المثل بوده و نظیر خود نداشته و در قطعه نویسی جلی و خفی ید بیضا نموده و خمسهٔ شیخ نظامی را به خط غبار جهت کتابخانهٔ شاه عالم پناه شاه طهماسب نوشته که جمیع استادان عصر و صاحب وقوفان دهر انصاف داده‌اند که هیچ خوشنویسی بدان قاعده و پاکیزگی و یکدست کتابت نکرده و آن خمسه به تصویر استاد بهزاد نقّاش اتمام یافت مولانا در ایّام ترقّی و جوانی و خلاصهٔ نشو و نما و حیات و زندگانی ملازم رکاب شاه مالک رقاب علیین آشیانی بوده و همه روزه با کاتبان و نقّاشان در کتابخانهٔ شاه جهانیان خسرو ایران به کتابت مشغول بوده و بعضی اوقات که اردوی همایون در دارالسلطنهٔ تبریز بود مولانا در مدرسهٔ نصریه در بالاخانهٔ جانب شمال آنجا بسر می‌برد و در آخر کار که آن پادشاه کیوان وقار از وادی خط و مشق و نقّاشی دلگیر شده به مهمات ملک ومملکت و معموری بلاد و رفاه حال رعیت مشغول گشتند مولانا رخصت توطن مشهد مقدّس و مجاورت آن روضهٔ اقدس گرفته بدان آستانهٔ عرش نشان رفت و در مدرسهٔ مشهور به مدرسهٔ قدمگاه حضرت

一世身边。毛拉纳为人低调纯粹，像苦行僧一样生活。他写下了很多优秀的诗作，这是其中一首：

门前的尘土就像君王的宝座，于我们已经足够。

若要将闪光的金冠戴在头上，叹息做成的金冠于我们已经足够。

如阿布迪一般痴心的人啊，且保持耐心。

贪恋如月美人的爱，只要这一点也就足够了。

毛拉纳·沙赫·马赫穆德[①]以“金笔”之称闻名。他是毛拉纳·阿布迪的外甥，也是内沙布尔人。他跟随舅舅学习书法时，发生了一件出名的事。毛拉纳·阿布迪在感到不满的时候，对毛拉纳·沙赫·马赫穆德说：“哎，你这个可怜的家伙，要继续努力练习才可能成为书法家呀。就算没办法像我一样，至少也要写得像小苏丹·阿里或小米尔·阿里[②]一样。”毛拉纳·沙赫·马赫穆德的书法仅次于毛拉纳·米尔·阿里和毛拉纳·苏丹·阿里。他当时非常出名，书法水平几乎无人匹敌。他的粗体和细体的单幅书法极为出色，他还为已故的塔赫玛斯普国王的皇家书画院用极细体抄写了一部内扎米《五部诗》，当时所有的艺术家都认为从未有人达到他这样的技艺和水平。这部《五部诗》（抄本）中的插图出自绘画大师贝赫扎德[③]之手。毛拉纳·沙赫·马赫穆德的成长、青年时期及进步时期，也可以说他的一生，都是陪伴在塔赫玛斯普国王身边度过的。他整日与皇家书画院里的书记官和画师在一起，忙碌地从事着抄写工作。有时国王居住在大不里士的王宫中，他就住在位于王宫北边的纳斯里耶学堂[④]的楼上房间里。当尊贵的国王对书法和绘画感到厌倦，开始关注重要的国家政务和人民福祉的时候，[⑤]毛拉纳便获准前往圣城马什哈德，居住在（伊玛目礼萨）圣陵附近一所名为格达姆加的学

---

① 毛拉纳·沙赫·马赫穆德（Mawlānā Shāh Maḥmūd，？—1564/1565年），伊历10世纪的著名书法家，先后在伊斯玛仪一世以及塔赫玛斯普一世的宫廷中工作。除了书法，他还擅长绘画。他在当时的都城大不里士工作了很长一段时间后，又前往马什哈德开始独居生活。根据《艺术芳园》的记载，沙赫·马赫穆德于伊历972年（公历1564/1565年）去世，但在这个年份之后还有他的作品出现，因此他的逝世年份暂无法确定。

② 苏丹·阿里和米尔·阿里姓名前的“小”字有轻视之意。

③ 即本书第121页注释④中提到的卡玛尔丁·贝赫扎德，他于1450年在赫拉特出生，1535年在大不里士或赫拉特去世。他先后为帖木儿王朝的苏丹·侯赛因·米尔扎王子、萨法维王朝的伊斯玛仪一世以及塔赫玛斯普一世担任画师，有“绘画大师”的称号。昔班尼王朝的开国君王穆罕默德·昔班尼于1507年进军霍拉桑时，他还曾为这位君王绘制了肖像。他是波斯细密画史上最重要的人物，他在细密画中对几何元素、色彩、自然布景、人物表情与形态的塑造为波斯细密画风格的形成和发展作出了重要贡献。他还在宫廷画室中培养了许多优秀的学生。

④ 纳斯里耶学堂（Madrasa-yi Naṣriyya），位于大不里士城中，是乌尊哈桑于1477/1478年修建的建筑群中的一座，在萨法维伊斯玛仪一世以及塔赫玛斯普一世定都大不里士时期都属于王室建筑。

⑤ 塔赫玛斯普一世在执政后期突然对艺术赞助失去兴趣，目前这一改变的原因尚无定论。但自此波斯细密画以及书法的发展速度开始变缓。

امام علیه‌السلام که در جنب چهارباغ آنجا واقعست بسر می‌برد و به زیارت و عبادت مشغول بود و در ضمن آن کتابت می‌کرد و قطعه می‌نوشت و یاران اهل و شاگردان خالی از جهل به خدمتش رسیده از صحبتش فایز بودند مولانا قریب به بیست سال آن چنان اوقات صرف نمود و هرگز تأهلی اختیار ننمود و به مقتضای آیهٔ کریمهٔ اَنَّ اللهَ یُبَشِّرُکَ بِیحیی مُصَدِّقاً بِکَلِمَةٍ مِنَ اللهِ و سَیِّداً و حَصُورا عمل نموده حصور بود و قوم و خویشی هم نداشت همچنان فرد و تنها بود و از هیچ ممر وظیفه و سیور غالی نداشت و از کسی رعایتی هم نمی‌یافت و اوقاتش به حق الکتابه می‌گذشت مولانا سلیقهٔ شعر هم داشت و شعر را بسیار خوب می‌گفت خواه قصیده و خواه غزل و خواه رباعی و قطعه همه را نیکو می‌گفت این ابیات از قصیدهٔ اوست که در مدح امام هشتمین ثامن ائمهٔ معصومین گفته و در پای منارهٔ در راهرو دارالسیاده نصب کرده چسبانیده بود.

الهی همه عمر محمود کاتب اگرچه بعصیان سیه کرده دفتر
بحرف خطایش خط عفو درکش بحق علی بن موسی بن جعفر
ترحّم که هستم قلیل البضاعه بغفلت بسر برده اوقات یکسر
دمادم ز یاد گناهان ماضی باشک ندامت کنم چهره را تر
بفضل خود ای پادشاه خطا بخش بخط خطایش بکش خط سراسر

مولانا پانصد بیت از اشعار دارد و اکثر آن در تذکرة الشعرا ایراد یافته فقیر راقم در ایّام صبی در شهور سنهٔ اربع و ستین و تسعمائه به مشهد مقدّس رسیدم و مدت بیست سال در آن روضهٔ خلد مثال بودم مولانا به همان منوال اشتغال داشت یک دو مرتبه بواسطهٔ تیمّن و تبرّک به خدمت ایشان رسیده تعلیم سرمشق گرفتم و به تقریبی از ریاضت و مجاهدت خود اظهار فرمود گفت که اشتیاق من به مشق آنقدر بود که شبهای تابستان از اوّل شب تا صباح در مهتاب نشسته مشق جلی می‌کردم و مولانا عمر را قریب به هشتاد رسانیده بود و هشت سال دیگر بعد از این تاریخ در حیات بود مولانا به عینک قطعه نویسی و کتابت می‌کرد تا اینکه در شهور سنهٔ اثنی و سبعین و تسعمائه در آن بلده طیبه ندای اِرجِعی اِلی رَبِّکَ راضِیَةً مَرضِیَه را لبیک گفته به جانب فردوس برین روان شد و در جنب قبر مولانا سلطانعلی مدفون شد.

مولانا قاسم شادیشاه وی نیز از خوشنویسان و کاتبانِ مقرر خراسان بود و او را قرینهٔ مولانا سلطان محمّد نور و خندان می‌دانند وی قطعه‌نویس بوده

堂之中，这所学堂也紧挨着恰哈尔花园，他时常去圣陵朝拜。与此同时他依然坚持修习书法和写单幅作品。他那些品性纯粹的朋友与学生也会来拜访他并在一起畅快地聊天。他在那里生活了20年并终身未婚娶，他遵循了这条神圣的经文：“真主以叶哈雅向你报喜，他要证实从真主发出的一句话，要长成尊贵的、克己的人，要变成一个善良的先知。”（《古兰经》3：39）他坚持独身，没有任何亲人子女。他不接受俸禄，也没有封地[①]，同时也没有接受他人的馈赠，仅靠写书法作品的收入度日。他擅长赋诗且品位极好，无论是颂体诗、抒情诗，还是四行诗和短诗，他都信手拈来。下面这个对句摘自他为伊玛目礼萨所写的颂体诗。这首诗出现在达拉希亚代宣礼塔下方的门廊处：

真主啊，书记官马赫穆德这一生，已用叛逆的黑色涂满。

且宽恕他无知的话语吧，以阿里·本·穆萨·本·贾法尔之名。

请怜悯我这个一无所有的人，就这样无知地过了一生。

我时时刻刻都在反思所犯的罪过，任泪水打湿我的面庞。

真主仁厚，请宽恕我的过错，在他的功过簿上画下一条线吧！[②]

毛拉纳写过500个对句，大部分收录在《文英荟萃》中。鄙人于（伊历）964年[③]到圣城马什哈德后，在那个如天园般的地方生活了20年。（当时）毛拉纳依然维持着他（修习书法）的生活方式。鄙人有一两次非常幸运地得到了他的指点。毛拉纳曾提起自己的自律及努力，他说：“我非常热爱书法练习。夏夜里从日落到日出，我就坐在月光下练习粗体字。”毛拉纳在活到80岁之后，又享受了8年的人生。毛拉纳始终坚持练习书法及写单幅作品，直至（伊历）972年[④]他高唱着“你应当喜悦地、被喜悦地归于你的主”（《古兰经》89：28），从这片纯净的土地[⑤]上前往天园。他的坟墓紧挨着毛拉纳·苏丹·阿里的墓。

毛拉纳·卡西姆·沙迪沙赫[⑥]，霍拉桑知名书法家及书记官。人们认为他与毛拉纳·苏丹·穆罕默德·努尔以及汉丹[⑦]的水平相当。他是一名单幅作品书法家，作品

---

① 封地（suyūrghāl）是一种自帖木儿王朝时期兴起的分封制度，王室将一部分土地封给贵族，由他们自行管理当地的财政事务。由于这种封地行为削弱了中央的财政和行政影响力，自萨法维王朝时期开始，封地的面积逐渐变小，并且王室要求封地主将财政收入的一部分用于维持当地宗教建筑，如伊玛目礼萨圣陵的运作，这在一定程度上削弱了封地制度的影响力。

② 伊斯兰教认为天使会在审判日根据功过簿上记录的每个人一生所做的善事及坏事安排来世。这个对句的意思是“请真主将他所做的罪恶之事一笔勾销”。

③ 公历1556/1557年。

④ 公历1564/1565年。

⑤ 指马什哈德。

⑥ 毛拉纳·卡西姆·沙迪沙赫（Mawlānā Qāsim Shādīshāh），伊历9世纪末至10世纪初的书法家，他擅长波斯体，但书写速度比较慢。

⑦ 即毛拉纳·苏丹·穆罕默德·汉丹。

و با مزه می‌نوشته و تا سنهٔ خمسین و تسعمائه در حیات بود اما قلم در دست و قلمتراش در مشت داشته و هر روز پنج بیت می‌نوشته و به قلمتراش اصلاح می‌کرده از شاگردان خوب او میر محمّد حسین باخرزی است که اسم او مذکور خواهد شد.

مولانا جمشید پسر مولانا احمد رومی است اما در دارلسلطنهٔ هرات نشو و نما یافته و در آنجا خوشنویس شده کتابت وی با مزه و بسیار پخته و خوبست در فن معمّا عدیل نداشته و به معمّائی اشتهار داشته.

میر عبدالوهّاب از سادات حسینی مشهد مقدّس بود وی از دختر مولانا سلطانعلی به وجود آمده مولانا را چون پسری نبوده او را تربیت کرده بود خطش به غایت صاف بود اما نزاکت نداشت در همان ایّام که راقم در مشهد مقدّس بودم وی در سن هشتاد بود و ریش رنک می‌کرد و خیلی زکی و با مشربست و لباس رنگین به رنک‌آمیزی می‌پوشید و همیشه جزودان بزرگ پر از قطعه به خط خود همراه داشت که همه را افشان و حاشیه و جدول کرده بود و به مردم می‌نمود و تعریف خط خود می‌کرد و احیانا یکی از آنها گاهی بارباب مناصب تکلّف می‌کرد.

استاد میر سید احمد آنحضرت از سادات حسینی مشهد مقدّس بود پدرش بامر و خدمت شمع ریزی سرکار آستانهٔ مقدّسهٔ منورهٔ سدره مرتبه اشتغال داشت حضرت میر در اوایل حال چون خطش صورتی پیدا کرد ذوق خوشنویسی در سرش افتاده از مشهد مقدّس عزیمت دارالسلطنهٔ هرات نموده خود را به خدمت مولانا میرعلی رسانید و در سلک شاگردان او منتظم گردید و سرآمد شاگردان میر شد و در آن ایام آن چنان گردید که هرچه می‌نوشت از خط میر فرقی نداشت میر از هرات به بلخ کپنک پوش و پیاده رفت و از آنجا عزیمت بخارا نمود یک چند در خدمت مولانا میرعلی در کتابخانهٔ عبدالعزیزخان بود به مودای العود احمد به مشهد مقدّس معلّی عود نمود

极有品位。他于（伊历）950年[①]依然活跃。他（写字时）总是一手拿着笔，一手拿着削笔刀。他每天抄写5个对句，遇到错误之处就用削笔刀修改。他的学生米尔·穆罕默德·侯赛因·巴赫勒兹[②]非常优秀，后文将会提到他。

毛拉纳·贾姆希德[③]是毛拉纳·艾哈迈德·鲁米[④]之子。他在帝王之城赫拉特长大并成了一名书法家，他的字迹成熟且有格调。他创作谜语的技巧也是无人能及，因此有“穆阿玛伊”[⑤]之称。

米尔·阿卜杜瓦哈卜[⑥]来自马什哈德的侯赛尼圣裔家族，他的母亲是毛拉纳·苏丹·阿里的女儿。毛拉纳由于没有儿子，所以曾亲自照料这个外孙。米尔的书法线条流畅，但不够精致。鄙人在马什哈德生活期间，他已有80岁高龄，当时他将自己的胡须染色[⑦]，也是个充满智慧和热情之人。他总穿着沾有颜料的亮色服装，随身携带一个装满自己单幅书法作品的大匣子。这些作品均经过洒金、修边及画线处理。他时常将这些作品展示给大家看并加以夸耀。有时他还会将其中一份作品送给他认为相称的贵族。

米尔·赛义德·艾哈迈德[⑧]大师也来自马什哈德的侯赛尼圣裔家族，他的父亲在伊玛目礼萨圣陵中做蜡烛生意。米尔在学习了一些书法技巧并对这门艺术产生兴趣之后，便离开了马什哈德，前往帝王之城赫拉特。他来到毛拉纳·米尔·阿里身边求学，并从众学生中脱颖而出。那段时间他的书法作品甚至与老师的作品难以区分。米尔自赫拉特出发，身着毛毡外衣，一路步行来到巴尔赫，随后又从巴尔赫来到布哈拉，再次跟随毛拉纳·米尔·阿里在阿卜杜·阿齐兹汗的书画院中工作。[⑨]该国王去世后，他再次返回马什哈德。在马什哈德生活了几年之后，他又进入塔赫玛斯普国王的宫廷之中，并（跟

---

① 公历1543/1544年。

② 米尔·穆罕默德·侯赛因·巴赫勒兹（Mīr Muḥammad Ḥusayn Bākharzī），伊历10世纪的书法家及诗人。他最初在塔赫玛斯普一世宫廷中工作，国王去世后他便前往霍拉桑归隐田园。当土库曼人攻城时，他因精神崩溃而去世。本书后文并未对此书法家进行介绍。

③ 毛拉纳·贾姆希德（Mawlānā Jamshīd，？—1546/1547年），生于赫拉特，书法家及诗人。

④ 毛拉纳·艾哈迈德·鲁米（Mawlānā Aḥmad Rūmī），本书第39页有同名者，但由于生卒年份皆不详，无法确定是否同一人。

⑤ 穆阿玛伊（muʿammāʾī），由“谜语”（muʿammā）一词而来，意为“擅长写谜语的人”。

⑥ 米尔·阿卜杜瓦哈卜（Mīr ʿAbd al-Vahhāb），伊历10世纪的书法家。

⑦ 可能指米尔·阿卜杜瓦哈卜在胡须变白之后，用海娜等材料给胡须染色。

⑧ 米尔·赛义德·艾哈迈德（Mīr Sayyid Aḥmad，？—1578/1579年），伊历10世纪的书法家及诗人，师从米尔·阿里。他一生在多个宫廷效力，去过赫拉特、伊拉克、阿塞拜疆、马什哈德、马赞达兰、加兹温、布哈拉和巴尔赫等地，因此他的作品广泛出现在印度及中亚地区。

⑨ 本书第137页提到毛拉纳·米尔·阿里在赫拉特被占领后，被迫跟随阿卜杜·阿齐兹汗去往布哈拉。米尔·赛义德·艾哈迈德可能随同老师一起前往布哈拉。

بعد از چند سال که در مشهد مقدّس بودند عزم درگاه شاه جمجاه انجم سپاه شاه طهماسب نمود و به عراق و آذربایجان رفت و مدتی در اردوی معلّی ملازم رکاب ظفرانتساب بود و همگی اوقات در مجلس بهشت آئین راه داشت و رعایتها یافت و در آن اوان کتاباتی که به سلطان سلیمان خواندگار می‌نوشتند خدام میر به قلم جلی می‌نوشت بعد از آن میر مرخص شده به مشهد مقدّس آمد و مقرر شد که جهت نوّاب اعلی کتابت نماید و تحویلی مقرر شد که جهت او مرحومی آقا وزیر خراسان از وجوهات خاصهٔ شریفه بدو رساند و سیورغالی نیز در مشهد مقدّس بدو عنایت شد میر قریب ده سال در آن محروسهٔ مطهره فارغ البال و خوشحال بیکلال و ملال به امر کتابت و قطعه نویسی اقدام داشتند جمعی کثیر از ساده رخان مشهد و لاله عذاران آن سرحد در ملازمت میر مشق و تعلیم در روز دوشنبه و پنجشنبه می‌گرفتند و در آن زمان بازار عشق و جنون و هنگامهٔ مشق و کیفیت افیون گرم بود و ازدحام عشّاق و معشوقان در منزل ایشان در آن دو روز صحبت فراوان بود و آن انجمن به طریق گلشن پر از گل و گرفتاران چون بلبل بود میر دو شاگرد مشهدی الاصل داشتند که هر دو منظور نظر ایشان بودند و تعلّق خاطری و گرفتاری نزد آنها داشتند یکی.

مولانا حسنعلی وی از خوشنویسان مقرر شده بود و خوش می‌نوشت مولانا بعد از ارتحال حضرت میر به هرات افتاده مدّتی آنجا بسر برد و از آنجا به نیشابور آمده از نیشابور پای کوبان و سرودگویان به عراق آمده از عراق آهنگ زیارت عتبات عالیات نمود و سه چهار سال در بغداد ماند و از آنجا توجهٔ زیارت حرمین شریفین نموده به حجاز رفت و در شهر سنه ثلاث و الف در حجاز فوت شد دیگری مولانا علیرضا او نیز بسیار خوش می‌نوشت و بعد از میر مدتی دیگر در مشهد مقدّس بود و زود رحلت نمود القصه که حضرت میرسید احمد چون به کتابت سرکار خاصهٔ شریفه مشغول بود بی‌جهت خاطر مبارک اشرف از چنان عدیم‌المثل مردی منحرف شده بیکبار تحویلات و سیورغال سنوات را از آن مرد بی‌گناه مسترد کرده به حواله دادند و سیورغال را در کل قطع فرمودند میر به امداد بعضی از تجار از زیر بار آن حواله بیرون آمده ارادهٔ رفتن هند نمود

随国王）前往伊拉克和阿塞拜疆。[1]他有段时间待在皇家营帐之中，每日都侍奉在如天园一般的御前，受到国王诸多关照。当时写给苏莱曼苏丹的信都是由他采用粗体字完成的。这之后米尔请准离任，回到马什哈德。他在那里继续为王室完成书写工作，而霍拉桑已故的大臣阿伽[2]则会从皇家金库中为他支取俸禄，他还在马什哈德获得了一块封地。在接下来的十年间，米尔在这片圣洁的土地上心无旁骛地投入书写练习以及单幅作品的写作之中。一群乳臭未干、貌美如花的当地年轻人每周一和周四都会跟随米尔学习书法。当时疯狂的恋爱、学习书法以及（吸食）鸦片都是受到追捧的活动。每周的那两天，米尔家中都会掀起有关爱者与被爱者的激烈讨论，他的家像繁花似锦的花园一般，而那些陷入爱情的学生则像在枝头歌唱的夜莺。在米尔的学生之中，有两个备受他的喜爱与重视。

其中一个是毛拉纳·哈桑阿里[3]，他擅长书法，是公认的书法家。在老师去世后，毛拉纳便前往赫拉特居住了一段时间。随后他又去了内沙布尔，接着从内沙布尔欢欣鼓舞地去了伊拉克，到伊拉克后又去朝拜了伊玛目侯赛因圣陵[4]。他在巴格达生活了三四年后，决定前往两个圣地[5]，便动身去了希贾兹[6]，最终于（伊历）1003年[7]在希贾兹去世。（米尔·赛义德·艾哈迈德青睐的）另一个学生则是毛拉纳·阿里礼萨[8]，老师去世后，他便没有离开过马什哈德，不久之后就去世了。当米尔·赛义德·艾哈迈德为王室工作时，尊贵吉祥的国王[9]毫无缘由地对这个独一无二的人才产生了错误的想法，并立刻下令要求这个无罪之人交还多年来发给他的俸禄及分封的土地，并且不再继续发放。在一些商人的帮助下，他偿还了这些财物。此时他萌生了前往印度的念头，但计划

---

① 1532年至1555年间，奥斯曼帝国苏莱曼一世（Suleiman the Magnificent，1494—1566年）与萨法维王朝塔赫玛斯普一世之间先后进行了三场大战，主要战争区域集中在亚美尼亚、阿塞拜疆以及伊拉克东部地区。

② 阿伽（Āqā），可能指本书第61页提到的阿伽·卡玛尔丁。

③ 毛拉纳·哈桑阿里（Mawlānā Ḥasan-ʿAlī），伊历10世纪的伊斯兰书法家，师从米尔·赛义德·艾哈迈德。

④ 伊玛目侯赛因圣陵位于伊拉克卡尔巴拉，第三位伊玛目侯赛因在卡尔巴拉战役中去世并葬在该城。

⑤ 指伊斯兰教圣地麦加及麦地那。

⑥ 希贾兹（Hijāz），我国古称“汉志”，是一片位于沙特阿拉伯西部的狭长区域。该地区是伊斯兰教的发源地，麦加及麦地那均处在这片地区之中。

⑦ 公历1594/1595年。

⑧ 毛拉纳·阿里礼萨（Mawlānā ʿAlī-Rižā），伊历10世纪的伊斯兰书法家，师从米尔·赛义德·艾哈迈德。

⑨ 指塔赫玛斯普一世。

آن فکر صورت نیست و در آخر کار میر پریشان و بی‌چیز شد اتفاقاً مرحمت پناه میر مرادخان والی مازندران در اوانی که در مشهد مقدّس معلّی بود فی شهور سنهٔ اربع و ستین و تسعمائه رابطه‌یی میان او و میر به هم رسیده بود کس از مازندران به طلب میر با جزوی خرجی فرستاد میر عزیمت مازندران نمود چند سال در مازندران به کتابت اشتغال داشت و لوایح جامی را به قلم جلی نوشته جهت نوّاب میر و میر سلطان مراد در همان ایام رحلت نمود میر باز به مشهد مقدّس معلّی عود نمود پس از آنکه شاه اسمعیل بر سریر سلطنت متمکن شد ازعقب میر به مشهد مقدّس فرستاده میر را بدارالسلطنهٔ قزوین آورد و او را در بالاخانهٔ سردر باغ سعادت آباد دارالسلطنهٔ قزوین فرود آورده جای داد و او را مشمول عواطف بیدریغ شاهانه گردانید چون نوّاب شاه اسمعیل به عالم آخرت خرامید میر باز به مازندران رفته و در آنجا فوت شده فی سنهٔ ست ثمانین و تسعمائه میر گاهی شعر می‌گفت این رباعی ازوست. رباعی

گاهی ز حجاب هستیم بود ملال　　　گه داشتم از زمانه صد فکر محال
ناگاه بدام دلبری افتاد　　　از جملهٔ قیدها شدم فارغبال

فقیر دو مرتبه که به مشهد مقدّسه رفتم و به مطالعه اشتغال داشتم گاهی مشق از حضرت میر گرفته و تعلیم از و می‌گرفتم و در سلک شاگردان او منتظم بودم میر مفردات و مرقعی و قطعهٔ بسیاری به اسم فقیر که همنام ایشان بودم نوشته آنها همه بواسطهٔ انقلاب زمان و حوادث دوران و ناسازگاری چرخ بوقلمون از دست بدر رفت.

مولانا مالک اگرچه بدیلمی اشتهار دارد اما وی فیلوا کوشی قزوینی است در بدو حال پیش والد خود مولانا امیر شهره خط ثلث و نسخ مشق کرد و خطوط سته را خوش می‌نوشت و نسخ او را کسی از نسخ یاقوت تفرقه نمی‌کرد آخر بوادی خط نسخ تعلیق افتاد

尚未成形，他便陷入了迷茫之中。恰巧在此时，马赞达兰[①]总督[②]——仁慈的米尔·莫拉德汗[③]派人来找米尔并（答应支付）一些酬劳。米尔·莫拉德汗是在（伊历）964年[④]来到马什哈德时与米尔·赛义德·艾哈迈德相识的。这之后米尔来到马赞达兰生活了几年。其间他勤于书法，并用大号笔抄写了贾米的《真境昭微》[⑤]献给米尔·莫拉德汗。米尔·苏丹·莫拉德去世后，米尔再次返回马什哈德。当伊斯玛仪国王[⑥]登基之后，他派人前往马什哈德，将米尔带到帝王之城加兹温。米尔受到了国王的厚爱，他的住处被安置在萨达特阿巴德花园[⑦]正门建筑的上层。当国王回归天园之后，米尔返回马赞达兰，并于（伊历）986年[⑧]在那里过世。米尔有时也会写诗，这首抒情诗就是他的作品：

有时我会因为生活中的困难感到迷茫，我的脑海中盘旋着无数个难解的念头。

而当我突然落入了那个迷人的网[⑨]中时，我便从所有的束缚里解脱了出来。

鄙人曾两次前往圣城马什哈德求学，有时会得到米尔的字帖，并以学生的身份倾听他的教诲。米尔以鄙人这个刚好与他同名的人之名[⑩]，写了一些单个字母、册页[⑪]以及很多单幅书法赠予我。可惜所有这些珍品已由于时代变迁和世事无常而散佚了。

毛拉纳·马列克虽有“迪拉米”[⑫]的称号，但实际是加兹温菲尔瓦库什[⑬]人。毛拉纳最初跟随他的父亲毛拉纳·沙赫莱·阿米尔练习三一体和誊抄体。他擅长书写“六体”，无人能看出他的誊抄体与雅古特的誊抄体的区别。这之后他沉迷于练习波斯体，

---

① 马赞达兰（Māzandarān），伊朗省份，位于里海南岸。

② 总督（vālī），对管理某一地区行政及军事事务的长官的称呼。在萨法维王朝时期，该称呼主要针对管理大片领土的执政官，而这一职务的设置通常出现在疆域的西部，以更好地抵御来自奥斯曼帝国的威胁。

③ 米尔·莫拉德汗（Mīr Murād-Khān，？—1575/1576年），即米尔·苏丹·莫拉德（Mīr Sulṭān Murād），是玛尔希扬（Marʿashīyān，1359—1596年）地方政权的统治者。该政权控制里海南岸，即今马赞达兰省和吉兰省东部地区，该政权一直是什叶派十二伊玛目派的支持者。米尔·莫拉德汗曾与塔赫玛斯普一世的侄女联姻。

④ 公历1556/1557年。

⑤ 《真境昭微》（*Lavāʾyiḥ*），又译作《勒瓦一合》，是贾米写于1465年的著作。该书共有36节，主要内容是贾米对苏非神秘主义思想的阐述。

⑥ 指伊斯玛仪二世，其在位时都城位于加兹温。伊斯玛仪二世于1576年继位，1577年在与奥斯曼帝国军队的战争中失利，同年离奇去世。

⑦ 萨达特阿巴德花园（Bāgh-i Saʿādat-Ābād），位于加兹温，始建于萨法维王朝时期，直至恺加王朝时期依然为王室所使用。该花园目前已收录在伊朗文化遗产名录中。

⑧ 公历1578/1579年。

⑨ 此处的“网”指对真主的爱。

⑩ 两人名字皆为艾哈迈德。

⑪ 册页（muraqqaʿ），指由不同主题及完成者的单幅书法、绘画及书籍装饰作品组成的作品集。

⑫ 迪拉米（daylāmī），指生活在里海西南沿岸，即今天伊朗吉兰省东部地区的山区之中的部落人民，他们擅长近身作战。本书第45页注释①已介绍过毛拉纳·马列克。

⑬ 菲尔瓦库什（Fīlvākūsh），位于伊朗加兹温。

و بزور ثلث در نسخ تعلیق سرآمد دوران گردید و بیشتر از دیگران شهرت گرفت و در فضیلت و مولویت نمایان بود و اکثر اوقات صرف مطالعه و مباحثه نمودی و اکثر علوم را مثل نحو و صرف و منطق و معانی و بیان منقّح ساخته بود و در علم ریاضی خصوصاً حساب و هندسه و نجوم و موسیقی کمال مهارت و دانش داشت و معمّا را نیز خوب می‌دانست در اوایل حال در سلسلهٔ رفیعهٔ قاضی جهان وکیل در اردوی معلای شاه جمجاه می‌بود و چون در آن اوان اکثر زمان استادالعلما خواجه جمال‌الدّین محمود شیرازی در آن سلسله می‌بود مولانا پیش خواجه شرح تجرید و حاشیه و بعضی نسخه‌های دیگر دیدند پس از آن حسب‌الامر شاه عالمیان پناه در کتابخانهٔ شاهزادهٔ ظفرلوا ابوالفتح سلطان ابراهیم میرزا جا گرفت و در شهور سنهٔ اربع و ستین و تسعمائه همراه نوّاب میرزایی به مشهد عالی رفت و یک سال و نیم در آن روضه مقیم بود در آن اوان فقیر گاهی سرمشق از ایشان کس فرستاده می‌گرفتم چون سید سلاطین و مروج مذهب آبائه الطاهرین شاه طهماسب عمارات دولتخانهٔ مبارکهٔ دارالسلطنهٔ قزوین را به اتمام رسانیده بودند به کتابه احتیاج بود حکم قضا نفاذ باحضار مولانا عزاصدار یافت که شاهزادهٔ کیوان وقار او را بدرگاه گیتی پناه فرستد مولانا حسب‌الامر اعلی بدارالسلطنهٔ قزوین آمده بدان خدمات اقدام نمود آنچه در ایوان چهل ستون نوشته‌اند این غزل خواجه حافظ شیرازیست علیه الرحمه که بر بوم طلا بخط لاجورد نوشته.

جوزا سحر نهاد حمایل برابرم — یعنی غلام شاهم و سوگند می‌خورم
ساقی بیا که از مدد بخت کار ساز — کامی که خواستم ز خدا شد میسّرم
شاها من ار بعرش رسانم سریر فضل — مملوک این جنابم و مسکین این درم
ور باورت نمی‌شود از بنده این حدیث — از گفتهٔ کمال دلیلی بیاورم
گر بر کنم دل از تو و بردارم از تو مهر — آن مهر بر که افکنم این دل کجا برم
عهد الست من همه با عهد شاه بود — در شاهراه عهد برین جهد نگذرم

并且像练习三一体一样很快成为当时的波斯体大师，名声远在同时代的其他大师之上。他是一位高尚尊贵之人，大部分时间他都在学习和辩论。他精通大部分学科，例如语法学、逻辑学和修辞学，而在数学方面他尤其擅长运算、几何、天文以及音乐①。他还精于编写谜语。最初他在与贾姆希德齐名的国王②的皇家营帐之中，跟随高齐·贾汗瓦基尔工作。当时学者之导师贾马尔丁·马赫穆德·设拉子依也在高齐·贾汗瓦基尔身边，因此毛拉纳便跟随他学习《信仰的表达》③的注释本及边注本，此外他们还一起阅读了其他书籍。这之后在国王的命令下，毛拉纳又来到苏丹·易卜拉欣·米尔扎王子的书画院中工作。他于（伊历）964年④跟随王子来到神圣的马什哈德，并在那个地方生活了一年半。在那段时间里，鄙人有时会收到毛拉纳差人送来的习帖。当苏丹之王、伊玛目信仰的传播者⑤在帝王之城加兹温修建的皇家建筑⑥完工之时，需要有人完成铭文的书写工作。国王便下令尊贵的王子将毛拉纳送到世界庇护者⑦的王宫之中去。毛拉纳到达加兹温后就着手完成这份工作。他书写在四十柱宫门廊上的作品是火者·哈菲兹·设拉子依（愿真主宽恕他）的抒情诗⑧。这首诗是用天青石色笔墨写在涂金的底色之上的：

清晨，双子星在我面前闪耀，似在说，“我是国王⑨之仆，我在此起誓”。

萨吉你且来呀，由于我的好运，我对真主的祈愿如今已经实现。

我的王啊，即使我的技艺之宝座已直达天庭，我依然是你的奴仆，你门前的乞者。

如若你不相信我的这片心意，我将用卡玛尔⑩的话为自己辩解。

“即使我不再爱你，我这片心意、这份深情又能付诸何人？”

我与真主的盟约⑪就是与国王的盟约，在这条路上我从未放弃努力。

---

① 古希腊哲学家认为音乐与数学和物理相关，受此影响，古代伊朗也将音乐归到数学学科之中。

② 指塔赫玛斯普一世。

③ 《信仰的表达》（*Tajrīd al-Iʿtiqād*）是13世纪波斯百科全书式学者纳赛尔丁·图西（Naṣīr al-Dīn Ṭūsī，1201—1274年）的著作，该著作阐述了什叶派对伊斯兰教信仰的理解，是该领域最重要的作品之一。后世有多位伊斯兰学者针对该书进行了注解，这些注解过的书籍又被后世学者添加了边注。

④ 公历1556/1557年。

⑤ 指塔赫玛斯普一世。

⑥ 1555年，随着奥斯曼帝国与萨法维王朝之间的三次战争接近尾声，塔赫玛斯普一世开始在新都加兹温兴建皇家建筑。后多个朝代在此基础上又添盖了新的建筑，如今这些建筑已改为博物馆。在萨法维王朝时期修建的建筑包括本书第153页提及的萨达特阿巴德花园以及四十柱宫（Kākh-i Chihil Sutūn）。

⑦ 指塔赫玛斯普一世。

⑧ 这首诗是《哈菲兹诗集》中的第329首抒情诗。

⑨ 此处的国王指阿布·阿斯哈格·因珠（Abū Asḥāq Īnjū，1321—1357年），他是因珠王朝（Injuids，1335—1357年）最后一位统治者，去世之前一直是哈菲兹的赞助者。这首诗由于是赞美国王的诗歌，故被选中抄写在塔赫玛斯普一世的皇家建筑之中。

⑩ 指卡玛尔丁·伊斯玛仪（Kamāl al-Dīn Ismāʿīl，1173—1237年），擅长写颂体诗。下面引用的这句诗是他的《抒情诗集》（*Ghazaliyāt*）的第121首。

⑪ “与真主的盟约”（ʿahd-i alast）一词出现在《古兰经》中，指真主从尘世之人口中得到的承诺或认可，核心内容是承认真主是一切的唯一的创造者，而真主会根据这个盟约在审判日进行裁决。

گردون چو کرد نظم ثریا بنام شاه — من همچنین چرا نکنم از که کمترم
شاهین صفت چو طعمه چشیدم ز دست شاه — کی باشد التفات بصید کبوترم
شعرم ز یمن مدح تو صد ملک دل گشاد — گویی که تیغ تست زبان سخنورم
بال و پری ندارم و این طرفه‌تر که نیست — غیر از هوای صحبت سیمرغ در سرم
بر گلشنی اگر بگذشتم چو باد صبح — نه عشق سرو بود نه میل صنوبرم
بوی تو می‌شنیدم و بر یاد روی تو — دادند ساقیان طرب یکدو ساغرم
با سیر اختر فلکم داوری بسست — انصاف شاه باد در این قصّه یاورم
نامم ز کارخانهٔ عشاق محو باد — گر جز محبت تو بود کار دیگرم
ای عاشقان روی تو از ذرّه بیشتر — من چون رسم بوصل تو کز ذره کمترم
بنما به من که منکر حسن رخ تو کیست — تا دیده‌اش بگزلک غیرت برآورم
شکر خدا که باز در این اوج بارگاه — طاوس عرش می‌شنود صیت شهپرم

کتبه فی سنهٔ ست و ستین و تسعمائه. و این غزل مولانا حسام‌الدّین مداح را حسب‌الامر اعلی در سردرها و پنجره‌های ایوان مذکور نوشته

ما غلامان شاه مردانیم — رهبری غیر او نمی‌دانیم
خاک پای ابوذر غفار — بندهٔ اعتقاد سلمانیم
در وفای محبت حیدر — هرچه گویی هزار چندانیم
تشنهٔ راه کربلا و نجف — حاجی کعبهٔ خراسانیم
هرچه در وصف مرتضی باشد — یافته در کلام سبحانیم
نامه کز نام او بود خالی — گر سر ما رود نمی‌خوانیم
تا گریزند روبهان از ما — آشنایان شیر یزدانیم
ناصبی همچون غنچه دل خونست — ما چو گل سرخ روی و خندانیم

既然天空能以国王之名用昴宿星[①]作诗，我既不逊于他人，何不也作诗一首？

因国王之故，我已尝到猎鹰之味，又怎会再去关注鸽子？

因为你的赞美，我的诗歌在百座城池受到喜爱，我雄辩的舌头已成为你手中的利剑。

我没有翅膀和羽毛，除了与凤凰[②]交谈，我别无他念。

我像一阵晨风拂过花园，既不会爱上柏树，也不曾为白杨心动。[③]

我闻到了你的香气，又想起你的面庞，此时欢快的萨吉将我的酒杯斟满一两次。

斗转星移，我这一生有几多变故，是国王的公允助我渡过次次难关。

若在爱你之外我胆敢有其他想法，那便将我的名字从你的爱慕者之列删去吧。

爱你之人多如尘埃，而比尘埃还要卑微的我何时才能得到你的眷顾？

告诉我是谁竟敢否认你的美，我要用嫉妒之刃挖出他的双眼。

感谢真主在国王的大殿之上，我的名声——天园中的孔雀之声得以远播。

（伊历）966年[④]，毛拉纳将毛拉纳·胡萨姆丁·马达赫[⑤]的这首抒情诗抄在了四十柱宫的正门和走廊窗户上。

我们是人民之王[⑥]的奴隶，除了他，我们不认可任何人来做领袖。

我们是阿布扎尔·葛法尔[⑦]脚下的尘土，我们是萨勒曼[⑧]信仰的奴仆。

我们忠于并热爱海达尔[⑨]，对你的命令，我们都将上千倍地回应。

我们渴望踏上前往卡尔巴拉和纳杰夫的路，成为前往霍拉桑克尔白[⑩]的哈吉[⑪]。

所有对穆尔塔扎的赞美，都已写在我的颂歌之中。

一部作品若没有他的名字，即使冒杀头之险，我们也绝不去读。

为了让狐狸远离我们，我们成为真主之狮的追随者。

阿里的追随者都是内里泛红的花蕾，我们就像面带笑靥的红玫瑰一般。

---

① 昴宿星（Surayā），位于金牛座的疏散星团。由于该星团中的星星排列呈环状，故在波斯诗歌中往往将该星团比作天空中的项链。

② 指国王。

③ 柏树（sarv）和白杨（sinūbar）由于枝干挺拔，在波斯诗歌中常用来比拟美人。

④ 公历1558/1559年。

⑤ 毛拉纳·胡萨姆丁·马达赫（Mawlānā Ḥussām al-Dīn Madāḥ）。

⑥ 指伊玛目阿里。

⑦ 阿布扎尔·葛法尔（Abūẕarr al-Ghifār，？—652年）据说是最早的伊斯兰教信徒。他是伊玛目阿里的支持者、穆阿维叶的反对者，因此在什叶派信徒之中享有极高的地位。

⑧ 萨勒曼（Salmān，568—652/653年），即萨勒曼·法尔西（Salmān al-Fārsī），他是第一位信仰伊斯兰教的波斯人。他被先知穆罕默德视为家人，在先知去世之后，他又是伊玛目阿里的追随者。萨勒曼信仰即指伊斯兰信仰。

⑨ 海达尔（Ḥaydar），意为“雄狮”，伊玛目阿里被称为“真主的雄狮”。

⑩ 克尔白除指麦加天房外，也可理解为“圣地”。霍拉桑的克尔白指位于霍拉桑马什哈德的伊玛目礼萨圣陵，上半对句中提到的卡尔巴拉和纳杰夫均为什叶派圣地。

⑪ 哈吉（ḥājjī），是对按规定完成前往麦加天房朝觐功课的穆斯林的尊称。

شکرالله که چون حسام‌الدّین　　　　در گدائی گدای سلطانیم

مولانا بعد از اتمام کتابه‌ها رخصت مراجعت به مشهد مقدّس نیافت نوّاب جهانبانی میرزایی مکرر از مشهد مقدّس عرضها بپایهٔ سریر اعلی در باب رخصت دادن مولانا نوشت و آن تاریخ از نتایج طبع مرحومی قاضی عطاءالله ورامینی است. تاریخ

زهی قصر با رفعت شاه عادل　　　　که شد آستانش به کیوان مقابل
چو شه برفرازش رود عقل گوید　　　　کلیمی گرفته است در طور منزل
پی سال اتمام آن فکر کردم　　　　ز یک مصرع آمد دو تاریخ حاصل
شه از سال تاریخ پرسید گفتم　　　　(بهشت برین) است (خیرالمنازل)

تا آنکه در سنهٔ تسع و ستین و تسعمایه در قزوین به عالم آخرت رحلت نمود یکی از فضلا در تاریخ فوت مولانا گفته‌اند.

صد حیف کز جهان رفت مالک یگانهٔ عصر　　　　خطّاط بود و فاضل درویش بود و سالک
یاقوت عصر خود بود روزیکه از جهان رفت　　　　تاریخ فوت او شد (یاقوت عصر مالک)

مولانا مصحفی به خط نستعلیق بنیاد کرده بود و می‌نوشت توفیق اتمام نیافت و ظاهراً هر که این کار کرد تیمناً برو خوب نیامد باقی حالات و اشعار مولانا در تذکرة الشعرا ایراد یافته.

میر صدرالدّین محمّد ولد میرزا شرفجهان قزوینی وی شاگرد مولانا مالک بود و صاف و پاکیزه می‌نوشت و در رنگ‌آمیزی و وصالی قدرت تمام داشتند و در علم موسیقی و ادوار وقوف بسیار داشتند و صورتها و نقشها بسته و تذکرة الشعرایی به طرز و اسلوب خواجه دولتشاه

感谢真主！在乞讨之路上像胡萨姆丁这样的人能在国王的门前乞讨。[①]

尽管尊贵的王子多次向至高的王座提出让毛拉纳返回马什哈德的请求，但毛拉纳在写完这些铭文之后，依然未获准回到圣城马什哈德。下面的这首《日期》是已故的高齐·阿塔拉赫·瓦拉米尼[②]的作品：

日期

伟大国王的宫殿多么雄伟啊！气势磅礴的大门有如土星般闪耀。

国王驾临这座宫殿之时，就仿佛穆萨住进了西奈山。

关于它的建筑日期我思索许久，最终在半个对句中写出两个答案。

当国王询问起日期时，（我的回答是）“最宏伟的天园”和“最吉庆的居所”。[③]

毛拉纳于（伊历）969年在加兹温前往永恒的世界。一位学者关于毛拉纳归真的日期写道：

可惜呀，这个时代唯一的马列克走了，这位书法家、学者和纯粹的苦修者。

他是这个时代的雅古特，当他离开世界时，他的归真日期是：时代的雅古特——马列克[④]。

毛拉纳·玛斯哈非[⑤]以书写波斯体为主，但他的作品不算成功，似乎他其他字体的书法作品也不算成功。有关他的情况及诗作在《文英荟萃》中有提及。

米尔·萨德尔丁·穆罕默德[⑥]是米尔扎·沙拉夫贾汗·加兹温尼[⑦]之子。他是毛拉纳·马列克的学生，（他的）字迹流畅利落，除此之外，他还擅长调色及书籍拼贴。他的音乐素养极高，还会绘制人像及图形。他还运用火者·道拉沙赫[⑧]的写作方式写了一

---

① 国王指伊玛目阿里。乞讨有“卑微地追随”之意。

② 高齐·阿塔拉赫·瓦拉米尼（Ghāzī ʿAṭāʾullāh Valāmīnī）是高齐·艾哈迈德的哥哥，在塔赫玛斯普一世宫廷中工作。他是一位诗人，擅长写藏有日期信息的谜语诗。

③ 根据阿拉伯辅音字母计数法，“最宏伟的天园”（bihisht-i barīn）以及“最吉庆的居所”（khayr al-manāzil）这两个词组对应的数值是969年，因此说明该建筑的修建或题词时间为伊历969年（公历1561/1562年）。

④ 时代的雅古特——马列克（Yāqūt-i ʿaṣr Mālik），根据阿拉伯辅音字母计数法，该词组对应的数值为968，这与高齐·艾哈迈德记录的伊历969年相差一年。

⑤ 毛拉纳·玛斯哈非（Mawlānā Maṣḥafī）。

⑥ 米尔·萨德尔丁·穆罕默德（Mīr Ṣadr al-Dīn Muḥammad，1538/1539—1598/1599年或1599/1600年），书法家、音乐家、画家及诗人，他是阿巴斯一世的近臣，晚年失明之后就不再书写练字。

⑦ 即本书第83页提到的米尔扎·沙拉夫贾汗。

⑧ 火者·道拉沙赫（Khwāja Dawlat-Shāh，1438/1439—1494/1495年），即道拉沙赫·撒马尔罕迪（Dawlat-Shāh Samarqandī），伊历10世纪的诗人及传记作者，出生于霍拉桑贵族家庭，是一位虔诚的苏非教徒。他所著的《诗人传记》（*Taẕkira al-Shuʿarāʾ*，1486年）记录了从波斯诗歌诞生直到该书作者生活年代的大部分波斯诗人，除此之外他还记录了各朝代的君王及哲人。该作品对于了解波斯诗歌历史及诗人生平有很高的价值，但其中记录的一些信息与其他史书有出入。

که بعد از هر شاعری یکی از سلاطین زمان را ذکر می‌کند قریب چهل سال در میان داشتند و دست و پای بیشتری زدند و کاری نساختند و قریب ده سال هر ساله مبلغی کلی از نوّاب کامیاب مالک رقاب اشرف همایون ابوالمظفّر شاه عباس بهادرخان خلدالله ملکه ابدا می‌گرفتند که تذکره را تمام کنند بالاخره عاجز آمده موقوف به تذکرهٔ راقم نمودند که این را گرفته در آن لباسی بپوشانند مکرر نوّاب اعلی را برین داشت که تذکره را از بنده طلبیدند چون اتمام نیافته بود بنده معذرت عرض کردم تا آنکه بهانه نیافت و نوّاب کامیاب تذکرهٔ او را می‌طلبیدند در برابر تهمت بر فقیر نموده عرض کرد که چهل و پنج سال قبل از این که والد راقم وزیر مشهد مقدّس معلّی بود کتابی از کتابخانهٔ آنحضرت گرفته و نزد او مانده الحال آن کتاب نزد قاضی احمد است آن را بستانید و به من دهید تا من تذکره را تمام کنم هیچ قزوینی هرگز این حرف نگفته القصه به مودّای القاصُ لایُحبّ القاص خاطر اشرف را از این غلام منحرف ساخته معزول شده به قم آمد و در ماه صفر که نوّاب مستطاب معلّی القاب سیادت و صدارت پناه خداوندی امیر ابوالولی اینجوبه قم تشریف آوردند در درون روضهٔ مقدّسهٔ منورهٔ معصومه سلام الله علیها فقیر مصحف برداشته قسم خوردم که حکایت کتاب کتابخانهٔ حضرت را که میرصدرالدّین محمّد به عرض اشرف رسانیده که نزد بنده است کذب محض است و بنده از آن خبری ندارم و غیر واقع و تمام افتراست و در ضمن آن مباهله کرده مشارالیه را بحضرت امام رضا و همشیره‌اش حواله کردم و چون میر صدرالدین محمّد از دارالسلطنهٔ اصفهان در شهر صفر متوجهٔ کاشان شده از کاشان به جانب خراسان عزیمت فرمودند در حوالی بسطام به انتقام منتقم حقیقی ناگاه از کارخانه دیوان قضا در شهر ربیع‌الاول تنکوزئیل سبع والف که یک ماه از مباهله بگذشت مشارالیه مستوجب سیاست و حدود الهی شده به آن خود رسید.

پنداشت ستمگر که ستم بر ما کرد　　　بر گردن او بماند و از ما بگذشت

و در تاریخ فوت امیر ابوطالب کاشی این ابیات بر لوح بیان نگاشته :

میر فلک رتبهٔ عالی گهر　　　صدر انام اختر برج شرف
اختر تابندهٔ هفتم سپهر　　　گوهر یکتای گرامی صدف
از شرف و سیرت خلقش سزد　　　فخر کند ار بوجودش سلف
چون گهر ذات گرامی او　　　مادر ایام ندارد خلف

本同名的《诗人传记》，即在每一位诗人的后面再介绍一位当时的统治者。他在此事上已花费将近40年的时间，然而至今没有完成。而10年间他每年都会收到阿巴斯国王[①]（真主保佑他的国土及统治无虞）就书写此书所发放的佣金。最终他无计可施，竟要求将鄙人所写的《文英荟萃》以他的名义（呈现给国王）。在他反复的请求之下，尊贵的国王便来向鄙人讨要所写之书，然而当时该书并未完成，鄙人便向国王致歉并说明缘由。他的这个计谋没有成功，谁知当国王再次令他交出书稿时，他竟诬告鄙人之父在45年前担任圣城马什哈德的大臣时，从国王的书画院里拿走了一本书，如今这本书在鄙人身边。他此刻需要拿回那本书才能完成写作。没有一个加兹温人会像他这样信口开河。总之，由于此人的谗言，尊贵的国王对鄙人产生了错误的看法，鄙人遭到免职，返回了库姆。2月，萨德尔阿米尔·阿布瓦里·因珠[②]驾临库姆。在那个圣洁之地[③]鄙人手执《古兰经》发誓，米尔·萨德尔丁·穆罕默德对尊贵的国王所讲的鄙人持有皇家书画院一本书之事纯属无稽之谈，鄙人对他诬告之事毫不知情，且此事绝不属实。鄙人还以伊玛目礼萨及其妹妹[④]之名发誓。米尔·萨德尔丁·穆罕默德2月在从帝王之城伊斯法罕前往卡尚，又从卡尚前往霍拉桑的路途中，在巴斯塔姆[⑤]附近突然受到了真主的惩罚，于（伊历）1007年3月[⑥]，也就是在鄙人发誓的1个月之后去世了。

压迫者本以为可以压制我们，他却被扼住了喉咙，使我们得以解脱。

阿米尔·阿卜塔里布·卡什[⑦]就他的去世日期写道：

他是天园之中高贵的领袖，他居于宇宙之上，是天空中高贵的星。

他是天空中最闪耀的第七颗星，是贝壳中唯一的珍珠。

他举止高雅、品德高贵，先辈们因他的存在而感到荣耀。

他的天性如宝石般珍贵，时间之母再也不会拥有这样的后人。

---

① 指阿巴斯一世。

② 阿米尔·阿布瓦里·因珠（Amīr Abū al-Vālī Īnjū，？—1601/1602年），来自圣裔家族，曾担任伊玛目礼萨圣陵的管理者，阿巴斯一世上台之后担任萨德尔。

③ 指法蒂玛圣陵。

④ 即法蒂玛。

⑤ 巴斯塔姆（Basṭām），伊朗塞姆南省的城市。

⑥ 公历1598年10月。

⑦ 阿米尔·阿卜塔里布·卡什（Amīr Abū-Ṭālib Kāshī）。

عاقبت از دار فنا رخت بست شد ز قضا نقد حیاتش تلف
خانه سیه کرد فلک زین عزا گشت رخ ماه کبود از کلف
حیف که ارباب خرد را نماند قدوه و ملجا و ملاذ و کنف
بود چو ارباب نعم را ملاذ بد چو ازو اهل طرب را شعف
نغمه سرایان همه بستند لب ماند ز آهنگ و نوا چنگ و دف
بربط و طنبور گسستند تار عود برآورد فغان از اسف
از پی تاریخ وفاتش خرد بود طلبگار چو از هر طرف
فکر بیک بیت دو تاریخ کرد پیش وی آورد به رسم تحف
ملجا دنیا و ملاذ انام صدر جهانی و جهان شرف
باد حنوطش ز پی مغفرت خاک در مسند شاه نجف

ماجرای او و فقیر مجلدات میطلبد و رقعه‌هایی که او به فقیر نوشته شرحها خواهد سربسته به تقریبات در تذکرة الشعرا ایراد یافته و مسودهٔ تذکرهیی که او می‌نوشت و اتمام نیافته بود بدست اشرف درآمده از آنچه او جمع کرده بود هفت بیت انتخاب فرمودند.

مولانا دوست محمّد از شهر هرات بود شاگرد مولانا قاسم شادیشاه است مصحفی به خط نسخ تعلیق او تمام کرده بود شاه رضوان بارگاه را بدو لطفی بود جمیع کاتبان و نقّاشان را از کتابخانه اخراج نمودند به غیر از مولانا که به حال خود ماند وی تعلیم خط به شاهزاده سلطانم می‌داد.

مولانا رستمعلّی خواهرزادهٔ استاد بهزاد نقّاش بود نسخ تعلیق را خوش می‌نوشت

最终他离开了这个虚无的世界，他的生命也走到了尽头。

天空因悲恸而一片漆黑，月亮蓝色的脸庞也躲了起来。

可叹啊，这伟大的人离我们而去，我们失去了领袖和避难所。

因为他是充满吉庆之人，他天性活泼，能带给我们快乐。

此刻所有的歌者都紧闭双唇，不再歌唱或击鼓弹琴。

乐者剪断了巴尔巴特、丹不尔、塔尔琴的弦，乌德琴也发出悲伤的声音。[①]

关于他的去世日期，各方之人皆来询问。

我在一个对句中两次表达日期，以作为对他的献礼。

世界的避风港，人民的避难所，如世界一般尊贵的世人之领袖。[②]

他去世后被包裹起来，葬在纳杰夫之主[③]一旁以求（真主）宽恕。

他与鄙人之间的故事颇费篇幅，他写给鄙人的信也需要解释一番。《文英荟萃》中也简要提及了关于他的一些事，他那本交给国王的未完成的传记中，有7个对句也被收录进《文英荟萃》中。

毛拉纳·杜斯特穆罕默德[④]生于赫拉特，是毛拉纳·卡西姆·沙迪沙赫的学生，他用波斯体抄写过一份《古兰经》。永居天园的国王[⑤]对他非常器重，国王遣散了皇家书画院中的大部分画师和书记官，唯独把他留了下来。他还负责教授公主苏丹纳姆[⑥]书法。

毛拉纳·鲁斯塔姆阿里[⑦]是绘画大师贝赫扎德的外甥。他擅长波斯体，是一名出色的书记官。最初他在尊贵的巴赫拉姆·米尔扎王子的书画院中工作，晚年又在这位王子

---

① 巴尔巴特（barbaṭ）、丹不尔（ṭanbūr）、塔尔琴（tār）以及乌德琴（ʿūd）都是伊朗及中亚地区的弹拨乐器。

② 根据阿拉伯辅音字母计数法，这个对句的前后两个半句所对应的数值为1008，故米尔·萨德尔丁·穆罕默德的去世年份为伊历1008年（公历1599/1600年）。

③ 指伊玛目阿里。该句的意思是米尔·萨德尔丁·穆罕默德葬在纳杰夫伊玛目阿里的陵墓旁。

④ 毛拉纳·杜斯特穆罕默德（Mawlānā Dūst Muḥammad，1490—1565年），伊历10世纪的作家、书法家和画家，他是贝赫扎德的学生，在塔赫玛斯普一世的皇家书画院中担任画师及文书。他还于1544年为《巴赫拉姆·米尔扎书画集》（*Muraqqaʿ-i Bahrām Mīrzā*，现藏于土耳其托普卡帕宫，编号：Hazine 2154）撰写了前言，前言涉及字母、书法及绘画的历史以及14—16世纪波斯著名的画家和书法家的生平。

⑤ 指塔赫玛斯普一世。

⑥ 苏丹纳姆（Sulṭānam，1519—1562年），即玛欣巴努（Mahīn-Bānū），她是伊斯玛仪一世之女，自小就对政治颇感兴趣，年轻时便担任塔赫玛斯普一世的政治顾问。她的书法作品也收录在《巴赫拉姆·米尔扎书画集》之中。

⑦ 毛拉纳·鲁斯塔姆阿里（Mawlānā Rustam-ʿAlī，？—1562/1563年），伊历10世纪的伊斯兰书法家，先后在巴赫拉姆·米尔扎和易卜拉欣·米尔扎两位王子的书画院中工作，在后者的书画院中他与其他画师和书法家共同完成了贾米的《七宝座》手抄本。关于鲁斯塔姆阿里的去世年份有不同的说法，除《艺术芳园》记载的伊历970年以外，还有其他史料中推测他于伊历935—942年间去世。

و کاتب خوب بود در اوایل در کتابخانهٔ نوّاب غفران پناه بهرام میرزا می‌بود و در آخر پیری هفت سال دیگر در کتابخانهٔ پسرش نوّاب ابوالفتح سلطان ابراهیم میرزا نورالله مرقده در مشهد مقدّس انور بسر می‌برد در آنجا رحلت کرد و در جنب مزار مولانا سلطانعلی مشهدی مدفون گشت فی شهور سنهٔ سبعین و تسعمائیه.

مولانا محب علی ابراهیمی خلف مولانا رستمعلّی است جلی و خفی را خوب می‌نوشت کتابدار نوّاب شاهزادگی ابراهیمی گشت و در آخر اسم ابراهیمی می‌نوشت مولانا محب علی چون رشید افتاده بود به کتابداری قناعت نمی‌نمود و در مزاج نوّاب میرزایی دخل تمام داشت و در امور ملکی دخل می‌فرمود بعد از هشت سال که در خدمت نوّاب بود شاه جمجاه او را از خدمت اخراج کرده به دارالسلطنهٔ قزوین طلبید مولانا بعد از ایّامی که در قزوین بود رخصت زیارت عتبات عالیات یافته روانهٔ زیارت شد بعد از رجعت هم در آن اوقات در دارلسلطنهٔ قزوین فوت شد نعش او را به مشهد مقدّس برده در جنب پدرش نهادند در تاریخ فوت او گفته‌اند:

رفت از جهان فانی ملا محبعلی حیف — یا رب بصدر جنّت او را مقام بادا
چون نزد اهل دنیا مقبول و محترم بود — در آخرت الهی با احترام بادا
تاریخ سال فوتش پرسیدم از خرد گفت — ملامحب علی را شافع امام بادا

این تاریخ را استاد میر سید احمد مشهدی بخط خود [بر سنگ قبر او] نوشتند.

حافظ باباجان از تربت زاوه است او نیز نسخ تعلیق را خوش می‌نوشته و ساز و عود را نیکو می‌نواخت بعضی او را قرینهٔ مولانا عبدالقادر قدیم می‌دانسته‌اند وی زر نشانی هم می‌کرده و او برادر حافظ قاسم خواننده بوده که در خوانندگی مشهور آفاق است و نظیر خود نداشته پدر ایشان حافظ عبدالعلی تربتی در خدمت پادشاه مرحوم سلطان حسین میرزا می‌بوده آخر از هرات به عراق افتادند و در عراق متوطّن گشتند.

之子阿布·法特赫·易卜拉欣·米尔扎王子位于马什哈德的书画院中工作了7年。毛拉纳于（伊历）970年[①]在马什哈德去世，葬在毛拉纳·苏丹·阿里·马什哈迪的墓旁。

毛拉纳·穆希卜阿里·易卜拉希米[②]是毛拉纳·鲁斯塔姆阿里的后人，书写粗体字和细体字都不在话下。由于他担任王子[③]的书画院掌事，故在名字后添上了“易卜拉希米”。随着毛拉纳书写水平的日益提高，他不再满足于图书管理的工作，经常参与王子的私事，甚至会干预王室事务。在为王室工作了8年之后，尊贵的国王将他遣散到加兹温。毛拉纳在那里工作了一段时间之后，向国王告假，踏上了前往伊玛目圣陵[④]的朝觐之旅。毛拉纳在结束旅程，返回加兹温之后便去世了，他的遗体被运往圣城马什哈德，葬在他父亲的墓旁。有关他去世的日期是这样写的：

可叹啊，毛拉·穆希卜阿里离开了这凡世，真主啊，请将他安顿在天园的上层。

他在这个世界备受认可和尊重，真主啊，请让他在那个世界也享有荣耀。

我思索着他过世的日期，最终的答案是：愿伊玛目做毛拉·穆希卜阿里的调解人。[⑤]

米尔·赛义德·艾哈迈德·马什哈德[⑥]大师亲自将这个日期刻在了墓碑之上。

哈菲兹·巴巴·琼[⑦]是托尔巴特人，擅长波斯体，还会弹奏乌德琴及其他乐器。有人认为他（在音乐方面的造诣）就像过去的毛拉纳·阿卜杜高迪尔[⑧]一样。他还会镶金技艺，而他的兄弟哈菲兹·卡西姆[⑨]是位知名的歌唱家，他的歌声独一无二。他们的父亲哈菲兹·阿卜杜阿里·托尔巴提[⑩]曾为已故的苏丹·侯赛因·米尔扎效力，他们一家最终从赫拉特搬到了伊拉克生活。

---

① 公历1562/1563年。

② 毛拉纳·穆希卜阿里·易卜拉希米（Mawlānā Muḥibb-ʿAlī Ibrāhīmī，？—1565/1566年），伊历10世纪的书法家、音乐家和诗人。他由于擅长吹芦笛而得名“纳依”（Nāyī），即“吹芦笛者”。他是易卜拉欣·米尔扎王子书画院的负责人，当时他的父亲毛拉纳·鲁斯塔姆阿里也在他的管理之下，他最重要的书法作品是与当时书画院中其他成员共同完成的贾米《七宝座》手抄本。

③ 指易卜拉欣·米尔扎。

④ 通常指纳杰夫的伊玛目阿里圣陵以及卡尔巴拉的伊玛目侯赛因圣陵。

⑤ 这三个对句中的毛拉即毛拉纳（Mawlānā），根据阿拉伯辅音字母计数法，“愿伊玛目做毛拉·穆希卜阿里的调解人”对应的数值为973，即毛拉纳·穆希卜阿里去世的年份为伊历973年（公历1565/1566年）。另“调解人”（shāfaʿ，shafāʿat-kunanda）指在真主审判之时，发挥求情、调解作用的人，通常指先知及十二位伊玛目。

⑥ 米尔·赛义德·艾哈迈德·马什哈迪（Mīr Sayyid Aḥmad Mashhadī），即本书第149页的米尔·赛义德·艾哈迈德。

⑦ 哈菲兹·巴巴·琼（Ḥāfiẓ Bābā Jān，？—1537/1538年）是巴赫拉姆·米尔扎王子身边的近臣，故也被称作“巴赫拉米”（Bahrāmī），擅长书法、乐器和作诗。

⑧ 毛拉纳·阿卜杜高迪尔（Mawlānā ʿAbd al-Qādir，1356—1434/1435年），伊朗马拉盖人，伊历9世纪著名的乌德琴演奏家，他还擅长书法、绘画及作诗。

⑨ 哈菲兹·卡西姆（Ḥāfiẓ Qāsim）。

⑩ 哈菲兹·阿卜杜阿里·托尔巴提（Ḥāfiẓ ʿAbd al-ʿAlī Turbatī），哈菲兹·卡西姆及哈菲兹·巴巴·琼之父，在苏丹·侯赛因·米尔扎王子的宫廷中工作。

میرزا محمود ولد خواجه قباحت جراح خاصهٔ شریفه بود چون وی سفره چی نوّاب مرحومی شاه نعمت‌الله باقی بود و شاه همگی ایّام به ساختن مرقع اشتغال داشت میرزا محمّد نیز مشقی می‌کرد و قطعه‌ها می‌نوشت و خیلی شاه را خط او خوش افتاده بود استادی مولانا مالک نقل می‌نمود که روزی نزد شاه نعمت‌الله رفته قطعه‌یی برده گذرانیدم شاه قطعه‌های میرزامحمّد را بیرون آورده به من نمود که چون می‌نویسد ببینید و آخر فرمود که بهتر از مولانا سلطانعلی و مولانا میرعلی نوشته بنده گفتم شاهم بهتر از بنده نوشته اما بهتر از ایشان نمی‌تواند نوشت این همان پسر است که یکی از ظرفا جهت خواجه قباحت گفته است: **لطیفه**

کند خواجه قباحت دعوی فهم   همیشه نزد ارباب فصاحت
ولی فرزند حیز بی تمیزش   دهد کون و نمی‌فهمد قباحت

میرصفی نیشابوری او نیز خوش می‌نوشته چون از شعرای مقرر است اسم او و حالات او در تذکرةالشعرا ایراد یافته.

میرمحمّد حسین از اکابر سادات رزهٔ باخرز است شاگرد مولانا قاسم شادیشاه بوده و از اولاد میرصانعی باخرزی است که بعضی اوقات وزیر سلطان حسین میرزا بوده کتابت وی بسیار پخته و بامزه است و خوشنویس قزوین بوده با اکثر اعیان دولت قاهره مصاحب بوده بعد از رحلت شاه جنّت مکان به خراسان رفت و در وطن خود به زراعت و عمارت اشتغال داشت تا آنکه در فترات و انقلابات خراسان پریشان و بی‌سامان از ظلم و تعدی ترکان و عوانان شده هم در آن ایام رحلت نمود میرمحمّد حسین به غایت از خود گذشته و فانی و نجیب‌زاده بود و اختلاط و صحبتی رنگین داشت و شعر را هم خوب می‌گفت و در مصاحبت و همزبانی عدیل نداشت ازوست. **بیت:**

بی‌خبر از ذوق مستی شیخ منع ما کند   کاش نوشد جرعه‌یی تا حالتی پیدا کند

米尔扎·马赫穆德[①]是火者·佳宝哈特[②]之子，他是御用手术师。米尔扎·马赫穆德是已故的内马特拉赫·巴吉[③]国王的近身侍奉者，国王整日忙于制作册页集，于是他也开始练习书法。他写的单幅书法深受国王的喜爱。我的老师毛拉纳·马列克告诉我："有一次我将自己所写的单幅书法作品呈献给国王，而国王却拿出米尔扎·马赫穆德的单幅书法给我看，并说他认为这个作品优于毛拉纳·苏丹·阿里以及毛拉纳·米尔·阿里的作品。我回答，'我的国王啊，他的作品水平确实在我之上，但不及其他两位大师的水准'。"下面这首就是有关火者·佳宝哈特这个儿子的幽默诗歌之一：

打油诗

火者·佳宝哈特总是在聪慧的人面前，炫耀自己的智慧。

而他那个行为放荡不端的儿子总是露出屁股，佳宝哈特竟全然不知。

米尔·萨非·内沙布里[④]精通书法，由于他同时也是位诗人，故他的情况在《文英荟萃》中有记载。

米尔·穆罕默德·侯赛因[⑤]出生于巴哈尔兹[⑥]的圣裔家族，是毛拉纳·卡西姆·沙迪沙赫的学生，他还是米尔·萨内依·巴哈尔兹[⑦]的后人。萨内依曾担任苏丹·侯赛因·米尔扎的大臣。米尔·穆罕默德·侯赛因的书法技艺成熟、有韵味，他是加兹温知名的书法家，他与国王[⑧]宫廷中的大部分贵族都保持着紧密的关系。在国王去世之后，他回到霍拉桑，开始了归隐田园的生活。后由于霍拉桑陷入政权更迭以及突厥人入侵的战乱之中，他的精神状况逐步恶化，随后便去世了。米尔·穆罕默德·侯赛因是一位非常无私和低调的贵族，他还善于与人沟通。他擅长写诗，其诗歌水平在同时代诗人中出类拔萃。下面的诗句就是他的作品：

不懂醉酒之趣的谢赫禁止我们饮酒，真希望他能畅饮美酒，好进入哈尔状态。

---

① 米尔扎·马赫穆德（Mīrzā Maḥmūd）。

② 火者·佳宝哈特（Khwāja Gabāḥat）。

③ 内马特拉赫·巴吉（Niʿmatullāh Bāqī，？—1564年），他是本书第79页提及的米尔·阿卜杜巴吉之子，苏非圣人沙赫·内马特拉赫·瓦里的后人。1524年塔赫玛斯普一世上台之后，他被任命为亚兹德的执政官，并娶了国王的女儿为妻，两人之女又嫁给了伊斯玛仪二世。由于他的家族与萨法维王室有联姻关系，他极有可能承袭王位，故被冠以"国王"的称号。

④ 米尔·萨非·内沙布里（Mīr Ṣafī Nayshābūrī，？—1568/1569年），也叫米尔·桑伊（Mīr Ṣanʿī），他是内沙布尔的圣裔，擅长波斯体，同时也是位诗人和画家。

⑤ 米尔·穆罕默德·侯赛因（Mīr Muḥammad Ḥusayn）是伊历10世纪的著名书法家及诗人，在塔赫玛斯普一世宫廷中工作。

⑥ 巴哈尔兹（Bākharz），位于伊朗霍拉桑拉扎维的城市。

⑦ 米尔·萨内依·巴哈尔兹（Mīr Ṣāniʿī Bākharzī，？—1486年），诗人，最初担任苏丹·侯赛因·米尔扎的大臣，之后因惹怒国王被投入监狱中后死去。

⑧ 指塔赫玛斯普一世。

میرخلیل‌الله برادرزادهٔ میرمحمّد حسین است وی در قطعه‌نویسی و نزاکت خط از عمّ ابوت منزلت خود گذرانیده بود وی از شاگردان میر سید احمد مشهدی و در مشهد مقدّس خط را به آن اعتبار و درجه رسانیده بود و تعلیم از میر داشت میرخلیل‌الله در آن ایام که شاه سپهر احتشام در مشهد مقدّس معلّی بود سرخطی به نوّاب اعلی می‌داد و همراه رایات عز و جلال از خراسان به عراق آمد و از قزوین به کاشان رفته چند روزی در کاشان توقف نمود و از آنجا به هند و دکن رفت و در آنجا اعتبار تمام یافته بیک مرتبه مبلغ دویست تومان از نفایس هند به رسم نثار و پیشکش و نذر جهت شاه عالمیان فرستاد.

میرمحمود از سادات عریضی صحیح‌النسب سبزوار است و از اعیان آن مملکت بود بسیار خوش می‌نوشت چون احتیاج به کتابت نداشت کمتر به کتابت اشتغال داشت و همواره در مجلس بهشت آئین شاه جنّت مکان بود تقرّب وعزّت تمام داشت.

مولانا عبدالله شیرازی اگرچه خوشنویس نبود امّا کتابت را یکدست و پاک و صاف می‌کرد شاه علیین آشیان او را از شیراز به دارالسلطنهٔ قزوین آورده مقرر کرده بودند که هر کاغذی را که خواهند بر سرّ نویسند تا بندگان اشرف بخواند او می‌نوشت مدتی در دولتخانهٔ مبارکه این کار می‌کرد تا در شهور سنهٔ اثنی و ثمانین و تسعمائه در دارالسلطنهٔ قزوین فوت شد.

حافظ کمال‌الدّین حسین واحدالعین از دارالسلطنهٔ هرات بود نسخ تعلیق را خوب می‌نوشت و جمیع خطوط ستّه را هم مشق کرده بود و لاجورد شوی خوب هم بود از خراسان که به عراق آمد دارالمؤمنین قم را خوش کرده چند مدّت در آنجا توقف کرد قرآن را بسیار خوش می‌خواند از قم باردوی معلّی و در مجلس اشرف تکلیف قرآن خواندن بر او کردند گفت خوانندگیم نمی‌آید شاه جنّت مکان را خوش آمد اسب و استر و اشتر و خیمه و جمیع ضروریات و مایحتاج به او شفقت کرد مطلقاً قبول نکرد

米尔·哈利鲁拉赫①是米尔·穆罕默德·侯赛因的侄子，他在单幅书法以及书法精巧度上的成就超越了他的叔叔。他是米尔·赛义德·艾哈迈德·马什哈迪的学生之一，其书法达到了极高的水平。当散发天园光辉的国王②停留在圣城马什哈德期间，他负责指导国王学习书法。随后他又跟随国王从霍拉桑前往伊拉克。途中他又从加兹温到卡尚，在卡尚停留几日后又出发去印度和德干。他在那里备受尊崇。国王③按照当地的赠礼风俗，一次性赠予他价值200土曼的印度珍宝。

米尔·马赫穆德④来自萨卜泽瓦尔的欧里兹圣裔⑤家族，是那片疆域上的贵族。他擅长书法，但由于不需要靠书法谋生而很少动笔。他总是陪伴在御前，与国王⑥关系密切。

毛拉纳·阿卜杜拉·设拉子依⑦的书法虽然达不到书法家的水平，但也匀称、整洁和流畅。居于天园最高处的国王⑧将他从设拉子带到帝王之城加兹温，并要求所有以秘密形式写给近臣们看的信都由他来完成。他在吉庆的皇宫中工作了一段时间之后，于（伊历）982年⑨在加兹温去世。

哈菲兹·卡玛尔丁·侯赛因·瓦赫杜因⑩是赫拉特人，所写的波斯体非常出色，同时他也修习“六体”。他还擅长制作天青色（颜料）。在从霍拉桑去往伊拉克的途中，他对信仰之城库姆心生喜爱，便在那里停留了一段时间。由于他擅长诵读《古兰经》，国王⑪便下令让他从库姆赶往国王的皇家营帐之中，为自己吟诵《古兰经》。对此他的回应是：“我此时没有诵读《古兰经》的想法。”国王听后大喜，赏赐他马、驴、骆

---

① 米尔·哈利鲁拉赫（Mīr Khalīlullāh，？—1625/1626年），伊历10世纪末至11世纪初的著名书法家，尤其擅长波斯体，他在印度易卜拉欣·阿德尔沙赫二世（Ibrāhīm ʿĀdil-Shāh Ⅱ，1571—1627年）的宫廷中承担书法工作。

② 指阿巴斯一世。

③ 指易卜拉欣·阿德尔沙赫二世，印度阿德尔沙西王朝（Adil Shahi Dynasty，1490—1686年）的统治者，统治范围主要在今印度中部及南部地区。易卜拉欣·阿德尔沙赫二世不仅是位有谋略的统治者，同时还是位诗人、艺术家和艺术赞助者。

④ 米尔·马赫穆德（Mīr Maḥmūd）。

⑤ 欧里兹圣裔（Sādāt-i ʿUrīzī），指来自第六位伊玛目贾法尔·萨迪克（Jaʿfar al-Ṣādiq，702—765年）之子阿里·欧里兹（ʿAlī Urīzī，？—835年）家族的圣裔。

⑥ 指塔赫玛斯普一世。

⑦ 毛拉纳·阿卜杜拉·设拉子依（Mawlānā ʿAbdullāh Shīrāzī，？—1574/1575年）。

⑧ 指塔赫玛斯普一世。

⑨ 公历1574/1575年。

⑩ 哈菲兹·卡玛尔丁·侯赛因·瓦赫杜因（Ḥāfiẓ Kamāl al-Dīn Ḥusayn Vāḥid al-ʿAyn，？—1556/1557或1566/1567年），也被称作“卡玛尔丁·艾合提亚尔”（Kamāl al-Dīn Ikhtiyār），伊历10世纪的书法家，生活在塔赫玛斯普一世统治时期。他的一只眼睛失明，故被称作“瓦赫杜因”，即“一只眼”。他留存下来的书法作品不多，其中有一件是伊斯法罕聚礼清真寺建筑体上的书法。

⑪ 指塔赫玛斯普一世。

بسیار درویش و فانی و از خود گذشته بود همچنان نمدپوش بود و پیاده سفر می‌نمود و در علم اکسیر مهارت تمام داشت باز از عراق به خراسان عود نموده در مشهد مقدّس در سنهٔ اربع و سبعین و تسعمائه فوت شد.

مولانا سلیم کاتب از غلامزاده‌های صدر مرحوم میرجمال‌الدین استرابادی بود پدرش را از حبش آورده بودند چون استعداد ذاتی داشت در فن خط زود ضبط نموده و ترقّی کرد و خوشنویس گشت در رنگه‌نویسی قرینه نداشت هم قطعه‌نویس بوده در کتابت او را قرینهٔ سلطان محمّد نور می‌نگرند همیشه در مشهد مقدّس انور بود و در آنجا فوت شد و شعر هم می‌گفت و این مطلع ازوست:

یا رب از عالم برافگن ناقبولی چند را　　　سر به صحرای عدم ده طرفه غولی چند را

مولانا شاه محمّد مشهدی کاتب شاگرد وی بود پدرش سرتراشی می‌کرد مولانا سلیم او را برداشته تربیت نمود و آخر خوشنویس ساخت کتابت را به غایت خوب می‌کرد و سلیقه شعر هم داشت و واقفی تخلّص می‌نمود این رباعی ازوست:

آنم که دم شاد به عالم نزدم　　　غم نیست اگر یک دم بی‌غم نزدم
جانم اگر از ریاضت آمد بر لب　　　چون واقفی از حالت خود دم نزدم

مولانا محمّد امین او نیز مشهدی بود شاگرد مولانا شاه محمّد است مولانا پیش او تعلّقی داشت کمال حسن و رعنایی با او بود پیش از آنکه خط برآورد خوشنویس شده به جانب هند رفت.

مولانا عیشی از کاتبان مقرر دارالسلطنهٔ هرات بود کتابت را خوش می‌نوشت و روش مولانا سلطان محمّد نور داشت از هرات به مشهد مقدّس انور آمد و در کتابخانهٔ شاهزاده ابوالفتح سلطان ابراهیم میرزا بود و کتابت می‌کرد و صاحب مواجب و انعام کلی بود

驼、帐篷以及其他用品，但都被他干脆地拒绝了。他是一位低调又无私的苦行僧，总是穿着毛毡衣，光脚行走。他还精通炼金术。当他再一次从伊拉克返回霍拉桑时，于（伊历）964年[①]在马什哈德去世。

毛拉纳・塞利姆・卡特卜[②]是已故的萨德尔米尔・贾马尔丁・阿斯塔拉巴迪[③]的奴隶之子，他的父亲是被从阿比西尼亚带来的奴隶。他非常有天赋，很快就在书法艺术上崭露头角，并成为一名书法家。他在彩色书法[④]上的技艺无人匹敌，同时他还擅长单幅书法。人们认为他的书法水平可与苏丹・穆罕默德・努尔比肩。他一直生活在圣城马什哈德，并在那座城市离开人世。他也会写诗，这首序言诗是他的作品：

真主啊，将不信教的人踢出世界吧！再将恶魔们扔进虚无的沙漠之中吧！

毛拉纳・沙赫穆罕默德・马什哈迪・卡特卜[⑤]是他（毛拉纳・塞利姆・卡特卜）的学生，其父亲是位剃头匠。毛拉纳・塞利姆将他接到身边悉心培养，使他成为一名书法家。他的书法作品非常出色，诗作的水平也很高。他的称号是“瓦格非”[⑥]，这首抒情诗是他的作品：

我并不是为寻找快乐而来到这世间，假如我有一刻不悲伤，只因为这世间根本没有悲伤。[⑦]

我的爱人倾诉爱的艰难，就像诗人瓦格非从不提及自己的艰难一般。

毛拉纳・穆罕默德・阿敏[⑧]是马什哈德人，毛拉纳・沙赫穆罕默德的学生。毛拉纳很喜爱这个学生，对他非常友善。他还未成年就已成为书法家，之后他去了印度。

毛拉纳・艾希[⑨]是帝王之城赫拉特知名的书记官。他的书法作品非常出色，有毛拉纳・苏丹・穆罕默德・努尔的风格。他离开赫拉特之后去了圣城马什哈德，在阿布・法特赫・苏丹・易卜拉欣・米尔扎王子的书画院中承担书写工作，并拥有固定的酬

---

① 公历1556/1557年。

② 毛拉纳・塞利姆・卡特卜（Mawlānā Salīm Kātib，？—1582年），擅长波斯体，他还是著名的彩色书法家。他师从沙赫・马赫穆德，所留存作品中最重要的是1554年完成的内扎米《五部诗》手抄本。

③ 米尔・贾马尔丁・阿斯塔拉巴迪（Mīr Jamāl al-Dīn Astarābādī），塔赫玛斯普一世执政初期的萨德尔。

④ 彩色书法（ranga-nivīsī），指使用彩色颜料，如金银溶解液、天青石颜料、藏红花水以及铅白溶液等进行书写的书法。由于这些液体与墨水相比颗粒感更强，容易导致芦苇笔尖断裂，所以书写难度更大。彩色书法通常会使用深色纸张，凸显色彩。参见插图23。

⑤ 毛拉纳・沙赫穆罕默德・马什哈迪・卡特卜（Mawlānā Shāh-Muḥammad Mashhadī Kātib），伊历10世纪的书法家，最擅长波斯体和三一体，他还是位诗人。

⑥ 瓦格非（Vāqifī），该词有“知悉”的意思。

⑦ 意指他时时刻刻都在悲伤。

⑧ 毛拉纳・穆罕默德・阿敏（Mawlānā Muḥammad Amīn），伊历10世纪的书法家，擅长波斯体。

⑨ 毛拉纳・艾希（Mawlānā ʿAyshī），？—1572/1573年），伊历10世纪的书法家，擅长波斯体以及彩色书法，他也参与了毛拉纳・穆希卜阿里负责的贾米《七宝座》手抄本的制作工作。

مولانا تریاکی گذاره بود و شعر را نیکو می‌گفت ازوست:

مطلع

چرخ در بزم تو را هم از ستمگاری ندارم		کوشش بسیار کردم بخت من یاری نداد

در مشهد مقدّس انور فوت شد.

مولانا عبدالهادی برادرزن مولانا مالک بود از قزوین است پیش مولانا مالک چیزی خوانده بود و طالب علم خوب بود و در ریاضی و علم موسیقی نیز عدیل نداشت و تصنیفات کرده بود و نقشهای بسیار بسته و خط نسخ تعلیق را خوش می‌نوشت به تخصیص جلی را و در کتابه‌نویسی قدرت تمام داشت و قلم را محرف قط می‌زد و شعر را خوب می‌گفت و اقسام اشعار داشت و صاحب دیوان بود این غزل ازوست:

مرا گفتی چو من یاری نداد		تو همچون من گرفتاری نداری
چه دانی حال زار بیدلان را		که بر دل داغ دلداری نداری
قبولت چون شود بار دل من		که همچون من بدل باری نداری
نباشد غیر آزار منت کار		بجز آزار من کاری ندارد
شود ظاهر چو میرم در وفایت		که چون هادی وفاداری نداری

مصنفان قزوین این غزل را در نیشابورک نقش بسته بودند در شهور سنهٔ ست و سبعین و تسعمائه در قزوین رحلت نمود.

مولانا یاری از کاتبان مقرر دارالسلطنهٔ هرات بود به غایت مستعد و اهل و پاکیزه بود خفی را به غایت بامزه و پاکیزه می‌نوشت از هرات بیرون نرفت و سفری نکرد از آن شهرت نیافت طبع نظم هم داشت در هرات فوت شد.

عیسی بیک پسر شاطر محمّد مشهور بود که از شاطران و خدمتگاران پادشاه کشورگشای جلیل ابوالبقا سلطان شاه اسمعیل بود وی مدتی به خدمت رکابداری شاه جنّت مکان شاه طهماسب اقدام داشت خط نسخ تعلیق را خوب می‌نوشت و قطعه‌نویس بود و رنگه را خوب می‌نوشت و قطعه به مردم تکلیف می‌کرد بعد از رحلت شاه فردوس منزلت متولّی امامزاده واقعه در کاخک جنابد شد و

劳和丰厚的赏赐。他是一名鸦片吸食者，他的诗歌写得很不错，下面这首就是他的作品：

序言诗

因为（命运的）残暴，我一生艰难，我费尽心力却仍未得到命运的垂青。

他最终在马什哈德离世。

毛拉纳·阿卜杜哈迪[①]是加兹温人，是毛拉纳·马列克的内兄弟。他跟随毛拉纳·马列克学习，是位热爱求知的学生。他在数学和音乐方面的成就无人匹敌。他写过很多曲子，也画了很多画作。他擅长写波斯体，粗体字水平尤为突出，他削笔的角度更加倾斜[②]。他还擅长写诗，著有一部诗集。他写过各种题材的诗歌，下面这首抒情诗是他的作品：

你说你没有如我爱你一般的爱意，也不似我一般坠入情网。

假如你的心还不曾为谁澎湃，你又怎会知道这些痴情人的忧心？

假如你不曾感到爱的重量，又怎能承受我对你的痴心？

你总是用你的爱折磨我，似乎折磨我是你唯一要做的事。

当我为你献身后你终会发现，这世上再无哈迪一般忠诚于你的人。

加兹温的作曲家们按照内沙布拉克[③]旋律给这首抒情诗谱了曲。毛拉纳·阿卜杜哈迪于（伊历）976年[④]在加兹温去世。

毛拉纳·亚里[⑤]是赫拉特知名的书记官，他是个有才华和能力之人。他擅长书写细体字，写得精致有趣。他从未离开赫拉特去旅行，因此（在赫拉特之外）并不出名。他还擅长写诗，最终于赫拉特离世。

尔萨·贝克[⑥]是著名的沙特尔·穆罕默德[⑦]之子。他的父亲是征服四方的伊斯玛仪国王的沙特尔[⑧]和仆人。而他曾为永居天园的塔赫玛斯普国王担任过一段时间的仆从。他写的波斯体非常优美，他还是位单幅作品书法家，也擅长彩色书法。他的单幅书法被视为习帖，在民众之中传播。在神圣的国王[⑨]去世之后，他在位于卡赫克[⑩]的伊玛目后

---

① 毛拉纳·阿卜杜哈迪（Mawlānā ʻAbd al-Hādī，？—1568/1569年），伊历10世纪的书法家、诗人及音乐家。

② 指笔尖处的锐角角度更小。

③ 内沙布拉克（nayshābūrak），伊朗曲调名。

④ 公历1568/1569年。

⑤ 毛拉纳·亚里（Mawlānā Yārī），伊历10世纪的伊斯兰书法家。

⑥ 尔萨·贝克（ʻĪsā Bayk），伊历10世纪的波斯体书法家，塔赫玛斯普一世的近臣。

⑦ 沙特尔·穆罕默德（Shāṭir Muḥammad）。

⑧ 沙特尔（shāṭir），在萨法维王朝时期，该词专指经过特殊训练、穿着特殊服装执行送信、护送重要人物及前往敌国策反等任务的人。

⑨ 指塔赫玛斯普一世。

⑩ 卡赫克（Kākhk），位于伊朗霍拉桑拉扎维的城市，伊玛目后裔苏丹·穆罕默德·奥贝德（Sulṭān Muḥammad ʻĀbid）的陵墓建在该城，他是第七位伊玛目穆萨·卡齐姆之子。

مدتی در آنجاها بود تا در خراسان فوت شد.

نوّاب میرزائی ابوالفتح سلطان ابراهیم میرزا روح‌الله روحه از جمله خوشنویسان مقرر بودند اگرچه چند روزی تعلیم خط از مولانا مالک گرفتند اما چون ادراک و قابلیت جبلّی و ذاتی آن اعلیحضرت عطارد فطنت را بود از روی خطوط و قطعات مولانا میرعلی مشق می‌فرمودند و بروش ایشان می‌نوشتند و در اندک زمانی ترقّی فرمودند.

خط یاقوت را هر کس که دیدی بیک مثقال زر حرفی خریدی
اگر یاقوت خط او بدیدی بصد مثقال هر حرفی خریدی

نوّاب میرزائی جلی را بسیار پاکیزه و بامزه و خوش می‌نوشتند و گاهی کتابت خفی هم می‌فرمودند و به غایت یک دست و به نزاکت و طراوت می‌افتاد.

خطش چون خط نیکوان دلفریب ز دل برده آرام و از جان شکیب
بود کلکش آن جادوی بوالعجب که بر روی روز افگند زلف شب

فقیر هیچکس را چنان طالب و راغب و فریفته و شیفته به خط مولانا میرعلی ندیدم که آن بهرام تربیت را و بیشتر از آن اعلیحضرت کسی خط مولانا میرعلی را در اندک زمانی جمع نکرده بود گمانم اینست که آنچه از اقسام چیزها مولانا در مدت‌العمر خود نوشته باشد نصف آن در کتابخانهٔ آنحضرت جمع شده بود چه در آن زمان و ایام که در مشهد مقدّس و آن روضهٔ اقدس تشریف داشتند چند جلد مرقع را که مولانا جهت روزگار واپسین و سفر حجاز و ایّام انزوا نوشته بودند با دیگر نسخه‌ها و قطعه‌ها از مولانا بوارث شرعی منتقل گشته بود تمامی آنها بطوع و رغبت بسرکار فردوس منزلت انتقال بیعی یافت تفصیل تقریر و تحریر استعدادات و حیثیات و کمالات آن حمیده صفات بحریست بیکران و کار هیچ مورخی نیست که اگر سحبان زنده شود و ابن مقله حیات یابد حقّا که هیچ‌کدام از عهده ذکر آن نتوانند بیرون آمد و اگر احیاناً کسی متعهد آن امر شود مهلتی و فرصتی باید که نسخه‌ها پرداخته شود.

محقق است که گر ابن مقله زنده شود تراشهٔ قلمش را به مقله بر دارد

اما چون این بنده دیرینه که مملوک و غلامزادهٔ آن جامع اوصاف حسنه است و در غلامی و بندگی آن در درج سلطنت و هنرمندی و مجموعهٔ کمالات و سخن‌گستری نشو و نما یافته لاجرم مجملی از آن مفصل مشحون به ایجاز و اختصار در جلد سادس کتاب مستطاب خلاصة‌التواریخ که در ذکر وقایع حالات سلاطین صفوی و دودمان مرتضوی نوشته اندکی از آیام سلطنت و روزگار با حشمت و نشاط و عشرت آن ثریا منزلت را ایراد نموده

裔陵居住了一段时间，最终于霍拉桑去世。

尊贵的王子阿布·法特赫·苏丹·易卜拉欣·米尔扎（愿真主喜悦之）是知名的书法家之一。虽然他仅仅跟随毛拉纳·马列克学习了几天书法，但由于他的天赋及领悟能力有如水星一般，在依照毛拉纳·米尔·阿里的书法及单幅作品练习之后，他很快就取得了进步。

当人们看到雅古特的书法时，愿花1麦斯伽尔①的金子去买1个字。

若雅古特看到他的书法，就是用100麦斯伽尔（的金子）去买1个字也在所不惜。

尊贵的王子所写的粗体字干净且有韵味，有时他也会写细体字，也是一样的工整和隽永。

他的笔迹好像美人的曲线，搅乱了那些平静的心。

他的芦苇笔就像神奇的魔法师，（他的书法好像）夜的黑色卷发散落在白日的面庞之上。

鄙人从未见过有谁比那位巴赫拉姆②养育的王子更加热爱、崇拜甚至痴迷于米尔·阿里的书法作品，也没有谁能像他那样在极短的时间之内收集了大量米尔·阿里的作品。鄙人猜测毛拉纳一生所写的作品有一半都保存在王子的书画院之中。毛拉纳在马什哈德的伊玛目礼萨圣陵居住期间制作了几本册页集，以留作前往希贾兹及引退独居时之用，另外他还给自己的后人留下了一些手稿和单幅书法作品。而这些都被王子出于兴趣收集了起来。描述这位美德如无边大海一般的王子的所有才华及美好品行是任何史官都做不到的事情，即使萨赫班和伊本·穆格莱重获生命也绝不可能完成。假使有人意外承担了这项任务，或许需要写几册书才能完成。

显然如果伊本·穆格莱依然活着，他也要为王子捡拾削笔后的碎屑。

我这个年迈之人只因是这位集美德于一身的王子的忠实奴仆及奴仆之子③，在为这位如珍珠一般，拥有统治力、才干、品德且善于言谈的王子效力之时，也有了些许长进，这才斗胆在证明王子美德的丰富材料之中简要地选取一些材料记录在《历史选粹》④第6册中。《历史选粹》主要记录了萨法维诸位苏丹的事迹以及穆尔塔扎⑤家族（的历史）。而鄙人在这本书中简要提及了这位与昴宿星齐名的王子充满光辉和喜悦的

---

① 麦斯伽尔（misqāl），伊朗古代重量单位，1麦斯伽尔约等于4.25克。

② 即本书第35页提及的阿布·法特赫·巴赫拉姆·米尔扎。

③ 指高齐·艾哈迈德的父亲也是为萨法维王朝效力的奴仆。

④ 《历史选粹》是高齐·艾哈迈德所写的历史著作，从该书前言部分来看，作者计划从创世纪写到萨法维王朝时期，然而目前仅存的第5册记录了萨法维王朝从萨非丁·阿尔达比尔直到阿巴斯一世的历史。萨非丁·阿尔达比尔创立的萨非教团是促使萨法维王朝建国的重要宗教团体。此处指出《历史选粹》第6册中记录了萨法维王朝历史，或许是作者的笔误，也可能是作者对《历史选粹》的排布有过调整。

⑤ 即伊玛目阿里。

و همچنین در خاتمهٔ کتاب افادت انتساب تذکرة الشعرا در حالات پادشاهان و سلاطین و شاهزادگان و امرا و ترکان نیز مجملی از حالات خجسته صفات و اشعار معجز سمات آنحضرت را شرف تسطیر داده و درین نسخه نیز نموداری ما لایدرک کله لایترک کله اندکی از محامد آن خلاصهٔ اماجد را عرض می‌نماید تا فلک چشم خود باز کرده در هیچ زمان به جامعیت و قابلیت آن فرشته سیرت کسی دیگر ندیده القصّه که نوّاب میرزائی ابوالفتح سلطان ابراهیم میرزا قدّس سرّه العزیز پادشاهی بود به فنون فضایل معروف و سلطانی بود به صنوف خصائل موصوف قبای سلطنت بر قامت دولت او خلعتی بود دوخته و حدود اطراف خراسان به انوار معدلت او افروخته به قوت طبیعت وقّاد انواع فنون و اصناف علوم معلوم و مفهوم می‌فرمود و بحدّت ذهن نقاد حقایق معانی و دقایق بیان ابداع می‌نمود از بدایت صباح تا نهایت رواح از پی انجام مصالح مملکت اوقات صرف می‌فرمود و از مقطع شفق تا مطلع فلق در پی تحصیل کمالات می‌بود تعداد فضایل و هنرها و کسب کمالات آن خسرو خجسته صفات امریست متعذّر که لایعد ولا یحصی است احاطهٔ جمیع از معقول و منقول نموده و حاوی تمامی فروع و اصول گردیده بودند و همیشه در قرائت کلام ملک علام مواظبت داشتند و قرائت عشر و علم تجوید را پیش شیخ فخرالدین طبسی و والد ماجد او شیخ حسن علی گذرانیده بودند و بعد از تنقیح علم صرف و نحو و منطق و معانی و بیان و اصول تتبع علم رجال و تصحیح کتب احادیث نبوی و امامی فرموده از علم سیر و نسب و تواریخ استحضار بسیار و تذکّر بی‌شمار بهم رسانیده بودند آنگاه متوجه حکمیات از طبیعی و الهی و معالجات طبی قانون زمان و باعث شفای همگنان بودند و در علم ریاضی و مجسطی از هندسی و حسابی و نجومی و موسیقی صاحب فن و مصنف بودند و نقشها و صورتها در ادوار از آن کامگار برالسنه اهل زمانه مانده و در ربع مسکون مشهور است با وجود این همه فضایل حمیده و خصایل پسندیده در همه احوال مجالست اصحاب کمال و مخالطت اهل علم و ارباب فضل را برخود فرض عین و عین فرض می‌دانست و دراقامت مراسم و تکریم این طبقه کرام و تقدیم مناظم اجابت مرام این طایفه عظام غایت عنایت و نهایت رعایت به ظهور می‌آورد و اصداف اسماع جهانیان بلالی مآثر مأثوره آنحضرت مشحون شده صیت صدق و عنایت و آوازهٔ حسن رعایت آن سپهر منزلت به حال اهل فضل به اطراف هفت کشور و اقالیم بحر و بر رسید خردمندان کامل و هنرمندان فاضل از اطراف و اکناف عالم دولت مثال روی امید به درگاه او آوردند و پیوسته علمای زمان و شعرای اوان که پشت سپاه دانش و روی لشکر فضل و بینش‌اند پیوسته به خدمت آن شاهزاده قمر طلعت می‌رسیدند و خاک درگاه او را سرمه کردار در چشم می‌کشیدند و آستانه وار ملازم در کتابخانهٔ همایون می‌شدند و به شرف مجالست اختصاص می‌یافتند و بواسطهٔ کمال کرم و بذل نعم و خوش سخنی وتازه رویی مطیع و منقاد او می‌گشتند و خانان اطراف و حدود و امرا و مقرّبان این دودمان خلافت مکان و دیگر سلاطین هندوستان و ترکستان از مشاهدهٔ عظمت و جلالت و اسباب سلطنت و فرّ و شکوه و کشور ستانی و انتظام امور جهانبانی و تمهید قواعد او انگشت تحیّر به دندان می‌گزیدند و انواع هنرمندان و پیشه‌وران از هر صنف و کاری که بود ایشان را به نوعی تربیت فرموده که هر یک وحید زمان و یگانهٔ دوران شدند و همگنان بعد از اسم خود ابراهیمی قید فرموده آن را اتمام بدین همیون نام داده مسجّل ساختند

人生。在《文英荟萃》的后记中，鄙人在介绍国王、苏丹、王室成员以及其他贵族情况的部分，也简短介绍了这位贵族（易卜拉欣）高尚的品行以及出色的诗歌，并对一些有必要进行解释的事情加以简短叙述。自天空睁开双眼以来，再没有第二个人拥有这位天使一般的王子的能力。总之，尊贵的王子阿布·法特赫·苏丹·易卜拉欣·米尔扎（愿真主之光照耀他的陵墓）以博学的知识闻名，他集优秀品格于一身。当他穿上皇家服饰时总显得光彩照人，他的公正照亮了圣城马什哈德。他了解自然的力量和各种技巧，他掌握所有外在的及深层的知识。他运用思辨的头脑发现了逻辑的真理和语言的力量。他每天从早到晚都为解决国家大事而思虑重重，又为了达成更高的成就从天黑忙到天亮。列举出这位已故的王子所拥有的美德、才华以及完美之处，是任何人都不得不拒绝的任务，因为要列举的内容简直无穷无尽。无论是理论的还是实践的，无论是原则性的还是细节性的，所有的知识都为他所用。他阅读《古兰经》时总是非常谨慎，他跟随谢赫·法赫尔丁·塔巴斯①学习正确朗诵《古兰经》的技巧，而这位谢赫的父亲正是谢赫·哈桑·阿里②。在他提高了自己的逻辑和雄辩能力之后，他又开始钻研有关伟人的知识并阅读记录了先知及伊玛目圣训的书籍。他阅读了很多历史书籍及传记作品，掌握了求根溯源的艺术。同时，他对自然科学、宗教学以及医学治疗知识的掌握也是那个时代的典范，他的知识治愈了很多人。③在数学领域，例如几何、算数，以及天文和音乐方面，他都得心应手。王子的画作也极为出色，声名远扬且经久流传。虽然他已达到学识和品行皆完美的境界，但他始终认为与其他有才学之人相处是大有裨益的。他极其尊重和善待学者群体，所有人都沐浴在他永恒的光芒之中，他的美名传遍七大境域，甚至在大海和荒漠之中也能听到对他的赞誉。智者与贤人从世界各地满怀期待地投奔到他的门下，学者与诗人也络绎不绝地加入这支知识大军，朝更高的才华与境界迈进。他们前赴后继地投奔这位月亮般的王子，将他门前的尘土当作染眼剂涂抹在眼前，并且所有人都忠心耿耿地在王子的书画院中效力。他们将与王子相处交谈视作一种荣耀，王子宽容的品格、慷慨的为人、精妙的言语以及开朗的性格都令他身边的学者大师们受益匪浅。与这片疆域相邻的各国的统治者，还有印度和突厥的国君都对这个伟大的国家以及能将国家治理得井井有条的王子感到震惊。这里所有的艺术家和手艺人都有机会接受他的教诲，并成长为各自领域独一无二的人才。他们每个人都将易卜拉欣的名字写入自己的名

① 谢赫·法赫尔丁·塔巴斯（Shaykh Fakhr al-Dīn Ṭabasī），英译本中为“谢赫·法赫尔丁·塔伊”（Shaykh Fakhr al-Dīn Ṭayyī）。

② 谢赫·哈桑·阿里（Shaykh Ḥasan ʿAlī）。

③ 这一句中的“典范”（qānūn）和“治愈”（shafā）对应的是伊斯兰全知学者伊本西拿（Ibn Sina/Avicenna，980—1037年）的两本医学著作《医典》（*Qānūn dar Ṭibb*，1025年）和《治疗论》（*Shafā*，1014—1020年），体现了高齐对一语双关技巧的灵活使用。

و در شعر و شاعری شیرین زبان و درست بیان بودند تخلّص جاهی به مناسبت شاهی اختیار فرمودند و شعر فارسی و ترکی را هر دو خوب می‌گفتند و دو ساقی‌نامه گفته و در علم عروض و قافیه و معمّا خود ماهر بودند دیوان اشعار ایشان قریب بسه هزار بیت علیحده راقم جمع نموده دیباچه بر آن نوشته این رباعی تیمناً در این نسخه نوشته شد.

آن شوخ به من دشمن جانیست هنوز بی‌مهر چو روزگار فانیست هنوز
با آنکه مرا تاب تجلیش نماند با من به مقام لن ترانیست هنوز

القصه دریای خاطر فیّاضش منبع جواهر حقایق و مصباح رأی منیرش مطلع انوار دقایق بود.

چو کلکش نهد دانهٔ مشک فام بسی طایر معنی آرد بدام
به شیرین کلامی چو آن خسروی که طرز حسن یافت از وی نوی
زهی چون نظامی نادر کلام ازو یافته کار نظم انتظام
به بزم وی از غیب آید سروش ز جامش چو جامی سزد جرعه نوش

هیچکس از پادشاهان و شاهزادگان عالمیان کتابخانهٔ رنگین بهتر از آن شاهزادهٔ با تمکن نداشتند خوشنویسان نادر زمان و نقّاشان بهزادسان و مذهّبان و مصوّران و صحّافان بیشتر در آن کتابخانه مقیم و ملازم بودند از شعرا خاقانی ثانی خواجه حسین ثنایی مشهدی که از تربیت یافتگان آن خسرو عالمیان بود همواره در ملازمت آن شاهزاده به سر می‌بردند و قریب بسه چهار هزار جلد کتاب از هرچه خواستی در کتابخانهٔ عالی نوّاب میرزایی حاضر بود و در فن و سلیقهٔ انشاء عدیل و نظیر نداشتند منشیان عطاردنشان طفل مکتب آن جنّت مکان بودند مکالمات شریفش لطایف و سخنان منیفش طرایف بود مزاجش بخوش طبعی راغب و به سرور و ابتهاج مایل هرچه از کلمه و کلام دُرر بار آن عالیمقام سر می‌زد تمامی ثبت و نوشتن داشت در جواب رقعه شعرای مذکوره مولانا لطفی جرفادقانی و مولانا میلی و مولانا شرف حکاک و مولانا حرفی و مولانا کمال شوشتری

字之中以示对他的尊敬。人们还会写诗来歌颂他。由于他尊贵的地位，他选择了“照熹”[①]这个笔名。他写了很多波斯语及突厥语的诗歌，另外还有两首酒诗[②]。他精通韵律及谜语，著有一部《诗集》[③]，内含3000个对句，其中前言部分有这样一首抒情诗：

那个美人是我危险的敌人，然而没有他的爱，生活索然无味。

当我已无法忍受他的光芒之时，于我而言，他依然是“你绝不能看见我”[④]。

他的思想汪洋是真理宝石的源泉，是照亮时间的明灯。

当他的笔倾洒下麝香色的珠玑时，无数含义的飞鸟[⑤]都陷入他的网中。

那位国王用甜美的语言，创造了新的表达与修辞。

赞叹啊，即使是绝世的内扎米，也要借用他的方式吟诗。

在他的宴席之上传来天园的声音，贾米一般的奇才也要借他的酒杯畅饮。

这世界上没有任何一位国王或王室成员的书画院可以与这位尊贵王子的书画院相提并论。世间出色的书法家，如贝赫扎德一般优秀的画家，泥金装饰师，绘图师以及装裱师都在他的书画院中工作。号称“哈冈尼[⑥]第二”的诗人火者·侯赛因·萨纳依·马什哈迪[⑦]也是王子身边的学者之一，他一直陪伴在王子身边。王子的书画院中大约有三四千册图书，无论你想看什么书，都可以在这个书画院找到。王子在书信写作方面的技巧及品位独一无二，书信官们都仿佛学童一般追随在如水星般闪耀的王子身边。他的言谈诙谐、高雅，他的天性温和、愉悦。他所说的一字一句都如珠玉一般值得被记录下来。有一次，几位马什哈德来的诗人，包括毛拉纳·鲁特非·朱尔法德冈尼[⑧]、毛拉纳·梅里[⑨]、毛拉纳·沙拉夫·哈考克[⑩]、毛拉纳·哈尔非[⑪]、毛拉纳·卡玛尔·

---

① 照熹（Jāhī），意为“尊贵的、荣耀的”。

② 酒诗（sāqī-nāma），波斯叙事诗的一种，借诗人与酒肆斟酒人对话的形式，阐述诗人对死亡等哲学命题的思考。

③ 易卜拉欣·米尔扎的《诗集》（*Dīvān*，1581/1582年）是由他的女儿在他去世后收集整理的。

④ 这句话出自《古兰经》（7：143），是穆萨要求真主显现时真主的回答。这个对句的意思是，真主还没有显现，他的光芒已足以让世人无法承受。

⑤ 含义的飞鸟（ṭāyir-i ma‘nī），指具有内涵的优美表达。

⑥ 哈冈尼（Khāqānī，1126—1198年），波斯著名诗人，著有《诗集》（*Dīvān*），他的颂体诗对后世诗人影响最大。

⑦ 火者·侯赛因·萨纳依·马什哈迪（Khwāja Ḥusayn Sanā’ī Mashhadī，？—1588年），伊历10世纪末至11世纪初波斯诗歌中印度风格的代表诗人，他的颂体诗最为出名。他先后为易卜拉欣·米尔扎王子以及印度莫卧儿帝国的一位大臣写过诗。

⑧ 毛拉纳·鲁特非·朱尔法德冈尼（Mawlānā Luṭfī Jurfādqānī），英译本为“毛拉纳·鲁特非·伊斯法罕尼”（Mawlānā Luṭfī Iṣfahānī）。

⑨ 毛拉纳·梅里（Mawlānā Maylī，？—1587/1588年），又名毛拉纳·米尔扎古里（Mawlānā Mīrzāqulī），来自萨法维红帽军家族的诗人，先后在易卜拉欣·米尔扎王子以及印度阿克巴大帝的宫廷中工作。

⑩ 毛拉纳·沙拉夫·哈考克（Mawlānā Sharaf Ḥakkāk），擅长雕刻及文学评论。

⑪ 毛拉纳·哈尔非（Mawlānā Ḥarfī），塔赫玛斯普一世的宫廷诗人。

ومولانا شعوری نیشابوری و خواجه احمد میرک صوفی مشهدی که در مشهد مقدّس انور به خدمت نوّاب جهانبانی میرزایی نوشته.

نادرالعصری مولانا قاسم قانونی را طلب نموده بودند که همراه به سیر برده ساز قانون ازو بشنوند چون مولانا قاسم از جانب نوّاب به جان من مخاطب بودند این چنین مرقوم قلم خجسته رقم ساخته بودند صورت خط شریف و ارقام المنیف.

جان من لطفی کرده به اتفاق شعرا هر جا که میلی داشته باشند به سیر روند و شرف خود دانند و حرفی در باب عذر نگویند و بر زبان نرانند که کمال بیشعوری از صوفیگری دورست.

مولانا قاسم قانونی از دارالسلطنهٔ هرات بود از مشاهیر سازنده‌های عالم است و در علم ادوار بی‌قرینهٔ دوران و در نغمهٔ داودی بی‌مثل جهان بود و علم و عمل با یکدیگر جمع کرده بود اگر معلم ثانی ابونصر فارابی بودی شاگردی او اختیار کردی چون نوّاب مستطاب شاهزاده عالم آرا ابوالفتح سلطان ابراهیم میرزا آوازهٔ قانون و نغمات دلکش آن ساز همایون را از واردان دارالسلطنهٔ هرات در مشهد مقدّس استماع فرمود غایبانه عاشق آن نادرهٔ زمان گردیده جهت عیش و حضور و فراغت و سرور بر حسب کلام حکیم الهی افلاطون یونانی مَن لَم تَبَهّج بِصَوت الشَجی و الحُسنِ البهی فَهو فاسِد الخراج المُحتاجُ الی العِلاج عمّ راقم امیر وجیه الدّین خلیل الله را که از مقربان و در سلک برادران مؤمن ایشان انتظام یافته بود به بهانه پرسشی و نوازش ایالت پناه قزّاق خان تکلو که در آن زمان از ترس خاقان جنّت مکان کسی مرتکب شنیدن ساز و نگاهداشتن سازنده‌ها نمیشد در خفیه اظهار فرستادن مولانا قاسم از خان نمود خان‌عالیشان نیز امتثال امر عالی نوّاب جهانبانی کرده مولانا را سپرد

舒什塔里[①]、毛拉纳·舒乌里·内沙布里[②]以及火者·艾哈迈德·米拉克·苏非·马什哈迪[③]向王子致信，提出了这样的请求：

他们想邀请独一无二的毛拉纳·卡西姆·高努尼[④]与他们一同出行并聆听他弹奏乐器，因为王子曾称呼毛拉纳·卡西姆为“我的挚爱”。因此在回复中，王子拿起吉庆的笔，这样写道：

我的挚爱（卡西姆）已得到了祝福（鲁特非），可以陪同诗人们去任何想（梅里）去的地方。这是他应得的荣耀（沙拉夫），无须表达（哈尔非）任何歉意。不要说这是一种绝对的（卡玛尔）疯狂（舒乌里），更不是什么不够苏非（苏非）的行为。[⑤]

毛拉纳·卡西姆·高努尼是赫拉特人，他是知名的乐器演奏家及（音乐）理论家。他擅长将各种乐器及乐理知识融合在一起。如果“第二导师”阿布·纳斯尔·法拉比[⑥]还在世的话，毛拉纳·卡西姆一定可以做他的学生。当装点世界的王子阿布·法特赫·苏丹·易卜拉欣·米尔扎从那些由赫拉特旅行归来的人们口中听说了他的名声后，便对这位大师产生了倾慕之心。基于神智学家柏拉图的观点，如果一个人无法面带笑容、快乐地生活，那么他就是不健康的，是需要治疗的病人。因此王子为了享受快乐的生活，便派遣鄙人的叔叔米尔·瓦吉赫丁·哈利鲁拉赫[⑦]，被王子视为兄弟的助手，以探望哈萨克汗·塔克洛[⑧]为借口暗地里将毛拉纳·卡西姆带到王子身边。当时由于国王[⑨]的缘故，所有人都不敢听音乐或私自招纳乐师。因此这位尊贵的汗王[⑩]同意了这个

---

① 毛拉纳·卡玛尔·舒什塔里（Mawlānā Kamāl Shūshtarī）。

② 毛拉纳·舒乌里·内沙布里（Mawlānā Shuʻūrī Nayshābūrī，？—1588/1589年），伊历10世纪的诗人，擅长波斯体，效力于易卜拉欣·米尔扎王子。

③ 火者·艾哈迈德·米拉克·苏非·马什哈迪（Khwāja Aḥmad Mīrak Ṣūfī Mashhadī），塔赫玛斯普一世宫廷中的文书，精通书信写作技巧，曾在马什哈德地方政府中工作过一段时间。

④ 毛拉纳·卡西姆·高努尼（Mawlānā Qāsim Qānūnī），音乐家，教授过易卜拉欣·米尔扎王子弹奏乐器及乐曲知识。

⑤ 易卜拉欣·米尔扎在这封回信中提及的8个词语正好是以上8个人姓名的一部分。括号内为本书译注者添加的对应姓名。

⑥ 阿布·纳斯尔·法拉比（Abū Naṣr Farābī，872—950年），伊斯兰医学家、哲学家、心理学家以及音乐学家，尤其是在伊斯兰哲学方面，他被尊称为继亚里士多德之后的“第二导师”。他所写的《音乐全书》（*Kitāb-i Mūsīqī-yi Kabīr*）阐述了音乐与数学、逻辑以及人类心理的关联，在西方被视为影响了欧洲文艺复兴的重要作品。

⑦ 米尔·瓦吉赫丁·哈利鲁拉赫（Mīr Vajīh al-Dīn Khalīlullāh，1525/1526—1595/1596年），伊历10世纪的书法家，先后修习波斯悬体、波斯草书体以及波斯体。他是易卜拉欣·米尔扎王子身边的近臣，王子去世后他回到库姆，过起隐居生活。除了书法，他还写过一些诗歌。

⑧ 哈萨克汗·塔克洛（Qazāq-Khān Takkalū，？—1565年），萨法维伊斯玛仪一世及塔赫玛斯普一世统治时期塔克洛部落的统治者，被萨法维国王任命为赫拉特的地区统治者，他还是穆罕默德·胡达班达的拉拉，后由于塔赫玛斯普一世的怀疑被杀害。

⑨ 即塔赫玛斯普一世。

⑩ 即哈萨克汗·塔克洛。

مولانا در شهور سنهٔ سبع و ستین و تسعمائه همراه عمّ فقیر به مشهد مقدّس آمده نوّاب میرزایی در چهار باغ که عمارت عالی ساخته مولانا را در آنجا می‌داشت مولانا نیز از غایت شفقت و احسان بی‌پایان آن شاهزادهٔ عالمیان همواره حسینی‌وار دم از یک جهتی و ولای آن سپهر اعتلا زده همیشه در سلک سازنده‌ها و مقام نغمه سراها داعی دعای اجابت آن دولت عظمی بوده از غایت راست اعتقادی در پنجگاه بلوازم بندگی قیام نموده در دوگاه صبح و شام به خدمت اقدام داشت اقبال مثال در آن کنج باغ به فراغ بال پناه گرفته صبا صفت در بوستان آن گلستان که قبلهٔ آمال ترک و عجم بود راه یافته آوازهٔ قول و پیشرو عملش به عراق و حجاز رسیده و نغمات سازندگی او اهل آوازه نیشابورک و اصفهان و تبریز را حلقه در گوش کشیده غالباً این فن مغلوب او گردیده بود و به سر حد اعجاز رسیده:

مثنوی

شد بسازندگی چنان مشهور / که شده رام او وحوش و طیور
بر کشد چون بضرب دست آواز / از بدن مرغ جان کند پرواز
نغمه‌اش چون صبا فرح افزای / عمل و قول او الم فرسای
ساز او بود روح روحانی / همچو داود نبودیش ثانی

پس از آن مولانا قریب بده دوازده سال دو مرتبه در مشهد مقدّس و در سفر هرات و حکومت ولایت قاین و سبزوار با آن شاهزاده نامدار همراه بودند چون در آن ایام خواجه محمّد مقیم وزیر شاه ولی سلطان تاتی اغلی که در طنبور بیقرینهٔ دوران بود و بواسطهٔ مخالطت شاهزادهٔ عالم آرا سلطان حیدر میرزا شاه سپهر اعتلا فرمودند که او را از حلق کشیدند و بر سر اوامر مطاع به نفاذ پیوست که سازنده‌ها و گوینده‌های ممالک محروسه را عموماً و مولانا قاسم قانونی را خصوصاً به قتل آورند شاهزاده حقیقت انتما سلطان ابراهیم میرزا چون از این حکم واقف شد در منزل نشیمن خود سردابه کنده بگچ و آجر ترتیب داده چند مدت مولانا را در آنجا بواسطهٔ اطمینان خاطر که خود ناظر و واقف باشد نگاه می‌داشت و قالی و نمد بروی آن مخزن انداخته می‌نشست تا آنکه چند مدّت ازین گذشت مولانا را بیرون آورد اتفاقاً مولانا در همان روز به جوار رحمت ایزدی پیوست القصّه نوّاب میرزایی در شعر سنجی و دقایق شعری و نکته‌دانی و تصوّف و عاشقی خاقانی ثانی و امیر خسرو دهلوی و مولوی معنوی بودند

请求，毛拉纳便跟随鄙人的叔叔于（伊历）967年[1]来到圣城马什哈德。尊贵的王子将他安顿在王室建筑恰哈尔花园之中。而毛拉纳也全心全意追随在王子身边，他总是出现在王子的乐师、歌者队列之中，时刻准备回应王子的需求，并整日为王子奏乐。幸运的是，当他安坐在所有人都梦寐以求的花园一隅，弹奏着声如阵阵清风的乐器之时，他的名声已传到了伊拉克和希贾兹。他弹奏的曲调令内沙布尔、伊斯法罕和大不里士的乐师们纷纷折服。他征服了这门艺术，将它发展到了极致。

叙事诗

他的奏乐技艺声名远扬，飞禽走兽听了也要俯首帖耳。

他一边奏乐一边歌唱，鸟儿的灵魂便仿佛从身体中飘出。

他吟唱的旋律如清风般舒心，他高歌的姿态更是让人烦恼全无。

他手中的乐器飘扬出深邃的音乐，如先知一般独一无二。

在这之后，毛拉纳又在王子身边陪伴了10年或12年的时光。这期间无论是王子两次在马什哈德居留，还是前往赫拉特旅行，以及后来统治高因[2]以及萨卜泽瓦尔地区时，毛拉纳始终随侍在侧。那时，沙赫瓦里·苏丹·塔提·阿格里[3]有个大臣火者·穆罕默德·穆吉姆[4]非常擅长演奏丹不尔，由于他参与了装点世界的王子苏丹·海达尔·米尔扎[5]的事情，尊贵的国王下令对他处以绞刑，也由于他的行为不端，国王下令处死疆域内所有的乐师及歌手，尤其是毛拉纳·卡西姆·高努尼。代表真理的王子苏丹·易卜拉欣·米尔扎的住处地下有一处用石膏和砖块砌成的地窖，当王子得知这个消息后，他为确保安全便将毛拉纳安顿在里面，并用毯子及毛毡布盖住入口，直到一段时间之后，毛拉纳才从该地窖出来。没过多久，毛拉纳便回到了真主身边。在诗歌造诣方面，尊贵的王子在诗歌的韵律及构思、苏非思想及神爱的表达方面犹如哈冈尼、阿米尔·霍斯陆·迪赫拉维[6]以及莫拉维一样出色。而在同时代的诗人之中，王子最青睐毛拉纳·莱

---

① 公历1559/1560年。

② 高因（Qāyin），也译作“加延”，是伊朗南霍拉桑省的城市，该城位于萨卜泽瓦尔东南部，两个城市都在马什哈德附近。

③ 沙赫瓦里·苏丹·塔提·阿格里（Shāh-Valī Sulṭān Tātī Aghlī），很有可能是瓦里·苏丹·乌格里（Valī Sulṭān Ūghlī），他是红帽军中祖尔加德尔部落（Ẕu al-Qadr）的首领。伊斯玛仪二世上台之前，他曾担任伊斯玛仪二世之子的拉拉，伊斯玛仪二世上台之后命他担任法尔斯地区的统领。在伊斯玛仪二世去世，穆罕默德·胡达班达即位之时，他由于未支持新国王而被杀。

④ 火者·穆罕默德·穆吉姆（Khwāja Muḥammad Muqīm）。

⑤ 苏丹·海达尔·米尔扎（Sulṭān Ḥaydar Mīrzā，1554—1576年），塔赫玛斯普一世之子，在塔赫玛斯普一世去世后与伊斯玛仪二世争夺王位，上位仅一天即被杀害。

⑥ 阿米尔·霍斯陆·迪赫拉维（Amīr Khusraw Dihlavī，1254—1325年），印度的波斯语诗人代表，效力于印度多个宫廷，代表作为《五部诗》。

و از شعرای متأخرین اعتقاد تمام به اشعار مولانا لسانی شیرازی داشتند و او را مخاطب به بابا می‌فرمودند و پانزده هزار بیت انتخاب و گزین از اشعار و کلیات دیوان بابا فرمود همگی آن دیوان را همراه و در نظر داشتند همیشه این بیت بابا را بر زبان گوهرنشان می‌راندند.

هرگز غبار خاطر موری نبوده‌ام　　　　　این سلطنت به ملک سلیمان برابرست

و در تهوّر و شجاعت و مردانگی میراث مرتضوی و صولت صفوی و نشانهٔ مهابت اسمعیلی داشتند تا جهانست سلطانی چون او بر تخت کامرانی ننشسته و سروی به اعتدال او در جویبار مملکت نرسته.

بیت

بکوشش چو رستم ببخشش چو حاتم　　　　　به حکمت چو هرمس دلاور چو حیدر

و شکار کومه و کلنگ بسیار می‌فرمودند و به صید کبک و باز رغبت تمام داشتند و تیر را بدست چپ می‌انداختند و در تیراندازی و قپق بازی و چوگان بازی در جهان انبازی نداشتند. نظم

به چوگان چو او ترکتازی نمود　　　　　بگوی سر خصم بازی نمود

تفنگ را آن چنان مشق کرده و به جایی رسانیده بودند که گلوله بغیر از نشانه به جای دیگر میل نمی‌نمود و در شناگری سفینه‌وار بی‌لنگر حرکت می‌فرمودند و بر روی آب چون ماهی عبور می‌کردند و در آن حالت تیر می‌انداختند و لنگری پر از طعام بسیار بروی دست گرفته در آبهای قوی و طویل شنا می‌نمودند و در طراحی و نقّاشی نمونه‌یی از مانی و یادگاری از استاد بهزاد هروی بودند و از سازها طنبور را خوش می‌نواختند و از لهو و لعب بازی شطرنج غایبانه خوب می‌دانستند و در طباخی و تنقلات فرنگی و پختن نان گرجی و ساختن جوارشات و سایر حلویات و مربیات و اطعمه بالوان ید بیضا داشتند و از سایر هنرها و صنعتها مثل ساز تراشی و زهگیر تراشی و بهله‌دوزی و طنبور سازی و صحّافی و مذهّبی و افشانگری و عکس سازی و رنگ‌آمیزی و زرگری استاد بودند

萨尼·设拉子依[①]的诗歌，并称他为“巴巴”[②]。王子从巴巴所有的诗歌中挑选出15 000个对句做成《巴巴诗集》。他对这部诗集爱不释手，尤其喜欢吟诵其中的这个对句：

即使微小如蚂蚁，我亦不忍伤害，而这份仁心与苏莱曼[③]的统治一样有力。

王子的英勇和果敢来源于穆尔塔扎，他还具有萨法维及伊斯玛仪国王的威严。这个世界上再也找不出第二个像他一样快乐的王子，这个国家也找不到一棵如他一般潇洒挺拔的柏树。

对句

他如鲁斯塔姆般勤奋，如哈提姆[④]般慷慨。

如赫尔墨斯[⑤]般聪慧，如海达尔[⑥]般勇猛。

王子擅长捕猎鸟鹤，对狩猎松鸡与雄鹰尤为感兴趣。他用左手射箭，在射击、定向射击[⑦]和马球[⑧]方面也是所向披靡。

韵律诗

当他以突厥风格策马出现在球场上时，似乎他所击的马球就是敌人的头颅。

他的射击也练到了出神入化的境地，当他射击时，射出的子弹只可能射中靶心。而在游泳方面，他好像是一艘没有锚的船，在水面上穿行如同游鱼一般。他还能一边游泳一边射击，或游泳时手持食物托盘，在水里有力且持久地穿行。他的画作有如摩尼之作，且有贝赫扎德·赫拉维之感。乐器之中他最擅长丹不尔。而在各种游戏之中他最擅长象棋，即使不看棋面也能赢过对方。在制作西式食物及小吃、格鲁吉亚馕、扎瓦莱什酥糖等酥糖、果酱以及各色食物方面，他拥有令人讶异的本领。在其他的美术和工艺领域，例如制琴、制作护指套[⑨]、缝制驯鹰护臂[⑩]、制作丹不尔、书籍装订、泥金装饰、洒金术、镂空印花术、调色以及冶金等方面，王子都是造诣深厚的大师。他凭借着高贵的品性、聪慧的头脑

---

① 毛拉纳·莱萨尼·设拉子依（Mawlānā Lisānī Shīrāzī，？—1533/1534或1534/1535年），伊历10世纪的著名诗人。根据一些诗人传记的记载，他共写有8000个对句，但都没有流传下来。他所写的诗歌体裁丰富，其中以抒情诗的数量最多。

② 巴巴（bābā），该词在波斯语中既有“爸爸、爷爷”之意，同时也是对老师及苏非长老的称呼。

③ 指伊斯兰教先知苏莱曼。

④ 哈提姆（Ḥātim，？—578年），生活在阿拉伯半岛上的一位王子，他因为乐善好施而被视作典范。阿拉伯语中常用“比哈提姆还慷慨”来形容人的慷慨。

⑤ 赫尔墨斯（Hirmis），希腊罗马神话中的宙斯之子，掌管辩论、文学、商业和体育等。

⑥ 指伊玛目阿里。

⑦ 定向射击（qapaq-bāzī），指在运动场中间设立一个高杆，杆子上方顶着一个物品，例如南瓜、苹果或金杯等，比赛选手在骑马过程中将该物品射下杆子则为胜。

⑧ 马球（chūgān-bāzī），是起源于伊朗的运动项目，指两队队员在马背上持长杆，将小球推入对方球门的游戏。

⑨ 护指套（zihgīr），指射击时戴在指头上用来保护指头的指环，通常由皮革或动物骨制成。

⑩ 驯鹰护臂（bahla），在训练猎鹰时戴在手臂上的罩子，既能防止被猎鹰的爪子抓伤，同时也方便猎鹰起降，通常由皮革做成。

و طبع شریفش و ذهن منیفش و سلیقهٔ مستقیمش به هر صنعتی که رغبت می‌فرمود حکم واضع آن به طرزی علیحده داشت هیچ هنری و صنعتی از دست وی جان نبرده بود استادان هر فن به طریق شاگردان در خدمت آن خلاصهٔ زمان اخذ تعلیم و کسب تفهیم نموده تصرفات ایشان را پیروی می‌کردند و با وجود نسبت نسب سلطنت و ارتفاع حشمت هرگز به جاه و اعتبارات بی‌اعتبار میل نمی‌فرمودند و گریزان از آن اوضاع بودند و پیوسته با فقرا و گوشه‌نشینان و درویشان صحبت داشتی و آن شیمه را بهتر از حشمت و سلطنت دانستی و ازین شغلها و هنرها بهتر عشق و عاشقی بود که هرگز بی‌منظوری خوبروی نبودند و همگی اوقات شریف صرف جوانان و میل لاله رخان می‌فرمودند چنانچه خود می‌فرمایند.

هرزه گردی بود مجنون سخت جانی کوهکن   رسم آئین محبت در جهان جاهی گذاشت

داد عیش و نشاط و عشرت و خوشدلی و کامرانی دادند و اوقات با برکات آنحضرت بلایعنی و تعطیل صرف نشد و در حسن و پاکیزگی عبارت و ادب و ترحم و شفقت و الفت بر کافهٔ برایا مشابهٔ آبای عظام و اجداد کرام و مشایخ عالی مقام بودند هنگام غضب و اعراض و وقت انحراف مزاج و اعتراض هرگز لفظ رکیکی و سخن کریهی از زبان مرحمت بیان آن نیّر برج خلافت استماع نیفتاد هر که آن خلاصهٔ دودمان مرتضوی و قدوهٔ خاندان صفوی را ملازمت کرده بود و حالات و صفات و اخلاق و اطوار آن کیوان وقار نامدار را مشاهده کرده بود بعد از قتل و آن ستمی که از روزگار غدّار و مزاحمت اشرار بر آن زبدهٔ ابرار واقع شد دیگر خوشدلی را به چشم ندید و هرگز خود را شاد و مسرور نیافت و از شرب مدام که لازمهٔ سلطنت و پادشاهیست احتراز و اجتناب لازم دانسته بعضی اوقات به مداومت برش و دیگر وقتها به خوردن فلونیا و تریاک اقدام می‌نمودند سن شریف آن اعلیحضرت خلیل منزلت یوسف خلّت سی و چهار سال بود و در عین شباب و جوانی و هنگام عشرت و شادکامی و خلاصهٔ حیوهٔ و زندگانی از این جهان فانی به سرای جاودانی از قضای آسمانی و چشم زخم فلک دولابی درجهٔ شهدا و سعدا یافتند و تفصیل آن گاهی در جلد سادس خلاصة التواریخ شرف تحریر یافته القصّه که آفتاب چرخ عالی از برج اقبال انتقال کرد و کوکب فلک سعادت از اوج جلال به حضیض وبال افتاد زهی سنگ دل کوه گرانجان که از سختی این واقعه اختلال به استحکام و بنیان آن راه نیافت و زهی سیه‌رویی زمین که از استماع این مصیبت خاک بر رخسار و خاشاک بر سر نکرد و چشم ستاره‌ها را چه پیش آمد که قطرات عبرات ریزان نساخت و سقف مرفوع آسمان را چه افتاد که با وجود این قضیهٔ هائله نگداخت.

آسمان هم بران قرار خودست   هم بران قطب و هم بران محور

الحاصل که فرمان عمر آن شاهزادهٔ عالمیان به عنوان کُلُّ مَن عَلَیها فان مختوم شد.

دریغ آنکه چون راندی او بارگی   نهادی زمین تن به بیچارگی
دریغ آنکه چون بر نشستی برخش   زدی نعل اسبش بگردون درخش

زمانه در سوگواری آن شاهزاده به این ترانه و سرود افغان می‌نمود.

یا رب غم عمر و زندگانیش خوریم   یا درد و دریغ جاودانیش خوریم
شرح دل تنگ ناامیدیش دهیم   یا حسرت خوبی و جوانیش خوریم

以及不俗的品位，总是能很好地掌握每个感兴趣的艺术领域（的技艺）。没有任何美术或工艺领域会被他遗漏掉。各个艺术领域的大师们在王子身边效力时，都犹如学生一般从他身上汲取知识。虽然他有王室血统，地位尊贵，但他认为这些毫无意义，也从不炫耀。他常与穷苦之人、隐居之人和苦行僧结伴聊天，因为在他看来这样的行为才是真正的高贵之举。而在所有的事情之中他最擅长情爱之事，王子从不会毫无缘由地对一位美人微笑，他总是与年轻人和品行优秀的人在一起共度时光。正如王子所言：

马杰农是个流浪汉而凿山人[①]太迟钝，爱的规则标准应由照熹说了算。

王子的一生充满喜悦与欢乐，他从未虚度自己宝贵的时光。他品行端正、谈吐优雅、有礼貌且懂得悲悯世间万物，在这些方面他与自己的祖先以及崇高的谢赫非常相似。即使在他生气或烦躁的时候，也从未有人听到这位如星星般闪耀的王子说过任何不得体的言语。任何一位服侍过这位穆尔塔扎[②]家族中的佼佼者、萨法维家族中的楷模，并领略过这位如水星般尊贵的王子出色仪表和品格的人，在王子被杀之日，在那个邪恶降临的日子之后，都再也无法开心起来。在匹配王室身份的饮酒方面，王子保持了适度的克制，但他有时会服用巴尔什[③]，有时则会吸食弗鲁尼亚[④]和鸦片。尊贵的王子的年龄是34岁，他在愉快幸福地度过了这年轻的一生之后，因为天空的裁决以及厄运的降临，离开这个易逝的世界，前往永恒的国度，成为天空中幸福的烈士。关于那个时刻的记载出现在《历史选粹》第6册。崇高的太阳远离了命运之星，幸福天空中的星星也由光明转为黯淡，大山深处的石头面对这场悲剧开始震动不已，大地也因为这起发生在自己疆域之内的事件而感到羞愧。然而无论发生什么事情，天空也不会掉下眼泪，苍穹也不会弯下脊梁。

天空还是一如往常，围绕着中心旋转。

对于这位尊贵的王子的命运，这句话早已给出答案："凡在大地上的，都要毁灭。"（《古兰经》55：26）

当他策马奔跑时，大地也会无助地颤抖。

当他跃马扬鞭时，马具碰撞有如电闪雷鸣。

历史在悼念那位王子时呜咽着唱出这支曲调：

真主啊，我们哀悼他生命的逝去，这痛苦的哀悼将无穷无尽。

我们倾诉着无望与痛心，我们叹惋着他的英年早逝。

---

① 马杰农（Majnūn）和凿山人（kūhkan）是两个典型的爱者形象。前者出自"马杰农与蕾莉"的故事，马杰农是一位为爱痴狂的爱者。而凿山人则指法尔哈德（Farhād），出自"法尔哈德与西琳"的故事，法尔哈德为取得追求西琳的资格，为她开山凿渠，最终因听到西琳已死的假消息而死去。

② 指伊玛目阿里。

③ 巴尔什（barsh），罂粟汁干燥后的粉末与其他麻醉类物品的混合物。

④ 弗鲁尼亚（fulūniyā），萨法维王朝时期在宫廷及贵族之中非常流行的毒品，由罂粟汁和大麻混合而成。伊斯玛仪二世因过量吸食此物而去世，这之后阿巴斯一世便开始严禁弗鲁尼亚。

در تمادی قلیل از ایّام نافرجام بعد از سن تمیز کسب این همه کمالات و توفیقات نمودند و بعد تأییدات الهی و اعطاف نامتناهی چیزی دیگر نیست و هنگام قتال شاهزادگان و اولاد امجاد شاه جنّت مکان که هر کدام ماهی بودند از برج آسمان سلطنت و خلافت و هرچند روز یکی ازیشان به قتل می‌رسید این رباعی به زبان حال و بیان قال در آن ایّام پرملال و قریب به وقت ارتحال بر زبان الهام بیان جاری ساختند.

رباعی

ای دل چو نشیمن تو این کهنه سراست — غافل منشین گذرگه سیل فناست
رفتند یکان یکان همه همراهان — تا چشم بهم نهاده‌یی نوبت ماست

وقوع این واقعهٔ نازله و غایلهٔ هایله در دارالمحن قزوین آخر روز شنبه پنجم شهر ذیحجه سنهٔ اربع و ثمانین و تسعمایه صبیهٔ آن شاهزادهٔ کثیرالافاده نوّاب گوهرشاد بیگم نعش مبارک آن در دریای معرفت و حقیقت را با نعش والدهٔ ماجده‌اش نوّاب گوهر سلطان خانم بنت شاه جنّت مکان علیین آشیان شاه طهماسب به مشهد مقدّس انور نقل فرمود و در حرم و روضهٔ محترم که سابقاً در دارائی مشهد مقدّس و مجاورت آن روضهٔ اقدس خود ترتیب داده بودند دفن کردند و از غرایب حالات آنکه در همان محل ارادهٔ سردابهٔ پاکیزه‌یی ظاهر شده که کمال پاکیزگی و صفا و ضیاء و روشنی داشت و این مقدمه خالی از سرّی و بخشی نخواهد بود آن علا جناب پدر و مادر را در آنجا مدفون ساختند افصح المتأخرین مولانا عبدی جنابدی رحمه‌الله در تاریخ آن واقعه گفته:

گل گلزار حیدر کرّار — خلف آل احمد ابراهیم
بر فلک سود افسرش که نهاد — در مقام رضا سر تسلیم
وقت رفتن ازین سرای غرور — با دل مستقیم و طبع سلیم
گفت تاریخ سال قتل مرا — بنویسید (کشته ابراهیم)

由于王子坚持不懈的努力，他成年后不久便拥有了全部的本领与成就。当然，最重要的原因是真主认可并给予了他无穷的恩惠。在那段王子以及永居天园的国王[①]的其他后人被杀的时间里，每隔几天就会有一位王子被杀，这些王子中的每一位都如王族天空中的星辰一般耀眼。[②]下面这首抒情诗契合了当时的状况，述说了那段悲伤的时光，因此虔诚的王子在离世之前的那段时间时常念起这首诗：

抒情诗

心灵啊，你停留在这破旧的世界，但切勿放松警惕，这里是虚无洪流流经之所。

所有的同行人已一个个愤然离去，直到有一天你我也闭眼离开此地。

那场悲剧发生在悲伤之城加兹温。那是（伊历）984年12月5日[③]星期六的晚上，王子的女儿——尊贵的高哈尔沙德·贝格姆[④]将那颗知识与真理之海中的珍珠——她的父亲的遗骸，连同永居天园的国王之女——她的母亲高哈尔苏丹·哈努姆[⑤]的遗骸一同运往圣城马什哈德。王子曾在管理圣城马什哈德期间，将自己的墓地安排在了紧邻伊玛目礼萨圣陵的地方，于是高哈尔沙德·贝格姆便将父母葬在那里。令人惊奇的是，在王子选好的地方冒出了一股泉水，泉水清冽纯净、没有一丝杂质，这真是一桩奇事。公主[⑥]就将她的父母葬在这样的地方。当时口才最好的诗人毛拉纳·阿布迪·朱纳巴迪（愿真主怜悯他）关于这件事的时间写道：

海达尔·卡拉尔[⑦]花园中的鲜花，艾哈迈德[⑧]的后人易卜拉欣。

是谁为他戴上了这顶高贵的王冠，面对真主他低下顺从的头颅。

他带着纯粹又谦谨的心，离开了这个浮华的居所。

他说：“关于我被杀的年份，你要写‘易卜拉欣被杀害了’[⑨]。”

984

---

① 指塔赫玛斯普一世，伊斯玛仪二世是他的儿子，而易卜拉欣·米尔扎是塔赫玛斯普一世的孙子、伊斯玛仪二世的侄子。

② 这句话指的是1576年伊斯玛仪二世由于疑心其他王室成员会篡位，在上台之时便将他的叔叔、侄子和兄弟一一处死的事情，易卜拉欣·米尔扎也在其中。

③ 公历1577年2月23日。

④ 高哈尔沙德·贝格姆（Gawhar-shād Bigum），易卜拉欣·米尔扎与高哈尔苏丹·哈努姆的独女，父亲去世后曾为父亲整理诗集。

⑤ 高哈尔苏丹·哈努姆（Gawhar-Sulṭān Khānum，1540—1577年），塔赫玛斯普一世之女，易卜拉欣·米尔扎之妻，在丈夫被杀害后不久去世。

⑥ 即高哈尔沙德·贝格姆。

⑦ 海达尔·卡拉尔（Ḥaydar Karrār），意为“勇猛的雄狮”，指伊玛目阿里。

⑧ 指先知穆罕默德。

⑨ 根据阿拉伯辅音字母计数法，“易卜拉欣被杀害了”（kushta-yi Ibrāhīm）词组对应的数值为984，即易卜拉欣去世的年份为伊历984年，这个数字也出现在诗句下方。

اَللهُم احشُرهُ مَعَ مَن يُلَقَّبُ بِابی الحَسن صَلَواتُ الله عَليه و تَجاوَزْ عَنْ تَقصِيراتِه و عَطِّر بِنَسيمِ الرَحْمَة ترابه.

مير معزالدّين محمّد از سادات حسينی دارالامان كاشان بود به غايت فانی و لاابالی و اكثر ايّام و ليالی بسير بازار و كبوتربازی اشتغال داشتی خط را به معراج و مرتبه‌اش رسانيده بود هم جلی و هم خفی هر دو را خوب می‌نوشت خطوط او هرچه نوشت تجّار به جانب هند بردند سليقه‌اش در نظم اشعار ملايمت بسيار داشت اين مطلع ازوست:

آن گل ز داغ دست خود افگار كرده است　　　هرگز كسی بدست خود اين كار كرده است

در شهور سنهٔ خمس و تسعين و تسعمائه در كاشان فوت شد.

مولانا محمّد حسين ولد مرحومی مولانا عنايت‌الله تبريزی است وی به مشهد مقدّس معلّی آمده و شاگردی استادی ميرسيد احمد مشهدی اختيار نمود و چون دستش قابل بود در اندک روزی ترقّی كرد و خط را به مرتبه‌يی رسانيده كه همگنان او را بر استادان ترجيح می‌نهادند در زمان سلطنت شاه اسمعيل ثانی مدار كتابه‌نويسی عمارات دولتخانه و درها متعلّق به او بود در ايام جوانی فوت شد.

مولانا باباشاه از اصفهان بود او نيز از خوشنويسان مقرر بود كتابت را بهتر می‌كرد و به غايت بامزه می‌نوشت به عتبات عاليات رفت و مدّتی در بغداد به كتابت اشتغال داشت در شهور سنهٔ ست و تسعين و تسعمائه در درالسلام بغداد رحلت نمود.

مولانا محمّدرضا چرختاب از مشهد مقدّس بود شاگرد استادی ميرسيداحمد مشهدی است بسيار بسيار خوش می‌نوشت و از كاتبان مقرر گرديد و از آنجا بدارالعباده يزد افتاده در آنجا ساكن شد.

真主啊！（在审判日）请将他与伊玛目礼萨联系在一起，他归顺于伊玛目礼萨并请求他（伊玛目礼萨）的庇护。愿真主保佑他并忽略他的缺点与过错，愿恩慈的清风吹拂过他的坟墓。[①]

米尔·穆艾兹丁·穆罕默德[②]来自信仰之城卡尚的侯赛尼圣裔家族，他为人低调、处世淡泊，大部分时间他都在市集游逛或戏鸽[③]。他的书法将这门艺术的水平抬高到了新境界。他擅长书写粗体字和细体字，其书法作品被商人带到了印度。他的诗作颇为柔和，下面这首序言诗是他的作品：

那朵玫瑰因自己的刺而痛苦，还有人会这样伤害自己吗？

他于（伊历）995年[④]在卡尚去世。

毛拉纳·穆罕默德·侯赛因[⑤]是已故的毛拉纳·艾那亚图拉赫·大不里兹[⑥]之子。他来到圣城马什哈德之后，跟随我的老师米尔·赛义德·艾哈迈德·马什哈迪[⑦]学习书法。他有一双灵活的手，因此在很短时间内就取得了进步，很多人认为他的书法水平在众多大师之上。在伊斯玛仪二世统治时期，王室建筑以及大门上的书法主要由他负责。他年纪轻轻便去世了。

毛拉纳·巴巴沙赫[⑧]是伊斯法罕人，他是公认的书法家，他的正式体写得最好，字迹颇有韵味。他去了（什叶派）圣地，并在巴格达待了一段时间，在那里以书写铭文为生。他于（伊历）996年[⑨]在伊斯兰之城巴格达去世。

毛拉纳·穆罕默德·礼萨·查尔赫塔布[⑩]是圣城马什哈德人，师从我的老师米尔·赛义德·艾哈迈德·马什哈迪。他的书法非常优秀，是知名的书记官。他离开马什哈德之后，在尊崇之城亚兹德生活。

---

① 这段话的原文为阿拉伯语。

② 米尔·穆艾兹丁·穆罕默德（Mīr Muʿizz al-Dīn Muḥammad，？—1586/1587年），伊历10世纪的诗人及书法家，最擅长波斯体。在阿巴斯一世在位期间，他曾前往印度，后回到伊朗，在家乡卡尚去世。《艺术芳园》记载他于伊历995年去世，其他资料中还有他于伊历990年去世的记录。

③ 戏鸽（kabūtar-bāzī），一种男性从事的伊朗传统游戏，戏鸽人驯养鸽子去参加比赛。比赛主要有两种形式，一种是对鸽子的飞行排名提前进行竞猜，另一种则是令鸽子在飞行过程中彼此争斗。

④ 公历1586/1587年。

⑤ 毛拉纳·穆罕默德·侯赛因（Mawlānā Muḥammad Ḥusayn）。

⑥ 毛拉纳·艾那亚图拉赫·大不里兹（Mawlānā ʿInāyatullāh Tabrīzī）。

⑦ 本书第149页已有介绍，但并未提及米尔·赛义德·艾哈迈德·马什哈迪是作者的老师。

⑧ 毛拉纳·巴巴沙赫（Mawlānā Bābā-Shāh，？—1587/1588年），伊历10世纪的著名波斯体书法家，根据其他史料记载，他为人清高，很少与宫廷及贵族接触，他的作品售价很高。《艺术芳园》记载他的去世年份为伊历996年，但他的一些作品完成于伊历1000年，另有记载他于伊历1012年去世。

⑨ 公历1587/1588年。

⑩ 毛拉纳·穆罕默德·礼萨·查尔赫塔布（Mawlānā Muḥammad Rižā Charkhtāb，？—1584年），伊历10世纪的书法家。

مولانا محمّد زمان اگرچه اصلش از دارالامان کرمان بود اما در دارالسلطنهٔ تبریز نشو و نما یافته در خط تبریزی می‌نوشت و در آنجا ترقّی کرده خوشنویس شده بود خطش بسیار نازک و بامزه است کمتر از یاران نمی‌نویسد قطعه نویس بود و در کتابت هم نظیر نداشت.

میر وجیه الدّین خلیل‌الله عم راقم است اگرچه در اوایل مشق تعلیق می‌کرد و روش مولانا درویش داشت بعد از سی سالگی بوادی مشق خط نسخ تعلیق افتاد چون در مشهد مقدّس در خدمت شاهزاده عالم آرا ابوالفتح سلطان ابراهیم میرزا به سر می‌برد در ملازمت میرزایی شروع در مشق نمود و تعلیم از نوّاب جهانبانی گرفت خطش ترقّی نمود بسیار صاف و پاکیزه و پخته می‌نوشت جلی را به غایت خوش می‌نوشت و در آخر پیش استادی میرسید احمد مشهدی تعلیم گرفت و بروش حضرت میر چیزی می‌نوشت وی از جملهٔ برادران مؤمن و مخصوصان شاهزادهٔ عالمیان بود و در شجاعت و تیراندازی و سپاهیگری و تفنگ‌اندازی عدیل نداشت و تفنگ را به مرتبه‌یی رسانیده بود که هرگز خطا نمی‌کرد و مکرر ابوالخان اوزبک به حوالی مشهد مقدّس معلّی آمد وی همراه غازیان بیرون رفته دست بردها نمود و در چوگان بازی و قپق‌اندازی با نوّاب جهانبانی همبازی بود و گوی تفوق و رجحان بواسطهٔ سیف و قلم از سایر تاجیکان ربوده بود بعد از رحلت شاهزاده کثیرالافاده دیگر اختلاط با کسی نکرد و قطع نظر از دنیا و مافیها کرده در ولایت قم به زراعت و عمارت و طاعت و عبادت اشتغال داشت و سلیقهٔ شعر و طبع موزون داشت هرگاه که نوّاب جهانبانی شعری یا رباعی می‌فرمودند حسب‌الامر تتبع می‌نمود این مطلع ازوست.

دوری از بزم وصالت از من مهجور نیست   بخت بد کرده است از بخت من اینها دور نیست

آخر در دارالمؤمنین قم در شهور سنهٔ اربع و الف رحلت نمود عمرش هفتاد و دو سال بود.

مولانا محمّد شریف از بزرگزادهای اعراب نمیری است بواسطهٔ استعداد ذاتی کسب فضایل نمود هم جلی وهم خفی را خوش می‌نوشت و از دیگر حیثیات مثل حکّاکی بهره‌یی تمام داشت و نسخ تعلیق را به طریقی که می‌نوشت در عقیق نقش می‌نمود و در سپاهیگری و شجاعت خود صاحب میراث بود.

میرعماد از سادات سیفی دارالسلطنهٔ قزوین‌اند از خوشنویسان مقرر گردیدند هم جلی و هم خفی را خوب می‌نویسد خطش در ربع مسکون دوید و خود نیز تا حجاز رفت

毛拉纳·穆罕默德·扎曼[①]虽然生于信仰之城克尔曼，但却在帝王之城大不里士长大。他在大不里士练习书法并取得进步，最终成为一名书法家。他的书法字迹纤细、有韵味，并不比其他书法家差。他擅长写单幅书法，在正式体书写方面也极为出色。

米尔·瓦吉赫丁·哈利鲁拉赫是鄙人的叔叔。他最初按照毛拉纳·达尔维什的笔法练习波斯悬体，过了30年开始改练波斯体。他在圣城马什哈德为世界装点者阿布·法特赫·苏丹·易卜拉欣·米尔扎王子效力时，王子帮助他练习书法，他在王子的指点下进步迅速，书法写得流畅、干净且成熟，其中以粗体字最为出色。他后来还跟随我的老师米尔·赛义德·艾哈迈德·马什哈迪学习书法，并依照老师的笔法写过一些作品。他是虔诚的王子如兄弟般的密友之一。他在射箭和射击等军事项目上所向披靡。他的射击能做到绝不射偏。当阿布汗·乌兹别克[②]多次来到马什哈德城边时，是他带领着勇士们偷袭对方的部队。他经常与王子一起玩马球和定向射击，他的文艺和武功在大部分塔吉克人之上。在才华横溢的王子归真之后，他便不再与人交谈，也不理会任何事情，在加兹温一心投入田园隐居生活。他的诗歌富有品位和韵律。每当王子写出一首诗或抒情诗，他都会遵照王子的命令加以研究和评鉴。下面是他写的序言诗：

要不了多久我就要离开你了，厄运已降临且这厄运总是与我相伴。

最终他于（伊历）1004年[③]在信仰之城库姆去世，享年72岁。

毛拉纳·穆罕默德·沙里夫[④]是出身尊贵的努梅里阿拉伯人[⑤]，他天资聪慧，颇具才华。他的粗体字和细体字都写得很好，而在他具备的其他才艺之中数雕刻技艺最为突出。他能将所写的波斯体书法完整复刻在红玉髓之上。他在军事和勇气方面也颇有家族风范。

米尔·艾茂德[⑥]出生于帝王之城加兹温的赛非圣裔[⑦]家族。他是公认的书法家，擅长书写粗体字和细体字，他的书法作品遍及世界各个角落。他自己去过希贾兹，回来之

① 毛拉纳·穆罕默德·扎曼（Mawlānā Muḥammad Zamān）。

② 阿布汗·乌兹别克（Abūlkhān Uzbik），1563/1564年跟随叔叔在马什哈德附近与易卜拉欣·米尔扎交战并失败，1577/1578年带兵进攻内沙布尔并失败。

③ 公历1595/1596年。

④ 毛拉纳·穆罕默德·沙里夫（Mawlānā Muḥammad Sharīf），萨法维王朝时期的书法家及雕刻家。

⑤ 努梅里阿拉伯人（'Arāb-i Numayrī），生活在幼发拉底河上游、以土耳其哈兰（Harrān）为中心的阿拉伯部落的人民，伊斯兰教诞生之后，部分人随着伊斯兰教的扩张迁徙到伊朗生活。

⑥ 米尔·艾茂德（Mīr 'Imād，1554—1615年），伊朗书法史中最著名的波斯体书法家之一，他书写的波斯体被伊朗和印度的宫廷统治者视为书法典范。他先后师从马列克·迪拉米以及穆罕默德·侯赛因·大不里兹，他自己也培养了很多学生。他最初在萨法维军官法尔哈德汗·卡拉曼鲁的书画院工作，这位赞助人去世之后，他来到阿巴斯一世的宫廷并深受重视。后来由于他与国王产生误解和矛盾而被杀。《艺术芳园》对这位书法家的生平介绍较为简单且与事实有出入，其作品参见插图14。

⑦ 赛非圣裔（Sādāt-i Sayfī），属于伊玛目哈桑圣裔，主要生活在伊朗的加兹温、苏丹尼耶、德黑兰和雷伊。

بعد معاودت از آنجا چند سال در سلک کاتبان کتابخانهٔ مرحومی فرهاد خان قرامانلو انتظام یافت و در خطّهٔ سمنان بسر می‌برد بعد از قتل خان مشارالیه در دارالسلطنهٔ قزوین که وطن مألوف و مسکن مشعوف ایشانست به کتابت و قطعه‌نویسی اشتغال دارند و از خدمت و ملازمت سلطان محترز است.

مولانا باقر خرده از کاشان است برادر مولانا مقصود شاعر است جلی و خفی را هر دو خوب می‌نویسد و خطش خیلی مزه و نزاکت دارد.

مولانا مالک از کاتبان و خوشنویسان دارالمؤمنین قم است او نیز جلی و هم خفی را خوش می‌نویسد و در قم به درویشی و کتابت اشتغال دارد و خطش به واسطه آنکه در قم مانده و سفری نکرده در پردهٔ خفا مانده.

مولانا میرحسین سهوی: تبریزی است پدرش سرّاج بود شعر را خوب می‌گوید و تخلّصش سهویست مشق بسیار کرده و در آن فن زحمت بسیار کشید تا خطش پیش آمد جلی و خفی هر دو را خوب می‌نوشت بعد از فترت تبریز به عراق افتاد و کاشان را خوش نمود در آنجا ساکن شد و قرب دوازده سال در آن بلدهٔ فاخره بسر برد و آخر دلگیر گشته با فرزندان عزیمت هندوستان نمود این مطلع از اشعار اوست.

طرفه حالیست که دارد شب هجران عاشق   خواب ناکرده و صد خواب پریشان دیدن

حکیم رکنا: اسمش مسعود است از خانوادهٔ حکمت و افاضت است آبا و اجداد عظام او از حکمای پادشاهی و مقربان درگاه خلافت پناهی بودند وی نیز به دستور در زمرهٔ حکمای دیوان منخرط بود استعداد تمام و اهلیت بسیار داشت خوش و بامزه می‌نویسد و از شعرای مقرر است اشعار او در تذکرةالشعرا ثبت افتاده مدتی حکیم دیوان شاه عالمیان پناه عباس بهادرخان بود مزاج وهّاج اشرف را ازو انحرافی پیدا شده او را از ملازمت اخراج فرمودند

后居住在塞姆南[①]，在已故的法尔哈德汗·卡拉曼鲁[②]的书画院中担任书记官。法尔哈德汗·卡拉曼鲁去世之后，他回到了熟悉又亲切的故乡——帝王之城加兹温，在那里专心修习书法，完成单幅书法作品，谢绝了一切与王室的来往。

毛拉纳·巴基尔·胡尔达[③]生于卡尚，是诗人毛拉纳·马格苏德[④]的兄弟。他对于粗体字和细体字的书写都得心应手，书法作品精致、有韵味。

毛拉纳·马列克[⑤]是信仰之城库姆的书记官及书法家之一，擅长粗体字及细体字。他在库姆从事书写工作，并一直过着苦行僧般的生活。由于他始终生活在库姆，从未远游，故他的书法鲜为人知。

毛拉纳·米尔·侯赛因·萨赫维[⑥]是大不里士人，他的父亲是位马具商人。他擅长写诗，笔名是“萨赫维”。他花费了很多功夫练习书法并最终取得了进步，他的粗体字和细体字都写得不错。大不里士陷落后他离开该城去了伊拉克，在途经卡尚时爱上这座城市便定居了下来。他在这座富饶的城市生活了大约12年之后感到厌倦，又带着子女前往印度。这首序言诗是他的作品：

在分离的夜晚，恋人陷入奇幻的状态，未曾入睡却做了上百个迷离的梦。

哈基姆·卢克纳[⑦]的名字是“马苏德”，他出生于乐善好施的学者之家，祖辈都是国王的医生，与王室成员关系紧密，他也是王室医生中的一员。他颇具才华，不仅字写得优美、有韵味，还是位知名的诗人，他的诗歌收录在《文英荟萃》中。他曾担任阿巴斯·巴哈多尔汗[⑧]国王的宫廷医生，由于误判了国王的健康状况而被赶出宫廷。为了交

---

① 塞姆南（Simnān），伊朗塞姆南省的省会，位于伊朗中北部。

② 法尔哈德汗·卡拉曼鲁（Farhād-Khān Qarāmānlū，？—1598年），阿巴斯一世宫廷中的军官，他先后在霍拉桑及赫拉特任职，最突出的功绩是为阿巴斯一世平定了里海沿岸的叛乱。由于他操控着伊朗北部吉兰和马赞达兰等地区的实权，故阿巴斯一世下令将其处决。他热爱艺术，招揽了众多艺术家在他的书画院工作。

③ 毛拉纳·巴基尔·胡尔达（Mawlānā Bāqir Khurda，？—1629年），活跃于阿巴斯一世时期的诗人及书法家，著有诗集，晚年在印度生活。

④ 毛拉纳·马格苏德（Mawlānā Maqṣūd，？—1575/1576年或1579/1580年），萨法维王朝时期的诗人，现存有他的颂体诗作品。

⑤ 毛拉纳·马列克（Mawlānā Mālik）。

⑥ 毛拉纳·米尔·侯赛因·萨赫维（Mawlānā Mīr Ḥusayn Sahvī），伊历10世纪的书法家和诗人，曾跟随穆罕默德·侯赛因·大不里兹学习书法。1585年大不里士被奥斯曼帝国短暂占领后，他开始为阿里·古里汗效力，后前往印度发展，1639/1640年依然活跃。

⑦ 哈基姆·卢克纳（Ḥakīm Ruknā，1577—1656年），本名是马苏德·本·阿里·卡山尼（Masʿūd b. ʿAlī Kāshānī），萨法维王朝时期的医生及诗人。他出生于医学世家，他的父亲先后担任塔赫玛斯普一世及穆罕默德·胡达班达的宫廷医生，他也自小学医，是阿巴斯一世的医生，由于误判病情被赶出宫廷。这之后他在印度多个宫廷中服务，晚年为前往马什哈德朝圣而回到伊朗，最终死在家乡卡尚。他还是位多产的诗人，著有三部诗集，涉及多种诗体。

⑧ 阿巴斯·巴哈多尔汗（ʿAbbās Bahādur-Khān），即阿巴斯一世。

و مواجبش را مسترد کردند وی هر چه داشت تنخواه نمود و یک دو سال در کاشان برد که ودگان نشسته به امر طبابت اشتغال داشت و از آنجا عزیمت زیارت مشهد مقدّس و روضهٔ اقدس نمود در آنجا نیز شاه عالم آرا به او توجهی نفرمود در وقتی که نوّاب مالک رقاب متوجهٔ سفر بلخ بودند او با فرزندان متوجهٔ هندوستان گردید این مطلع ازوست:

شهید چشم مستت آنچنان کیفیتی دارد که در روز قیامت نیز مست از خواب برخیزد

مولانا شمس‌الدّین محمّد: اصلش از ولایت بسطام است و در مشهد مقدّس شاگردی استادی میرسید احمد نموده و کاتب مقرر گشته و در کتابخانهٔ اشرف به کتابت اشتغال دارد و صاحب تیول و مواجب است و با مزه و خوش می‌نویسد.

مولانا سلطان حسین تونی: شاگرد مرحومی میر محمّد حسین باخرزیست خط نسخ تعلیق هم خفی و هم جلی را خوب می‌نویسد از کاتبان مقرر است از خراسان به عراق آمد او نیز یک چندی در سلک کاتبان فرهادخان انتظام داشت.

مولانا محمّدامین در سلک خوشنویسان زمان منتظم است و از شاگردان سرآمد مرحومی مولانا محمّدحسین تبریزی‌اند هم جلی و هم خفی را خوب می‌نویسد وی از اولاد عقیل است و در رستمدار بوده‌اند و پدر وی به غایت عابد و متقی بوده و عمّش مولانا میرحسین عقیلی در زمان خاقان جنّت مکان علیین آشیان ابوالبقا شاه طهماسب اَنارَالله بُرهانه ازجملهٔ فضلاء و صلحاء وقت بود و او را داخل مجالس علماء نموده‌اند و والد مشارالیه همراه نوّاب غفران پناه سام میرزا بدارالارشاد اردبیل رفته مولانا محمّدامین در آن بلدهٔ طیبه متولد شده ودر میانهٔ شیخاوندان بزرگ شده و کسب خط نموده و پس از سن تمیز در ایام نوّاب کامیاب قمر رکاب یعنی شهید سعید سلطان حمزه میرزا کتابدار مرحومی اسمی خان شاملو گشتند و همواره منظور نظر شاهزادگی می‌بودند

回已发放的俸禄，他变卖了自己所有的东西。这之后他在卡尚生活了一两年，其间以开医馆治病为生。随后他又去马什哈德朝拜圣陵，这段时间国王对他未加关注。当国王前往巴尔赫时，他带着子女去了印度。下面是他写的序言诗：

醉倒在你迷醉眉眼之中的人，直到审判日到来还沉浸在对你的陶醉之中。

毛拉纳·沙姆斯丁·穆罕默德①是巴斯塔姆人，在圣城马什哈德跟随我的老师米尔·赛义德·艾哈迈德学习书法。他是位知名的书记官，在（阿巴斯一世）国王的书画院工作，拥有田产和固定俸禄。他的书法优美，耐人寻味。

毛拉纳·苏丹·侯赛因·图尼②是已故的米尔·穆罕默德·侯赛因·巴赫勒兹的学生，擅长粗体和细体的波斯体书法，是位知名的书记官。他离开霍拉桑，去了伊拉克。他也曾在一段时间内担任过法尔哈德汗③的书记官。

毛拉纳·穆罕默德·阿敏④是当代书法名家之一。他跟随已故的优秀书法家毛拉纳·穆罕默德·侯赛因·大不里兹学习书法，粗体字和细体字都掌握得很好。他出生在鲁斯塔姆达尔⑤的阿基尔家族⑥，他的父亲是个虔诚的教徒，他的叔叔毛拉纳·米尔·侯赛因·阿基里⑦是塔赫玛斯普国王统治时期知名的宫廷学者。毛拉纳·穆罕默德·阿敏的父亲跟随受真主庇佑的王子萨姆·米尔扎前往教化之城阿尔达比尔⑧之后，毛拉纳出生了。他在谢赫凡德家族⑨中长大并学会了书法。在他长到能明辨是非的年龄时，在已牺牲的圣裔苏丹·哈姆扎·米尔扎统治时期⑩，他担任艾斯米汗·沙姆鲁⑪的书画院掌事。他深受哈姆扎王子的喜爱，被其称为“文武双全之人”。在王子去世之

① 毛拉纳·沙姆斯丁·穆罕默德（Mawlānā Shams al-Dīn Muḥammad）。

② 毛拉纳·苏丹·侯赛因·图尼（Mawlānā Sulṭān Ḥusayn Tūnī），生于今伊朗南霍拉桑省的图恩（Tūn），伊历11世纪的书法家，去世年份不晚于1624/1625年。

③ 即本书第195页提及的法尔哈德汗·卡拉曼鲁。

④ 毛拉纳·穆罕默德·阿敏（Mawlānā Muḥammad Amīn，？—1619年），伊历11世纪的书法家及诗人。由于他非常擅长极细体的书写，故自称“极细体书法家”（al-Kātib al-Qhubārī），作品参见插图13由极细体抄写的《古兰经》。

⑤ 鲁斯塔姆达尔（Rustamdar），萨法维王朝时期使用的古地名，今位于伊朗马赞达兰省。

⑥ 阿基尔（‘Aqīl）家族，指阿基尔·本·阿比·塔利卜（‘Aqīl b. Abī Ṭālib，581—670/671年）及其后人，阿基尔是伊玛目阿里的哥哥，先知穆罕默德的堂弟。

⑦ 毛拉纳·米尔·侯赛因·阿基里（Mawlānā Mīr Ḥusayn ‘Aqīlī）。

⑧ 萨姆·米尔扎于1549年受塔赫玛斯普一世之命，担任阿尔达比尔的统领以及苏非派长老谢赫·萨菲丁墓的管理者。

⑨ 谢赫凡德（Shaykhāvand）家族，指创立了萨非教团的苏非派长老谢赫·萨菲丁及其后人。

⑩ 指1583年至1586年间。

⑪ 艾斯米汗·沙姆鲁（Ismī-Khān Shāmlū），即伊斯玛仪·古里·贝格·沙姆鲁（Ismā‘īl Qulī Bayg Shāmlū）。他的父亲瓦里·哈里发·沙姆鲁（Valī Khalīfa Shāmlū，？—1580年）是萨法维王朝时期沙姆鲁部落的领袖以及加兹温的统领。父亲去世后，艾斯米汗·沙姆鲁继承了父亲的官职，担任加兹温统领。

و او را صاحب السیف و القلم تعریف می‌فرمودند بعد از ارتحال ایشان پای همّت در دامن عزلت و قناعت کشیده به درویشی و عبادت اقدام دارند و علایق و عوابق را بالکلیه برطرف نمود و کنار نهاده‌اند و به مشق و کتابت اکتفا می‌نمایند طبعش در گفتن اشعار ترکی به غایت ملایمت دارد و سخنان خوب و مضامین مرغوب ازو سر زده این رباعی از آن جمله است:

دیلدن منی صالدی آتش هجراننک — من اوستمه گل گل اولا هم قربانتک
گیجدن منی بوگون آتشی دریاندن — شیمدی منونک السون ای بکم در باننک

در تاریخ شهر محرم الحرام سنهٔ خمس عشر و الف در دارالسلطنهٔ قزوین ملاقات افتاد.

مولانا علیرضا تبریزی سابقاً در تلو خوشنویسان ثلث و نسخ ذکر ایشان شد اما چون در جبلّت بی‌علّتش مذکور بوده که در فن خط نسخ تعلیق سرآمد زمان و نادرهٔ دوران گردد طبع شریفش بدان مایل و ذهن منفیش بدان راغب گشت و شروع در مشق آن نمود و در اندک زمانی به زور و قوّت ام‌الخطوط که عبارت از ثلث است خوشنویس گشت و خط را به جای بلند رسانید و هرچه از مولانا میرعلی نقل می‌نمایند تفرقه‌یی چند ندارد و آنچه از قلم گوهر ریز ایشان می‌ریزد روز بروز تفاوت بیّن ظاهر می‌شود وی بعد از ایّامی که در مسجد جامع دارالسلطنهٔ قزوین به کتابت و قطعه‌نویسی اشتغال داشتند به ملازمت فرهادخان رسیدند و خان مشارالیه او را تربیت و رعایت فرمود و جهت مومی الیه کتابت می‌کرد دو سال همراه خان به خراسان و مازندران رفت چون شاه مالک رقاب سپهر رکاب از حقیقت احوال او اطلاع یافتند ایشان را از خان گرفته ملازم خود ساختند اکنون ده دوازده سالست که از ملازمت رکاب ظفر انتساب شاه کام بخش کامیاب در جمیع یورشها و یساقها اقدام دارند و از جملهٔ مقربان و مخصوصان پادشاه عالمیانند و گاهی به کتابت و قطعه‌نویسی اشتغال دارند و پیوسته در مجلس بهشت آئین و محفل خاص خلد برین در سلک مقرّبان شرف اختصاص دارند و به تفقدات و انعامات و نوازشات بیغایات سرافراز و مفتخرند و طبع سلیم ایشان به نظم اشعار نیز ملایمت بسیار دارد و این رباعیات از اشعار اوست:

تا زاتش عشقت جگرم گشت کباب — پیوسته رود ز دیده و دل نمک آب
آسودگی و عشق تو امریست محال — صبر و دل بیقرار نقشیست بر آب
تا خانه نشین شدی تو ای درّ خوشاب — پیوسته مراست در غمت دیده پر آب
من خانهٔ دل خراب کردم ز غمت — تو خانه‌نشین شدی و من خانه خراب

مولانا نعمت‌الله از مقری زاده‌های مشهد مقدّس معلّی است پدرش در سلک مقربّان آن آستان عرش سان انتظام داشت وی در اوایل حال در مشهد مقدّس پیش استادی میرزا سید احمد مشهدی تعلیم گرفت و در آخر در دارالسلطنهٔ قزوین در خدمت مولانا علیرضا تبریزی مشق می‌گرفت و خطش صورتی بر کرد و سلیقهٔ شعر هم دارد بعد از تسخیر مشهد مقدّس بوطن خود رفته آنجا می‌باشد این ابیات ازوست:

后，他一心过起苦修和念主的生活。他断绝了与王室的联络，专心练习书法。他的突厥语诗歌清新隽永，用词及内容都非常出色。下面是他所写的抒情诗：

我的口中吐出思念你的火焰，即使化成灰烬我也要为你献身。

从昨夜到今晨我在火焰中燃烧，就让我化作蜡烛默默守护着你。

鄙人曾于（伊历）1015年1月[①]在帝王之城加兹温与他相见。

毛拉纳·阿里礼萨·大不里兹[②]在本书介绍三一体及誊抄体的部分已有介绍。由于他意识到自己在波斯体书法方面也应该成为时代的佼佼者，于是便投入大量精力练习此字体。他凭借着对书法之母三一体的了解，在极短的时间之内就掌握了这种字体（波斯体）。他的波斯体书写水平极高，所临摹的毛拉纳·米尔·阿里书法作品已与原作相差无几，每一天他所写的如珍珠般的作品都有肉眼可见的进步。他在帝王之城加兹温的聚礼清真寺完成了书法以及单幅书法的书写工作之后，开始为法尔哈德汗完成书写工作。毛拉纳极受法尔哈德汗的重视，法尔哈德汗前往霍拉桑以及马赞达兰的两年间，他始终陪伴在侧。当（阿巴斯一世）国王听闻了毛拉纳的才华之后，便从汗王那里将毛拉纳招到了自己的身边。如今毛拉纳已在国王身边服侍了10年或12年，作为国王的近臣，国王外出征战时他也陪伴左右。他有时会写一些书法或单幅作品。他始终作为国王的近臣在如天园一般的御前服侍，也一直享受着国王的荣宠和恩惠。他柔和的性格也使其所写的诗歌充满柔情。下面是他抒情诗中的一首：

自从爱上你之后我的心便饱受煎熬，双眼和心灵不断流出咸涩的水珠。

爱你让我的心失去了宁静，平和的心境早已离我远去。

自打如晶莹珍珠般的你闯入我心，我便因为思念你而泪水涟涟。

因为想念你，我感到撕心裂肺的痛苦，你住进我心后我的心便碎了。

毛拉纳·内马特拉赫出生于圣城马什哈德的诵经人[③]家族，他的父亲是伊玛目礼萨虔诚的仆人。他年幼时在马什哈德跟随我的老师米尔扎·赛义德·艾哈迈德·马什哈迪学习书法，后来在帝王之城加兹温，他又成了毛拉纳·阿里礼萨·大不里兹的学生。他的书法也逐渐有了起色。他的诗歌也写得不错。在圣城马什哈德被占领之后，他回到了家乡。下面是他所写的诗句：

---

① 对应公历1606年5月9日至6月8日，这是本书中时间最晚的事件，可据此推断《艺术芳园》最后一版的写作时间以及高齐·艾哈迈德去世的大致时间。

② 参见本书第69页及其注释⑫。

③ 诵经人（muqrī），指跟随研究《古兰经》的大师学习过并能准确诵读《古兰经》的人。

حرام باد بران دیده ذوق دیدارت   که خواب را به خیال تو آشنا سازد

رباعی

از دیر بسوی کعبه می‌آیم باز   از اهل حقیقتم نه از اهل مجاز
جان در کف و دل در آستین می‌آیم   سویت به هزار حاجت و عجز و نیاز

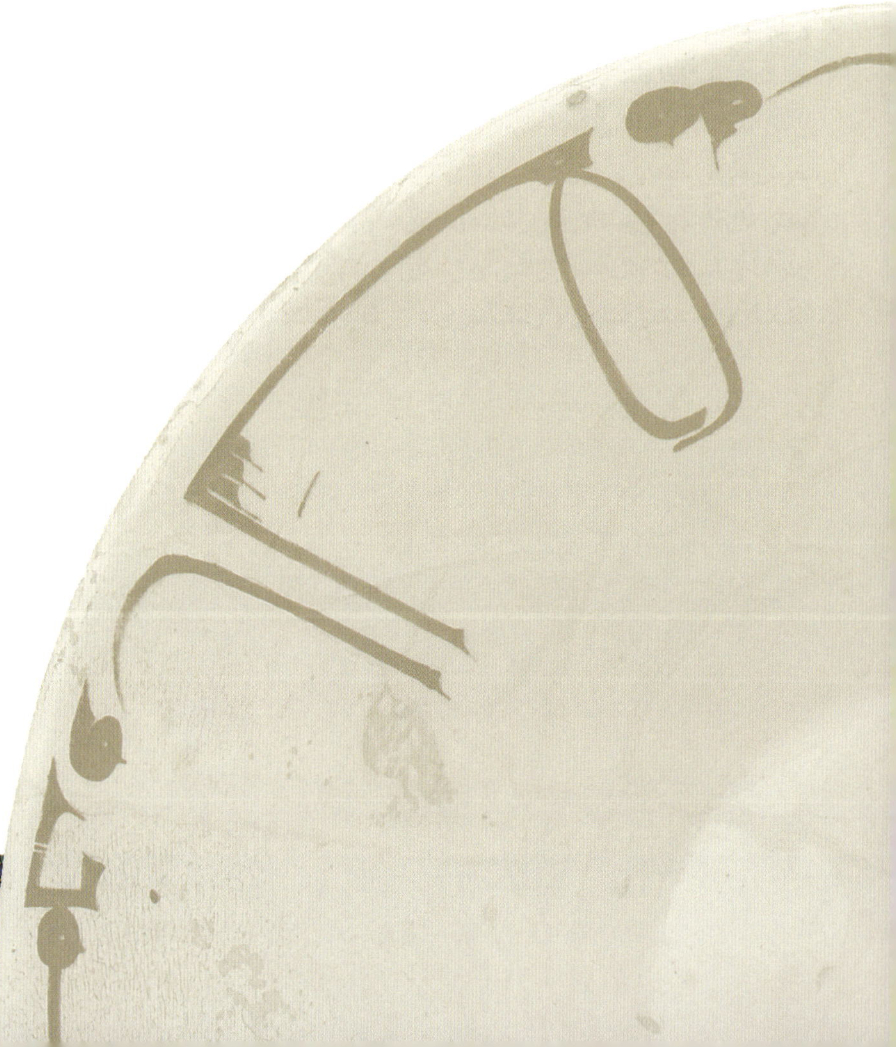

我的眼前时时浮现出你的身影，这样的双眼绝不可以闭眼入睡。

抒情诗

我从寺庙再次奔向克尔白，只因我内心真诚，绝不虚伪。

将一颗真心托在掌中，我毫无畏惧地带着一千个愿望和祈求奔向你。

فصل چهارم

در ذکر احوال نقّاشان

سابقاً مذکور شد که قلم بر دو نوع است یکی نباتی و آن قلم کتابتست که شرف عرض یافت و دیگری قلم حیوانیست که قلم مو باشد که سحر سازان مانوی فرهنگ و جادو طرازان ختایی و فرنگ به دستیاری آن اورنگ نشین کشور هنر و نقش بندان کارخانهٔ قضا و قدر گشته‌اند وچون چهره‌گشایان پیکر این فن بدیع اثر نسبت هنر را نیز به قلم معجز رقم شمسهٔ خمسهٔ آل عبا علی‌المجتبی الرضی المرتضی و وصی المصطفی صلوات‌الله و سلامه علیه درست می‌نمایند و متمسّک بدین‌اند که در نقوش اقلام کرامت نظام آنحضرت که به تذهیب ایشان مزیّن است به رأی‌العین مشاهده نموده‌اند که قلمی فرموده‌اند کتبه و ذهبه علی بن ابیطالب و حکایتی درین معنی به حلیهٔ نظم آمده :

منظومه

شنیدم که صورتگران ختای — نخستین که گشتند صورت گشای
به خون جگر رنگی آمیختند — مثال از گل و لاله انگیختند
چو مو گشته باریک از آن آرزوی — پی موشکافی قلمشان ز موی
ز گلها یکی صفحه آراستند — به آیین و زیبی که خود خواستند
نهادند از آن رو ختاییش نام — که کلک ختایی از او یافت کام
چو دور نبوّت به احمد رسید — قلم بر سر دیگر ادیان کشید
خطا پیشگان ختایی نژاد — نمودند نقش نخستین سواد
به دعوی یکی صفحه آراستند — نظیرش ز شاه رسل خواستند
نه از نقش آراسته یک ورق — که پر کرده از لاله و گل طبق
ببردندش از عین کافر دلی — به دعوی سوی شاه مردان علی
چو شاه ولایت بدید آن رقم — به اعجاز بگرفت در کف قلم
رقم کرد اسلامیی دلربای — که شد حیرت افزای اهل ختای
چو آن اصل افتاد در دستشان — بشد نقشهای دگر پستشان

پوشیده نماناد که خیالات عجیبه و انگیزه‌های غریبهٔ اهل این صنعت مشهور هر دیار و منظور اولوالابصار است و قوّت مخیّله و نزاکت طبع که این طایفه راست از اهل صنعت هیچکس را نیست پیکری که در لوح خاطر نقّاش چهره می‌گشاید در آینهٔ خیال هر کس روی ننماید.

第四章
画家情况介绍

前面提到笔有两种，一种是用于书写的植物笔，之前已经作过介绍。另一种是由动物（的毛）制成的毛笔，那些如摩尼一般的肖像画家、来自中国和西方的魔法师都是借助它的魔力，登上了艺术国度的宝座，成为命运之坊中的大师。绘制形象的画家们认为这种艺术应追溯到那位用神奇的笔完成五人组①沙姆斯②的穆斯塔法的继承人、天选的仁慈的穆尔塔扎③（愿真主庇佑他）身上。他们还坚称在伊玛目阿里亲手书写并装饰过的图画之中，亲眼看见上面写着“阿里·本·阿比·塔利卜所作”。下面这首诗歌讲述了相关故事。

诗句

我曾听说中国画家，在最开始作画的时候，
会用心头的血调色，画出玫瑰一类的图案。
为了寻求图像的精确，他们用如丝般的毛发制作画笔。
他们根据自己的方法，绘制了一页满是花朵的图纸。
由于是（用）中国的笔完成了这幅作品，它就被命名为中国画。
轮到艾哈迈德④完成这个神圣的任务时，他用自己的笔标出了与其他宗教的界限。
志在必得的中国人，拿出了所作的第一幅画。
他们挑衅地画好一页纸，要求先知的领袖画出一幅相似之作。
那岂是一页画着图案的纸，简直像是一托盘真正的郁金香和玫瑰。
先知将这幅中国人画的画，递到人民之君阿里面前。
而疆域之王看到他们的画后，奇迹般地将一支笔握在手中。
这位穆斯林画出一幅惊为天人的作品，令中国人大吃一惊。
当一幅真正的上乘之作出现时，其他的作品必然会相形见绌。

不要忘记，在所有国度，常人都知道擅长艺术之人必然拥有奇妙的想象。擅长绘画的人拥有其他任何手艺人都不具备的奇思妙想。画家脑海的画板上所设想的形象是其他任何人都想象不到的。

---

① 五人组（Āla ‘Abā），指先知穆罕默德、伊玛目阿里、先知之女法蒂玛、伊玛目哈桑以及伊玛目侯赛因。伊斯兰教什叶派认为他们五人是道德最为高尚的人，同时后四人从血缘上来看也是与先知穆罕默德最为亲近的人。

② 沙姆斯（shamsa），在伊斯兰抄本中指类似太阳图案的装饰页，它通常出现在抄本的开头、结尾以及两个不同篇章的中间部分。沙姆斯主要由几何线条及植物图案组成，中间的圆形会向四周延伸出放射状线条，沙姆斯的色彩通常比较鲜艳，大都会使用烫金装饰。抄本开篇的沙姆斯有时还会出现赞助者或者书名等信息。沙姆斯除了出现在书籍之中，还常见于宗教建筑中的装饰图案。

③ 指伊玛目阿里。

④ 指先知穆罕默德。

حکایت

آورده‌اند که در خراسان نقّاشی بی‌مانند و زرگری هنرمند با هم مصاحب و به صحبت هم مایل و راغب بودند ظاهراً نقّاش را صورت افلاس روی داد چنانچه بهیچ وجه نقش بودن در وطن مألوف با خود نمی‌توانست بست با زرگر خیال‌بندی سفر روم در میان نهاد و برفاقت او از خراسان به آن بوم رفت و رحل اقامت در بتخانه‌یی انداخت به زرق و شید عاکفان آن بتخانه را مرید و معتقد خود ساختند سالی در آنجا بسر بردند و چون محل اعتماد گشته بودند کلید بتخانه در دست ایشان میبود شبی بتان را در هم شکسته زر و سیم بیشمار از آن دیر به در بردند و خود را بلطایف‌الحیل رهانیده به تدریج و مرور به وطن خود رسانیدند و زر و سیم را در صندوقی ضبط کرده و در خانه نهادند و به وقت حاجت می‌گشادند و خرج می‌کردند روزی زرگر نصفی از آن زر و سیم خیانت کرده به موضعی دفن کرد چون نقّاش را چشم بر صندوق افتاد بفراست دریافت و هر چند زبان زرگر را کافت اعتراف ننمود لاجرم بصوب تدبیر شتافت و با صیّادی مصاحب شد و بعد از ایصال خدمات لایقه دو خرس بچه از صیّاد گرفت و به منزل برد و پیکری از چوب تراشیده به صورت زرگر چهره گشایی کرد و هرگاه خرس بچه‌ها را طعمه می‌داد آن طعمه را در جیب و بغل آن تمثال مینهاد تا ایشان بدان عادت کردند روزی زرگر را دو پسر به مهمانی برد و ایشان را شب نگاهداشته پسران را از او بدزدید صباح زرگر هرچه گردید پسران را نیافت و به اتفاق نقّاش به سرای حاکم شتافت نقّاش در حضور حاکم گفت صورت غریبی حادث شده پسران او را شب در منزل کرده و چون صباح در گشادم ایشان را مسخ یافتم به صورت دو خرس بچه از آن انفعال این راز را با او در میان ننهادم وکار بدینجا رسید که حاضران گفتند مسخیت از امّت حضرت نبوی صلی الله علیه و آله و سلم نمی‌باشد آیا چه صورت ازو روی نموده که موافق ملت حضرت نبوی نبوده که مهم پسران او این شکل بر کرده بنابراین خرس بچه‌ها را به مجلس حاضر کردند چون دو روز از وعدهٔ طعمهٔ ایشان گذشته بود و خرس بچه‌ها به غایت گرسنه بودند چون نظر ایشان بزرگر افتاد او را همان تمثال پنداشتند و سر به جیب و بغل زرگر می‌بردند و تملّق می‌نمودند همه کس این را مسلّم داشتند و آن هر دو از مجلس برخاستند زرگر را حکایت خیانت خود به خاطر رسید دست به توبه و انابت برآورده به خانهٔ نقّاش آمد و سر در قدم نقّاش نهاده زر و سیم دزدیده را باز داد نقّاش خرس بچه‌ها را ازو گرفته به درون خانه برد و پسران او را باز آورد و پرده از روی راز برگرفت و زرگر او را دربر گرفته عذر خواست.

حکایت

گویند که بود پادشاهی — مه طلعت و آفتاب جاهی
بودش به رخی چو لالهٔ راغ — یک نرگس ناشکفته در باغ
فرخنده مصاحبی قرین داشت — کو نقد هنر در آستین داشت
مانی رقمی که گاه تصویر — ماندی رقمش بنفش تقدیر
برسنگ چو نقش آب بستی — هر کس دیدی سبو شکستی
بر دور مه ار قلم کشیدی — مه ظلمت سلخ را ندیدی

传说

据说霍拉桑生活着一位无与伦比的画家，他有个聪明的金匠朋友。二人极为亲密，常常聚在一起。由于画家生活困窘，无法在家乡继续生活，他便向朋友提出了前往鲁姆[①]的计划，于是二人便结伴来到鲁姆。他们在一座寺院暂住，并通过欺骗隐瞒的方式获得了寺院修士们的信任。一年过去了，修士们对这二人极为信任，便将寺院钥匙交予他们。一晚，两人将寺院中的神像打碎，从中取走了大量金银财物，又通过花言巧语的方式从那里逃脱并回到故乡。两人将金银放进一个匣子里并藏在家中。每当有需要的时候，便取出些金银以供花销。一天，金匠拿走了匣子中的一半财物，偷偷埋了起来。当画家注意到匣子里的变化时，立刻猜到发生了何事。但无论他怎么问，金匠都不肯吐露实情。画家只好另寻他法。画家找到了一个猎人，在满足猎人的条件后换取了两只小熊。画家将小熊带回家后，用木头雕刻了一具酷似金匠的雕像。每当他要给小熊喂食时，便将食物塞入雕像的臂弯处，直到小熊对此习以为常。一日，画家邀请金匠和他的两个儿子来家中做客，还留他们过夜，夜里画家趁机将金匠的两个儿子藏了起来。金匠第二日醒来后四处寻不到自己的儿子，便将画家带到了执政官的庭前。画家这样答复执政官："我夜里确实让他的两个孩子在家中过夜，但第二天早上我发现他们变成了小熊。但我没有将这个秘密告诉金匠。"当时在场的人听到后都认为，在先知（愿真主保佑他以及他的家人）的国度不可能发生这种事情，金匠究竟做了什么不符合伊斯兰教教法的行为，导致他的孩子变形。接着两头小熊就被带到了庭前，此时的小熊非常饥饿，它们已经两天没吃东西了。当它们看到金匠时，误以为是那个相似的雕像，便立刻扑向金匠怀中，显得与金匠非常亲昵。庭上的人看到这一幕都认为（画家的话）是对的，两人离开了执政官的府邸。金匠回想起自己欺骗画家的事，感到非常后悔，于是他来到画家的家中，跪在他脚下，归还了偷来的金银财物。而画家则将两头小熊牵回里屋，将金匠的两个儿子交给了金匠。至此，秘密的面纱被揭开，金匠拥抱着画家，请求朋友原谅自己。

传说

据说曾经有一位国王，面庞如月散发光辉。

他的容貌就像是在一片郁金香花田之中傲世独立的水仙花蕾。

他有一位幸福的同伴，身藏品鉴绘画的绝技。

他好似摩尼一般，笔下的作品隽永深沉。

他在石头上画出水源，看到的人都会（因取水）打破水桶。

他的画笔沿月亮环绕一周，月末[②]的晦暗也会一扫而尽。

---

① "鲁姆"指安纳托利亚半岛地区。

② 月末（salkh），伊历月份中的最后一天，此时为新月。

از عین تری که در قلم داشت آثار حیات در رقم داشت
نقش رقمش طراز چین بود صورتگریش بلای دین بود
از عالم جان صد آفرین داشت جان خود قلمش در آستین داشت
خورشیدی لقا شه فلک خشم می‌دید بمانیش بیک چشم
مانی قلمی دگر قرین داشت کز وی در دل نهفته کین داشت
می‌خواست که حیله‌یی بسازد با وی نقشی به مکر بازد
زد نقش کزو شه جهاندار شد صورت خویش را طلبگار
آن نقش طراز مانوی دست با خویش خیال نقش شه بست
برداشت صحیفهٔ دل افروز بنگاشت بر آن بطبع فیروز
شه را تیری بدست و از خشم زد تاب سنان بگوشهٔ چشم
از تیر گه کجی ستادن باید چشمی بهم نهادن
زین تازه خیال آن خردمند بگشاد ز رشتهٔ هنربند
شه یافت چو فکر سحر سنجش بخشید دو ملک دسترنجش
زان یک صلهٔ هنر طرازیش وان یک صلهٔ خیال بازیش
زان کار دل حسود بشکست نومید بکنج غصّه بنشست

و همچنان که در خط شش قلم اصل است درین فن نیز هفت اصل معتبر است:
اسلامی. ختایی. فرنگی. فصالی. ابر. واق. گره.

مثنوی

خوشا خامه‌سنجان جادو طراز روانبخش از خامهٔ سحرساز
به هر آفریده در آویخته نظیری ز هر یک بر انگیخته
شده پیرو صنع یزدان پاک ز پرگار افلاک تا سطح خاک
سوی آفرینش نظر داشتند سودای ز هر اصل برداشتند
به نقش جهان صنعشان رهنمون قلم پیششان بهر سجده نگون
ندانم بصورت چه فن می‌کنند که گویی بمردم سخن می‌کنند

通过他那支长着眼睛的画笔，所画的线条都饱含生机。

他的绘画遵循中国画的原则，他的作品能令信仰崩塌。

他的画作在这世上赢得无数赞誉，他倾尽全力，用心作画。

然而这位喜如太阳、怒如天空的国王，只用一只眼看待这位画家。①

国王有另一位如摩尼般的画家朋友，他的心中暗藏嫉恨。

他想要设计一个骗局，捉弄第一位画家。

于是他请求拥有世界的国王，命令画家完成一幅国王的画像。

那位拥有摩尼双手的画家，便开始构思这幅画像。

他取出一张令人满意的画纸，胸有成竹地开始作画。

画中的国王面带威严，手持一支箭，正用一只眼的眼角瞄准箭头。

若想在射箭时避免角度偏离，就需闭起一只眼睛。

这位聪明的画家用自己的巧思，解开了艺术创作中的疑团。

国王领悟了画家渊博的思想，便赠予他两块田地以示嘉奖。

一块田地是为了奖励他的绘画水平，另一块则是为了奖励他的奇思妙想。

而那个满怀嫉妒的人计谋未得逞，无助地陷入痛苦的情绪之中。

正如书法有六种基本字体一样，绘画艺术也有七种基本图案：

伊斯兰式、中国式、西方式、连接式、云式、瓦格式和结式。②

叙事诗

如施展魔法般作画的画家们如此优秀！他们用魔力之笔给画赋予灵魂。

他们挑出每一个（真主的）创造物，制造出它们的相似品。

从最高处的苍穹到最低处的大地，他们追随着万物的创造者。

他们思考着万物的本源，描绘出每一个（创造物）原件的粉本。

才华带领他们勾画出世界的面貌，画笔在他们面前也要鞠躬致敬。

不知他们运用了何种技艺，令画作仿佛能与人交流一般。

---

① 根据下文把国王画成闭起一只眼睛的情节猜测，该国王的一只眼睛可能有斜视或视障的问题，故下文心有怨气的画家想以此给第一位画家出难题。

② 伊斯兰式（islāmī），也叫“伊斯里米”（islīmī），今多译作“阿拉伯式”花纹，指由循环的曲线，枝芽、花朵和叶子等植物构成的装饰图案；中国式（khatāʿī），指在伊斯兰式基础上带有蒙古、中国风格的装饰纹样；西方式（farangī），也称“法兰西式”，指碎花及枝芽装饰图案，由于该图案在萨珊王朝时期就已出现，所以命名并不准确；连接式（faṣṣālī），指不同样式的图案拼接在一起的图案，有时荷花式（nīlūfar）会代替连接式出现在七种基本图案之中，荷花式指以荷花图案为中心的装饰图案；云式（abr），指以云朵和龙凤为主的装饰图案；瓦格式（vāq），指有人或动物的头像的装饰图案，插图19中的装饰即为瓦格式花纹；结式（gira），也称“罗马结式”（band-i rūmī），指结状装饰图案。这七种伊朗基本装饰图案在伊朗画家、书法家及诗人萨迪基·贝格所写的《绘画原则》中也有介绍。

چون استادان این فن بیش از آنند که در دایرهٔ احصا و حیطهٔ احصار توان درآورد و افزون از آنند که در کارگاه و صَوَّرَکُم فَاَحْسَنَ صُوَرَکُم روی شناسان ایشان را توان شمرد اگر تمامی مهندّسان و نقّاشان را درین اوراق مذکور سازد مطالعه کنندگان راقم را بدراز نفسی منسوب سازند لاجرم بر همین قدر اختصار افتاد و نی قلم سخن ساز ذکر بعضی از متأخرین ایشان را آغاز نهاد.

امّا استادان مشهور ممالک خراسان مثل خواجه میرک و مولانا حاجی محمّد و استاد قاسم علی چهره‌گشا و استاد بهزاد ایشان در زمان سعید دارین سلطانحسین میرزا زبدهٔ مصوّران روزگار و قدوهٔ نقّاشان شیرین‌کار بوده‌اند مولانا قاسمعلّی نقّاشی را در کتابخانهٔ امیر کبیر علیشیر کسب نموده و به سبب تعلیم ایشان گوی سبقت از اقران ربوده و پیوسته در ملازمت امیرکبیر کمر خدمت بسته و خواجه میرک و مولانا حاجی محمّد نیز در آن زمان بوده‌اند با وجود مهارت در فن تذهیب و تصویر خواجه میرک در علم کتابه‌نویسی نیز شبیه و نظیری نداشتند بلکه خطوط کتابه‌نویسان ما تقدّم را منسوخ ساختند و به یمن التفات امیر علیشیر لوای انا و لاغیر به اوج سپهر برین رسانیده بعد از ایشان:

استاد درویش و خلیفه حیوة شبیه و عدیل نداشتند پس از آن.

نادرهٔ دوران و اعجوبهٔ زمان و بهترین نقّاشان استاد بهزاد وی از دارالسلطنهٔ هرات است.

استاد زمانه حضرت بهزادست کو داد هنروری به عالم دادست
کم زاد بسان مانی از مادر دهر بالله که بهزاد ازو به زادست

استاد از طفولیت از مادر و پدر مانده و استاد میرک که کتابدار پادشاه مرحوم سلطانحسین میرزا بود او را برداشته تربیت نمود و در اندک زمان ترقّی فرمود کارش به جایی رسید که تا صورت نقش بسته همچو او مصوّری کس در این روزگار ندیده.

由于擅长这门艺术的大师数量已经超出了我所能统计的极限，“他曾以形象赋予你们，而使你们的形象优美”[①]（《古兰经》64：3），工坊中的大师多到鄙人无法一一列举他们的名字。若要在这本书中记录所有的手艺人及画家，会导致本书的读者们非常疲劳，因此鄙人在此只作简短的介绍，从一些同时代的画家开始说起。

霍拉桑地区有许多优秀的画家，例如火者·米拉克[②]、毛拉纳·哈吉·穆罕默德[③]、卡西姆阿里·切赫拉古沙[④]大师以及贝赫扎德大师。他们在苏丹·侯赛因·米尔扎时期从事绘画工作，是当时画家中的佼佼者。毛拉纳·卡西姆阿里是阿米尔·卡比尔·阿里希尔[⑤]书画院中的画家，在阿米尔·卡比尔的指点下他夺得了艺术的桂冠，他也始终侍奉在阿米尔·卡比尔身边。火者·米拉克和毛拉纳·哈吉·穆罕默德也生活在那个时代。火者·米拉克不仅擅长泥金装饰及绘画，他对书法艺术的掌握也是独一无二的，他的书法作品甚至导致许多书法家前辈的风格不再流行。特别是在阿米尔·阿里希尔的关照下，他将这门艺术带到了顶峰。在他之后：

达尔维什[⑥]大师以及哈里发·西维[⑦]是两位绝无仅有的优秀画家。而在他们之后是——

绝无仅有的、举世惊叹的、最优秀的绘画大师贝赫扎德。他是帝王之城赫拉特人。

时代巨匠贝赫扎德，他为绘画世界立下标杆。

时间之母极少孕育如摩尼一般的人才，而贝赫扎德是她最优秀的子民[⑧]。

贝赫扎德年幼时失去双亲。当时在已故的苏丹·侯赛因·米尔扎王子书画院中担任掌事的米拉克大师便将贝赫扎德接到身边，悉心培养。贝赫扎德在极短的时间内便取得巨大进步，他的绘画作品达到了无人企及的水平。

---

① 此句指绘画艺术。

② 火者·米拉克（Khwāja Mīrak），本名鲁霍拉赫·米拉克（Rūḥullāh Mīrak），他是贝赫扎德的老师，他不仅是苏丹·侯赛因·米尔扎王子书画院的负责人，同时也在好友阿里希尔·纳瓦依的书画院工作。他擅长装饰、绘画及书法，是绘画中“攻守”姿态（girift-u gīr）的创始者。1507年昔班尼王朝第一任统治者穆罕默德·昔班尼入侵赫拉特时，火者·米拉克于战乱中去世。

③ 毛拉纳·哈吉·穆罕默德（Mawlānā Ḥājjī Muḥammad），擅长绘画及装饰，最初在阿里希尔·纳瓦依的书画院工作，后于1498/1499年前往苏丹·侯赛因·米尔扎王子的书画院。与火者·米拉克一样，他在1507年的战乱中去世。

④ 卡西姆阿里·切赫拉古沙（Qāsim-ʿAlī Chihra-Gushā），伊历9世纪末至10世纪初的书法家及画家，在阿里希尔·纳瓦依的书画院工作。他是贝赫扎德最优秀的学生，由于他绘制了众多诗人及重要人物的画像，所以被称为“切赫拉古沙”，意为“面庞呈现者”。

⑤ 即阿里希尔·纳瓦依。

⑥ 达尔维什（Darvīsh），伊历10世纪的画家，真名不详，他的签名出现在塔赫玛斯普一世时期抄本的装饰页及插图页。

⑦ 哈里发·西维（Khalīfa Ḥīva），伊历10世纪的画家，其姓名出现在塔赫玛斯普一世时期制作的一本册页集中。

⑧ “贝赫扎德”（bihzād）有“更好的后代”之意。

مثنوی

نگار زغالش بچابک روی / بهست از قلم گیری مانوی
اگر ماکی از وی خبر داشتی / ازو طرح و اندازه برداشتی
بود صورت مرغ او دلپذیر / چو مرغ مسیحا شده روح‌گیر

استاد از زمان عشرت نشان پادشاه کامران سلطان حسین میرزا تا چند مدت از اوایل سلطنت و پادشاهی شاه جنّت مکان علیین آشیان سیدالسلاطین و افضل الخواقین شاه طهماسب در عرصهٔ روزگار بودند و آثار معجزنگار ایشان بسیار است فوتش در دارالسلطنهٔ هرات در حوالی کوه مختار در حظیرهٔ پر از نقش و نگار مدفون است.

استاد دوست دیوانه او از شاگردان بی‌قرینه استاد بهزاد است درکمال زیرکی و فطانت بوده و مدتی در خدمت شاه جمجاه رضوان بارگاه شاه طهماسب بسر برد. بعد از آن به جانب هند رفت و در آنجا ترقّی کرد.

استاد سلطان محمّد از دارالسلطنهٔ تبریز است در وقتی که استاد بهزاد از هرات به عراق آمد استاد سلطان محمّد روش قزلباش را بهتر از دیگران ساخته بود وفاتش در دارالسلطنهٔ تبریز بود.

مولانا میرزا علی ولد مولانای مشارالیه است در فن نقّاشی و تصویر و چهره‌گشایی نظیر و عدیل نداشت و تصویر را به جایی رسانیده بود که کم کسی مثل او شد و در ایام پدر در کتابخانهٔ شاه جمجاه طهماسب نشو و نما یافت.

شاه جنّت بارگاه ابوالبقاء سلطان شاه طهماسب اَنارَ الله برهانه اگرچه ترک آداب و سوء ادبست و گستاخی که آن اعلیحضرت فردوس منزلت را به این امر نسبت دهد اما چون شرف عرض یافت که شجرهٔ این صفت و ثمرهٔ این صنعت بحضرت شاه ولایت پناه سلام الله علیه منتهی می‌شود و آن اعلی حضرت را چون میل و توجهٔ تمام بدین شغل معجز نظام بود و در این فن استاد روزگار و مهندس معجز آثار بودند تَیمُناً و تَشرفاً لِهذِهِالنُسخَةالشَریفَة و تَزئیناً و تَبرّکاًلِذاالرِسالَةالمنیفه اسم مبارک آن جنّت مکان را ذکر نمود

叙事诗

他用炭块草草画出的作品，也比摩尼执笔完成的作品出色。

假使摩尼有机会与他相遇，也要模仿他的绘画手法和比例。

他画的鸟儿令人叹为观止，就像尔萨的鸟[①]一样栩栩如生。

大师活跃于苏丹·侯赛因·米尔扎王子时期至塔赫玛斯普国王当政初期。在这段时间，他绘制了不少精彩绝伦的作品。大师最终在赫拉特去世，他的墓地在穆赫塔尔山[②]边一处满是绘画的空间之中。

杜斯特·迪万乃[③]大师跟随无与伦比的贝赫扎德大师学习，他非常聪慧。他最初为塔赫玛斯普国王工作了一段时间，随后去了印度，并在那里有所发展。

苏丹·穆罕默德[④]大师是大不里士人，在贝赫扎德大师从赫拉特前往伊拉克之后，他以吉泽尔巴什[⑤]的风格绘制的图像比其他人的都更加出色。他最后在家乡大不里士去世。

毛拉纳·米尔扎阿里[⑥]是上述毛拉纳之子，他的绘画技艺出众，很少有人能超越他。当他父亲在世时，他在塔赫玛斯普国王的书画院中取得了进步。

虽然提及永居天园的尊贵的塔赫玛斯普国王（愿真主之光照耀他的陵墓）的名字是一种背弃礼节的行为，但由于尊贵的国王与这门艺术有极大的渊源，鄙人也提到这门艺术可追溯到疆域之主（愿真主赐福与他），而且国王对这个神奇的职业有浓厚的兴趣，他本人也是时代少有的大师，所以本人将在此提及国王尊贵的姓名，从而为这本书带来

---

① 尔萨（ʿĪsā）是伊斯兰教对耶稣的称呼，基督教中记载的耶稣少年时的神迹之一就是给泥做的鸟儿赋予生命，《古兰经》也多次提及这个故事，例如尔萨说：“我确已把你们的主所降示的一种迹象，带来给你们了。我必定为你们用泥做一个像鸟样的东西，我吹口气在里面，它就奉真主的命令而飞动。”（《古兰经》3：49）

② 穆赫塔尔山（Kūh-i Mukhtar），一座位于赫拉特北部的小山。据说贝赫扎德与他的外甥鲁斯塔姆阿里合葬于此，但目前该墓穴已破损，无法确认。前述脚注提到大不里士有一处卡玛尔丁合葬墓，据说贝赫扎德被葬在那里。目前还无法确定贝赫扎德墓地的真实位置。

③ 杜斯特·迪万乃（Dūst Dīvāna），伊历10世纪的画家，贝赫扎德的学生。他最初在塔赫玛斯普一世的宫廷画室工作，后由于莫卧儿帝国的胡马雍国王请求塔赫玛斯普派遣一批优秀的画师及书法家前往他的画室，杜斯特·迪万乃便随同其他艺术家前往印度。胡马雍对他的作品非常满意，他在这位国王去世之后逝世，具体时间不详。

④ 苏丹·穆罕默德（Sulṭān Muḥammad，1470—1555年），萨法维王朝时期的重要画家，他先后在伊斯玛仪一世以及塔赫玛斯普一世的宫廷中任职，并担任过塔赫玛斯普一世幼年时的绘画老师，他为塔赫玛斯普一世绘制的多幅优秀作品都留存了下来。在绘画方面，苏丹·穆罕默德深受贝赫扎德的影响，他在贝赫扎德去世后过世，墓地位于大不里士卡玛尔丁合葬墓的旁边。

⑤ 吉泽尔巴什是“红帽军”一词的音译，此处可能指某位名叫吉泽尔巴什的画家。

⑥ 毛拉纳·米尔扎阿里（Mawlānā Mīrzā-ʿAlī，1510—1576年），萨法维王朝时期的著名画家，苏丹·穆罕默德之子，他最初在塔赫玛斯普一世的画室中工作，后随着该国王对艺术失去兴趣，他又加入了易卜拉欣·米尔扎王子的画室。

و در بدو حال به مشق نسخ تعلیق و مشق تصویر رغبت تمام داشتند و اوقات با برکات صرف آن می‌فرمودند و استاد بی‌بدل گشتند و در طراحی و چهره‌گشایی بر تمامی نقّاشان فایق آمدند و برکات ریزهٔ اقلام و حرکات نمونهٔ ارقام معجز انجامش را صد هزار تحسین و چندین هزار آفرین لازمست.

مثنوی

تعالی الله آن خامهٔ دلفریب کزو یافت اورنگ افلاک زیب
چسان جان نیابد ز کلکش رقم که جان می‌چکاند ز نوک قلم
بود آفرینش همه پست او زده بر رقم بوسه بر دست او
چو خواهد قلم از برای رقم ز پرّ فرشته ببندد قلم
ز شوقش صدف سر برآرد ز آب که از ابر دستش شود کامیاب
قلم را از آن کار بالا گرفت که اندر دو انگشت او جا گرفت
قلم چون به تشعیر گیرد دبیر از آن موی خیزد بر اندام شیر

تصویر و کار آن والا گوهر بی‌نظیر بسیار است و چند مجلس در ایوان چهل ستون دارالسلطنهٔ قزوین است از آن جمله مجلس یوسف و زلیخا و نارنج بری خواتین مصر و زنان زیبا و در آن صفحه این بیت مسطور است:

مصریان سنگ ملامت بر زلیخا میزدند حسن یوسف تیغ گشت و دست ایشان را برید

و در پائین ایوان بر جانب غرب چسبانیده‌اند و در آن اوان که شاه عالمیان نقاشان و کاتبان را مقرب ساخته بودند اتفاقاً در باغچهٔ دولتخانهٔ دارالسلطنهٔ تبریز خرالاغهای مصری سوار شده سیر میفرمودند و ایام عروج قاضی جهان وکیل که قزوینی بود با آنها جمع گشته مولانا منوف دامغانی این بیت را فرمود:

بی‌تکلّف خوش ترقّی کرده‌اند کاتب و نقّاش و قزوینی و خر

نوّاب ابوالفتح بهرام میرزا آنحضرت را نیز میل تمام به نقّاشی بود و مشق تصویر را به اعلی مرتبه رسانیده بود و در کتابخانهٔ آن اعلیحضرت فردوس منزلت نیز کاتبان و نقّاشان سرآمد بودند و همیشه به کار مشغولی داشتند و نسخه‌ها پرداختند.

مولانا نظری قمی نقّاش بی‌بدل بوده اوایل در خدمت کاتبان و نقّاشان در کتابخانهٔ همایون شاه عالمیان بسر می‌برده

更多的荣耀与吉祥。国王最初对练习波斯体以及绘画非常感兴趣，他在这两门艺术上花费了大量时间，并且成了举世无双的大师。他的图案及肖像绘制都远优于众人。他运笔的精准及线条的优美值得成千上万句称赞。

叙事诗

全能的真主啊，那是多么神奇的一支笔，甚至能将苍穹的宝座加以点缀。

他的笔尖滴出点点生机，笔下的形象岂能不栩栩如生？

他令所有创造物都自惭形秽，纷纷亲吻他的双手，俯首称臣。

当他需要一支笔时，便取来天使的羽毛加以制作。

贝壳激动地探出水面，因他手中的雨露而感到幸运。[①]

当他用两根手指握住画笔时，画笔也随之变得尊贵。

这位画家拿起画笔作画时，狮子也会惊讶得毛发耸立。

这位无与伦比的高贵的国王的画作很多。帝王之城加兹温四十柱宫的拱廊之上有几幅主题绘画，其中有一幅刻画的是优素福与祖蕾哈[②]的故事，画面中几位埃及贵族女子正在切橙子。画面上还有一个对句：

埃及人用谩骂的石头砸向祖蕾哈，而优素福的美貌变成一把刀割伤了她们的手。

这幅画在拱廊的西侧。一开始，当塔赫玛斯普国王还很看重画家及书法家的时候，他们有时会在大不里士王宫花园之中，骑上埃及驴游玩。那时也正巧是加兹温人高齐・贾汗瓦基尔的权力如日中天之时，因此毛拉纳・玛努夫・达姆甘尼[③]吟诵了这样一个对句：

毫无疑问，他们的地位都抬升了，书记官、画家、加兹温人[④]和驴。

阿布・法特赫・易卜拉欣・米尔扎也是一位热爱绘画的王子。他有许多水平高超的绘画习作，他的书画院中也汇聚了众多书法及绘画英才，他们孜孜不倦地制作了许多抄本。

毛拉纳・纳扎里・库米[⑤]是一位独一无二的画家，最初他在塔赫玛斯普国王藏书丰

---

① 古代伊朗认为水滴在进入贝壳后形成珍珠。该句的意思是画家用手中的画笔画出了贝壳与珍珠。

② 优素福与祖蕾哈（Yusuf va Zulaykhā）是出自《古兰经》的故事。优素福是伊斯兰教先知，即基督教中的约瑟。他年轻时生活在一位埃及贵族的家中，这家的女主人祖蕾哈贪恋优素福的美色便出手调戏，被拒绝后她又反诬是优素福调戏了自己，结果被拆穿。后祖蕾哈忍受不了埃及城中女子对她的讥笑，便邀请她们来家中做客，结果这些女子看到优素福之后纷纷被他的美貌震惊，连手中的水果刀都滑落了。这个故事是波斯细密画的经典主题，而加兹温四十柱宫中的这幅画据记载出自塔赫玛斯普一世之手，但今天已无迹可寻。

③ 毛拉纳・玛努夫・达姆甘尼（Mawlānā Manūf Dāmghānī）。

④ 指当时在塔赫玛斯普一世宫廷中担任宰相的加兹温人高齐・贾汗瓦基尔。

⑤ 毛拉纳・纳扎里・库米（Mawlānā Naẓarī Qumī），英译本中此作家名为毛拉纳・纳泽里・库米（Mawlānā Naẓīrī Qumī）。

و آخر کلید دار کتابخانهٔ عامره گشته و با شاه رضوان پناه مصاحب شده و با آن اعلیحضرت مشق تصویر می نمود و شعر را هم خوب می‌گفته این مطلع محققانه حسب حال از وی سر زده:

عشق بت صورتگری افگند شوری در سرم   خلقی بصورت عاشق و من عاشقی صورتگرم

آقامیرک نقّاش از سادات دارالسلطنهٔ اصفهان بود در طراحی قرینهٔ خود نداشت آخر گرک‌یراق آن خسرو آفاق گشت و بیشتر در دارالسلطنهٔ تبریز بسر می‌برد نقّاش بی‌بدل و هنرمند ارجمند و عاشق پیشه و لوند و مصاحب و مرد خردمند بود.

میر مصوّر اصل او از بدخشانست اسمش منصور است شبیه کش و پاکیزه‌کار بود به غایت تصویر را لطیف و رعنا می‌ساخته نوّاب همایون ابن محمّد بابر پادشاه در وقتی که به ایران آمد عرض کرد که اگر سلطان وجه‌الارض یعنی خلیفة الله فی‌الارض شاه طهماسب میر مصور را به من دهد هزار تومان پیشکش از هندوستان قبول دارم و می‌فرستم ازین حکایت پسرش میرسیدعلی که در هنرمندی از پدر بهتر بود پیش‌تر به هند شتافت پسر و پدر هر دو به جانب هند افتادند در آنجا رحلت کردند چنانچه گفته‌اند.

جانب هند می‌روم کانجا کار اهل هنر نکو رفته
که سخا و کرم زاهل زمان به زمین سیه فرو رفته

مولانا قدیمی مرد ابدال صفت بوده و شاه عالم پناه رضوان جایگاه شاه طهماسب جهت شبیه کشیدن او را در کتابخانهٔ معموره نگاهداشت شعر را نیز نیکو می‌گفت این مطلع ازوست.

می‌خواست رقیب آید ناخوانده به مهمانت   دربان تو شد مانع ای من سگ دربانت

富的书画院中担任书记官及画师，之后他成了书画院的管理者并与国王成了朋友，二人一起练习绘画。他的诗歌也写得不错，下面这首序言诗描述了他的个人情况：

对绘画者的爱令我心旌荡漾，人们都爱绘画而我爱绘画者。

阿伽·米拉克·纳高什[①]出生于帝王之城伊斯法罕的圣裔家庭。他是一位举世无双的艺术家，在塔赫玛斯普国王的宫廷中担任补给官[②]，一生的大部分时光都在大不里士度过。他是一位优秀的画家、令人尊敬的艺术家，是一位热爱自己的工作及享受生活的人，他还是国王的伙伴以及睿智的哲人。

米尔·穆萨维尔[③]是巴达赫尚[④]人，本名是曼苏尔。他擅长肖像画，画面干净且优美。当胡马雍·帕夏[⑤]来到伊朗时，他向塔赫玛斯普国王提出请求，如果国王可以把米尔·穆萨维尔赠予他，他愿从印度带来一千土曼以示感谢。米尔·穆萨维尔的儿子米尔·赛义德·阿里[⑥]听说了这件事后，第一个奔去了印度。他是一位比父亲更优秀的画家。父子二人最终都去了印度，并在那里离世。诗有云：

我要启程去印度了，在那里有才之人能如鱼得水。

我们这个时代的人所拥有的尊严与仁慈，早已消失在黑土地之中。

毛拉纳·加迪米[⑦]是位道德高尚之人。已故的塔赫玛斯普国王非常看重他的绘画才能，便将他安置在自己宏伟的书画院中。他还擅长写诗，这首序言诗是他的作品：

有敌人不请自来，想闯入你的宴会，却被你的守门人拦下，

只要能靠近你，让我做看门狗我也愿意。

---

① 阿伽·米拉克·纳高什（Āqā Mīrak Naqāsh，1520—1576年），波斯细密画史上大不里士画派的代表人物，他是塔赫玛斯普一世宫廷中的画家，参与了该国王赞助的大部分插图手抄本的制作。他的画作深受贝赫扎德的影响，他自己也培养了一批优秀的学生。他姓名中的“纳高什”是“画家”的意思。其作品可参见插图24的米拉克画作。

② 补给官（garik yarāq）指负责为宫廷及军队准备和提供必要物资的官员。

③ 米尔·穆萨维尔（Mīr Muṣavvir，？—1555年），本名为曼苏尔（Manṣūr），大不里士画派的代表人物，与阿伽·米拉克一样，他也参与了塔赫玛斯普国王赞助的重要插图手抄本的制作。他活跃于1510—1548年。他姓名中的“穆萨维尔”是“画家”的意思。

④ 巴达赫尚（Badakhshān），中亚古地名，包含今阿富汗东北部的巴达赫尚省以及塔吉克斯坦东部的巴达赫尚自治州。

⑤ 即莫卧儿帝国的胡马雍国王。

⑥ 米尔·赛义德·阿里（Mīr Sayyid ʿAlī，1510—1572年），大不里士画派的代表人物，米尔·穆萨维尔之子，跟随父亲学画。父子二人在接受莫卧儿帝国胡马雍国王邀请之后前往印度，为印度模仿萨法维王朝画室体系、发展细密画艺术发挥了重要作用。他还在胡马雍之子——阿克巴大帝年幼时教他作画，阿克巴即位之后他的姓名出现在该宫廷画室中几部重要手抄本的插图上。晚年他开始了苦修生活并可能前往麦加朝圣，关于他的逝世时间也有多种说法。

⑦ 毛拉纳·加迪米（Mawlānā Qadīmī）。

خواجه عبدالوّهاب و پسرش خواجه عبدالعزیز از کاشانند در امر تصویر بی‌قرینه بودند شاه جنّت مکان رضوان آشیان عبدالعزیز را شاگرد خود می‌خواندند و تعلیم تصویر از آن پادشاه بی‌شبه و نظیر داشت خواجه عبدالعزیز در خدمت اشرف قرب تمام یافت در آخر با جمعی از ناقصان و جاهلان همزبان شده مهرشاه رضوان بارگاه را تقلید نموده بدان سبب گوش و بینی بر باد داد.

میرزا غفار قزلباش در تصویر کار را به جایی رسانید که همه کس او را قبول داشتند و بی‌قرینه بود.

مولانا مظفر علی خواهرزاده مولانا رستمعلّی است که در تلو کاتبان اسمش شرف تسطیر یافت شاگرد خوب استاد بهزاد بود آخر کار را به جایی رسانید که مردم او را قرینهٔ استاد بهزاد می‌دانستند و سوای تصویر در مثّنی برداشتن و تحریر خط اعجاز داشت خط نسخ تعلیق را نیز خوب می‌نوشت و افشان و تذهیب را نیکو می‌کرد و در رنگ و روغن‌کاری سرآمد روزگار بود و به جامعیّت او کم کسی بود او نیز مرقعی ترتیب داد.

آقا حسن نقّاش از هرات بود در نقّاشی بی‌بدل روزگار افتاده اندرون روضهٔ مقدّسهٔ مطهرهٔ عرش منزله رضیّهٔ رضویه علی مشرِفِها و ساکِنِها الف الف صلوة و سلام وتحیّه را وی بفرمودهٔ مرحوم محمّدخان شرف‌الدین اوغلی تکلو نقّاشی نموده بود و این بیت را مناسب احوال و حسب حال در برابر ضریح مبارک بر بالای محراب نوشته است.

حسن بگرد درت گشته بر طریق طواف　　　　تو کعبه وار همه حاجتش روا کرده

فوتش در دارالسلطنهٔ هرات و در جنب مزار پیر هرات در خانهٔ پر نقش و نگار مدفونست.

میرحسن دهلوی شاگرد و دختر زادهٔ استاد سلطان محمّد بود در تذهیب تصویر و نقّاشی کم از دیگران نبوده در کارخانهٔ شاهی در تمادی عمر به امر نقّاشی و خدمتگاری از ترتیب تاج و نقّاشی و سایر ضروریات مجلس پادشاهی اشتغال داشت و صاحب مواجب و انعامات بود.

火者·阿卜杜瓦哈卜[①]及其子火者·阿卜杜阿齐兹[②]是卡尚人，他们在绘画方面的本领非常出众。塔赫玛斯普国王视火者·阿卜杜阿齐兹为自己的学生。火者·阿卜杜阿齐兹跟随这位独一无二的国王学习绘画，并全心全意为他效力。火者·阿卜杜阿齐兹后来与一群无知邪恶的人成为朋友，导致他伪造了国王的印章，被国王割去耳朵和鼻子。

米尔扎·加法尔·吉泽尔巴什[③]的绘画技艺无与伦比，广受认可。

毛拉纳·穆扎法尔·阿里[④]是毛拉纳·鲁斯塔姆阿里的外甥，在记录书记官的部分对他已有提及。他是贝赫扎德优秀的学生之一，绘画非常出色，人们甚至认为他可与老师比肩。除了绘画，他还擅长书法，特别是波斯体。另外，他还掌握洒金及装饰的技艺，他更是当时独一无二的油画大师。他还制作了一本册页集。很少有人像他一样多才多艺。

阿伽·哈桑·纳高什[⑤]是赫拉特人，他的绘画水平高超。他遵照穆罕默德汗·沙拉夫丁·乌格里·塔克洛[⑥]的命令，负责完成伊玛目礼萨圣陵内部的绘画装饰。在圣陵内灵柩对面的壁龛上方，他抄写了这样一个应景的对句：

哈桑[⑦]以塔瓦夫[⑧]之礼在你的门前绕行，你就像克尔白一般满足了他的需求。

他在帝王之城赫拉特去世，死后葬在赫拉特长老墓[⑨]旁的一个满是图画的房间。

米尔·哈桑·迪赫拉维[⑩]是苏丹·穆罕默德的学生及外孙。他在泥金装饰以及绘画方面的成就他人难以企及。他终其一生都在皇家工坊中与绘画事业打交道，为王室完成王冠设计制作、绘画及其他必要的工作。他领受着国王的酬劳及赏赐。

---

① 火者·阿卜杜瓦哈卜（Khwāja ʿAbdul-Vahhāb），萨法维王朝时期的画家，塔赫玛斯普一世曾跟随他学画。

② 火者·阿卜杜阿齐兹（ʿAbdul-ʿAzīz），萨法维王朝时期的画家及诗人，火者·阿卜杜瓦哈卜之子，他曾跟随贝赫扎德学画，除了绘画，还擅长金绣。他与父亲同在塔赫玛斯普一世的宫廷画室中工作，极受国王信任，后由于伪造国王的印章而被处刑。

③ 米尔扎·加法尔·吉泽尔巴什（Mīrzā Ghaffār Qizilbāsh）。

④ 毛拉纳·穆扎法尔·阿里（Mawlānā Muẓaffar ʿAlī，1533/1534—1582/1583年），伊朗托尔巴特人，与毛拉纳·鲁斯塔姆阿里同为贝赫扎德的外甥，因此《艺术芳园》在此处的记载有误。他是塔赫玛斯普一世的宫廷画师，国王非常喜爱他，认为他的画作堪比贝赫扎德，加兹温的王宫建筑之上也有很多他的画作。

⑤ 阿伽·哈桑·纳高什（Āqā Ḥasan Naqqāsh），伊历10世纪的伊朗画家。

⑥ 穆罕默德汗·沙拉夫丁·乌格里·塔克洛（Muḥammad-Khān Sharaf al-Dīn Ūghlī Takkalū）是萨法维王朝初期塔克洛部落的统治者，在塔赫玛斯普一世执政初期担任过巴格达的执政官，他的儿子哈萨克汗·塔克洛继承了他的塔克洛部落首领之位，二人先后担任过穆罕默德·胡达班达的拉拉。

⑦ 指阿伽·哈桑·纳高什。

⑧ 塔瓦夫（ṭavāf），即伊斯兰朝觐功课中的“绕行”，具体做法是朝觐者进入麦加禁寺后，围着天房逆时针绕行7周。

⑨ 本书第105页已提及，指位于赫拉特的安萨里墓。

⑩ 米尔·哈桑·迪赫拉维（Mīr Ḥasan Dihlavī），伊历10世纪的宫廷画家，擅长绘画、肖像画及装饰。“迪赫拉维”通常指在印度德里出生或生活的人。

مولانا شیخ محمّد از دارالمؤمنین سبزوارست پسر مولانا شیخ کمال ثلث نویس می‌باشد که تعریف او مذکور شد وی نقّاش بی‌بدل بود شاگرد استاد دوست دیوانه بود و خط نسخ تعلیق را خوب می‌نوشت و قلم بر قلم ختائیان در نقّاشی داست هرچند که در صورت خطا می‌کرد و در مثنی برداشتن خط استادان را نقل می‌کرد و به قلم مو اصلاح می‌نمود به نوعی که فهم نمی‌شد مصوّر و محرّر و مذهّب خوب بود و در مشهد مقدّس معلّی در کتابخانهٔ شاهزاده سپهر اعتلا نوّاب ابوالفتح سلطان ابراهیم میرزا کار می‌کرد و ملازم و صاحب انعام بود.

سرخیل سروران دنیا ابوالفتح سلطان ابراهیم میرزا آن اعلیحضرت درین فن نیز استاد بودند در تصویر ید بیضا داشتند به فکر دقیق و رأی ثاقب و خیال عمیق تصرفات نیکو در آن می‌نمودند. بیت:

موی قلمش ز اوستادی ‌‌‌‌‌‌‌‌ جان داده بصورت جمادی

در مشهد مقدّس معلّی انور مرقعی ترتیب دادند از خطوط استادان و تصویر استاد بهزاد و دیگر نقّاشان و آن مرقع به دستیاری استادان نادر و هنرمندان قادر و خط شناسان بی‌بدل و خوشنویسان بی‌مثل اتمام یافت فی‌الواقع ترتیبی روی نمود و مرقعی چهره گشود که هر صفحه‌اش سزاوار صد تحسین بلکه هرقطعه‌اش لایق صد هزار آفرین مع هذا اگر صحایف روزگار صرف تعلیق اوصاف حسن خطش شود هنوز ثلثی از خامهٔ دوران به بیاض بیان نیامده باشد اگر صفایح فلک دوّار مملو از تعریف صور و اشکال غریبه‌اش گردد هنوز عشری از اعشار محسناتش بر آینهٔ ظهور جلوه‌گر نشده باشد و صور پاکیزه‌اش نمی‌نماید. مثنوی:

که از روی پاکیزگی و تمیز ‌‌ بجز جان نگنجد در او هیچ چیز
ز اشکال گلها و نقش طیور ‌‌ بهشتی ز باد خزان بی‌قصور
هزاران گل و لاله‌اش شاخ و برگ ‌‌ همه امن از آسیب باد و تگرگ
مصوّر جوانان خورشید روی ‌‌ لب از شرم هم بسته در گفتگوی
بهم یک جهت جمله در صلح و جنگ ‌‌ نه چون اهل عالم دو روی و دو رنگ
شب و روز با یکدیگر هم وثاق ‌‌ به هم صحبتی مردم بی‌نفاق

بعد از رحلت آن شاهزادهٔ کثیرالافاده که شاه اسمعیل آن فعل قبیح نمود حلیلهٔ جلیلهٔ آن اعلیحضرت گوهر سلطان خانم بنت شاه جمجاه جنّت بارگاه آن مرقع را به آب کشید که به نظر شاه اسمعیل نرسد قیمتش بخراج اقلیمی برابری می‌نمود.

القصّه که کارهای تصویر آن شاهزادهٔ سعید شهید بسیار و در هر اقلیمی بی‌شمار است.

毛拉纳·谢赫·穆罕默德[①]出生于信仰之城萨卜泽瓦尔，他是前述擅长三一体的书法家毛拉纳·谢赫·卡玛尔[②]之子。他的绘画举世无双，杜斯特·迪万乃是他的老师。他还擅长波斯体书法。在绘画技巧上他紧跟中国人的风格。当他在作画过程中犯错时，他就会模仿大师用毛笔进行修饰，令观看者难以察觉。他是位出色的肖像画家、书法家以及装饰师。他在圣城马什哈德阿布·法特赫·苏丹·易卜拉欣·米尔扎王子的书画院中工作，他还是王子的近臣，领受王室俸禄。

所有艺术家的领袖阿布·法特赫·苏丹·易卜拉欣·米尔扎王子也是掌握这门艺术的大师，他的画作堪称奇迹。正是因为他拥有深邃且坚定的思想，才如此完美地掌握了绘画。诗有云：

他的毛笔有大师之风，能令所画之物栩栩如生。

王子在圣城马什哈德制作了一本册页集，里面有多位书法大师以及包括贝赫扎德在内的多位绘画大师的真迹。这本册页集是在众多无与伦比的书法家、画家以及艺术家的帮助之下完成的。这样一本作品中的每一页都应获得成百上千的赞誉。假如时光之笔想要记录这本册页集中书法作品的精妙之处，也只能写下其中三分之一的妙处。假如旋转的苍穹想要展现这本册页集中绝美的绘画及奇妙的图形，也只能展示其中十分之一的美感。且看这首叙事诗：

他的内心一片纯净，除了灵魂别无杂念。

那里充满鸟语花香，那是一片未被秋风扫掠过的天园。

千万朵玫瑰、郁金香在此绽放，它们从未经受过风吹雨打。

画家描绘出面如太阳的年轻人，令所有观者都羞愧得不敢言语。

面对战争与和平，所有人都团结在一起，这里没有虚伪或不忠之人。

白天与黑夜成了好友，大家齐心协力团结在一起。[③]

在伊斯玛仪国王做出那个卑劣的举动导致福泽世界的王子去世之后，高贵的国王（塔赫玛斯普一世）之女高哈尔苏丹·哈努姆将这本价值连城的册页集冲入水中，以免被伊斯玛仪国王看到。

总之，这位已故王子的画作数量庞大，在每一座城池中都能看到他的作品。

---

① 毛拉纳·谢赫·穆罕默德（Mawlānā Shaykh Muḥammad），萨法维王朝时期的画家及书法家，先后在塔赫玛斯普一世、易卜拉欣·米尔扎以及伊斯玛仪二世的画室中工作，目前仅留存几幅他的作品。

② 参见本书第67页及其注释④。

③ 这首诗第一句描述了作画者的状态，其余的诗句则描绘了画中世界，尤其是最后两个对句描述了册页集中不同主题的画作被放在一起的情形。

مولانا علی مشهور به کله‌کوش او نیز گوش در معاملهٔ تقلید مهر شاه عالم پناه همراه یاران به باد داده بود کاشانیست در مشهد مقدّس در کتابخانهٔ نوّاب میرزایی بود و کار می‌کرد و مواجب و انعام داشت.

مولانا یاری مذهب از هرات و معاصر استاد بهزاد بود و ادراک زمان سعید دارین سلطان حسین میرزا کرده و در خدمت مولانا سلطانعلی مشهدی کمالات و حیثیات بسیار داشته و مذهب بیقرینه بود شعر را نیز نیکو می‌گفته این غزل ازوست.

غزل

پریرخی که بود عزم رفتن از وطنش | هنوز نا شده دارم امید آمدنش
ز بوستان گل رویش اگرچه رفت نماند | خیال قامت چون سرو و روی چون سمنش
مرا نه قوّت رفتن نه طاقت ماندن | تو ای رفیق بگو شمه‌یی ز حال منش
سفید گشت مرا چشم انتظار کجاست | صبا که سوی من آرد نسیم پیرهنش
مرا که قوّت گفتار نیست پنهانی | چگونه شرح کنم حال خود در انجمنش
بود که رحم کند یار با من ای همدم | بگوی قصّة مجنون و حال کوهکنش
مگر ز وصل تو یابد حیات خود یاری | و گرنه بیتو مساویست مرگ و زیستنش

مولانا غیاث‌الدین محمّد مذهب مشهدی واضع افشان اوست و در تذهیب بیقرینه بوده معاصر مرحومی مولانا سلطانعلی مشهدیست در تاریخ سلخ جمادی‌الاول سنهٔ اثنی و اربعین و تسعمائه در مشهد مقدّس معلّی مزگّی فوت شده در جنب مولانا سلطانعلی مدفون گشت.

استاد حسن مذهّب بغدادی الاصل می‌باشد اما در تبریز نشو و نما یافته و در تذهیب بی‌بدل زمان خود بوده و زینت آستانه مقدّسه امام همام خامس آل عبا سیدالشهداء اباعبدالله الحسین صلواةالله سلام علیه نموده فی‌الواقع در آن کار ید بیضا نموده الی انقراض الزمان و ایام ظهور مظهر موعود منظور عالمیان خواهد بود.

毛拉纳·阿里[①]，以“卡拉库什”之名闻名。他也由于参与了伪造（塔赫玛斯普）国王的印章而被削去双耳。他是卡尚人，曾在圣城马什哈德的皇家书画院中工作并领受王室俸禄。

毛拉纳·亚里·穆扎海布[②]生于赫拉特，与贝赫扎德生活在同一个时代，他经历了苏丹·侯赛因·米尔扎国王的统治时期。他跟随毛拉纳·苏丹·阿里·马什哈迪工作，取得了诸多成就。他是位举世无双的泥金装饰师，诗歌也写得很好。这首抒情诗是他的作品：

抒情诗

那个长着天使面庞的人即将离开故乡，还未离去我就已期盼他的归期。

虽然他已离开花园，但这里还留着他松柏般的身形、茉莉般的容颜。

我无力离开又不愿等待，朋友啊，请将我的近况转达给他。

他在何处？我焦急等待，两眼昏花，清风啊，你可否带来他衣衫的气息。

我不愿默默倾诉对他的思念，但在众人面前我又不知该如何表达。

朋友啊，请对我仁慈一些，再向我讲述马杰农与凿山人的故事吧。

只有与你结合，亚里才能重生，没有你，生与死有何不同。

毛拉纳·盖耶速丁·穆罕默德·穆扎海布·马什哈迪[③]是洒金术的发明者，在泥金装饰方面也颇具才华，他与已故的毛拉纳·苏丹·阿里·马什哈迪生活在同一个时代。他于（伊历）942年5月的最后一天[④]在圣城马什哈德去世，死后葬在毛拉纳·苏丹·阿里的墓旁。

哈桑[⑤]是出生在巴格达的泥金装饰大师，但他在大不里士取得了成就。他的泥金装饰技艺高超。他还负责装饰了五人组中的第五人、牺牲的圣裔、伊玛目侯赛因（愿真主保佑）的圣陵，展示了他堪称奇迹的本领。这座圣陵会一直挺立，直到末日来到，马赫迪[⑥]降临，所有人都依然能看到它。

---

① 毛拉纳·阿里（Mawlānā ʻAlī），称号为“卡拉库什”（Kalla-Kūsh）。

② 毛拉纳·亚里·穆扎海布（Mawlānā Yārī Muẕahhib），伊历10世纪的泥金装饰师、画家、书法家及诗人。他最初跟随毛拉纳·苏丹·阿里·马什哈迪在阿里希尔·纳瓦依的书画院工作。他因伪造侯赛因·米尔扎·拜哈拉的印章而被判刑，后在阿里希尔·纳瓦依的调解下免除了刑罚。他姓名中的“穆扎海布”是“泥金装饰师”的意思。

③ 毛拉纳·盖耶速丁·穆罕默德·穆扎海布·马什哈迪（Mawlānā Ghīyās̱ al-Dīn Muḥammad Mashhadī，？—1535年），伊历10世纪的画家及书法家，他在阿里希尔·纳瓦依的书画院工作，深受这位大臣的信任。他最擅长洒金术及泥金装饰，《艺术芳园》中认为他是洒金术的发明者。

④ 公历1535年11月26日。

⑤ 哈桑（Ḥasan），又名“哈桑·巴格达迪”（Ḥasan Baghdādī），伊历10世纪的画家、装饰师及诗人，他先后在塔赫玛斯普一世及伊斯玛仪二世的书画院中工作。

⑥ 马赫迪是伊斯兰教中末日之时降临的宗教领袖，而在什叶派十二伊玛目信仰之中，马赫迪也被视为隐遁的第十二位伊玛目。

مولانا عبدالصمد مشهدی او نیز معاصر مولانا سلطانعلی مشهدیست در افشانگری بی‌بدل بوده و شعر را نیز نیکو می‌گفته این رباعی ازوست.

سیمین بدنت چو مغز بادام ترست — بادام دو چشم تو از آن خوبترست
دندان و لب تو در تکلّم گویی — با یکدیگر آمیخته شیر و شکرست

مولانا محمّد امین جدول کش مشهدیست در تذهیب و جدول کشیدن قرینهٔ خود نداشت استاد فقیر است و در وصالی و افشانگری خواه لینه و خواه میانه و خواه غبار و خواه حل کرده قرینه نداشت و در کاغذ رنگ کردن و ابریهای مختلف نادر عصر بود هفتاد رنگ کاغذ رنگ می‌نمود مجملاً که در این فنون نظیر خود نداشت و کمال درویشی و آدمی‌گری و استعداد و اهلیت و قابلیت و کمالات و حیثیات داشت در مشهد مقدّس معلّی رحلت نمود علیه الرحمة من الله الودود.

مولانا عبدالله شیرازی در تذهیب و ترتیب سرلوحها و شمسه‌ها ید بیضا داشت رنگ و روغن را کسی بهتر از او کار نمی‌کرد وی مدت بیست سال تمام درکتابخانهٔ شاهزادهٔ بهرام مقام سلطان ابراهیم میرزا خدمت نموده

毛拉纳·阿卜杜萨马德·马什哈迪[①]，他也生活在毛拉纳·苏丹·阿里·马什哈迪的时代，他擅长洒金术，诗歌也写得很好。这是他的抒情诗：

你匀称的身段如同新鲜的杏仁，而比这更优美的是你杏仁般的双眼。

讲话时你的牙齿与双唇轻碰，就仿佛牛奶与蜜糖相溶。

毛拉纳·穆罕默德·阿敏[②]是马什哈德的画线师。他的泥金装饰技艺与画线水平高超，是鄙人的老师。他精通书籍拼贴，洒金术[③]中的抹压法、颗粒施撒法、微粒施撒法以及溶解法。不论是纸张上色[④]还是制作各种湿拓画[⑤]的技术，他都一一掌握，他甚至能用70种色彩装饰纸张。他对这些技法的掌握达到了无与伦比的境界。与此同时，他在生活方面如苦行僧一般，是位兼具天赋才华和高尚德行之人。他最终安息在神圣的马什哈德（愿真主怜悯他）。

毛拉纳·阿卜杜拉·设拉子依[⑥]在泥金装饰艺术，特别是制作卷首装饰[⑦]以及沙姆斯方面享有盛誉，他对油性色彩[⑧]的掌握也是无人能及。他在那位如天使般尊贵的王子苏丹·易卜拉欣·米尔扎的书画院中工作了整整20年，始终是王子忠实的朝臣。在王子

---

① 毛拉纳·阿卜杜萨马德·马什哈迪（Mawlānā ʿAbd al-Ṣamad Mashhadī），伊历10世纪的画家、书法家及诗人。在阿里希尔·纳瓦依的书画院工作。

② 毛拉纳·穆罕默德·阿敏（Mawlānā Muḥammad Amīn），伊历10世纪末的装饰师，擅长多种装饰艺术，特别是《古兰经》的书籍装饰。他在马什哈德伊玛目礼萨圣城组织的书画院工作。乌兹别克人入侵霍拉桑时，他带领家人逃亡印度，后再次回到马什哈德。插图25展示了一本装帧精美的《古兰经》。

③ 洒金术在本书第7页已有介绍，指用以金色和银色为主的溶液或颜料装饰纸张的技艺。洒金术根据所使用的材料及着色方法的不同分为多种类型，本文提及其中的四种类型：抹压法（afshān-i layina），指先在纸上涂抹淀粉水等黏性液体后，使用研光板将金箔纸碎片用抹压的手法固定在湿纸之上的方法；微粒施撒法（afshān-i ghubār），指将金箔研磨成如尘土般细小的金粉颗粒后撒在湿纸之上的方法；颗粒施撒法（afshān-i miyāna）的操作方法与微粒施撒法相同，但所研磨出的金粉颗粒大于微粒施撒法的颗粒；溶解法（afshān-i ḥal-karda），指将金粉与胶水调和在一起后涂抹在纸张之上的方法。

④ 纸张上色（kāghaẓ rang kardan），参见本书第117页及其注释①②③④。除了用染料对纸张进行染色，还可在纸张制作过程中加入有色物质制成有色纸张。

⑤ 湿拓画（abrī，abrī-sazī）是于15世纪初在伊朗出现的一种纸张装饰手法，操作步骤是首先将胶质黏稠液体厚厚涂抹在纸张之上，其次将液体颜料滴在胶质层上，最后用针尖或细毛笔将颜料调整出所需的图形。今天的湿拓画做法有所不同，是将含胶质的液体倒入浅盆后在其上滴入油质颜料，此时作画者可通过画棒调整拨动颜料。待形成理想图形后将纸张轻铺在液体上方，油质颜料会瞬间吸附在纸张之上，从而完成作画过程。参见插图26。

⑥ 毛拉纳·阿卜杜拉·设拉子依（Mawlānā ʿAbdullāh Shīrāzī），伊历10世纪的装饰大师，除了在易卜拉欣·米尔扎的宫廷书画院工作，他还先后在塔赫玛斯普一世以及伊斯玛仪二世的书画院中服务。

⑦ 卷首装饰（sar-lawḥ），指手抄本开篇部分的装饰，有时是一页或两页的装饰画，有时则只占正文首页的上半部分。整页的卷首装饰通常是沙姆斯图案，半页的卷首装饰则以皇冠状的图形为主，有时中间还会嵌入章节名、作者名或《古兰经》节选等文字内容。这部分装饰通常会采用金银颜料，是全书最华丽的装饰部分，从而起到吸引读者的作用。

⑧ 油性色彩（rang-i rawghan，rang-u rawghan），区别于用水调和的水溶性颜料，油性颜料指含有蜡、植物油或动物油的颜料色彩。

و از مخصوصان و معتمدان آن شاهزادهٔ عالمیان گردید بعد از رحلت آن اعلیحضرت ترک ملازمت کرد به مشهد مقدّس رفته ساکن گردید و آخر فرّاش حرم محترم آن امام عالم و هادی تمامی امور و کافهٔ بنی آدم شد و خدمت سرقبر شاهزاده مشارالیه می‌نمود.

سیاوش بیک مملوک شاه رضوان بارگاه شاه طهماسب از گرجستان بود شاه جمجاه او را از طفولیت بنقّاشخانه داده بود پیش مولانا مظفر علی شاگردی می‌کرد در تصویر سرآمد دوران گردید و در آن امر نادرهٔ جهان شد به غایت قادر است اکنون از آن کار بازمانده و در سلک غلامان شاهی همراه همشهریان خود در شیراز و در خدمت یساقها اقدام می‌نماید و بدان کار مشغولی نمی‌کند امّا استاد فن خود است.

ابوالمعصوم میرزا ولد موسی سلطان موصولوخالو زادهٔ نوّاب سلطان محمّد پادشاست در تصویر دست بامزه دارد و در طراحی قرینه ندارد همیشه اوقاتش صرف هنر و کارها می‌شود و لحظه‌یی از فکر دقایق کارها ونقش‌بندی غافل نیست در نقّاشی و نقّاری و وصالی و فصّالی و افشانگری و صحافی و مقواسازی و حکاکی و خوان تراشی و قاشق تراشی و لاجو÷ردشویی و سندروس تراشی و سایر خورده‌کاری و دیگر صنایع عدیل و نظیر ندارد و همیشه منظور نظری داشته و عمر شریف را صرف ساده رخان و گلعذران نموده و ایام شباب را در این کار بشیب رسانیده و همواره به هنرمندی اقدام داشت تا آنکه در شهور سنه خمس و الف در قم رحلت نمود در صحن آستانهٔ مقدّسهٔ منوّرهٔ معصومه سلام الله علیها مدفونست خالی از همتی و از دنیا گذشتنی نبوده همیشه در صحبت او اهل هنر و استعداد و فقرا و نامرادان جمع بودند و از خوان احسان او تمتع می‌یافتند.

آقارضا ولد مولانا علی اصغر کاشانی است اگر زمانه بوجود با وجود او افتخار نماید می‌شاید چون در تصویر و چهره‌گشایی و شبیه‌کشی نظیر وعدیل ندارد و اگر مانی زنده بودی واستاد بهزاد حیات یافتی

去世之后，他离开宫廷前往马什哈德定居。他晚年在那座城市为那位守护人民的伊玛目的陵墓[①]以及王子墓效力。

西亚瓦什·贝克[②]是塔赫玛斯普国王的奴隶。他来自格鲁吉亚，在他年幼时，国王便将他安顿在皇家画室。他跟随毛拉纳·穆扎法尔·阿里学习绘画，并在这一领域出类拔萃。他对绘画艺术的掌握极为出色、举世罕见。如今他已不再从事绘画，而是作为国王的奴隶，跟随他的同胞们一起为国王征战效力。但他确实是一位绘画人才。

阿布马苏姆·米尔扎[③]是穆萨·苏丹·穆塞鲁[④]之子，也是苏丹·穆罕默德·帕夏[⑤]的堂兄弟。他画的肖像画极有韵味，他还非常擅长图形绘制。他痴迷绘画艺术，每分每秒都在思考如何将这门艺术做到极致。他擅长的艺术类型非常丰富，包括绘画、雕刻、书籍拼贴、洒金、书籍装帧、纸板制作[⑥]、石雕、木雕、勺子雕刻、青金石澄滤[⑦]、山达脂雕刻[⑧]以及其他精细工艺。他总是处在思虑状态，一生的大部分时间都与貌美的年轻人共度，与此同时他从未停止自己的艺术事业。他于（伊历）1005年[⑨]在库姆去世，被安葬在法蒂玛圣陵的院中。阿布马苏姆·米尔扎从不是一个没有志向或抛弃物质生活之人，他总是与聪明有才之人或贫苦无助之人聚在一起交流，所有人都很享受他的款待。

阿伽·礼萨[⑩]是毛拉纳·阿里·阿斯加尔·卡山尼[⑪]之子。他的存在是时代的骄傲，因为他的肖像绘画技艺无人能及。假如摩尼和贝赫扎德大师还在世，也要每日亲吻

---

① 指伊玛目礼萨圣陵。

② 西亚瓦什·贝克（Siyāvash Bayk），据《世界装点者阿巴斯史》记载，西亚瓦什·贝克的老师是阿里·穆萨维尔（ʻAlī Muṣavvir）。西亚瓦什·贝克在塔赫玛斯普一世时期被迫放弃绘画，在其后的伊斯玛仪二世以及阿巴斯一世时期重新受到了宫廷画室的重用。他的出生年份可能是1536年，有关他的活动记录一直到1606/1607年。

③ 阿布马苏姆·米尔扎（Abūl-Maʿṣūm Mīrzā，？—1596/1597年），伊历10世纪的画家，擅长多种与书籍制作和绘画相关的手工技艺。

④ 穆萨·苏丹·穆塞鲁（Mūsā Sulṭān Mawṣillū），穆塞鲁是组成红帽军的一支土库曼部落，穆萨·苏丹·穆塞鲁在萨法维王朝初期担任这支部落的首领。他的女儿苏丹努姆是塔赫玛斯普一世的妻子，伊斯玛仪二世以及穆罕默德·胡达班达的母亲。

⑤ 即穆罕默德·胡达班达。

⑥ 纸板制作（muqavā-sāzī），指书籍封面硬纸板的制作。

⑦ 青金石澄滤（lājvard-shūʾī），具体过程参见本书第233页“青金石的澄滤”一节。

⑧ 山达脂雕刻（sandarūs-tarāshī），在山达脂上进行雕刻。山达脂为山达树分泌的树脂，是略有弹性的透明蜜色固体。该树脂在与亚麻籽油混合后可用于制作清漆。

⑨ 公历1596/1597年。

⑩ 阿伽·礼萨（Āqā Riżā），他的生卒年份可能分别是1562/1563年与1635年。他最初在阿巴斯一世的宫廷画室担任画师，并参与了由萨迪基·贝格监督制作的《列王纪》插图绘制。据《世界装点者阿巴斯史》记载，在离开阿巴斯一世的宫廷之后，他又先后服务于印度的阿克巴大帝以及贾汉吉尔（Jahān-gīr，1569—1627年）的宫廷。

⑪ 毛拉纳·阿里·阿斯加尔·卡山尼（Mawlānā ʿAlī Aṣghar Kāshānī），阿伽·礼萨的父亲，是塔赫玛斯普一世及伊斯玛仪二世时期的画家，《世界装点者阿巴斯史》称这位画家最擅长山与树的绘制。

روزی یکی صد آفرین بروی نمودی ودیگری بوسه بر دست وی نهادی همگی استادان و مصوّران نادرهٔ زمان او را به استادی مسلم دارند و هنوز ایام ترقّی و جوانی او باقیست وی در خدمت اشرف شاه کامیاب مالک رقاب سپهر رکاب سلطان شاه عباس خلدالله ملکه می‌باشد اما به غایت کاهل طبیعت افتاده و اختلاط نامرادان و لوندان اوقات او را ضایع می‌سازد و میل تمام به تماشای کشتی‌گیران و وقوف در تعلیمات آن دارد یک مرتبه صورتی ساخته و پرداخته بود که شاه عالمیان به جایزه آن بوسه بر دست او نهادند.

مولانا حبیب الله از ساوه است به غایت آدمی صفت و درویش است و در تصویر و شبیه کشی نظیر ندارد از ساوه به قم آمده مدتی در قم بکار مشغول بود از چرب دستی و چابکی انگشت نمای جهان شده و در نقش‌بندی مقبول اهل زمان گشته روز بروز در ترقّی است نوّاب حسینخان شاملو حاکم دارالمؤمنین قم او را ملازم ساخته به هرات برد نوّاب کامیاب سپهر رکاب او را از خان گرفته حالا در دارالسلطنهٔ اصفهان به خدمت سرکار همایون اشتغال دارد و در سلک نقّاشان خاصهٔ شریفه منخرط است.

صادق بیک از اویماق افشارست و در فن نقّاشی و تصویر بیعدیل و نظیرست و الحال منصب کتابداری پادشاه صاحبقرانی گیتی ستانی ظل سبحانی بدو مرجوعست و شعر را بسیار خوب می‌گوید و قصاید و غزلیات و قطعه و رباعی بسیار دارد و در تصویر و رنگ‌آمیزی و چهره گشایی به غایت استادست و تکسیر را به جایی رسانیده که دیده اولوالابصار در نظارهٔ آن خیره و حیران می‌گردد و در جلادت و شجاعت نیز خود را کمتر از دلاوران روزگار نمی‌شمارد.

میریحیی از سادات صحیح‌النسب دارالسلطنهٔ تبریز و مذهب بیقرینه است اصلش از حله بوده استاد عصر و به غایت آدمی صفت و درویش و نامراد است همیشه به کسب اشتغال دارد بعد از فترت رومیهٔ شومیه و خرابی دارالسلطنهٔ تبریز به عراق افتاد و مدتی در قزوین ساکن بود و اکنون چون دارالسلطنهٔ اصفهان شد در آن بلده طیبه ساکن است.

مولانا ندر علی قاطع از بدخشان است به مشهد مقدّس آمد در لباس نمدپوشی و درویشی میگشت به غایت پیر نورانی باصفا بود

他的双手，将他称颂千遍。所有生活在这个时代的优秀绘画大师都视他为师尊。当他尚且年轻之时，他便在统治四方、天赋君权的吉庆的阿巴斯国王（愿真主保佑他国运永祚）手下效力。但是他天性懒散，常与一些不得志的俊美年轻人混迹在一起。他沉迷于观看摔跤且总想尝试掌握其中的诀窍。有一次国王看到他的作品后亲吻了他的手。

毛拉纳·哈比卜拉赫①是萨维②人，他品性高洁，过得如苦行僧一般。他的肖像绘画独一无二。他离开萨维前往库姆，并在库姆工作了一段时间。他技艺高超，受到世人认可，他的绘画也洗涤了人们的心灵。每一天他都在进步。信仰之城库姆的统治者侯赛因汗·沙姆鲁将他带到赫拉特揽为朝臣，随后吉庆的受天园庇佑的阿巴斯国王又向侯赛因汗讨要他。如今他已作为皇家画室的一员，在帝王之城伊斯法罕为尊贵的国王效力。

萨迪基·贝格③出生于阿夫沙尔④部落，他的绘画及肖像绘制技艺举世无双。如今世界之主、疆域征服者阿巴斯国王赋予他皇家书画院的管理职权。他擅长写诗，著有多首颂体诗、抒情诗、短诗以及四行诗。他的绘画及用色颇有大师风范，所书写的祝祷语令所有观者叹为观止。他还认为自己非常勇敢，一点也不逊色于那些勇士。

米尔·雅赫耶⑤生于帝王之城大不里士血统纯正的圣裔家族，他是一位出色的泥金装饰师。他的祖籍在希拉⑥。他是一位划时代的大师，与此同时他也是位清心寡欲、过着苦行僧般生活的仁厚之人。他总是勤奋地工作。在卑劣的鲁姆人入侵并破坏了帝王之城大不里士之后，他逃往伊拉克。这之后他在加兹温生活了一段时间。当伊斯法罕成为都城之后，他又开始在这个城市定居了下来。

毛拉纳·纳德尔阿里·高特⑦是巴达赫尚人，他在圣城马什哈德生活。他是位高尚圣洁的长老，总穿着毛毡服饰，过着苦行僧式的生活。在书法方面他遵循毛拉纳·米

---

① 毛拉纳·哈比卜拉赫（Mawlānā Ḥabībullāh），伊历11世纪的画家，擅长形象绘制。

② 萨维（Sāva），伊朗中央省的城市。

③ 萨迪基·贝格（Ṣādiqī Bayg），萨法维王朝时期的画家、书法家、传记作家及诗人。他最初跟随穆扎法尔·阿里学画并在塔赫玛斯普宫廷担任画师。这之后他先后在伊斯玛仪二世、穆罕默德·胡达班达以及阿巴斯一世的宫廷中效力，他还是后两位国王的书画院的管理员。他比较重要的著作除本书第207页注释②提及的《绘画原则》外，还有诗人传记《群英荟萃》（*Majmaʿal-Khavāṣṣ*，1606/1607年）。

④ 阿夫沙尔（Afshār）是一支乌古斯突厥部落，最初生活在中亚，今散落居住在中亚、伊朗以及土耳其各地。伊朗的阿夫沙尔人曾建立阿夫沙尔王朝（Afsharid Empire，1736—1796年）。

⑤ 米尔·雅赫耶（Mīr Yaḥyā）。

⑥ 希拉（Ḥilla），伊拉克城市，位于巴格达以南。

⑦ 毛拉纳·纳德尔阿里·高特（Mawlānā Nadr-ʿAlī Qāṭaʿ），伊历10—11世纪著名的书籍裁剪师。他姓名中的“高特”意为“裁剪师”，即从事书籍裁剪（qaṭāʿī）工作的人。伊斯兰艺术中的书籍裁剪指将完整书法作品中的某个字母、句子或绘画作品中某部分图形裁剪出来，粘贴在纸上制成新的单幅作品的工艺。

خط مولانا میرعلی را در نظر مینهاد و آن چنان می‌برید که هیچ فرقی و مزیّتی میانهٔ آن بریده و آن قطعه نبود هرچه از آن بیرون می‌آمد قطعه می‌شد و آن بریده خود قطعه‌یی دیگر بود در مشهد مقدّس معلّی رحلت کرد مردم بسیار شاگردی او کردند و تتبع او نمودند و به او نرسیدند.

مولانا کپک از هرات بود عکس را خوب می‌ساخت و در مشهد مقدّس معطّر معتکف بود و در مدرسهٔ شاهرخیه بسر می‌برد اختراعات و تصرّفات در آن فن نموده به غایت نقشهای غریب و طرحهای عجیب و رنگ‌آمیزی طرفه ابداع نموده عکسهای او مردم را از افشان فارغ ساخت.

مولانا قاسم بیک تبریزی صحّاف بی‌بدل و مجلّد بیعوض بود وچنان در آن امر نادر و قادر بود که اوراق فلک را شیرازه بستی و ایّام روزگار را شفره کشیدی کُنجهای کارش مانند انجم بودی و ترنج کارهایش چون خورشید نمودی بسیار درویش و فانی بود بعد از فترت رومیهٔ شومیه و تخریب دارالسلطنهٔ تبریز به عراق آمده در دارالسلطنهٔ قزوین ساکن شد و به صحّافی اشتغال داشت و آخر ارادهٔ توطّن دارالارشاد اردبیل کرد قاید توفیق رفیق نگشت و بمصدوقهٔ و ماذا تدری بای ارض تموت در سنهٔ الف در دارالسلطنهٔ قزوین بهجوم طاعون رحلت نمود علیه الرحمة من الله الودود.

尔·阿里的书写方法。他所分割的书法作品能做到与原作分割出来的作品水平相当，毫无优劣之分。当他处理一幅书法作品时，分割出来的部分会成为一幅新的单幅书法作品。他在神圣的马什哈德去世。毛拉纳拥有众多学生，学生纷纷模仿他的作品却难以达到他的水平。

毛拉纳·卡帕克[①]是赫拉特人，擅长镂空印花术。他居住在马什哈德的沙哈鲁西学堂。他为镂空印花术带来了变化和创新，他设计了新鲜的图案、式样及颜色。他的镂空印花甚至令人们忘却了洒金术的光彩。

毛拉纳·卡西姆·贝克·大不里兹[②]是位无与伦比的书籍装帧师及封皮装帧师[③]。他精通这门技艺，仿佛可以轻松地将命运的篇章缝进书中，又仿佛可以轻松地将时间（像书籍一样）切割开来。他创制的角饰[④]如星星般明亮，他创制的圆形装饰花纹[⑤]似太阳般闪耀。他为人低调，过着苦行僧式的朴素生活。在鲁姆人入侵、大不里士城被毁之后，他逃往伊拉克。随后他在加兹温生活了一段时间，在那里以书籍装帧为生。最后他定居在教化之城阿尔达比尔。然而命运并没有眷顾他，正如这句谚语所言："你又怎知自己会死于何处？"他于（伊历）1000年[⑥]在暴发了传染病的加兹温去世（愿真主怜悯他）。

---

① 毛拉纳·卡帕克（Mawlānā Kapak），伊历10世纪的画家，为书籍制作中的镂空印花术带来了很多新的技术。

② 毛拉纳·卡西姆·贝克·大不里兹（Mawlānā Qāsim Bayk Tabrīzī，？—1591/1592年），伊历10世纪最著名的书籍装帧师。

③ 封皮装帧师（mujallid），指为书籍装订封皮的人。伊朗的手抄本封皮通常由硬纸板、木板、皮革或布料等材料制成，其上还会有图案或压纹装饰。

④ 角饰（kunj，lachakī）是伊斯兰装饰花纹的一种，指圆形装饰花纹的四分之一部分。角饰在手抄本制作中专指出现在手抄本封皮四角的对称装饰，较晚期的书籍角饰主要用金属錾刻而成。除书籍外，角饰还出现在地毯、布匹、雕刻及建筑之中。

⑤ 圆形装饰花纹（turunj）也是伊斯兰装饰花纹的一种，该花纹的结构为圆形或柠檬状的椭圆形，装饰图案以伊斯兰式花纹，即几何线条及植物图形为主。与角饰相同，圆形装饰花纹也广泛出现在书籍、地毯、布匹、雕刻及建筑之中。

⑥ 公历1591/1592年。

خاتمهٔ کتاب

در باب جدول و تذهیب و رنگهای الوان و ساختن مرکب

و سایر لوازم کتابخانه و شستن لاجورد.

قاعدهٔ جدول مرصع بطریق نظم

کش سه خط را قریب یکدیگر — وز طلا حل و آخرین برتر
گوشه‌ها کن نشان بچار درست — تا کشی روبرو و پشت به پشت
آنچه مابین این دو خط شاید — کمتر از پشت کار وی باید
در میان هم دو خط بود اولی — تا نگردد بیاضها همه جا
بعد از آن مهره کش مکن تقصیر — تا توانی کشیدنش تحریر
کش دو تحریر دو خط اولی — پس سه تحریر کش خط اخری
چون میان را کنی مثنّی هم — چار تحریر باید آن را هم
کنجها مگذران ز یکدیگر — جهد کن تا نهند سر بر سر
در میانه دو خط اوّل کش — لاجوردی که نبودش مرغش
هست پیوسته آن دو خطّ میان — در میان نیز لاجورد بران
باز پایین آن دو خط دگر — خط سیلو بکش وزین مگذر

جدول دوله: اول خط باریک بکش بعد از آن در پس آن خط گنده‌تر میان هر دو خط آخر را چهار تحریر بکش دو از پیش و دو از پس آنگهی لاجورد بروش بکش.

جدول مثنّی: اول دو خط طلا بکش در برابر هم بعد از آن طلا را مهره بکش و هر خطی را دو تحریر بکش بعد از آن گرد او لاجورد بکش.

جدول سه تحریر: اول خطی از طلا بکش و مهره بکش بعد از آن دو تحریر یکی از پیش و یکی از پس بکش و در آخر لاجورد بکش.

در صفت مالیدن لاجورد: می‌باید لاجورد را در ظرفی ریزی و قطرهٔ دوئی صمغ برو ریخته خمیر باید کرد بعد از آن قطره قطره آب بروی باید ریخت و مالید و ملاحظه کرد اگر غلیظ است قطره‌یی چند آب می‌باید ریخت و اگر رنگ می‌ریزد قطره دویی صمغ می‌باید اضافه کرد و بعد از آن گفته‌اند که صمغ در رنگها خطاست و خوب نیست الا سرخی که درو زیاده می‌باید.

结语

画线、泥金装饰、制色和调墨的方法、其他书画院物品的准备以及青金石色的调配

画出装饰性框线的原则

用金水画出三条相邻的线，要确保一条比一条更漂亮。

正确地标示出四个角，以确保画出面对面、边贴边的框线。

画出两条框线间的作品，或许还比不上画框线所费的气力。

所有框线之中最初的两条线最重要，它能避免整张纸一片空白。

这之后要正确地打磨纸张，然后才可开始勾勒轮廓线[①]。

在前两条线的旁边勾出两条轮廓线，在第三条线的旁边勾出三条轮廓线。

当你在中间画出两条线时，应给它们也勾出四条轮廓线。

注意（书写框）四角的线条不可出头，要让它们彼此连接。

在中间先画出两条青金石色的线，注意不要出错。

而在相邻的两条线中间，也涂上相同的青金石色。

在这两条线的下方再画出一条绿线条，切记不要省略这一步。[②]

细线框：首先画一条细线，接着在外侧画一条更粗的线。在粗线条的两侧勾出四条轮廓线，其中两条在内侧，两条在外侧。接着将线条涂上青金石色。

双线框：首先画两条平行的金线并进行打磨，接着给每条线各勾两条轮廓线，最后在线条旁涂上青金石色。

三线框：首先画一条金线并进行打磨，接着在金线的两侧分别勾一条轮廓线，最后涂上青金石色。[③]

揉制青金石：将青金石（粉末）倒入容器中，加入两滴胶水[④]使之形成糊状。接着一滴一滴地加入清水，一边揉搓一边观察。如果过于黏稠就加入清水，如果颜色析出就加入两滴胶水，直到人们所说的无法再加胶的程度（此事就大功告成了）。如果此时再加入胶水，颜色就会变得偏红。

---

① 轮廓线（taḥrīr），指出现在文字、线条或图形周围用于勾勒轮廓的细线条。伊斯兰手抄本中的书名及章节名旁最常使用轮廓线。

② 由于这段描述没有写出画框线的方位，故存在语义不明之处。但根据现有伊斯兰手抄本的情况可知，每一页书法或插图四个方向的框线不需要完全相同，可以是上下或左右对称，也可以是靠近书中缝的框线采用一个样式，而其他三条框线采用不同样式。装饰性框线可参见插图19及插图23。

③ 本书有关画线技巧的介绍到此为止，如这部分的题目所述，作者只介绍了装饰性框线的画法。画线技巧除了装饰性框线的画法，还包括书法基准线的绘制。

④ 两滴胶水（qaṭra duʾī ṣamgh），也可能是某种特殊的胶水。

در صفت لاجورد شستن: بدانکه بهترین سنگها لاجورد به حق باشد و بعد او به رتبه و دیگر بار جسم و بعد از اینها دیولامی و نیکوترین سنگها آنست که خوشرنگ باشد و درفشان و کیفیت صلایه کردن آنست که سنگ را ریزه ریزه سازند و خوشرنگ را از کم‌رنگ جدا سازند و هر یک ازین قسمها را در هاون جداگانه نرم سازند و بعد از آن از آرد بیز بگذرانند بعد از آن اول با صابون عراقی بشویند، طریق شستن با آب صابون آنست که پارهٔ آب صافی در ظرفی کنند و صابون مذکور را کف زنند چندان که تیزاب تند شود و سنگ بیخته را در آب ریزند و برهم زنند و ساعتی صبر کنند چندان که آب در حرکت به سکون آید بعد از آن آب را به قدح دیگر ریزند هرچه بشویند و در ظرف دیگر نقل کنند آنچه ته‌نشین شده باشد آن را جمع کنند و بشویند و بمالند به آب صابون مذکور و آب شیر گرم نیز می‌توان شست مکرر چندان که لاجورد به تمامی مستخلّص از آن بیرون آید بعد از آن آن را خشک کرده در کاغذ کنند.

قاعدهٔ طلا حل کردن: هر ورق طلا زیاده از چهار قطره صمغ نمی‌باید کرد درته کاسه می‌باید مالید نه در کنار البته زود به کنار کاسه نمی‌باید آورد و طلا را به سه انگشت یا چهار انگشت آنقدر باید مالید که اصلاً درو خورده نماند چون دست خشک شود اندک اندک به آب تر باید کردن طلا را از اول مالش تا آخر دو سه ساعت زیاده نمی‌باید مالید که پوچ می‌شود و چون نرم مالیده شود که اصلاً درو رشته نماند چهار دانگ پیاله را آب می‌باید کرد و طلا را از دست و کنار کاسه می‌باید شست تا همه بند آید بعد از آن سر کاسه را با کاغذ می‌باید پوشید و البته سر کاسه را باز نگذارند و یک دو ساعت بگذارند بعد از آن آب را از روی طلا بگذرانند و کاسه را بالای آتش می‌باید نهاد تا خشک شود زود می‌باید برداشت بسیار در بالای آتش نمی‌باید گذاشتن بعد از آن سریشم سیاه را اندک برو ریخته واکنند و قطره‌یی چند بر طلا ریزند و دیگر بماند تا نیم روز بعد از آن قدری آب برو ریزند بگذارند اندک زمانی که بته بنشیند چنانکه اگر نگاه کنی عکس روی نماید بعد از آن اندکی با قلم موی بردارد و بکار بردفی الحال مهرهٔ جزع برو بکش اگر بستیمان طلا کمست دیگر بستیمان کن و اگر رنگ طلا سیاه است پارهٔ آب نیز برو بریز.

青金石的澄滤：应知晓上佳的石材首先是青金石，接下来是杰斯姆，在它们之后是迪夫拉米。[①]最好的石头应该拥有漂亮的色泽与质地。研磨的过程是：先将石头敲成小碎块，再把浅色与深色的石头区分开来，放在不同的研钵之中加以研磨，然后过筛。接下来就要用伊拉克皂[②]对青金石（粉末）进行澄滤操作。用肥皂水澄滤的操作过程是先将一些清水倒入容器中，再在水中揉搓上述肥皂直至起泡，从而增加水的碱液浓度。接着将研磨好的青金石（粉末）倒入水中，进行揉搓，随后静置几个小时直至水变得澄净。此时将其中的液体倒入另一个容器中，那些沉淀在底部的就是比较大的（青金石）颗粒。将它们收集起来再经历一次研磨、在肥皂水中揉搓以及将上部的水倒入另一个容器中的过程。这之后再将收集起来的底部沉积物在肥皂水中清洗和揉搓，也可在牛奶水中揉搓。如此反复操作之后，得到的就是非常纯粹的青金石（粉末），将其烘干之后包入纸中。[③]

金的稀释方法：每片金箔上所加的胶水不应多于四滴。研磨金箔时应将金箔置于碗底而不是碗边，当然也不可快速地从碗里取出来[④]。用三到四根手指研磨金箔，直至看不到小块金箔。当手指过干时，用一点点水沾湿手指。研磨金泥的时间不应超过两三个小时，否则效果就会变差。轻柔地研磨金泥直至碗中看不见条状结团。倒入三分之二杯的水，用水冲洗手指及碗壁，直至粉末变得浓稠。接着用纸封住碗口并且要彻底密封。如此静置一两个小时之后将金泥之上的水倒掉，然后将碗置于火上烤干，记得要及时将碗撤走而不宜烘烤过久。接着在金泥中加入少许黑胶[⑤]以及几滴水后再研磨半日，然后加入一些水后静置片刻直到所有金粉沉淀，所形成的光滑表面可以映射出你的面庞。接着就可以用毛笔蘸取少许金泥开始使用，涂上金泥后应立即用玛瑙打磨石进行打磨。若其中的黏合剂过少，则增加黏合剂，若金泥的颜色发黑，则加入一些清水。[⑥]

---

① 青金石（lājvard）、杰斯姆（jism）以及迪夫拉米（dīvlāmī）都是青金石的名称，只是在品级上有所区别。

② 伊拉克皂（ṣābūn-i ʿIrāqī），可能指伊拉克产的肥皂。

③ 意大利画家及艺术理论家切尼诺·琴尼尼（Cennino Cennini，1370—1440年）的《艺匠手册》（*Il Libro dell' Arte*，*Translated as The Craftsman's Handbook*）是西方艺术史上首部介绍绘画技巧与理论的著作，其中提到了青金石的处理方法。他的介绍更加细致且与本书的方法有所不同，笔者在此简述《艺匠手册》中提到的方法以供对比：将青金石颗粒过筛，随后将粉末与松脂、乳香和蜂蜡糅合在一起，过程中可在手上涂抹适量的亚麻籽油。随后将混合物捏成条状并晾晒至少三天三夜。接着将条状物浸泡在温暖的碱性液体中加以揉搓，直至蓝色液体慢慢析出。待液体沉淀完成，将上部的液体倒入另一个盆中继续重复上面的沉淀步骤，此时下部的沉淀物即为青金石颜料。青金石澄滤的次数越少，颜色越蓝，品级也越高。另外，琴尼尼还提到对于杂质较多、无法制成蓝色颜料的青金石料，可以加入巴西木和明矾制成红色颜料。

④ 英译本此处为“不可在碗边研磨”。

⑤ 黑胶（sirīshum-i siyāh），特指动物胶，通常由鱼或其他动物的骨头和皮熬煮而成，呈黑棕色。

⑥ 此处的黏合剂指黑胶。如果所调配的金泥中黏合剂过少则容易脱落，过多则会失去金属光泽。如果金泥发暗，应重复澄滤过程，即加入清水研磨后静置，待金泥沉淀后倒出上部的水。

در صفت رنگهای الوان و آمیختن آن بهم: بدان که رنگها که بکار دارند اول آن را به آب صمغ عربی بباید آمیخت و اگر مدهون بود یعنی از جهت آلت چوب آن را به زرده تخم مرغ باید آمیخت زنگاری را سرکه در وی کنند و چون سرمه بسایند و به آب صمغ عربی بیامیزد و آب بروی افزاید بدان مقدار که باشد.

شنگرف: شنگرف را چون سرمه بساید پس از آن بشوید و شستن وی چنان بود که آن را در کاسهٔ رنگین کند و آب در وی کند و بجنباند و ساعتی رها کند تا آب صافی شود بعد از آن آب را بریزد و دیگر صلایه کند و دو نوبت دیگر چنین کند البته سه کرّت باید شستن و چون شسته باشد از خاک و غبارش نگاهدارد و دیگر باره بساید و آب صمغ عربی دروی کند تا سطبر شود و اگر برای قلم به کار برد تنک باید کرد تا قلم برود.

رنگ لاجورد: لاجورد را بساید به سنگ و بسرکه و آب صمغ عربی باوی بیامیزد تا سطبرد شود و شستن وی چون شستن شنگرف بود همه رنگها شسته بهتر بود.

رنگ زرنیخی: اگر کسی خواهد که زرنیخ زردابه‌وار به آب صلایه کند پس آب صمغ عربی باوی بسر شد تا روان گردد.

رنگ سرخی: اگر خواهد زرنیخ سرخ آید نخست وی را بساید نیک هرچند که خشک بباید سرخ‌تر گردد.

رنگ سفیدی: سفیداب را آب باید کردن و به رکوی تنک مالیدن تا پاک و روشن گردد بعد از آن آب صمغ در وی بیامیزد و بکار برد.

رنگ آسمانی: که لاجوردی مرکب است اگر خواهد که لاجورد را سفید سازد به رنگ آسمان گون

各种色彩（的制作）与色彩的混合：应知晓所有待用的颜料都应首先与阿拉伯胶混合①。如果用木棍搅拌时感觉太过黏稠，则须加入蛋黄②。如果是（制作）铜绿③的话，则应加入醋。研磨锑石④时应加入阿拉伯胶，同时加入适量的水。

朱砂色：制作朱砂色颜料时，应首先像研磨锑石一样研磨朱砂然后进行漂洗。漂洗时，首先将朱砂倒入上色的碗⑤中，再加入水进行摇晃。这之后静置数小时直到水变清澈。此时倒掉清水，研磨剩余的粉末。如此重复两遍，当然也可以重复三遍。当澄滤完成后，应避免朱砂粉末沾染尘土。最后再研磨一次，并加入阿拉伯胶水使其变得黏稠。当用笔取色时应少量蘸取，以确保运笔流畅。

青金石色：研磨青金石时应使用石头⑥并加入醋及阿拉伯胶水，使其变得黏稠。澄滤青金石的过程与澄滤朱砂的过程相同。所有颜料经过澄滤后都会变得更加优质。

雌黄色：如果有人想制作出如黄胆汁一样的雌黄色，就应将雌黄矿⑦加水研磨，接着加入阿拉伯胶水，使其变得顺滑。

红色：如果想用雄黄矿⑧制作红色，那首先应细细地加以研磨。矿石越干燥，研磨出的粉末颜色越红。

白色：在铅白⑨中加入水，并使用一块宽大的布研磨直至铅白的颗粒洁净白亮。接着在其中加入胶水就可以使用了。

天蓝色：这种颜色可由青金石合成。如果想让青金石色偏白，呈现出天空般的色

---

① 下文列举的颜料皆为矿物质颜料，故此处可理解为所有矿物质颜料都需要首先与阿拉伯胶混合。伊斯兰绘画中除矿物质颜料外，还有植物提取物颜料，例如藏红花的汁液可用于制作黄色、橙黄色颜料。

② 蛋黄、蛋清及整蛋都可作为颜料的黏合剂使用。添加蛋黄之后颜料的颜色会变深，同时更有光泽。

③ 铜绿（zangārī），在一定温度和湿度下铜表面会产生绿色的锈，即铜绿。在铜上涂抹醋也可以快速产生铜绿。

④ 锑石（surma），surma有“染眼剂”和“锑石”两个词义，染眼剂是一种涂抹在眼周，用来辟邪并保护眼周皮肤的蓝黑色粉末。它的成分来源主要有两大类：铁、铅、锑等深色矿物质以及植物燃烧后的灰。由于这句使用了“研磨”一词，故该词可能指“锑石”。

⑤ 上色的碗（kāsa-yi rangīn）可能指上釉的碗。此处描述了用朱砂矿石制作朱砂色颜料的过程。在萨迪基的《绘画原则》中也提到制作朱砂色的方法，是将汞和硫的混合物放入玻璃器皿中进行高温加热，从而得到硫化汞。

⑥ 研磨青金石时，会在研钵中加入硬质的光滑石块，以加速青金石粉末的研磨过程。

⑦ 雌黄矿（zarnīkh），即三硫化二砷，是一种质地较软且脆的金黄色矿石，条纹处为橙红色。

⑧ 雄黄矿（zarnīkh-i surkh），即四硫化四砷，与雌黄矿为共生矿，质地比雌黄矿硬，呈橙黄或橙红色。由雄黄矿制成的红色颜料遇光后容易变色，且有毒。

⑨ 铅白（sifīd-āb），即碱式碳酸铅。萨迪基在《绘画原则》中记录了人工制作铅白的方法：将铅放入陶罐中进行封闭加热直至熔化，随后用盐水冲洗。这之后再加入卤砂及醋一起研磨。铅白粉末具有毒性。

نیل و سفیدآب را به هم بساید نیک چندان که خواهد و با سفید آب و لاجورد خوبتر آید.

رنگ گلگون: اگر خواهد که گلگونه کند زنگار را با سفیدآب بیامیزد و با آب صمغ عربی یا با زردهٔ تخم مرغ چنانچه گذشت بکار برد اگر چوب بود اگر کاغذ بود به صمغ عربی به کار برد اگر نقش خواهد کرد نوعی دیگر لاجورد را باشنگرف بیامیزد جمله را با آب صمغ عربی حل کند نیک بود.

در صفت ساخت انواع مرکب

همسنگ دوده زاجست همسنگ هر دو مازو
هم وزن هر سه صمغست آنگاه زور بازو

دوده را در ته سفالینه باید گرفت بهتر آنست که از روغن بزرک بگیرند و در کاغذی کردن و آن کاغذ را در خمیری گرفتن و در تنور گرم بر سر خشت پخته نهادن چندان که خمیر پخته شود آنگاه روغن ازو رفته باشد پس دوده را از کاغذ بیرون آورده صمغ عربی پاکیزه بریزد و بر ظرفی کند و آب بر آن ریزد این مقدار که دانه از آن آب به قوام عسل می‌آید و بگذارد که چون عسل شود پس دوده در هاون کند و قدری از آن صمغ خیس خورده چون عسل به قوام آمده باشد و بر سر دوده ریزد تا خمیر شود و بسیار بکوبد بعد از آن مازوج خورد کرده را در ظرفی کند و ده چندان آب درو کند و برگ حنا و برگ مورد از هر یک درمی و نیم درم و سه و نیم درم افتیمون بر سر مازوج ریخته و یک شبانه روز بگذارد و بعد از آن بجوشاند چندان که مازوج بر کاغذ نشو نکند پس آن را بکشد و به کرباس نو بپالاید و صاف نموده آب مازوج را نگاهدارد بعد از آن زاج قبرسی را در آب حل کند تا حل شود و صاف نموده به آب مازوج ملحق سازد و یک روز بگذارد و بعد از آن صاف آب مازوج و زاج را دیگر باره صاف کند چنانکه اصلا درو دردی نماند و قدری از آن در هاون بر سر دوده و صمغ ریزد و این مقدار که سحق توان کرد سحق کند بعد از آن پاره‌یی نیل سر آب با اندکی صبر در هاون اندازد و سحق کند تا صد ساعت که تخمیناً پنج شبانروز خواهد بود بعد از آن تمام باشد و ازین کمتر سحق ناتمام باشد آنگاه قدری نمک هندی با نبات مصری در هاون ریزد و همه آب زاج و مازوج را اندک اندک در هاون می‌ریزد و می‌ساید و تجربه می‌کند تا به حد مطوسی رسد بعد از آن از هاون بیرون آورده بپالاید به حریر و نیم درم مشگ تبّتی و یک مثقال زعفران درده درم گلاب حل کند به غایت صاف شود و صاف مشگ و زعفران را در مرکب ریزد و کتابت کند که بغایت خو ب و روان و مسطوس باشد.

نوعی دیگر بستاند نشاستج گندم را در دیگ مسین کند و به آتش نرم بریان کند تا سیاه گردد و نگاهدارد تا نسوزد پس بساید و قدری مازوج در آب کند تا نرم شود و بگذارد تا صاف شود

彩，则应将靛蓝[①]与铅白混合在一起研磨，从而达到所需的效果。但如果将铅白与青金石混合在一起（制作天蓝色），效果会更好。

肤红色：如果想调制肤红色，应将铜绿与铅白混合在一起后加入阿拉伯胶水及蛋黄，混合好后即可使用。如果制作木质及纸质（工艺品），可以使用阿拉伯胶。如果想要作画，还可将另一种青金石与朱砂混合在一起再加入阿拉伯胶，效果也很理想。

制作各式的墨

方法一：取等重的烟灰与明矾，搭配等重的栎五倍子。再取与这三者等重的树胶，此时就是展现臂力的时刻了。

烟灰应从陶器底部来取，最好是亚麻籽油烧出的烟（所产生的烟灰）。将纸张浸入亚麻籽油中形成纸糊，再将其放入由烧制的砖块搭起的热炉之中。当纸糊烧干，油脂烧尽时，烟就从纸中冒出。将干净的阿拉伯胶倒入容器中，加水直至胶（的软硬程度）如蜂蜜一样。此时将烟灰倒入研钵之中，加入一些如蜂蜜般的掺水阿拉伯胶，将二者研磨成膏状后开始用力捶打。其后将碾碎的栎五倍子倒入容器中，倒入10倍于它的水，接着加入海娜叶、香桃木[②]叶和菟丝子[③]，分量依次是1迪拉姆[④]、0.5迪拉姆以及3.5迪拉姆。在栎五倍子混合液静置一天一夜后，将其煮沸直至该液体洒在纸上不会晕开。此时用一块新麻布滤去液体中的杂质后静置该液体。接着在水中加入一些塞浦路斯矾，当该溶液变得清澈时，将其加入栎五倍子混合液中。再将该混合液静置一日后进行过滤直到液体中没有任何沉淀物。此时取一些混合液，倒入盛有烟灰和胶的研钵之中，开始研磨。当混合物研磨彻底之后，加入一些湿润的靛蓝和芦荟，再次开始研磨。在经过一百个小时，也就是大约五个昼夜之后，研磨工作就结束了。如果短于这个时间则说明研磨还未完成。接着将印度盐和埃及糖倒入研钵中，再一点点加入栎五倍子混合液，一边研磨、一边观察是否达到理想状态，紧接着将这些液体用丝绸进行过滤（即可得到墨汁）。最后一步是取0.5迪拉姆西藏麝香以及1麦斯伽尔藏红花放入10迪拉姆蔷薇水[⑤]中制成纯净的液体，随后将该液体倒入墨中。用此时制成的墨书写，字迹一定流畅且优美。

方法二：取一些小麦淀粉放入铜锅中，用文火烘烤至变黑，注意不要将其点燃。接着开始研磨。取一些栎五倍子放入水中泡软，接着静置一段时间直至水面变清。此时

---

① 靛蓝（nīl），指从天然蓝草植物中经过浸泡、空气氧化、沉淀以及干燥过程后得到的蓝色粉末。

② 香桃木（mūrd），桃金娘科常绿灌木，可用于提炼精油。

③ 菟丝子（aftīmūn），一种一年生寄生植物。

④ 迪拉姆（diram，dirham），也译作“打兰”，古代货币及重量单位，在不同地域所对应的重量不同。奥斯曼帝国的1迪拉姆对应今天的3克左右。

⑤ 蔷薇水（gul-āb），由蔷薇属植物蒸馏之后形成的透明液体，在中东地区具有悠久的制作和使用历史。蔷薇水既可用于做饭调味，也可用于护肤香薰。在制墨过程中添加蔷薇水和麝香，能起到增香的作用。

در میان نشاستج ریزد و بروی افگند و در آتش نهد تا بجوشد پس بپالاید و قدری زاج در وی کند پس بکار برد و این نوع مرکب را نشاستجی گویند و نوع را صمغی و این نوع که مذکور می‌شود نیز صمغی است.

نوعی دیگر بستاند دودهٔ چراغ و در هاون کند و بساید که سخت سائیده شود پس آب صمغ عربی صاف کرده بگیرد چنان که نه سطبر شود و نه تنگ و اندک اندک در هاون ریزد و نیک بساید تا قوی گردد پس لختی نبات و طبرزد و نمک به گلاب بگذارد و اندکی باوی بیامیزد و این جمله را با مداد دیگر بساید نیک در شیشه کند و در وقت حاجت بکار برد اگر خواهد که مگس بروی ننشیند اندکی زهرهٔ گاو در دوات اندازد.

نوعی دیگر قلعی: بگیرد قلع و سیماب هر یکی را برابر یکدیگر و قلعی را بگذارد و سیماب بر وی ریزد و صلایه کند چنانچه نرم شود وآب صمغ عربی در وی ریزد و کتابت کند و بر پشت مهره بمالد.

طریقهٔ نوشته از کاغذ بردن: بستاند سفیدآب ارزیز و به آب صمغ آن را بساید و بر نوشته مالد چون خشک شود مهره بزند نوشته زایل گردد امید از ناظران این نسخهٔ منیفه آنست که بمؤدای مَنْ صَنَّفَ قَد اِسْتَهْدَف عمل نموده هر کس که امرار نظری بر این اوراق نماید آنچه به خاطر فیض مآثر ایشان رسد و ترک شده باشد داخل فرمایند و هرچه زاید و ناپسند طبع بلند ایشان باشد به قلم اصلاح درآورند مثنوی:

کار بسیارست در پیش قلم — گشته لیکن قوّت تحریر کم
باد الطاف الهی رهبرم — خامهٔ تحریر بادا یاورم
تا دهم این داستان را اختتام — رو نهم سوی دگر حسب‌المرام

وَالحَمْدلله رَب العالمین وَ الصَلوةُ وَ السلم علی خَیْر خَلقِه سَیّد الانبیاء وَ خاتَم الاوصِیاء وَ آلِه المَعصومِین بِرَحْمَتِک یا اَرْحَم الراحِمین.

将栎五倍子水倒入小麦淀粉中，将混合液置于火上加热。混合液过滤后再加入一些矾就可以使用了。人们把用这种方法制作出来的墨称为“淀粉墨”，下面这种则被称为“胶墨”，用上面提到的方法（制成的墨）也叫“胶墨”。

方法三：取一些灯灰放入研钵中用力研磨，接着准备一些阿拉伯胶软化后制成的胶水，它们既不能太稠也不能太稀。将阿拉伯胶水一点点倒入研钵中，研磨至灯灰混合物变得坚硬为止。取一些冰糖、红糖和盐放在蔷薇水中溶化，然后将该液体缓慢倒入灯灰混合物中，待到次日清晨再开始研磨。最后将其妥善放入玻璃墨瓶中，待需要时取用。若不想让苍蝇落在上面，就在墨瓶中加入一些牛黄。

锡制法：取等重的锡和水银，将锡加热熔化，再加入水银开始研磨。待混合物变软之后加入阿拉伯胶水。用该成品进行书写时，要对纸的背面进行打磨。

去除字迹的方法：取锡白①与胶水一起研磨，然后涂抹在字迹之上。待干燥之后，对字面进行打磨，此时字迹就会消失。对于这本高贵的书，希望读者能遵循“谁击中了目标，谁就成为他人眼中的目标”的准则。对于每位看到这本书的人，如果有在他看来应该出现在书中的内容，那就增加进来。如果有在他看来不恰当的内容，那就改正过来。诗有云：

书写可以成就很多事情，然而书写也有自己的极限。

愿慈爱的真主能指引我，愿这书写之笔能协助我，

使我能完成此书，然后朝下一个目标前进。

赞美两个世界的真主，愿他降下福祉给最好的仆人、先知中的先知及其继任者和家人十四圣贤（愿至仁至慈的真主怜悯他们）。

---

① 锡白（sifīd-āb-i arzīz），格鲁吉亚医生、天文学家、装饰师和文人哈比什·塔夫里斯（Ḥabīsh Tiflīsī）在伊历7世纪所写的《工艺纵谈》（*Bayān al-Ṣanāʿāt*）中提到锡白的制作，它是锡、锑石、水银及盐水在经过多次混合和烘烤之后得到的白色粉末，是古代伊朗流行的女性化妆用品。

参考文献

中文文献

［1］陈进惠. 中世纪阿拉伯文书法家的丰功伟绩［J］. 回族研究，2008（3）：138-140.

［2］古兰经［M］. 马坚，译. 北京：中国社会科学出版社，2015.

［3］郭西萌. 伊斯兰艺术［M］. 石家庄：河北教育出版社，2003.

［4］欧文. 伊斯兰世界的艺术［M］. 刘运同，译. 桂林：广西师范大学出版社，2005.

［5］米广江. 伊斯兰艺术问答［M］. 兰州：甘肃民族出版社，2011.

［6］米广江. 中国传统阿拉伯文书法艺术研究［M］. 北京：北京大学出版社，2018.

［7］穆宏燕. 波斯古典诗学研究［M］. 北京：昆仑出版社，2011.

［8］张鸿年. 波斯文学史［M］. 北京：昆仑出版社，2003.

英文文献

［1］BARAKAT H N. Rhythm & verses：masterpieces of Persian calligraphy［M］. Kuala Lumpur：Islamic Arts Museum Malaysia Publications，2004.

［2］BARAKAT H N. Introduction to Islamic arts：calligraphy：the collection of the Islamic Arts Museum Malaysia publications［M］. Kuala Lumpur：Islamic Arts Museum Malaysia，2016.

［3］BINYON L，WILKINSON J V S，GRAY B. Persian miniature painting，including a critical and descriptive catalogue of the miniatures exhibited at Burlington House，January-March 1931［M］. London：Oxford University Press，1933.

［4］BLAIR S S. Color and gold：the decorated papers used in manuscripts in later Islamic times［J］. Muqarnas，2000（17）：24-36.

［5］BLAIR S S. Islamic calligraphy［M］. Edinburgh：Edinburgh University Press，2008.

［6］BLAIR S S. Transcribing God's word：Qur'an codices in context［J］. Journal of Qur'anic Studies，2008，10（1）：71-97.

[7] BLAIR S S, BLOOM J M. God is beautiful and loves beauty: the object in Islamic art and culture [C] . New Haven: Yale University Press, 2013.

[8] CENNINI C. The craftsman's handbook: "Il Libro dell' Arte" [M] . New York: Dover Publications, 1954.

[9] DICKSON M B, WELCH S C. The Houghton Shahnameh: 2 vols [M] . Cambridge: Harvard University Press, 1981.

[10] EDWARDS C C. Calligraphers and artists: a Persian work of the late 16th century [J] . BSOAS, 1944, 10 (1) : 199-211.

[11] EKHTIAR M D. How to read Islamic calligraphy [M] . New Haven: Yale University Press, 2018.

[12] GRABAR O. Mostly miniatures: an introduction to persian painting [M] . Princeton: Princeton University Press, 2000.

[13] GRAY B. The arts of the book in Central Asia, 14th-16th centuries [M] . Boulder: Shambhala, 1979.

[14] KADOI Y, SZÁNTÓ I. The shaping of Persian art: collections and interpretations of the art of Islamic Iran and Central Asia [M] . Newcastle upon Tyne: Cambridge Scholars Publishing, 2013.

[15] KAZIEV A Y. Ganun ös-sövär, a treatise on painting [M] . Baku: [s.n.] , 1963.

[16] MINORSKY V. Calligraphers and painters: a treatise by Qāḍī Aḥmad, son of Mīr-Munshī [M] . Washington: Smithsonian Institution, 1959.

[17] PORTER Y. From the "Theory of the Two Qalams" to the "Seven Principles of Painting": theory, terminology, and practice in Persian classical painting [J] . Muqarnas, 2000 (17) : 109-118.

[18] ROXBURGH D J. Disorderly conduct? F. R. Martin and the Bahram Mirza album [J] . Muqarnas, 1998 (15) : 32-57.

[19] RUGGLES D F. Islamic art and visual culture: An anthology of sources [M] . Chichester: Wiley-Blackwell Publishing, 2011.

[20] SAFWAT N F. Golden pages: Qur'ans and other manuscripts from the collection of Ghassan I. Shaker [M] . Oxford: Oxford University Press for Azimuth Editions, 2000.

[21] SIMPSON M S. The making of manuscripts and the workings of the kitab-Khana in Safavid Iran [J] . Studies in the History of Art, 1993 (38) : 104-121.

[22] SIMPSON M S. Who's hiding here? Artists and their signatures in Timurid and Safavid manuscripts [C] // Affect, emotion, and subjectivity in Early Modern

Muslim Empires: New studies in Ottoman, Safavid, and Mughal art and culture. Leiden: Brill, 2018: 45-65.

[23] SIMS E, MARSHAK B I, GRUBE E J. Peerless images: Persian painting and its sources [M]. New Haven: Yale University Press, 2002.

[24] TABBAA Y. Canonicity and control: the sociopolitical underpinnings of Ibn Muqla's reform [J]. Ars Orientalis, 1999 (29): 91-100.

[25] THACKSTON W. Dost-Muhammad, Preface to the Bahram Mirza album [M] // Album prefaces and other documents on the history of calligraphers and painters. Brill: Leiden, 2001: 335-349.

[26] The Islamic Art Foundation. Islamic art 1981 [C]. New York: The Islamic Art Foundation, 1981.

[27] The Islamic Art Foundation. Islamic art 1987 [C]. New York: The Islamic Art Foundation, 1987.

[28] The Islamic Art Foundation. Islamic art 1988-1989 [C]. New York: The Islamic Art Foundation, 1989.

[29] The Islamic Art Foundation. Islamic art 1990-1991 [C]. New York: The Islamic Art Foundation, 1991.

[30] The Islamic Art Foundation. Islamic art 2001 [C]. New York: The Islamic Art Foundation, 2001.

[31] The Islamic Art Foundation. Islamic art 2009 [C]. New York: The Islamic Art Foundation, 2009.

[32] WHELAN E. Writing the word of God: some early Qur'ān manuscripts and their milieux, Part I [J]. Ars Orientalis, 1990 (20): 113-147.

波斯语文献

[1] FAŻĀ'LĪ ḤABĪBULLĀH. Ta'līm-i khaṭṭ [M]. Tehran: Surūsh, 1997 (1376 SH).

[2] ḤANĪF RAḤĪMĪ PARDANJĀNĪ. Du nigarish ba tārīkh-i hunar: Muṭāli'a-yi taṭbīqī-yi falsafa-yi tārīkh-i hunar-i Qāżī Aḥmad Qumī va Jūrjū Vāzārī dar Gulistān-i Hunar va Zandigī-yi hunarmandān [J]. Muṭāli'āt-i Taṭbīqī-yi Hunar, 2018 (1397 SH) (16): 33-47.

[3] MA'ĀNĪ AḤMAD GULCHĪN. Tārīkh-i tazkira-hā-yi Fārsī [M]. Tehran: Intishārāt-i Kitābkhāna-yi Sanā'ī, 1984/1985 (1361 SH).

[4] MĪRZĀ'Ī MIHR 'ALĪ AṢGHAR. Muqāyisa-yi taṭbīqī-yi Gulistān-i Hunar bā Munāqib-i Hunarvarān [J]. Muṭāli'āt-i Tārīkh-i Islām, 2016 (1395 SH) (30): 45-55.

[5] MĪRZĀ SĀM. Tuḥfa-yi Sāmī [M]. Tehran: Armaghān, 1936 (1314 SH).

[6] MUNSHĪ ISKANDAR BAYG. Tārīkh-i ʿālam-ārā-yi ʿAbbāsī [M]. Tehran: Amīr Kabīr Publications, 1935 (1314 SH).

[7] NAKHJAVĀNĪ ḤUSAYN. Muʿarrifī-yi kitāb-i Gulistān-i Hunar [J]. Zabān va Adab-i Fārsī, 1957 (1336 SH) (41): 1-16.

[8] NAṢR AMĪR. Naqāshī-yi Īrānī ba rivāyat-i Ṣādiq Bayk Afshār [J]. Faṣlnāma-yi Matn-i Pazhūhī-yi Adabī, 2006 (1385 SH) (27): 76-91.

[9] QUMĪ AḤMAD IBN- ḤUSAYN MUNSHĪ. Khulāṣat al-tavārīkh [M]. Tehran: University of Tehran Publications, 1940/1941 (1359 SH).

[10] QUMĪ QĀŻĪ MĪR AḤMAD MUNSHĪ. Gulistān-i Hunar [M]. Tehran: Intishārāt-i Bunyād-i Farhang-i Īrān, 1974 (1352 SH).

[11] SHUKRULLĀHĪ ṬĀLIQĀNĪ IḤSĀN ALLĀH. Adabiyāt-i naqd dar Gulistan-i Hunar [J]. Payām-i Bahāristān, 2009 (1388 SH) (4): 329-334.

[12] ṬABĀṬABĀʾĪ MUDARRISĪ. Qāżī Aḥmad Qumī nigāranda-yi Khulāṣat al-Tavārīkh va Gulistān-i Hunar [J]. Barrisī-hā-yi Tārīkhī, 1975 (1354 SH) (2): 61-100.

[13] VALĪULLĀH KĀVUSĪ. Nigāhī ba nuskha-hā va ṭabʿ-hā-yi risāla-yi Gulistān-i Hunar [J]. Gulistān-i Hunar, 2006 (1385 SH) (5): 131-138.

波斯语字母表

波斯语辅音转写

字母原形	字母发音转写	字母名发音转写
آ ا	ā	ʾalif hamza
ب	b	ba
پ	**p**	**pa**
ت	t	ta
ث	s̱	s̱a
ج	j	jīm
چ	**ch**	**cha**
ح	ḥ	ḥa
خ	kh	kha
د	d	dāl
ذ	ẕ	ẕāl
ر	r	ra
ز	z	za
ژ	**zh**	**zha**
س	s	sīn
ش	sh	shīn
ص	ṣ	ṣād
ض	ż	żād
ط	ṭ	ṭā
ظ	ẓ	ẓā
ع	ʿ	ʿayn
غ	gh	ghayn
ف	f	fa
ق	q	qāf
ک	k	kāf

（续表）

字母原形	字母发音转写	字母名发音转写
گ	**g**	**gāf**
ل	l	lām
م	m	mīm
ن	n	nūn
و	v	vāv
ه	h	ha
ی	y	ya

波斯语元音转写

长元音	ā	短元音	a	双元音	ay/ai
	ī		i		aw/au
	ū		u		

注：1. 字母发音转写部分主要依据《国际中东研究学刊》（*International Journal of Middle East Studies*, *IJMES*）发布的“阿拉伯语、波斯语以及土耳其语转写系统”。（下载参考网址：https://www.cambridge.org/core/services/aop-file-manager/file/57d83390f6ea5a022234b400/TransChart.pdf）

2. 波斯语共有32个字母，加粗的字母为波斯语比阿拉伯语多出来的4个字母及相应转写。

术语表

类别	波斯语	拉丁转写	中文释义
伊斯兰书法字体	خطوط سته	khuṭṭūṭ-i sitta	“六体”，指伊斯兰书法中六种最经典的字体：三一体、誊抄体、正典体、芳典体、签名体以及行书体，由于这六种字体中有些只是大小的区别，故也可区分为三一体及誊抄体、正典体及芳典体、签名体及行书体。
	سبعه	sabʿa	七体，指“六体”与大体，或“六体”与细体。
	کوفی	kūfī	库法体，也译作“库非体”，是最早出现的伊斯兰字体之一。该字体粗犷有力，最初广泛应用于《古兰经》抄写、行政文书及建筑纹饰之上，后随着其他字体的出现，库法体逐渐转变成一种具有宗教性及装饰性的字体。
	نسخ	naskh	誊抄体，音译作“纳斯赫”体，伊斯兰书法“六体”之一。“纳斯赫”一词意为“抄写”，而该字体由于清楚易读，常用于誊抄《古兰经》及文学作品，故得此名。
	ثلث	s̱uls̱	三一体，音译作“苏勒斯”体，伊斯兰书法“六体”之一。该词的含义是“三分之一”，意指该字体需要倾斜直角的三分之一度，与在它之前出现的库法体相比，三一体的字体转角处采用圆弧而非直角。该字体由于笔法挺拔有力，常用于碑刻铭文或装饰，例如《古兰经》的封面和章节名大多采用三一体。
	رقاع	riqāʿ	行书体，音译作“里卡”体，伊斯兰书法“六体”之一。该词意为“纸条、信纸”等用于书写的材料，该字体是结合三一体与誊抄体特点而来的字体，与签名体相似，但字体更小，适合快速书写且字迹清晰，常用于书信及其他需要快速书写的场合。
	توقیع	tawqīʿ	签名体，音译作“塔乌奇”体，伊斯兰书法“六体”之一。该词意为“签名”，是在三一体基础上变形而来的字体，由于常用于签名，故得此名。与三一体相比，签名体的曲线变化更多，且在个别不需要连写的字母，如dāl和ʿalif与其他字母连接时会有多余的连接线。
	محقق	muḥaqqaq	正典体，音译作“穆哈盖格”体，伊斯兰书法“六体”之一。该词意为“被证实的”，也指已完成的书法作品，该字体字母排列匀称、线条舒展，是较为早期的伊斯兰书法字体之一，也用于抄写《古兰经》。

（续表）

类别	波斯语	拉丁转写	中文释义
伊斯兰书法字体	ريحان	rayḥān	芳典体，音译作“雷杭”体或“雷哈尼”体，伊斯兰书法“六体”之一。该词含义为“香草”，该字体由正典体变形而来，但更加纤细飘逸，因此被比喻为香草、花朵或叶子。
	تعليق	taʿlīq	波斯悬体，音译作“塔里格”体，该词的本义为“悬挂”，该字体的曲线部分突出且弧度多变，往往脱离了基准线，故该字体以斜向书写，甚至以不规则方向书写为佳。该字体产生于13世纪的伊朗，主要用于宫廷之中的波斯语文书书写。
	نستعليق	nastaʿlīq	波斯体，音译作“纳斯塔里格”体，13世纪兴起于伊朗，主要用于波斯语，特别是波斯语诗歌的书写。该字体融合了誊抄体与波斯悬体的特点，是继波斯悬体之后第二个用于波斯语书写的字体，由于该字体既有波斯悬体的飘逸，又有誊抄体便于书写的特征，所以该字体是波斯语书法作品中最常见的字体。
	شکسته-نستعلیق	shikasta nastaʿlīq	波斯草书体，音译作“谢卡斯特·纳斯塔里格”体，有时也简称为“谢卡斯特体”。该字体发源于16—17世纪的伊朗，主要用于波斯语官方政令、信件以及诗歌的书写。“谢卡斯特”意为“破碎的、断裂的”，该字体具有波斯体线条流畅优美的特征，同时横向笔画的比例拉长，字母间的连笔书写也更简洁，因此更适合快速书写。与波斯悬体一样，斜向甚至是无规则的书写更能展现波斯草书体的优美。
	معقلی	maʿgilī	几何体，是库法体的变形之一，该字体的线条呈水平和竖直状，主要用于装饰建筑表面，故也被称为“建筑体”。
	مغربی	maghribī	马格里比体，流行于西班牙及北非地区，该字体源于库法体，其字体特征为以横向线条为主，圆弧部分突出，字母fa和qāf出现在结尾时，尾端弧线会延长。
	طغرا	ṭughrāʿ	花押体，出现于14世纪中期的奥斯曼帝国，苏丹通常会使用这一字体设计自己的正式签名及印章图案。为防止被仿制，花押体文字通常显得高度抽象化及风格化。
	دیوانی	dīvānī	公文体，音译作“迪瓦尼”体，15世纪起流行于奥斯曼帝国宫廷之中的字体，主要用来书写正式文书。
	دیوانی جلی	dīvānī-yi jalī	花式公文体，是在公文体基础上，为个别字母添加笔画，并在字母之间添加发音及装饰符号的字体。

（续表）

类别	波斯语	拉丁转写	中文释义
伊斯兰书法字体	ديوانی خفی	dīvānī-yi khafī	简式公文体，与花式公文体相对，指没有装饰纹样的公文体。
	غبار	ghubār	极细体，该词本义为“尘埃、尘土”，在书法中专指线条粗细小于0.5毫米的字体。极细体在设计之初主要用于在飞鸽传送的信纸之上书写，后主要用于抄写可随身携带的《古兰经》。
	خفی	khafī	细体，指线条粗细在0.5~0.75毫米之间的字体。
	کتابت	kitābat	正式体，指线条粗细在0.75~1.5毫米之间的字体。该尺寸的字体常出现在正式的书写及信件中。
	سرفصلی	sar-faṣlī	题头体，指线条粗细在1.5~2毫米之间的字体。该尺寸的字体常用于抄本章节题目的书写。
	مشقی	mashqī	练习体，指线条粗细在2~6毫米之间的字体，该尺寸的字体常出现在书法练习或单幅书法之中。
	جلی	jalī	粗体，指线条粗细在6毫米~2厘米之间的字体。
	کتیبه	katība	铭文体，指线条粗细大于2厘米的字体。该尺寸的字体常用于建筑或石碑上铭文的书写。
	طومار	ṭūmār	大体，该词本义为“册、卷、卷轴”等用于书写的材料，在书法中专指字形较大的字体，有时也特指正典体与三一体这一类大号字体。
伊斯兰书法术语	دانگ	dāng	六分之一，该词是伊朗传统计量单位，伊朗书法家将其引入书法表述，指所有笔画的六分之一的部分。
	عرش	arshʾ	笔头长度。
	وحشی	vaḥshī	笔头的锐角端。
	انسی	ensī	笔头的钝角端。
	نقطه	nuqṭa	点，指在书写中笔尖的一点，用于衡量字体的大小。
	اصول	uṣūl	基本笔法，伊斯兰书法四大章法之一，主要包含伊斯兰书法的笔画规范。包含伊斯兰书法中的概念：重笔、轻笔、直笔、曲笔、直线提笔、曲线提笔、直线降笔、曲线降笔、落笔和空白处的对比、收笔以及字母分类。
	ترکیب	tarkīb	组合，伊斯兰书法四大章法之一，指单词中字母、单词、句子以及行与行组合在一起时的规律及形式。

（续表）

类别	波斯语	拉丁转写	中文释义
伊斯兰书法术语	كراس كرسى	karās kursī	定位，伊斯兰书法四大章法之一，指字母与基准线的相对位置，主要分为字母主体落在基准线上、位于基准线上方以及位于基准线下方这三种情况。
	نسبت	nisbat	比例，伊斯兰书法四大章法之一，指以基本笔画，例如点和字母'alif的书写为基准，字母纵向、横向及斜向的笔画应遵循的固定比例，以及相同或相似字母始终保持大小一致等比例原则。
	صعود	ṣuʿūd	提笔，指由下而上书写的笔画，其中又分为直线提笔和曲线提笔。
	نزول	nuzūl	降笔，指由上而下的笔画，其中又分为直线降笔和曲线降笔。
	سواد	savād	落笔处，指书写落笔的黑色之处，在伊斯兰书法表达中落笔处主要是与空白处作对比。
	بياض	biyāż	空白处，特指笔画与笔画之间的空白处。
	سطح	saṭḥ	直笔，指书写中没有弧度的直线笔画。
	دور	dawr	曲笔，指书写中带弧度的笔画。
	ضعف	żaʿf	轻笔，指下笔力度小，线条较纤细的笔画。例如起笔和收笔部分通常为轻笔。
	قوت	quvat	重笔，指下笔力度大，线条较粗壮有力的笔画。横向的中段通常采用重笔。
	تشمير شمره	tashmīr shamra	曲线提笔，指由下而上的曲线笔画。
	ارسال	irsāl	拖笔，该词本义为“送出”，在伊斯兰书法中指字母书写收尾时将笔画拖长的部分。
	بيضى	bīżī	带弧字母，该词本义为“卵形的”，在伊斯兰书法中专指字母。
	جدول	jadval	格线，包括书法及插图的长方形边框以及书法中的基准线，格线的长短及宽窄会影响到书法字体的大小。除了直的格线外，有些抄本中还会出现异形格线，即在长方形格线之上叠加圆形、椭圆形或皇冠状的边框。

（续表）

类别	波斯语	拉丁转写	中文释义
伊斯兰书法用具	قلم	qalam	笔，也音译作“盖兰”，既特指伊斯兰书法中使用芦苇等空心植物秆茎做成的笔，也泛指所有笔。
	قلم جلی	qalam-i jalī	大号笔。
	قلم متوسط	qalam-i mutavasiṭ	中号笔。
	قلم خفی	qalam-i khafī	小号笔。
	دوات	davāt	墨水瓶。
	نی قط قط زن	nay-qaṭ qaṭ-zan	削笔垫板，指削笔尖时垫在笔杆下方的条状板，通常由比削笔刀软一些的材质，如木头或动物角制成。垫板下方平整稳固，上方表面则略有弧度，以匹配笔尖的弧度。
	قلمتراش	qalam-tarāsh	削笔刀。
	قلمدان	qalam-dān	笔盒。
	لوح	lawḥ	写字板。
	مداد	midād	碳墨、墨水。
	آهار	āhār	浆，或糨糊，指造纸过程中涂抹在纸张上的黏稠物质，通常由大米、淀粉、榅桲籽以及蛋清物质混合而成。上浆后纸张的厚度增加，这样纸张不仅变得结实光亮，在经过进一步的研光后，还能有效防止墨水和颜料渗入纸张。此外有了上浆层的存在，当书写者写错字时可以直接用棉球蘸水抹去错字，或用小刀刮去。
	تختهٔ مهره	takhta-yi muhra	研光板，指用于研光纸张的物品，通常是一些光滑的天然物品，如玛瑙、蜜蜡、贝壳和牛角等。研光一方面可以使糨糊固定在纸张表面，另一方面也使纸张更加光滑平整，易于书写。
手抄本制作术语	جز	juzʾ	《古兰经》的三十分之一。
	حزب	ḥizb	《古兰经》的六十分之一。
	سرخط	sarkhaṭ	范例帖，指在每一行开头书写一个范例单词，在其后留出练习空间的书写纸张。今有“回车符”之意。

（续表）

类别	波斯语	拉丁转写	中文释义
手抄本制作术语	افشان افشانگری	afshān afshāngarī	洒金术，一种在纸上挥洒由金、银溶解得来的颜料液，从而装饰纸张的技术。虽然该技术中包含对金和银两种贵金属的使用，但由于画师对金色颜料的使用及重视程度始终高于银色颜料，故以“洒金术”为名。该技术可能是从中国传到中亚及伊朗的，在帖木儿王朝时期兴盛于伊朗。
	تذهیب	tażhīb	泥金装饰，指通过泥金手法在手抄本中绘制的装饰花纹。这种装饰通常出现在抄本的卷首、篇章开头以及结尾页，花纹以植物纹样和几何图案为主，最初这种装饰为金色，后也包含其他色彩。
	شمسه	shamsa	沙姆斯，在伊斯兰手抄本中指类似太阳图案的装饰页，它通常出现在抄本的开头、结尾以及两个不同篇章的中间部分。沙姆斯主要由几何线条及植物图案组成，中间的圆形会向四周延伸出放射状线条，沙姆斯的色彩通常比较鲜艳，大都会使用烫金装饰。抄本开篇的沙姆斯有时还会出现赞助者或者书名等信息。沙姆斯除了出现在书籍之中，还是宗教建筑中的装饰图案。
	مشق	mashq	习作。
	سیاه مشق	sīyāh mashq	重影书法，该词直译为“黑色草稿”，最初指书法家在练习纸张上重复书写同一个词而形成的草稿，后成为一种特定的书法风格。
	تحریر	taḥrīr	该词的本义为“书写”，在书籍制作中还有“轮廓线”之意，指出现在文字、线条或图形周围，用于勾勒轮廓的细线条。书名及章节名旁最常出现轮廓线。
	فهرست	fihrist	目录，书目。
	قطعه	qaṭʿa	该词在文学术语中意为“短诗”，而在书法术语中既指单幅书法，即独立成页的书法作品，也指拼接书法作品，即将部分书法作品裁剪下来拼接在另一纸张上的作品。
	سرلوح	sar-lawḥ	卷首装饰，特指带有烫金装饰的书籍首页或章节顶部的装饰部分。
	رنگه‌نویسی	ranga- nivīsī	彩色书法，指使用彩色颜料，如金银溶解液、天青石颜料、藏红花水以及铅白溶液等进行书写的书法。由于这些液体与墨水相比颗粒感更强，容易导致芦苇笔尖断裂，所以书写难度更大。另外，彩色书法通常会使用深色纸张，凸显色彩。

（续表）

类别	波斯语	拉丁转写	中文释义
手抄本制作术语	مرقع	muraqqaʿ	册页或书画集，该词原意指拼凑在一起的东西，在本书中指将不同来源的书法或绘画作品装帧成册子或折子的书籍形式。
	عکس‌سازی عکاسی	ʿaks-sāzī ʿakāsī	镂空印花，一种快速的书籍装饰方法。在硬纸板上雕刻出所需图案并将其覆盖在需要装饰的位置，使用毛笔或棉花团蘸取颜料并涂抹在纸板镂空位置，取开纸板便可得到预期的图案。图案以花朵、枝叶及几何图形为主，用这种方法可快速画出大量相似图案。该技法还用于特定位置的金、银等贵重颜料的上色，不仅定位准确，而且可以减少贵重颜料的用量。今该词有“拍照”之意。
	صحافی	ṣaḥāfī	书籍装帧，伊斯兰抄本制作过程中，书籍装帧包含纸张裁剪、装订、封皮固定、封皮烫金及装饰制作等步骤。
	کتابخانه	kitāb-khāna	书画院，最初指制作以及收藏抄本的地方，是书写师、画师以及书籍装帧师等手工艺者工作的场所，还可细分为工坊和画坊。今意为“图书馆”。
	وصالی	vaṣṣālī	书籍拼贴，既指将不同材质的纸张拼贴成新的书写纸张的技艺，也指将破损或散开的书页重新黏合在一起的工艺。
	قطاعی	qaṭāʿī	书籍裁剪，指将完整书法作品中的某个字母或句子，或绘画作品中某部分图形裁剪出来，粘贴在纸上制成新的单幅作品的工艺。
职务术语	مذهب	muẕahhab	泥金装帧师。
	افشانگر	afshāngar	洒金师。
	عکس‌ساز	ʿaks-sāz	镂空印花师。
	قاطع جدول‌کش	qāṭaʿ jadval-kish	画线师，指在制作抄本时，为用于书写及绘画的纸张绘制格线的人。
	صحاف	ṣaḥāf	书籍装帧师。
	انشاء	inshāʾ	书信官，也指书信的草稿。
	انشاء الممالک	inshāʾ al-mamālik	大书信官，指书信官之首。
	منشی	munshī	文书。
	منشی الممالک	munshī al-mamālik	大文书，指文书之首。

（续表）

类别	波斯语	拉丁转写	中文释义
职务术语	دبیر	dabīr	文员。
	کاتب	kātib	书记官。
	مصاحب	muṣāḥib	近臣、随从。
	تحریر	taḥrīr	该词本义为“抄写”，作为职业有“抄写师”之意。
	مثال نویس	miṣāl-nivīs	书写政令者。
	کتابدار	kitāb-dār	书画院掌事。
	وزیر	vazīr	大臣。
	مستوفی الممالک	mustawfā al-mamālik	财政大臣。
	ممیز	mumayyiz	审查官。
	وکیل	vakīl	执政官。
	میر	mīr	长官，统帅。
	سید	sayyid	圣裔。
	صدر صدارت	ṣadr ṣadārat	萨德尔，是从伊斯兰教法学者中选拔出来的宗教领袖，负责监督宗教阶层以及管理宗教财产。
	شیخ الاسلام	shaykh al-Islām	谢赫伊斯兰，由地方政权授予宗教人士的头衔，这类宗教人士教法学识丰富、广受尊敬，通常负责地区宗教事务的裁决。谢赫伊斯兰领取国家俸禄，还会为当地的穆斯林讲授宗教课程。
	قاضی	qāżī	教法执政官，负责地区宗教事务及民事裁决的宗教人士，地位在谢赫伊斯兰之后。
	کلانتر	kalāntar	治安官，萨法维王朝时期兴起的职务，通常由当地有名望的贵族担任，负责一方的民间治安。该词今天仍保留在伊朗警务系统之中。
	لله	lala laligī	拉拉，意为“导师”，萨法维王朝以及奥斯曼帝国时期，国王会选择大臣或其他重要政治人物担任年幼王子的导师，以培养王子继承王位的能力。
	شاطر	shāṭir	沙特尔，在萨法维王朝时期专指经过特殊训练、穿着特殊服装并执行送信、护送重要人物及前往敌对国策反等任务的人。

书法家及画家列表①

职业	波斯语	拉丁转写	中文译名
书法家	قاضی احمد بن میر منشی ابراهیم الحسینی القمی	Qāżī Aḥmad b. Mīr-Mūnshī Ibrāhīmī al-Husaynī al-Qumī	高齐·艾哈迈德·本·米尔蒙什·易卜拉希米·侯赛尼·库米
	ابن مقله ابو علی محمد بن مقله	Ibn Muqla Abū ʿAlī Muḥammad b. Muqla	伊本·穆格莱 阿布·阿里·穆罕默德·本·穆格莱
	علی بن هلال ابن بواب	ʿAlī b. Hilāl Ibn Bavāb	阿里·本·赫拉勒 伊本·巴瓦卜
	علی بن ابی طالب	ʿAlī b. Abī Ṭālib	阿里·本·阿比·塔利卜
	میر منشی حسین قمی میر احمد شرف‌الدین حسین حسینی قمی	Mīr-Munshī Ḥusayn Qumī Mīr Aḥmad Sharaf al-Dīn Ḥusayn Ḥusaynī Qumī	米尔蒙什·侯赛因·库米 米尔·艾哈迈德·沙拉夫丁·侯赛因·侯赛尼·库米
	ابوالفتح سلطان ابراهیم میرزا	Abū al-Fatḥ Sulṭān Ibrāhīm Mīrzā	阿布·法特赫·苏丹·易卜拉欣·米尔扎
	جمال‌الدین یاقوت مستعصمی	Jamāl al-Dīn Yāqūt al-Musta ʿṣimī	贾马尔丁·雅古特·穆斯台绥米
	ابوالفتح بهرام میرزا	Abū al-Fatḥ Bahrām Mīrzā	阿布·法特赫·巴赫拉姆·米尔扎
	شیخزاده سهروردی	Shaykhzāda al-Suhrawardī	谢赫扎德·苏赫拉瓦尔迪
	ارغون کاملی	Arghūn Kāmilī	阿鲁浑·卡梅里
	نصرالله طبیب	Naṣrullāh Ṭabīb	纳斯鲁拉赫·塔比卜
	مبارکشاه زرین قلم	Mubārak-shāh Zarrīn Qalam	“金笔”穆巴拉克沙
	یوسف مشهدی	Yusuf Mashhadī	优素福·马什哈迪
	عبدالله صیرفی	ʿAbdullāh Ṣīrafī	阿卜杜拉·斯拉非
	سید حیدر	Sayyid Ḥaydar	赛义德·海达尔
	خواجه علیشاه	Khwāja ʿAlī-Shāh	火者·阿里沙

① 由于本书中对书法家及画家的称呼有时为姓名，有时为称号或外号，故此列表中存在同一人对应两个名字的情况。为确保准确性，此列表保留姓名前的称呼，如毛拉纳、火者等。此表以书法家及画家在本书中出现的顺序为序。

（续表）

职业	波斯语	拉丁转写	中文译名
书法家	خواجه غياث‌الدين محمد رشيد	Khwāja Ghīyāṣ al-Dīn Muḥammad Rashīd	火者·盖耶速丁·穆罕默德·拉施特
	احمد رومی	Aḥmad Rūmī	艾哈迈德·鲁米
	سليمان سلمی نيشابوری	Sulaymān Sulamī Nayshābūrī	苏莱曼·苏拉米·内沙布里
	سيد شرف‌الدين	Sayyid Sharaf al-Dīn	赛义德·沙拉夫丁
	پيريحيی صوفی	Pīryaḥyā Ṣūfī	皮尔雅赫耶·苏非
	ابراهيم بن ميرزا شاهرخ	Ibrāhīm b. Mīrzā Shāhrukh	易卜拉欣·本·米尔扎·沙哈鲁
	حاجی محمد بنددوز تبريزی	Ḥājjī Muḥammad Band-dūz Tabrīzī	哈吉·穆罕默德·班德杜兹·大不里兹
	معين‌الدين	Muʿīn al-Dīn	穆因丁
	مولانا شيخ محمد بندگير	Mawlānā Shaykh Muḥam-mad Bandgīr	毛拉纳·谢赫·穆罕默德·班德吉尔
	مولانا شمس‌الدين مشرقی قطابی	Mawlānā Shams al-Dīn Mashraqī Quṭābī	毛拉纳·沙姆斯丁·马什拉吉·古塔比
	عبدالحق	ʿAbd al-Ḥaq	阿卜杜哈格
	عبدالرحيم خلوتی	ʿAbd al-Raḥīm Khalvatī	阿卜杜拉西姆·哈瓦提
	مولانا جعفر تبريزی	Mawlānā Jaʿfar Tabrīzī	毛拉纳·贾法尔·大不里兹
	عمر اقطع	ʿUmar Aqṭaʿ	奥马尔·阿格塔
	مولانا مالک ديلمی	Mawlānā Mālik Daylamī	毛拉纳·马列克·迪拉米
	مولانا معروف خطاط بغدادی	Mawlānā Maʿrūf Khaṭāṭ Baghdādī	毛拉纳·玛鲁夫·哈塔特·巴格达迪
	مولانا عبدالله طباخ	Mawlānā ʿAbdullāh Ṭabbākh	毛拉纳·阿卜杜拉·塔巴赫
	مولانا نعمت‌الله بواب	Mawlānā Niʿmatullāh Bavāb	毛拉纳·内马特拉赫·巴瓦卜
	مولانا شمس‌الدين	Mawlānā Shams al-Dīn	毛拉纳·沙姆斯丁
	مولانا پير محمد	Mawlānā Pīr Muḥammad	毛拉纳·皮尔·穆罕默德
	امير مجدالدين ابراهيم	Amīr Majd al-Dīn Ibrāhīm	阿米尔·玛志达丁·易卜拉欣

（续表）

职业	波斯语	拉丁转写	中文译名
书法家	مولانا محمود سیاوش	Mawlānā Maḥmūd Siyāvash	毛拉纳·马赫穆德·西亚瓦什
	مولانا پیر محمد ثانی	Mawlānā Pīr Muḥammad Ṣānī	毛拉纳·皮尔·穆罕默德·萨尼
	مولانا شمس‌الدین محمد ظهیر	Mawlānā Shams al-Dīn Muḥammad Ẓahīr	毛拉纳·沙姆斯丁·穆罕默德·沙西尔
	مولانا روزبهان	Mawlānā Rūzbihān	毛拉纳·鲁兹贝汉
	میر عبدالقادر حسینی	Mīr ʿAbd al-Qādir Ḥusaynī	米尔·阿卜高代尔·侯赛尼
	حافظ عبدالله	Ḥāfiẓ ʿAbdullāh	哈菲兹·阿卜杜拉
	مولانا شمس‌الدین بایسنغری	Mawlānā Shams al-Dīn Bāysunghurī	毛拉纳·沙姆斯丁·拜松古里
	میرزا بایسنغر	Mīrzā Bāysunghur	米尔扎·拜松古尔
	مولانا محمد شیرازی	Mawlānā Muḥammad Shīrāzī	毛拉纳·穆罕默德·设拉子依
	میرزا سلطانعلی بن میرزا سلطان خلیل بن پادشاه جلیل حسن پادشاه	Mīrzā Sulṭān ʿAlī b. Mīrzā Sulṭān Khalīl b. Pādshāh Jalīl Ḥasan Pādshāh	米尔扎·苏丹·阿里·本·米尔扎·苏丹·哈里勒·本·帕夏·加里勒·哈桑·帕夏
	مولانا عبدالحی سبزواری	Mawlānā ʿAbd al-Ḥay Sabzivārī	毛拉纳·阿卜杜希·萨卜泽瓦里
	مولانا حافظ محمد	Mawlānā Ḥāfiẓ Muḥammad	毛拉纳·哈菲兹·穆罕默德
	حافظ قنبر شرفی	Ḥāfiẓ Qanbar Sharafī	哈菲兹·甘巴尔·沙拉非
	مولانا نظام‌الدین	Mawlānā Niẓām al-Dīn	毛拉纳·内扎姆丁
	مولانا حیدر قمی	Mawlānā Ḥaydar Qumī	毛拉纳·海达尔·库米
	مولانا سیدولی	Mawlānā Sayyid-Valī	毛拉纳·赛义德瓦里
	مولانا شهره امیر	Mawlānā Shahra Amīr	毛拉纳·沙赫莱·阿米尔
	مولانا نظام بخارایی مولی نظام‌الدین	Mawlānā Niẓām Bukhārāyī Mūllā Niẓām al-Dīn	毛拉纳·内扎姆·布哈拉依 毛拉·内扎姆丁
	مولانا محمدحسین باغ دشتی	Mawlānā Muḥammad Ḥusayn Bāgh Dashtī	毛拉纳·穆罕默德·侯赛因巴格·达什提

（续表）

职业	波斯语	拉丁转写	中文译名
书法家	مولانا یحیی	Mawlānā Yaḥyā	毛拉纳·雅赫耶
	مولانا حسین فخار شیرازی	Mawlānā Ḥusayn Fakhkhār Shīrāzī	毛拉纳·侯赛因·法哈尔·设拉子依
	مولانا درویش عبدالله بلخی	Mawlānā Darvīsh ʿAbdullāh Balkhī	毛拉纳·达尔维什·阿卜杜拉·巴尔西
	میر نعمت‌الله	Mīr Niʿmatullāh	米尔·内马特拉赫
	مولانا علی بیگ تبریزی	Mawlānā ʿAlī Bayg Tabrīzī	毛拉纳·阿里·贝格·大不里兹
	مولانا شیخ کمال سبزواری	Mawlānā Shaykh Kamāl Sabzivārī	毛拉纳·谢赫·卡玛尔·萨卜泽瓦里
	مولانا مقصود	Mawlānā Maqṣūd	毛拉纳·马格苏德
	میر نظام الشرف	Mīr Niẓām al-Sharaf	米尔·内扎姆沙拉夫
	قاضی محمدباقر	Qāżī Muḥammad Bāqir	高齐·穆罕默德·巴基尔
	مولانا میرزا علی	Mawlānā Mīrzā ʿAlī	毛拉纳·米尔扎·阿里
	مولانا علاء بیگ تبریزی	Mawlānā ʿAlāʾ Bayg Tabrīzī	毛拉纳·阿拉·贝格·大不里兹
	مولانا علیرضا تبریزی	Mawlānā ʿAlī-Riżā Tabrīzī	毛拉纳·阿里礼萨·大不里兹
	حسن بیگ	Ḥasan Bayg	哈桑·贝格
	مولانا فغان‌الدین بلبل	Mawlānā Fighān al-Dīn Bulbul	毛拉纳·费冈丁·布尔布尔
	خواجه تاج سلمانی	Khwāja Tāj Salmānī	火者·塔吉·萨尔曼尼
	خواجه عبدالحی منشی	Khwāja ʿAbd al-Ḥay Munshī	火者·阿卜杜希·蒙什
	میر منصر	Mīr Manṣūr	米尔·曼苏尔
	خواجه جان جبرئیل خواجه جان طغرائی	Khwāja Jān Jibraʾīl Khwāja Jān Ṭughrāʾī	火者·琼·哲布来依 火者·琼·图格拉伊
	شیخ محمد تمیمی	Shaykh Muḥammad Tamīmī	谢赫·穆罕默德·塔米米
	مولانا ادریس	Mawlānā Idrīs	毛拉纳·易德立斯
	مولانا حاجی علی منشی استرابادی	Mawlānā Ḥājjī ʿAlī Munshī Astarābādī	毛拉纳·哈吉·阿里·蒙什·阿斯塔拉巴迪

（续表）

职业	波斯语	拉丁转写	中文译名
书法家	خواجه میرمحمد منشی قمی	Khwāja Mīr Muḥammad Munshī Qumī	火者·米尔·穆罕默德·蒙什·库米
	خواجه عتیق منشی	Khwāja ʿAtīq Munshī	火者·阿提格·蒙什
	نواب میرعبدالباقی	Navvāb Mīr ʿAbd al-Bāqī	纳瓦卜·米尔·阿卜杜巴吉
	مولانا ادهم	Mawlānā Adham	毛拉纳·阿德哈姆
	مولانا ابراهیم	Mawlānā Ibrāhīm	毛拉纳·易卜拉欣
	مولانا سلطان محمود	Mawlānā Sulṭān Maḥmūd	毛拉纳·苏丹·马赫穆德
	مولانا اسمعیل	Mawlānā Ismaʿīl	毛拉纳·伊斯玛仪
	میر قاسم منشی	Mīr Qāsim Munshī	米尔·卡西姆·蒙什
	مولانا بهاءالدین حسین مشهدی مولانا بهاءالدین حسین منشی	Mawlānā Bahāʾ al-Dīn Ḥusayn Mashhadī Mawlānā Bahāʾ al-Dīn Ḥusayn Munshī	毛拉纳·巴哈丁·侯赛因·马什哈迪 毛拉纳·巴哈丁·侯赛因·蒙什
	مولانا محمد قاسم	Mawlānā Muḥammad Qāsim	毛拉纳·穆罕默德·卡西姆
	خواجه نصیر	Khwāja Naṣīr	火者·纳西尔
	خواجه اختیار منشی هروی	Khwāja Ikhtīyār Munshī Hilavī	火者·艾合提亚尔·蒙什·赫拉维
	میرزا شرفجهان	Mīrzā Sharaf-Jahān	米尔扎·沙拉夫贾汗
	میرزا روح الله	Mīrzā Rūḥullāh	米尔扎·鲁霍拉赫
	حسنعلی بیگ عربکرلو	Ḥasan ʿAlī Bayg ʿArabkirlū	哈桑·阿里·贝格·阿拉伯科尔鲁
	خواجه میرک منشی	Khwāja Mīrak Munshī	火者·米拉克·蒙什
	محمد بیگ	Muḥammad Bayg	穆罕默德·贝格
	میرزا کافی منشی	Mīrzā Kāfī Munshī	米尔扎·卡非·蒙什
	قاضی الوبیک اردوبادی قاضی عمادالاسلام	Qāżī al-Ulū Bayk Urdūbādī Qāżī ʿUmād al-Islām	高齐·乌鲁·贝克·乌尔都巴迪 高齐·奥玛德伊斯兰
	موسی بیگ	Musā Bayg	穆萨·贝格
	قاضی عبدالله خویی	Qāżī ʿAbdullāh Khuyī	高齐·阿卜杜拉·霍伊

（续表）

职业	波斯语	拉丁转写	中文译名
书法家	خواجه مجدالدين ابراهيم	Khwāja Majd al-Dīn Ibrāhīm	火者・马吉德丁・易卜拉欣
	ميرزا احمد	Mīrzā Aḥmad	米尔扎・艾哈迈德
	خواجه ملک محمد منشى	Khwāja Malik Muḥammad Munshī	火者・马列克・穆罕默德・蒙什
	ميرزا محمد	Mīrzā Muḥammad	米尔扎・穆罕默德
	ميرزا محمدحسين	Mīrzā Muḥammad Ḥusayn	米尔扎・穆罕默德・侯赛因
	ميرزا حسين منشى	Mīrzā Ḥusayn Munshī	米尔扎・侯赛因・蒙什
	مولانا محمدامين منشى	Mawlānā Muḥammad Amīn Munshī	毛拉纳・穆罕默德・阿敏・蒙什
	اسكندر بيگ منشى	Iskandar Bayg Munshī	伊斯坎达尔・贝格・蒙什
	خواجه علاءالدين منصور	Khwāja ʿAlāʾ al-Dīn Manṣūr	火者・阿拉丁・曼苏尔
	محمدى بيگ منشى	Muḥammadī Bayg Munshī	穆罕默迪・贝格・蒙什
	خواجه ميرعلى تبريزى	Khwāja Mīr ʿAlī Tabrīzī	火者・米尔・阿里・大不里兹
	عبيدالله	ʿUbaydullāh	乌贝德拉赫
	مولانا جعفر	Mawlānā Jaʿfar	毛拉纳・贾法尔
	مولانا اظهر	Mawlānā Aẓhar	毛拉纳・阿兹哈尔
	مولانا عبدالرحمن خوارزمى	Mawlānā ʿAbd al-Raḥman Khwārazmī	毛拉纳・阿卜杜拉赫曼・花拉子米
	مولانا عبدالرحيم عبدالرحيم انيسى خوارزمى	Mawlānā ʿAbd al-Raḥīm ʿAbd al-Raḥīm Anīsī Khwārazmī	毛拉纳・阿卜杜・拉西姆 阿卜杜・拉西姆・阿尼西・花拉子米
	مولانا عبدالكريم عبدالكريم پادشاه خوارزمى	Mawlānā ʿAbd al-Karīm ʿAbd al-Karīm Pādshāh Khwārazmī	毛拉纳・阿卜杜卡里姆 阿卜杜卡里姆・帕夏・花拉子米
	مولانا سيمى نيشابورى	Mawlānā Sīmī Nayshābūrī	毛拉纳・希米・内沙布里
	مولانا سلطانعلى مشهدى	Mawlānā Sulṭān ʿAlī Mashhadī	毛拉纳・苏丹・阿里・马什哈迪
	مولانا ميرعلى پيرعلى جامى	Mawlānā Mīr ʿAlī Pīr ʿAlī Jāmī	毛拉纳・米尔・阿里 皮尔・阿里・贾米

（续表）

职业	波斯语	拉丁转写	中文译名
书法家	مولانا محمد ابریشمی	Mawlānā Muḥammad Abrīshamī	毛拉纳・穆罕默德・阿布里沙米
	مولانا سلطان محمد نور مولانا سلطان محمد بن مولانا نورالله	Mawlānā Sulṭān Muḥammad Nūr Mawlānā Sulṭān Muḥammad b. Mawlānā Nūrullāh	毛拉纳・苏丹・穆罕默德・努尔 毛拉纳・苏丹・穆罕默德・本・毛拉纳・努拉赫
	مولانا سلطان محمد خندان	Mawlānā Sulṭān Muḥammd Khandān	毛拉纳・苏丹・穆罕默德・汉丹
	مولانا زین‌الدین محمود	Mawlānā Zayn al-Dīn Maḥmūd	毛拉纳・津丁・马赫穆德
	خواجه محمود بن خواجه اسحق‌الشهابی	Khwāja Maḥmūd b. Khwāja Asḥaq al-Shahābī	火者・马赫穆德・本・火者・阿斯哈格・沙哈比
	مولانا کمال‌الدین محمود رفیقی	Mawlānā Kamāl al-Dīn Maḥmūd Rafīqī	毛拉纳・卡玛尔丁・马赫穆德・拉非吉
	مولانا مجنون چپ‌نویس	Mawlānā Majnūn Chap-nivīs	毛拉纳・马杰农・查普耐威斯
	مولانا ادهم ادهم کور	Mawlānā Adham Adham Kūr	毛拉纳・阿德哈姆 阿德哈姆・库尔
	مولانا شیخ عبدالله کاتب	Mawlānā Shaykh ʿAbdullāh Kātib	毛拉纳・谢赫・阿卜杜拉・卡特卜
	مولانا عبدی	Mawlānā ʿAbdī	毛拉纳・阿布迪
	مولانا شاه محمود	Mawlānā Shāh Maḥmūd	毛拉纳・沙赫・马赫穆德
	مولانا قاسم شادیشاه	Mawlānā Qāsim Shādīshāh	毛拉纳・卡西姆・沙迪沙赫
	میرمحمّدحسین باخرزی	Mīr Muḥammad Ḥusayn Bākharzī	米尔・穆罕默德・侯赛因・巴赫勒兹
	مولانا جمشید	Mawlānā Jamshīd	毛拉纳・贾姆希德
	میر عبدالوهاب	Mīr ʿAbd al-Vahhāb	米尔・阿卜杜瓦哈卜
	میر سید احمد	Mīr Sayyid Aḥmad	米尔・赛义德・艾哈迈德
	مولانا حسنعلی	Mawlānā Ḥasan-ʿAlī	毛拉纳・哈桑阿里
	مولانا علیرضا	Mawlānā ʿAlī-Riżā	毛拉纳・阿里礼萨
	مولانا مصحفی	Mawlānā Maṣḥafī	毛拉纳・玛斯哈非

（续表）

职业	波斯语	拉丁转写	中文译名
书法家	میر صدرالدین محمد	Mīr Ṣadr al-Dīn Muḥammad	米尔・萨德尔丁・穆罕默德
	مولانا دوست محمد	Mawlānā Dūst Muḥammad	毛拉纳・杜斯特穆罕默德
	مولانا رستمعلی	Mawlānā Rustam-ʿAlī	毛拉纳・鲁斯塔姆阿里
	مولانا محبعلی ابراهیمی	Mawlānā Muḥibb-ʿAlī Ibrāhīmī	毛拉纳・穆希卜阿里・易卜拉希米
	حافظ باباجان	Ḥāfiẓ Bābā Jān	哈菲兹・巴巴・琼
	میرزا محمود	Mīrzā Maḥmūd	米尔扎・马赫穆德
	میر صفی نیشابوری	Mīr Ṣafī Nayshābūrī	米尔・萨非・内沙布里
	میر محمد حسین	Mīr Muḥammad Ḥusayn	米尔・穆罕默德・侯赛因
	میر خلیلالله	Mīr Khalīlullāh	米尔・哈利鲁拉赫
	میر محمود	Mīr Maḥmūd	米尔・马赫穆德
	مولانا عبدالله شیرازی	Mawlānā ʿAbdullāh Shīrāzī	毛拉纳・阿卜杜拉・设拉子依
	حافظ کمالالدین حسین واحدالعین	Ḥāfiẓ Kamāl al-Dīn Ḥusayn Vāḥid al-ʿAyn	哈菲兹・卡玛尔丁・侯赛因・瓦赫杜因
	مولانا سلیم کاتب	Mawlānā Salīm Kātib	毛拉纳・塞利姆・卡特卜
	مولانا شاهمحمد مشهدی کاتب	Mawlānā Shāh-Muḥammad Mashhadī Kātib	毛拉纳・沙赫穆罕默德・马什哈迪・卡特卜
	مولانا محمد امین	Mawlānā Muḥammad Amīn	毛拉纳・穆罕默德・阿敏
	مولانا عیشی	Mawlānā ʿAyshī	毛拉纳・艾希
	مولانا عبدالهادی	Mawlānā ʿAbd al-Hādī	毛拉纳・阿卜杜哈迪
	مولانا یاری	Mawlānā Yārī	毛拉纳・亚里
	عیسی بیک	ʿĪsā Bayk	尔萨・贝克
	میر معزالدین محمد	Mīr Muʿizz al-Dīn Muḥammad	米尔・穆艾兹丁・穆罕默德
	مولانا محمد حسین	Mawlānā Muḥammad Ḥusayn	毛拉纳・穆罕默德・侯赛因
	مولانا باباشاه	Mawlānā Bābā-Shāh	毛拉纳・巴巴沙赫

（续表）

职业	波斯语	拉丁转写	中文译名
书法家	مولانا محمدرضا چرختاب	Mawlānā Muḥammad Riżā Charkhtāb	毛拉纳・穆罕默德・礼萨・查尔赫塔布
	مولانا محمد زمان	Mawlānā Muḥammad Zamān	毛拉纳・穆罕默德・扎曼
	میر وجیه‌الدین خلیل‌الله	Mīr Vajīh al-Dīn Khalīlullāh	米尔・瓦吉赫丁・哈利鲁拉赫
	مولانا محمد شریف	Mawlānā Muḥammad Sharīf	毛拉纳・穆罕默德・沙里夫
	میر عماد	Mīr ʿImād	米尔・艾茂德
	مولانا باقر خرده	Mawlānā Bāqir Khurda	毛拉纳・巴基尔・胡尔达
	مولانا مالک	Mawlānā Mālik	毛拉纳・马列克
	مولانا میرحسین سهوی	Mawlānā Mīr Ḥusayn Sahvī	毛拉纳・米尔・侯赛因・萨赫维
	حکیم رکنا مسعود	Ḥakīm Ruknā Masʿūd	哈基姆・卢克纳 马苏德
	مولانا شمس‌الدین محمد	Mawlānā Shams al-Dīn Muḥammad	毛拉纳・沙姆斯丁・穆罕默德
	مولانا سلطانحسین تونی	Mawlānā Sulṭān Ḥusayn Tūnī	毛拉纳・苏丹・侯赛因・图尼
	مولانا محمد امین	Mawlānā Muḥammad Amīn	毛拉纳・穆罕默德・阿敏
画家	بهزاد	Bihzād	贝赫扎德
	خواجه میرک	Khwāja Mīrak	火者・米拉克
	مولانا حاجی محمد	Mawlānā Ḥājjī Muḥammad	毛拉纳・哈吉・穆罕默德
	قاسم علی چهره‌گشا	Qāsim-ʿAlī Chihra-Gushā	卡西姆阿里・切赫拉古沙
	درویش	Darvīsh	达尔维什
	خلیفه حیوه	Khalīfa Ḥīva	哈里发・西维
	دوست دیوانه	Dūst Dīvāna	杜斯特・迪万乃
	سلطان محمد	Sulṭān Muḥammad	苏丹・穆罕默德
	مولانا میرزا علی	Mawlānā Mīrzā-ʿAlī	毛拉纳・米尔扎阿里
	طهماسب	Ṭahmāsb	塔赫玛斯普

（续表）

职业	波斯语	拉丁转写	中文译名
画家	مولانا نظرى قمى	Mawlānā Naẓarī Qumī	毛拉纳·纳扎里·库米
	آقا ميرک نقاش	Āqā Mīrak Naqāsh	阿伽·米拉克·纳高什
	مير مصوّر منصور	Mīr Muṣavvir Manṣūr	米尔·穆萨维尔 曼苏尔
	مولانا قديمى	Mawlānā Qadīmī	毛拉纳·加迪米
	خواجه عبدالوّهاب	Khwāja ʿAbdul-Vahhāb	火者·阿卜杜瓦哈卜
	خواجه عبدالعزيز	ʿAbdul-ʿAzīz	火者·阿卜杜阿齐兹
	ميرزا غفار قزلباش	Mīrzā Ghaffār Qizilbāsh	米尔扎·加法尔·吉泽尔巴什
	مولانا مظفر على	Mawlānā Muẓaffar ʿAlī	毛拉纳·穆扎法尔·阿里
	آقا حسن نقاش	Āqā Ḥasan Naqqāsh	阿伽·哈桑·纳高什
	ميرحسن دهلوى	Mīr Ḥasan Dihlavī	米尔·哈桑·迪赫拉维
	مولانا شيخ محمد	Mawlānā Shaykh Muḥam-mad	毛拉纳·谢赫·穆罕默德
	مولانا على كله‌كوش	Mawlānā ʿAlī Kalla-Kūsh	毛拉纳·阿里 卡拉库什
	مولانا يارى مذهب	Mawlānā Yārī Muẕahhib	毛拉纳·亚里·穆扎海布
	مولانا غياث‌الدين محمد مذهب مشهدى	Mawlānā Ghīyāṣ al-Dīn Muḥammad Muẕahib Mashhadī	毛拉纳·盖耶速丁·穆罕默德·穆扎海布·马什哈迪
	مولانا عبدالصمد مشهدى	Mawlānā ʿAbd al-Ṣamad Mashhadī	毛拉纳·阿卜杜萨马德·马什哈迪
	مولانا محمد امين	Mawlānā Muḥammad Amīn	毛拉纳·穆罕默德·阿敏
	مولانا عبدالله شيرازى	Mawlānā ʿAbdullāh Shīrāzī	毛拉纳·阿卜杜拉·设拉子依
	سياوش بيک	Siyāvash Bayk	西亚瓦什·贝克
	ابوالمعصوم ميرزا	Abūl-Maʿṣūm Mīrzā	阿布马苏姆·米尔扎
	آقا رضا	Āqā Riżā	阿伽·礼萨
	مولانا على اصغر كاشانى	Mawlānā ʿAlī Aṣghar Kāshānī	毛拉纳·阿里·阿斯加尔·卡山尼

（续表）

职业	波斯语	拉丁转写	中文译名
画家	مولانا حبيب‌الله	Mawlānā Ḥabībullāh	毛拉纳·哈比卜拉赫
	صادقی بیگ	Ṣādiqī Bayg	萨迪基·贝格
	میر یحیی	Mīr Yaḥyā	米尔·雅赫耶
	مولانا ندر علی قاطع	Mawlānā Nadr-ʿAlī Qāṭaʿ	毛拉纳·纳德尔阿里·高特
	مولانا کپک	Mawlānā Kapak	毛拉纳·卡帕克
	مولانا قاسم بیک تبریزی	Mawlānā Qāsim Bayk Tabrīzī	毛拉纳·卡西姆·贝克·大不里兹

插图信息

1

2

1. 刻有书法的书立

制作者：宰因·哈桑·苏莱曼·伊斯法罕尼。内容：木质书立，上刻有“安拉”、《古兰经》片段及装饰花纹。尺寸：114.3厘米×127厘米×41.9厘米。日期：1360年。图源地址：https：//www.metmuseum.org/art/collection/search/446151。

2. 装饰有库法体书法的瓷碗

内容：装饰有库法体书法的瓷碗。尺寸：17.8厘米×45.7厘米。日期：10世纪。图源地址：https：//www.metmuseum.org/art/collection/search/451802。

3

4

3. 装饰有书法的帆船画作

书法家：阿卜杜·加迪尔· 赫萨里。内容：装饰有书法文字的帆船。尺寸：48.3厘米×43.2厘米。日期：1766/1767年。图源地址：https：//www.metmuseum.org/art/collection/search/454611。

4. 刻有波斯体的乞食钵

制作者：亚尔·穆罕默德。内容：苦行僧云游修行时携带的乞食钵，上刻有用波斯体书写的十四圣贤祷告词，苦行僧崇尚朴素的生活，而今天留存下来的一些用品却非常华丽，说明这类乞食钵的制作不是为了使用，而是为了其象征意义。尺寸：14厘米×30.8厘米×16.7厘米×881.8厘米。日期：1717/1718年。图源地址：https：//www.metmuseum.org/art/collection/search/445960。

5

6

5. 书法习作

书法家：苏丹·穆罕默德·努尔。内容：书法习作，正中为三一体，上下方为波斯悬体，四边的斜体书法为波斯体。日期：16世纪早期。图源地址：https：//www.metmuseum.org/art/collection/search/453167。

6. 刻有书法的金镶玉戒指

内容：金镶玉戒指，上刻有反向文字的阿里祷告词，故该戒指可当作印章使用。尺寸：3.5厘米×2.5厘米。日期：15世纪至16世纪初。图源地址：https：//www.metmuseum.org/art/collection/search/446273。

7

7. 波斯体书法

书法家：苏丹·阿里·马什哈迪。内容：单幅作品《萨迪与哈菲兹诗选集》，波斯体书法。尺寸：30.2厘米×19.4厘米。日期：15世纪晚期。图源地址：https：//www.metmuseum.org/art/collection/search/446170。

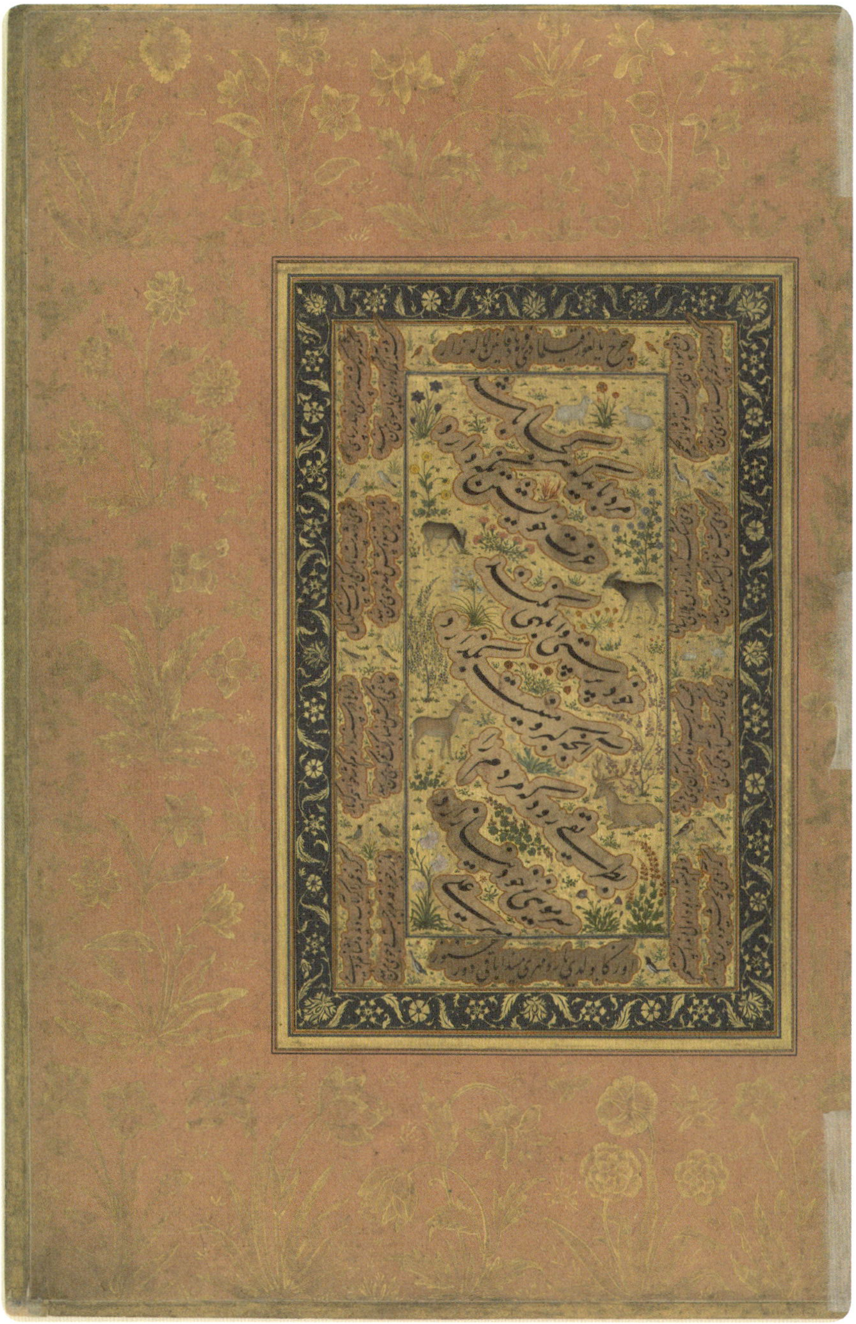

8

8. 波斯体书法

书法家：米尔 · 阿里 · 赫拉维。内容：《沙贾汗辑选》（*The Shah Jahan Album*）内页，波斯体书法，书法之间有动物及花草图案，书法框外有泥金装饰纹样。尺寸：26. 2厘米×38. 3厘米。日期：1535—1544年。图源地址：https：//www.metmuseum.org/art/collection/search/451287。

9

9. 带弧线字体的书写规则

内容：《塞尔柱王朝史》（*Rāḥat al-Ṣudūr wa-Āyat al-Surūr*，1202/1203年成书）内页，作者穆罕默德·伊本·阿里·拉万迪在此处介绍了带弧线字体的书写规则，即以字母'alif的直径画圆确定笔画书写范围，以芦苇笔的一点为度量单位确定笔画比例，本页介绍的是ta，s̲a，jīm以及dāl的写法。尺寸信息不详。日期：1238年。图源地址：https：//gallica.bnf.fr/ark：/12148/btv1b10088159c/f174.image.r=Suppl%C3%A9ment%20Persan%2013。

10

10. 伊本·巴瓦卜书法作品

书法家：伊本·巴瓦卜。内容：《古兰经》（53：53至54：11），字体为誊抄体及芳典体。尺寸：17厘米×13厘米。日期：1000/1001年。图源地址：https：//viewer.cbl.ie/viewer/object/Is_1431/482。

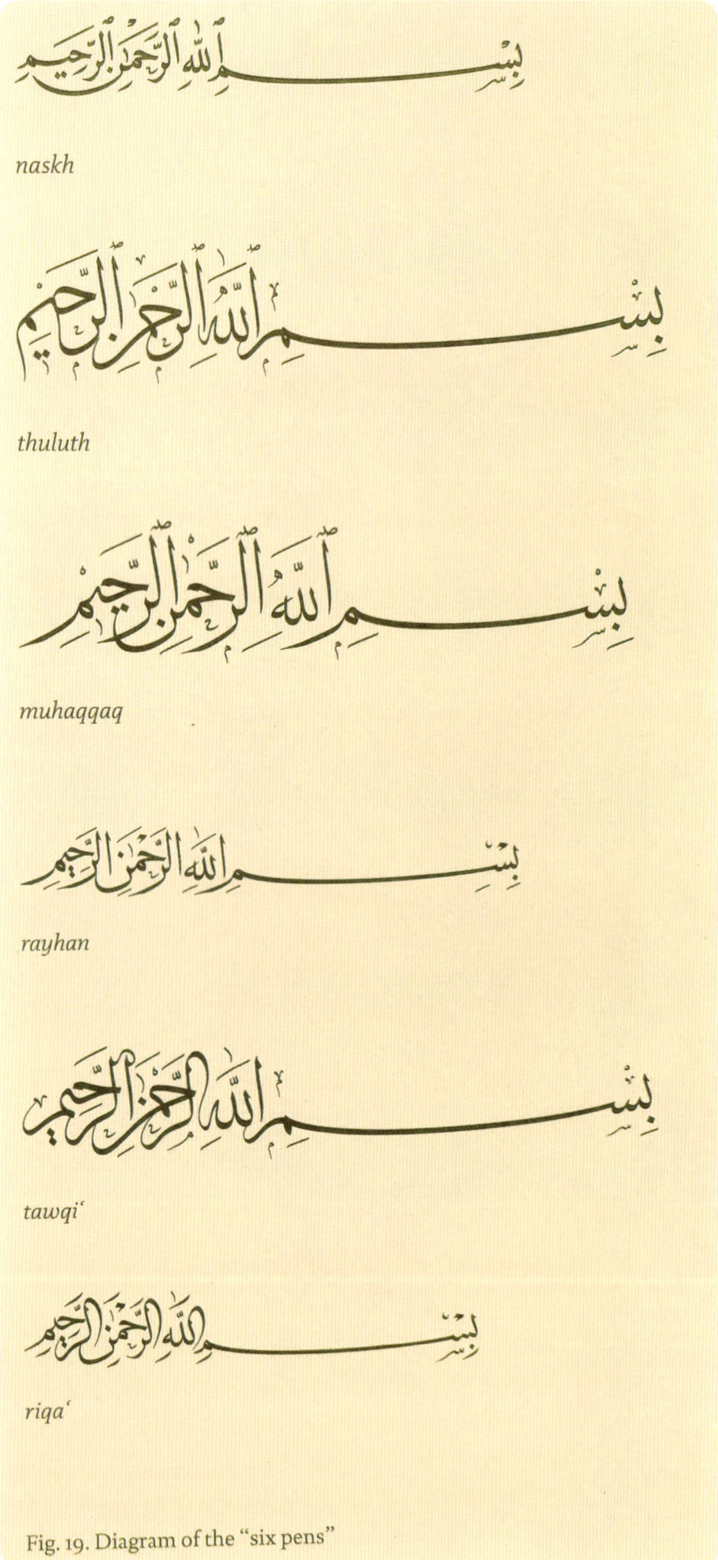

11

11. 伊斯兰书法“六体”展示

内容：“六体”对比。

图源信息：Maryam D. Ekhtiar, *How to Read Islamic Calligraphy*（New Haven：Yale University Press，The Metropolitan Museum of Art，2018），p.29，fig.19.

12

12. 正典体书法

书法家：奥马尔·阿格塔。内容：超大正典体《古兰经》。尺寸：73厘米×106.7厘米。日期：14世纪末至15世纪初。图源地址：https：//www.metmuseum.org/art/collection/search/447366。

13

13. 极细体书法

书法家：穆罕默德·阿敏。内容：极细行书体《古兰经》。尺寸：书写区域的直径为4厘米，每页最多可容纳17行，平均行高为0.2厘米。日期：1615/1616年。图源信息：Nabil F. Safwat，*Golden Pages*：*Qur'ans and Other Manuscripts from the Collection of Ghassan I. Shaker*（Oxford：Oxford University Press for Azimuth Editions，2000），p. 73.

14

14. 单幅书法

书法家：米尔·艾茂德。内容：波斯体单幅书法。尺寸：28.6厘米×19.1厘米。日期：1608/1609年。图源地址：https：//www.metmuseum.org/art/collection/search/450713。

15

15. 艾哈迈德·鲁米及其学生的书法练习

书法家：艾哈迈德·鲁米及其学生。内容：书法练习，右上角第一条为艾哈迈德·鲁米的行书体示范，其余17条则为学生的模仿练习，其中艾哈迈德·鲁米书法的下方是帖木儿王朝拜松古尔王子的习作。尺寸：58厘米×41厘米。日期：15世纪。图片来源：托普卡帕宫图书馆（土耳其，文件编号：H2152，f. 31b），转引自Sheila S. Blair, *Islamic Calligraphy*（Edinburgh：Edinburgh University Press，2008），p. 262.

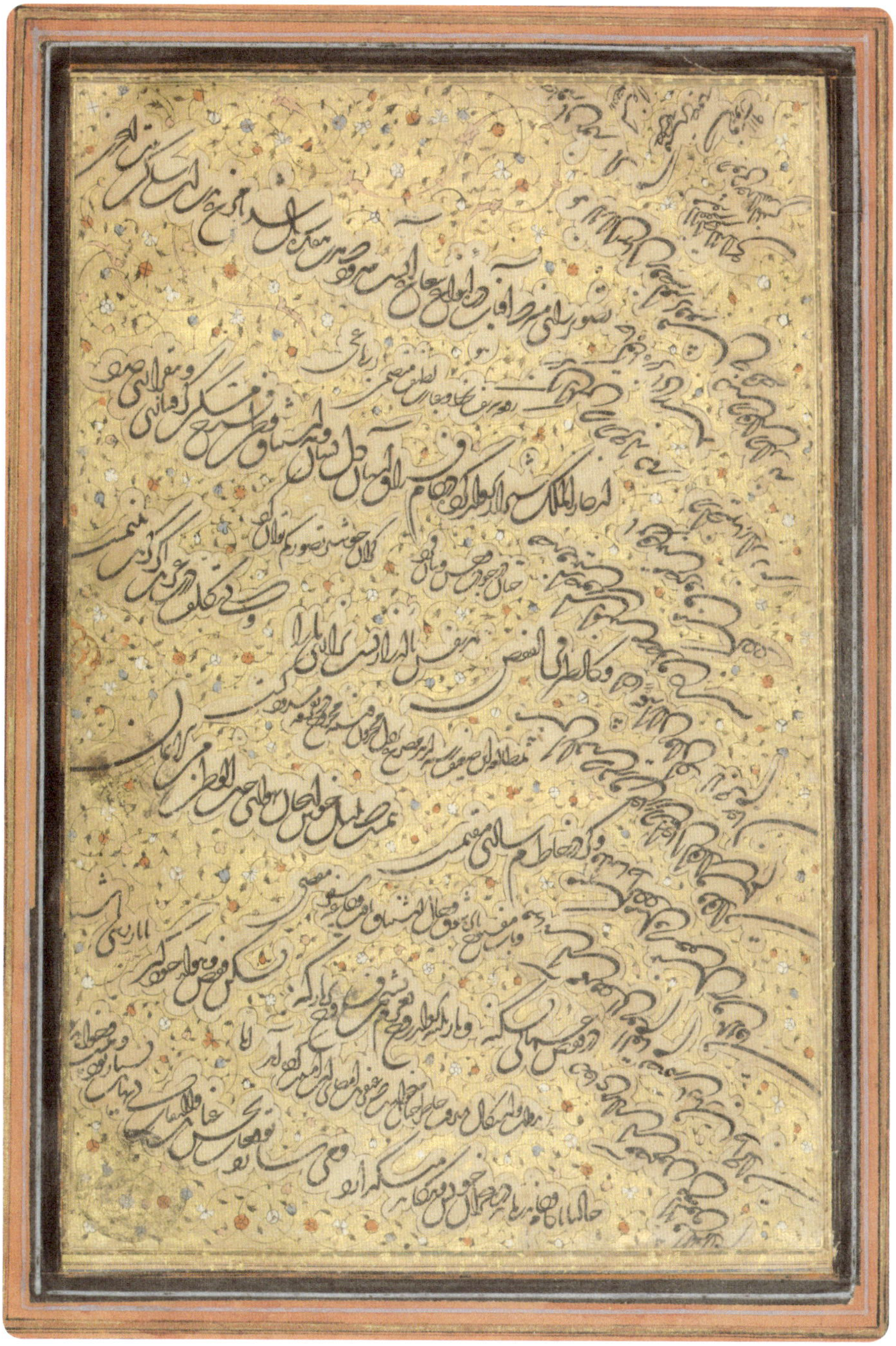

16

16. 波斯悬体

书法家：达尔维什·阿卜杜拉。内容：波斯悬体信件。尺寸：18厘米×26厘米。日期：1505/1506年。图源地址：https：//www.metmuseum.org/art/collection/search/665800。

17

17. 波斯草书体

书法家：阿卜杜·马吉德·塔列甘尼。内容：波斯草书体书法。尺寸：24.1厘米×11.4厘米。日期：1763年。图源地址：https：//www.metmuseum.org/art/collection/search/450714。

18

18.《古兰经》及边注

书法家：穆罕默德·萨迪格·伊本·哈吉·穆罕默德·马什哈迪。内容：《古兰经》及边注。日期：1659/1660年。图源信息：Nabil F. Safwat，*Golden Pages*：*Qur'ans and Other Manuscripts from the Collection of Ghassan I. Shaker*（Oxford：Oxford University Press for Azimuth Editions，2000），p. 85.

19

19. 带有装饰的书法作品

书法家：苏丹·阿里·马什哈迪。内容：《侯赛因·米尔扎·拜哈拉诗选》内页，书法框外的装饰花纹为以动物头像为主的瓦格式花纹，而左页的装饰性框线中依次使用了金线、青金石色线条及绿色线条。尺寸：18.4厘米×26.7厘米。日期：约1500年。图源地址：https：//www.metmuseum.org/art/collection/search/453164。

20

20. 带有装饰的书法作品

书法家：米尔·阿里。内容：正中为波斯体书法，在图案装饰部分描绘了与抄本制作相关的步骤，自右上角，按逆时针方向依次是纸张研光、皮革封面压纹、纸张裁剪与装订、制作书立、溶解金箔以及书写。尺寸：42.5厘米×26.6厘米。日期：1540年。图源地址：https：//asia.si.edu/object/F1954.116/。

21
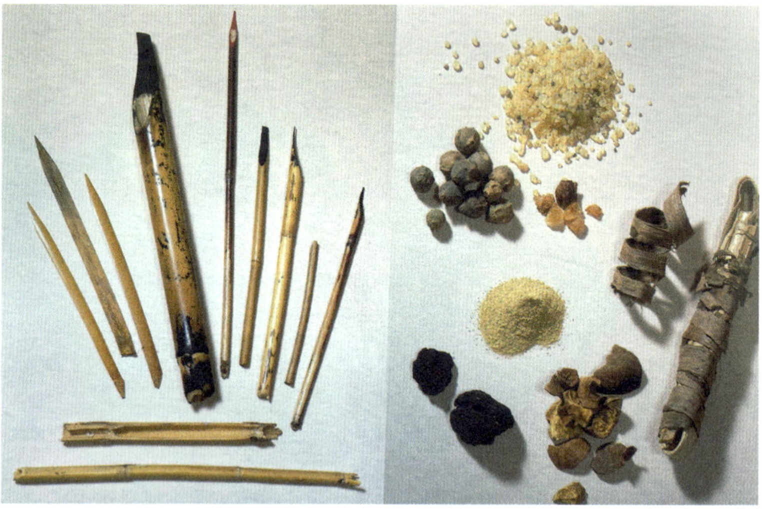

21. 书法用笔及制墨原料

图片内容：左侧为不同尺寸及笔头切割方式的芦苇笔；右侧为伊斯兰制墨原材料，从上至下依次是明矾、栎五倍子、树胶、胡芦巴籽、炭或灯灰、石榴果皮与核桃壳、漆树皮。图源信息：Sheila S. Blair，*Islamic Calligraphy*（Edinburgh：Edinburgh University Press，2008），p. 58.

22
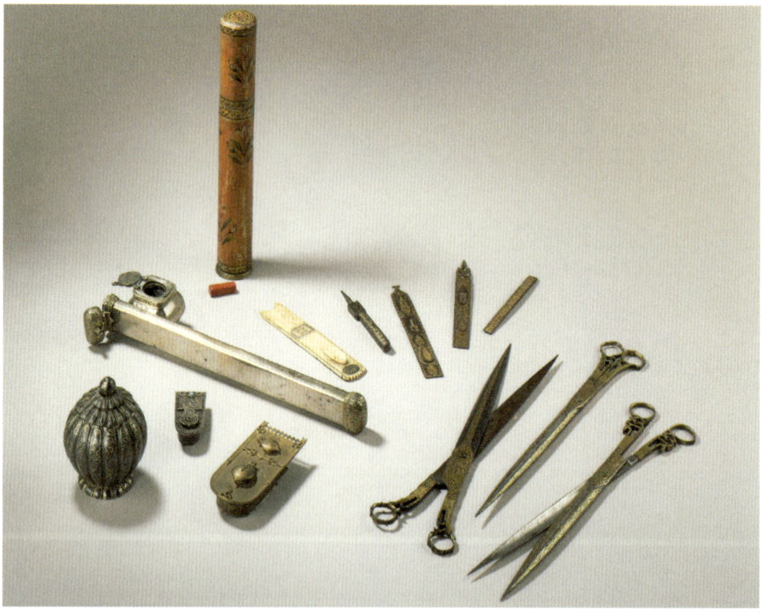

22. 书法工具展示

伊斯兰书法工具（从左至右）：颜料/墨水瓶、两个墨水瓶、带墨水瓶的笔筒、立起的工具收纳盒、红色研光石、象牙笔架、金属笔、两个金属笔架、尺子及三把剪刀。日期：18—19世纪。图源地址：https：//agakhanmuseum.org/collection/artifact/scribal-implements-akm622。

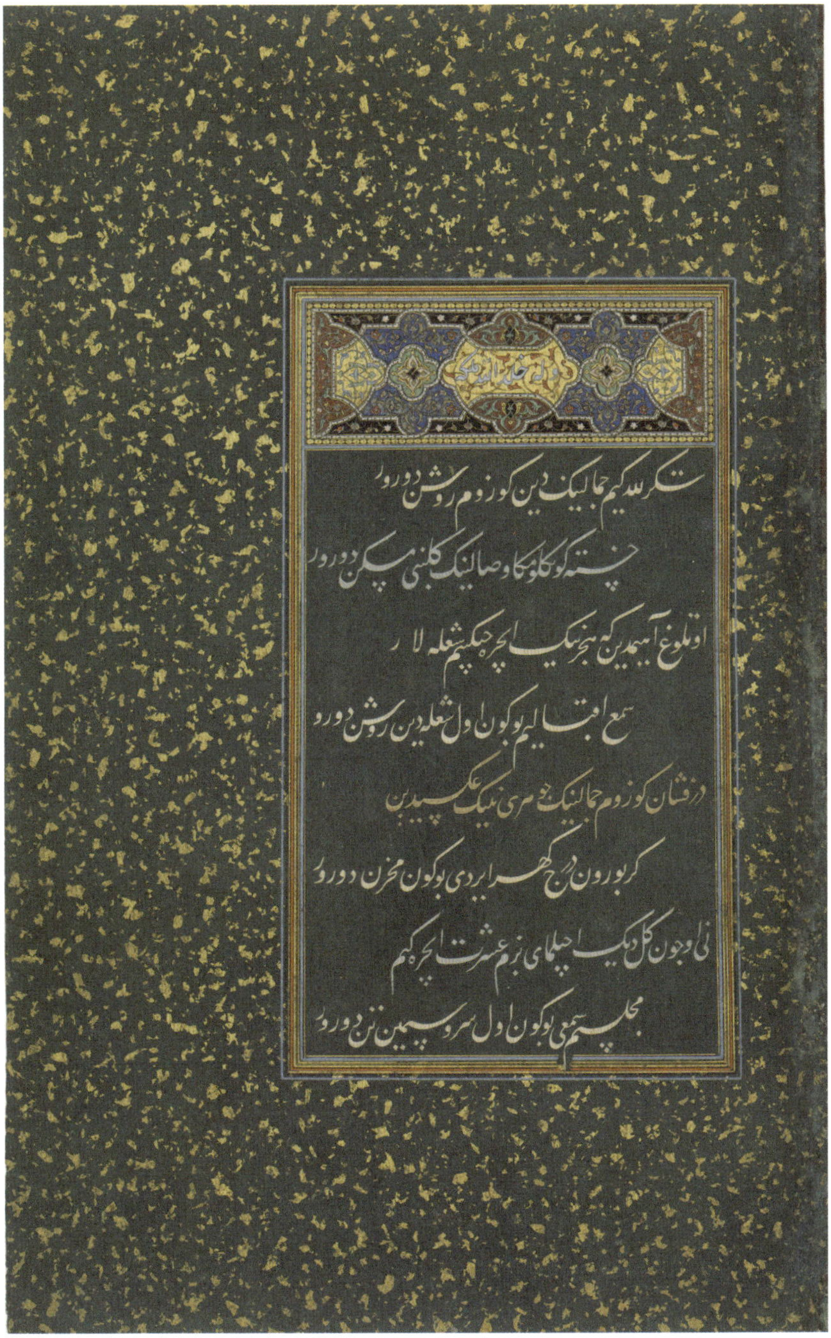

23

23. 书法作品与洒金纸

书法家：不详。内容：《侯赛因・米尔扎・拜哈拉诗集》单幅作品，正中为用奶白色、金色及蓝色墨汁书写的波斯体书法，粘贴在一张洒金纸上。尺寸：22.86厘米×14.61厘米。日期：1490年。图源地址：https://collections.lacma.org/node/2261918。

24

24. 阿伽·米拉克画作

画家：阿伽 · 米拉克。内容：斜倚阅读的萨法维贵族青年，上下方的文本框中为白色三一体书法，内容出自《古兰经》。尺寸：33.6厘米×21.2厘米。日期：1530年。图源地址：https：//asia.si.edu/object/S1986.300。

25

25. 嵌有绿松石的皮质《古兰经》封皮

内容：嵌有绿松石的皮质《古兰经》封皮。尺寸：35.6厘米×25.4厘米×3.8厘米。日期：16世纪。

图源地址：https：//www.metmuseum.org/art/collection/search/451368。

26

26. 湿拓画装饰的书法作品

书法家：哈姆杜拉·伊本·穆斯塔法（Hamdullah ibn Mustafa，?—1520年）。内容：书写内容为圣训片段，上方的大字为三一体，下方的斜体字为波斯悬体，书法框周围用湿拓画进行了装饰。尺寸：23.8厘米×32.1厘米。日期：约1500年。图源地址：https：//www.metmuseum.org/art/collection/search/453166。

27

27. 细密画大师礼萨·阿巴斯作画图

画家：穆因·穆萨维尔。内容：细密画大师礼萨·阿巴斯作画图。尺寸：51.4厘米×41.3厘米。日期：1673/1674年。图源地址：https：//dpul.princeton.edu/catalog/571a97c8279b7cba71cd95655dd15a2d。

后 记

伊斯兰书法作为伊斯兰书法芳园中一朵鲜艳夺目的玫瑰，长久以来开放在异域国度，尚未为我国的鉴赏者所见。而这本《艺术芳园》不仅介绍了活跃于15—16世纪的波斯书法家及画家，还在字里行间向我们展示出萨法维王朝早期艺术家所生活的世界：这里有一字千金的宫廷文书和热衷艺术的王子，也有在战火中写下绝世作品的书法家以及因私刻国王印章而被割去耳鼻的迷途者。《艺术芳园》一方面阐释了伊斯兰书法艺术起源的宗教性和神圣性，另一方面也详细介绍了从书法用具到书法运笔的专业知识。除了书法知识，这本书还提及了绘画以及其他与书籍制作相关的技艺。

本人自2014年起有幸参与了由北京大学东方文学研究中心主任陈明教授主持的科研项目“印度古代文学的文本与图像研究”“古代东方文学插图本史料集成及其研究”，一直专注于波斯绘画相关议题的研究。在研究过程中本人发现若想深入分析波斯绘画，就必须了解伊斯兰书法，这两种艺术形式总是共存于纸张和书籍中，装点着彼此，而《艺术芳园》这本书的结构也证实了这一观点。本人在翻译和校注此书过程中虽已尽力查找相关资料以确保用语的准确性，但作为缺乏书法实践的门外汉，免不了会出现错误和纰漏，希望本书的读者能予以批评指正。在译注本书的过程中，本人得到了伊朗籍友人沙西里（Mahmoud Zahiri-Hashemabadi）先生的帮助，他对本人在翻译原文，特别是阿拉伯语及突厥语部分所遇到的问题给予了认真细致的解答，在此对他表示衷心的感谢！感谢我的学生黄缨惠在原文校对方面给予的协助。还要感谢广东教育出版社编辑谢慧瑜女士及林孝杰先生为本书做了细致的编辑和修改工作。最后还要特别感谢我的先生张竹，在我忙于此书的写作时，他默默承担起大量的家庭事务，给予我最大的支持和帮助。

希望这本《艺术芳园》能打开伊斯兰书法艺术的大门，令更多的中国读者得以漫步在这芳园之中，欣赏异域玫瑰之美。

贾斐（对外经济贸易大学外语学院）

همو یی مدار از بد اندیش امید
ز خصم جفاجو مروت مخواه
سپاهش که اکنون بود اندکی
بکن مار را تا توانی رها
تو آن بچه شیر را دست بست
نهالش که اکنون بود در شیاه
حذر کن که چون قطره یکجا شود
بسوزان خس و خار از آن پیشتر
صدور اخدری بر نپسند کسی

بسم الله الرحمن الرحیم

سبحان قادری که بر طبق آیه کریمه وجعلناکم خلایف فی الارض دخل افراد انسانی در امور خلافت
وجهانبانی بمحض حکمت شامله اوست وارتفاع اعلام عدالت کشورستانی بسعی سالکان مسالک
کامرانی از مشیت قدرت کامله او **شعر** ای همه هستی ز تو پیدا شده / خاک ضعیف از تو توانا شده
گر نه بلطف تو قوت بکس / کی بخلافت بودش دست رس / واهب اسباب خلافت تویی / حافظ
احکام رافت تویی / از کرمت خاتم پیغمبران / یافت شرف بر همه پیروران / چونکه
بر افراخت لوای جهاد / گشت نگون رایت کفر و عناد / شاه عجم را افسر نماند / قصر جهانبانی
قیصر نماند / غلغله شوکت او شد بلند / زلزله در گنبد کسری فکند / نور هدایت ز جبینش بتافت
روی زمین رونق اسلام یافت / باد منور ز درود و سلام / مرقد آن سرور عالیمقام

[illegible] **اما بعد**

بر ضمایر فطنت مآثر ناصبان رایات دانش انصاف وخواطر حقیقت مدائر ناسخان آیات
بدعت واعتساف مختفی ومستتر نخواهد بود که بمقتضای اشارات صریحه واقتضای احادیث صحیحه که از مشکوة
نبوت ومصابیح رسالت بسمت ظهور یافته وپرتو انوار آن بر اوراق روزگار وصفحات لیل ونهار
تافته پس از وفات سید کاینات علیه نسایم الصلوات وشمایم التحیات امر امامت وسروری
ومنصب خلافت ودین پروری متعلق بافضل خلایق اسد الله الغالب امیر المومنین علی ابن ابی طالب